文化溯源:

东方与西方的学习理念

李瑾／著　　张孝耘／译

华东师范大学出版社

·上海·

上海市版权局著作权合同登记　图字：09-2013-155 号

随着大家期待的《文化溯源：东方与西方的学习理念》一书的出版，李瑾为东西方（儒家及欧美/苏格拉底式文化）数百年来人类与教育发展的研究开启了一个完全不同的方向，由此也确立了她当代杰出学者的地位。她的研究方法包括对表现东西方传统的相关文献的深入探讨、对受两种不同文化熏陶的父母与孩子所进行的实证研究，以及她从自己（作为社会成员及母亲，且兼有两种文化教育背景）的角度所作的观察。

这样的学术论著是我前所未见的。这是把横跨数世纪的与文化传统相关的经典、对各种教育与学习实证研究的文献，以及作者个人所作的广泛的研究与精辟分析的结论交织于一体的成果。书中，李瑾对于诸如言谈与保持静默的不同功能、两种文化传统崇尚何人何事的若干差异对照，及教育过程中美德的作用等方面的探讨，揭示并分析了很多迄今尚不为人理解的行为表现。她还具体阐明了当个人面临两种不同文化碰撞时会发生的状况，以及未来仍将会不断出现的各种情形。我向来非常佩服李瑾分析研究与综合论述的天分，但没有想到会形成如此兼容并蓄、叹为观止之作，实在令我折服。毋庸置疑，这是一部引领这个重要领域未来研究的扛鼎之作。

——摘自霍华德·加德纳（Howard Gardner，哈佛大学认知心理学暨教育学霍布斯教授（Hobbs Professor）为本书参加"美国教育研究学会杰出著作奖"评选所撰写的推荐信

此书谨献给我已故的父亲李多胜、母亲卢荣智,他们竟能在那狂乱的世界中培育出我学而不厌之心。

目　录

不同文化传统中学习信念
为何存在差异？(代序)

陈向明　北京大学教育学院　教授

初识本书作者李瑾博士是在 1988 年秋季哈佛大学教育学院系列迎新活动的最后一天。我们在一艘游船上偶遇，当时她正身怀六甲，身边有一位白人丈夫陪伴。此后 20 多年，虽然我们相隔重洋，每次我去美国或者她来中国，我们都会设法相见，共叙友情和学术心得。当有人问及我们相识多久了，我通常会打趣说，看看她儿子的年龄就知道了。后来，她的母亲到美国帮忙料理家务，我又不时从她那里听到有关她与母亲和丈夫因文化不同而产生的种种误解，感觉既有趣又发人深省。

例如，当她非常客气地对自己的母亲说"妈妈，请您为我开一下门，好吗？"时，她的母亲会十分不悦，斥责她说："我是你妈，又不是外人！你对妈妈干吗这么客气？"而当她口气很直接对自己的丈夫说："Micheal，open the window！"时，她丈夫会说："你说话为什么这么不客气，为什么不说'请'（would you please）呢？"由于中国人秉持内外有别的做事原则，对于关系比较亲密的自己人，说话时不必过于客气；而西方的个体主义强调个人边界，求人（哪怕是自己人）做事时需要客套语言的修饰和润滑。

我们都知道，研究者的学术旨趣和现实关怀通常是与其个人生活经历和感悟密切相关的。也许正是因为这些每天发生在她自己生活中因文化差异而产生的误解（至少可以作为一种思想上的触媒），导致李瑾博士对文化问题非常敏感，进而在过去 20 多年中一直从事文化比较的研究工作。她对欧裔美国人与华人对学习的文化信念所进行的研究,其中不仅饱含了她自己在美国学习和成长的亲身经历,而且渗透了她在一个跨文化家庭环境中育儿的独特体验。在本书《文化溯源:东方与西方的学习理念》中,我们可以不时地看到她自己和儿子的交往以及她在日常生活中遇到的相关例子。这些内容让作为读者的我们感到,这不仅仅是一本具有理论高度的学术专著,而且也是作者个人心路历程的分享。

学习是人类普世皆然的能力与活动,然而东西方文化对学习却持有一些不同的理念。虽然这些理念很多可能是缄默的、具身性的(embodied)、难以被语言所明言,但它们持续地影响着不同文化中的人们教导儿童、自我发展的规范和方式。东西方的人们到底持有怎样不尽相同的学习理念呢?李瑾博士通过耙梳数十年的研究文献,特别是基于自己数项长期的实证研究结果,归纳出一种重要的理论分野,即西方的学习模式偏重"心智取向",而东方的学习模式偏重"美德取向"。前者更加强调学习的知识所得,视学习主要为心智的发展,目的在于探索和理解外在世界;而后者更加强调学习的道德向度,视学习为自我道德与社会和谐的日臻完善,其目的是修身养性、齐家治国平天下。为何两者的差异会如此之大?李瑾博士追溯了两大文化思想传统的历史渊源,并由诸多层面切入(包括学习历程、情绪反应、同学互动、知识表述以及父母引导等),对这两大传统进行了精辟、深入、细致的描述和分析。

根据本书作者的观点,尽管当今国际化和全球化的趋势导致各种文化之间的交流日益加速,然而这两种学习模式并没有相互交融或彼此削弱,反而更加彰显其基本价值。这个结论似乎与一般人的印象相左。那为什么会如此呢?在什么情况下,我们可以说一个文化传统发生了变化?一种文化传统的保持、发展、消融或转化需要什么样的条件?其运作机制到底是什么样的?这些问题都值得进一步深入探究。虽然本书并没有对这些问题给出明确答案,但指出,如果我们能够静思这些不同学习模式的特点及其对学习者所产生的持续影响,东西方的教育发展和教育改革都应该能够从中得到理论启发和实践思路。

阅读此书对我而言是一次精神之旅,本书不仅在内容上吸引我,而且在研究方法上对我也具有启发意义。作为一名质性研究的推崇者,我发现本书介绍的实证研究方法很有新意。文化信念是一种非常难研究的现象,因为它深藏在人们的思维和行动中,仅仅通过观察和访谈是难以了解到的。李瑾博士及其团队使用了各种别开生面的研究手段和工具,诱发被研究者的内隐信念。例如,要被研究者听到"学习"这个词语时写下自己联想到的词语,然后对词语进行排序和归类分析;让被研究者看图说话,回答问题,或完成故事叙述的后半段;对母子对话进行实录,然后对其进行话语分析;将研究结果用各种图表展示出来,使其具有直观对比效果,等等。该研究团队不仅在美国对欧裔美国人和华人进行了比较分析,而且在台湾和四川等地对华人家庭进行了追踪调查,因而使研究结果具有更多地域上的推广度。

正如任何研究结果都可能引发读者不同的反应一样,我对本书的一些观点和结论也有一点个人疑惑,在此提出来与作者和其他读者商榷,以求进一步探究。首先,将东方(中华)学习模式定义为"美德取向",将西方(欧美)学习模式定义为"心智取向",是否足够准确和周全? 根据柏拉图的名著《普罗塔戈拉》,古希腊时期人们就提出做人的五种美德:正义、智慧、节制、勇敢、虔敬。虽然对少数人和多数人的要求有所不同(少数将成为哲学王的人需要具有上述五种美德,而大多数被统治者只需要正义、勇敢和虔敬),但学习就是帮助人努力获得这些美德。也许,随着西方社会工业化和现代性的兴起,现在的西方人对心智的发展越来越重视。如果是这样,我们则需要同时考虑不同文化传统下人们所处社会发展阶段的特征,而不仅仅是文化传统中存在的差异。

此外,本书所列举的华人社群经常使用的词语,如"认真"、"勤奋"、"刻苦"、"专心"等,在我看来似乎更多地表达的是一种"学习态度";而欧裔美国人所使用的词语,如"批判性思考"、"自我表达与交流"、"探索世界"等,所表达的似乎更多的是一种"学习能力"。在学习过程中,华人更加重视学习者在态度上是否勤奋努力,而欧裔美国人则更加看重学习者的能力。如果这样来解释,将分析的抽象层次从"美德"和"心智"的高度降到"态度"和"能力"(或"心智能力")的层次,也许会更具包容性? 西方人"能力取向"的学习模式可以兼具"美德"的属性,而东方人"态度取向"的学习模式也可以具有"心智"发展的维度。"美德"和"心智"就从相互对立的关系,变成了兼容并包的关系。而在如此重构的理论视角下,两个文化传统的相互借鉴和融合会更有可能,也才有可能从一个方面回答如下问题:不同文化中学习信念的融合和转化何以可能?

在提出上述困惑后,我通过邮件将自己的思考与李瑾博士进行了交流,下面是她在收到我的邮件后几个小时内便作出的回应。在此与读者分享她与我的对话，目的是希望激发读者更多深入、广泛且缜密的思考和探索。作为本领域的外行，我只是根据自己的个人经验和直觉在向她提问；而她作为本领域的专家，能够在如此短的时间内，如此认真、系统地回应这个问题，也从一个侧面显示了她作为一名学者的严谨治学态度和能力。为了有便于读者阅读，我在保证内容意义不变的基础上，对她的回应作了一点文字上的修饰，并为所有英文词语标注了中文翻译。

你提出自己的看法，有你的道理。从这个角度一直都有人在提类似问题，比如香港中文大学的倪育菁教授就跟我提过，西方学者的独立性是不受政治、金钱左右的，那也应该是一种美德。顺理，西方批判性思维也是一种美德。最近在加州有关人类美德发展的研讨会上，也有人提出类似的看法。我对此无相左的回应。

根据 Linda Zagzebiski 1996 年有关 human virtues（人的美德）的专著，virtue（美德）的概念来自亚里士多德的两本专著。此后，不断有西方人对此进行探讨。Zagzebiski 说，传统的定义是 virtue（美德）兼具 moral（道德）与 cognition（认知）两个层面。Zagzebiski 还指出，virtue（美德）具有另外两个定义：（1）是一个人做事的 excellence（优秀）；（2）是一个人很深的 trait（人格特征）。加起来，就是一个人长期做某事时，将这件事做到最好时的样子，即做事的方式。那么你指出的"态度"由此看来与 virtue（美德）是有关联的，因为态度在西方与东方都含有 moral（道德）与 cognition（认知）以及个人决定与付出的意涵。我的书里对 virtue（美德）的定义与解释也基于这条思路，尽管当时写作时还没有读到 Zagzebeski 的书。

尽管西方对 virtue（美德）并不陌生，而柏拉图等其他哲人早就在讨论 virtue（美德）的议题，但是整个西方哲学以及后来的社会科学更多讨论的是 moral（道德）的问题。这主要是基督教独统天下的原因，而古希腊的virtue（美德）基本被基督教的教义所取代了。相比之下，儒家文化不太谈一些"超大的道德问题"，如摩西十诫似的杀人、偷盗、婚外遇、作假证等，相反更多谈的是日常的修身，如何对待家人和他人，如何做人，等等。所以我读到的不少西方学者对儒家的看法是以 virtue（美德）为主导的概念。

至于西方强调"能力"，我也同意你的看法，尤其是自西方有了 test intelligence（检测智力）的传统之后。我没有选用"能力"这个概念，主要原因是西方哲学在人的 mind（心智）与 mental functions（思维功能）上着墨远多于 ability（能力）。比如，西方神学不太谈 ability（能力），但是大谈 divine mind（神圣心智），因为 mind（心智）含有能动性与 intention（意图）/ purpose（目的），也是 ability（能力）的来源、储备所及操控所。但在本书里，ability（能力）的确是 mind（心智）的一个重要表现。

读完上面李瑾博士的回应，我把我们之间的对话发给一些中国同行分享。大家都对文化与学习这个课题表示了极大的兴趣，认为在当今全球化的大趋势下，非常有必要讨论文化对学习模式及儿童学习信念的影响，也有必要讨论文化转换的可能性与非可能性。① 此外，每位同行都对文中的观点、内容、文字等提出了修改建议。我相信，如果我继续与其他同行交流，将引发更多同时也更加深入的探讨。这也说明，李瑾博士研究的这个问题实在是一个引人入胜的话题。"不同文化传统中的学习信念为什么存在差异？这些不同的信念是否有可能相互融合和转化？什么情况有可能，什么情况下没有可能？是否有必要相互融合和转化？"……这些问题，我想，只要有不同的文化存在，就一定会继续保持其神秘不宣的魅力，也一定会引发更多的、像李瑾博士这样的研究者继续为之倾心付出。

---

① 在此，特别感谢如下学友对我的提点：王富伟、高一虹、郝彩虹、杨朝晖、向蓓莉、胡艳、程方生、贺爱江等。当然，最要感谢的是李瑾博士，她的回应激发了我们学术团体的进一步思考。

自 序

　　"十年磨一剑,霜刃未曾试",唐代诗人贾岛(779—843)用这两句诗表达了一个人在长年努力之后能有所成的心愿,而本书的完成,我投入的准备工作更远逾十年光阴,虽然结果不全然合乎期望,但是我并不在意慢慢地磨这把剑。随着书页的开展,读者或能体会到这漫漫的淬炼过程所给予我的莫大喜悦和意义。

　　创作本书的念头始自 1990 年代后期笔者博士论文将完成之际,原定的书名中有"好学心"(a heart and mind for wanting to learn)一词,这个中国人固有的学习概念是我论文的研究主题,最早来自家母的建议。我一向会与母亲分享我的所学所闻,所以在寻找论文题目之初,首先便询问母亲对西方心理学中"成就动机"(achievement motivation)一词有何联想。这个西方的学习概念让她十分迷惑,思索良久都无法从中文里找到任何相关的词汇,最后她才咕哝着说道:"学习需要什么动机啊? 我只听说过'杀人动机'(motive to murder)。"(英文的 motivation 和 motive 译成中文都是"动机",两者的差别突然让我也弄不清了!)但我明白如果连受过大学教育,而且陪着我好像间接读了博士班的母亲都无法理解"成就动机"为何,那么我未来在中国的研究对象多半也不会理解。于是我问她如何用中文表示一个人的学习欲望,母亲不假思索地说"好学心",我一听感觉像中了头彩一般,对啊! 母亲真是一语中的,我怎么没想到呢! 之后我请教了在哈佛大学教育学院的中国同学,欣然发现他们都一致认同这个说法,但是我们绞尽脑汁也找不到一个妥帖的英文词汇,于是决定仍旧翻译成"a heart and mind for wanting to learn",虽然有点拗口,但是却能最准确地表达"好学心"的意思与感觉,而且最能引起我们的共鸣。后来我的研究和写作即以此中国固有的概念来代表中国人的学习模式。

我毫不怀疑这个中国人的学习模式反映了他们与生俱来的观念、态度、热情和治学方法,因为我也有着同样的成长背景。但是当我将之与后续选出来代表西方的欧裔美籍文化背景下的大学精英的学习模式进行比较研究,结果却让我很意外。两种文化同样重视学习,有着类似的悠久的知识传承,拥有同样丰富的学习相关概念,同样实行幼教、小学、中学到大学的教育体系,而且更重要的是教学内容也相似(除了数学、科学以外,中文地区也有英文课程)。然而,两者具备的和学习有关的概念却大不相同,鲜有重叠。我没想到会出现如此出乎意料的结果,进而不禁好奇这样显著的文化差异,如何能逃过以往学者的法眼。我必须承认此时的我接受西方教育已超过15年,但直到进行博士论文的写作以后我才真正体会到东西文化差异有多大。我之后对儿童观念发展的研究也证实了文化强大的形塑力量。我推想如果以我这样兼具中西学习经验与自觉的人,都无法完全掌握到文化学习模式的深邃内涵,其他人恐怕更难。因此大家或许也很高兴有机会能够超越目前学术期刊及学术界专业领域的范围来认识这些差异,这一体会也更坚定了我创作本书的决心。我希望能将过往分散在不同主题之下的研究汇整起来解答两个基本的问题:(1)形塑出不同学习者类型的两种文化学习模式为何?(2)二者的差异为何如此之大?

本书企图呈现的是描述及诠释,而非规范性的论述,因为我的目的是藉由回溯双方各自的知识传统、指出文化学习模式如何影响儿童的观念,及其在学习过程中如何表现三方面来铺陈中西的基本文化模式。希望藉由描述文化学习模式及儿童的学习观念,彰显出文化模式是怎样如同无孔不入的光渗透进成人对儿童的教育方法以及儿童的发展之中的。然而不同文化的渗透方式不同,其响应也不同,所以我的工作就是让它自然地发出光芒,然后记录其影响。

多年前我还在读德国文学系时,一位从事德国戏剧评论的中国专家曾惋惜地表示,中国人有丰富的生活经验和伟大的艺术,但是却无能将其转化为理论。他之所以会提出这样具有挑衅性的主张,是因为得知德国名剧作家贝尔托·布莱希特(Bertolt Brecht,1898—1956)在莫斯科观赏了中国京剧演员梅兰芳的表演后就领悟而发展出了疏离效果(alienation effect)理论。布莱希特可以从京剧抽象但平常的表演技巧中"发现"其独特的戏剧效果,让这位中国的文学评论家感叹中国人有能力而且应该建立自己的艺术理论,但却要仰赖西方人的帮助来"提升"自己艺术形式的价值。同样地,学术界的做法和布莱希特其实如出一辙,也就是从理论的层次来解释活生生的文化经验。虽然理论性的观点无法取代心灵深处的思想和情感,但可以帮助我们了解到更多自身文化中光是靠生活经验(但缺乏反思)无法触及之处。我希望本书能够激发读者在文化理论的光芒下看到并思考学习和人类发展的议题。

我要再次说明,本书着重在讨论东西方文化中一般性的学习态度倾向,而非个体的差异,亦无意将文化倾向概推到该文化中的个体身上。即使是声称以具文化代表性的样本为对象所作的实证研究,其概推性(generalizibility)仍然有限。没有一个重视文化因素的社会科学家会企图用全面概推性的理论来解释所有的个体,我以及其他人的研究都无法避免这一本质上的局限。但尽管如此,学者一般都同意如果同样的现象长时间经由许多人从各种不同的角度,运用不同的方法进行研究后都得到了类似的结论,那么该结论应该确实是成立的。本书亦无意讨论与基本文化倾向不一致或者反其道而行的部分——事实上这部分比比皆是——有些人的个别状况不符合或不适用于本书描述的文化现象,都值得我们进一步研究和了解,但这不是本书的重点。我关心的是一般的文化倾向,而不是文化中非典型或者与之冲突的例子,因为我感兴趣的是文化的运作(workings),而不是反常或者失败的特例。

最后,漫长的写作过程让我得以自由、广泛且深入地思索书中的各个主题。我也因为这缓慢的磨剑之路而有机会从一个只会全盘吸收、囫囵吞枣的学生变得善于观察、质疑,并且发现自己文化的优点,一改以往不断批评的态度。此一智识上态度的转变不但有助于我向西方的大师们学习,也帮助我重新向自己的文化学习。这种跨文化学习的特点和好处在于它的过程,首先,你要把陌生变熟悉(西方),把熟悉变陌生(中国),然后再将两者吸收融汇,但同时持续将两者作为思考的对象。

我非常感谢威廉·格兰特基金会(William T. Grant Foundation)的赞助,珍妮·班波夏(Janie Bemperchat)及苏珊·何洛维(Susan Holloway)对中国移民家庭中青少年及其他民族的同学研究;儿童发展基金会(Foundation for Child Development,FCD)资助我研究中国移民家庭中的学龄前幼童;蒋经国基金会资助我和冯涵棣博士的合作计划；史宾塞基金会（Spencer Foundation）支持我早期对学龄前幼童学习观的研究，以及接续最早由 FCD 资助而目前仍在进行的纵向研究计划。本书中若有任何疑似不当的言论或者疏忽之处都属我个人的责任，与上述资助机构无关。

　　我很幸运在布朗大学（Brown University）、中国大陆及台湾地区能得到多位研究助理的帮助，非常感激。我也要谢谢在美国、中国大陆和台湾地区参与本研究计划的数以千计的小朋友、大学生和家庭。由于他们的应允，我才有机会一窥文化学习模式的内里和他们个人的学习观。也由于他们慷慨地与我分享他们的想法、感情、家庭教育，以及他们父母所分享的养育经验，我才能揭开这数千年来传承的面纱。读着每位父母的访谈、每个孩子的故事、每个大学生对学习的描述，我体会到作为一个研究者所受的福泽，回思这段日以继夜工作的日子，真是完全值得，毫无遗憾！

　　我要感谢剑桥大学出版社优秀专业的工作同仁精心制作本书，谢谢剑桥心理学丛书的编辑思敏娜·凯林（Simina Calin）接受我的著作计划并耐着性子让我慢慢写，以及继任的艾米莉·斯班格勒（Emily Spangler）帮我提交文稿。也很感谢剑桥心理学及认知科学丛书的现任编辑爱汀纳·博克（Adina Berk）、编辑助理阿曼达·欧康纳（Amanda O'Connor）、制作监管（production controller）乔舒亚·潘尼（Joshua Penney），以及其他许多幕后工作伙伴的努力，让本书得以付梓。也谢谢印度纽根知识工程（Newgen Knowledge Works）公司的计划经理嘉西·帕布（Jayashree Prabhu）有效统筹所有版本文稿。最后，要感谢纽约 PETT Fox, Inc，他们优异的专业审稿水平毫无疑问使本书更加完善。

　　抚今追昔，有几位对本书具有决定性影响的人，若是略过不提将令我不安。首先是我的德文老师们，谢谢比格先生和夫人（Herr and Frau Bieg），他们打开了我的视野，引领我进入德国语言及文化之堂奥。还要感谢对中国文化极有兴趣的伊丽莎白·库兹（Elizabeth Kurz）、教导我德国文学和西洋艺术史的乌苏拉·慕勒（Ursula Müller），以及若内塔·比纳科察（Reneta Bürner-Kotza）和苏珊·君特勒（Susanne Günthner）对我进一步修习德文的鼓励与支持。

　　我要感谢匹兹堡大学的唐诺德·慕沙克（Donald Mushalko）和巴巴拉·

菲德特(Barbara Fredette)两位教授对我在培养儿童创造力方面的启发并支持我申请哈佛大学教育研究院继续深造。我很幸运能受教于我的恩师寇特·费修(Kurt Fischer),他鼓励我研究人的自我意识性情绪(self-conscious emotion),尤其是羞耻感及其在各文化间的重要变化。这一学术上的探索帮助我完成了本书中有关学习情绪(learning affect)一章的大部分内容。

另一位恩师霍华德·加德纳(Howard Gardner),他对我的帮助是我此生报答不尽的。他虽然知道我的英语能力恐怕不足以完成所修的课业,但仍冒险接受我进入博士班就读,他的担心是有道理的,因为我大学主修德文而非英文。在此谈及这段宝贵的师生之缘是为了强调欧美籍的博士班指导教授要花费极大的功夫来引导求知若渴但迷惑的外国学生,并把他们的热情转化成研究成果。为了教导我这样一个文化和成长环境与其他人迥异的学生,霍华德用了许许多多令人难忘的方式,限于篇幅无法尽述,我只能说,他一向而且永远都是我心目中西方学者的典范,他的著作启发了我的思想,他的教学不论在课堂内外都打开了我的视野。他对我尽心的指导已超出了他的职责,是极少有人能做到的。他对于学术研究和对这个世界的洞见,以及他对生命的睿智,始终令我赞叹,也是我最珍惜的宝藏。我很确定若非当初很幸运地遇到霍华德,这本书是不可能完成的。

我也要向挚友冯涵棣表达谢意,她对中国人道德观念中羞耻感的研究不但出色而且令人动容。我很感谢她愿意与我合作研究台湾儿童的学习观及其父母的教导方式。她的研究风格及对研究对象的描述展现出学者对自己的研究对象真正深刻的理解,实在无人能及,不论研究对象的话语表情或姿势,没有任何细节能逃过她的观察。她的研究报告真实可靠,不但对于被研究文化中的读者极具说服力,而且文笔细腻深刻。我也因涵棣的影响而决定尝试以话语分析(discourse analysis)的方法来研究中西两种文化中的母亲们如何和孩子讨论学习这件事。涵棣不但鼓励我,而且慷慨提供给我台湾地区一流学者及作家的资料,我并承蒙相借一位老先生为孙子示范中国人所谓的学习要专心的照片。

我也要在此表达对儿子凯里·汉兹(Kylee Hench)的赞叹,他替我读草稿,提供意见,恪尽人子的孝道,尽心尽力地指出文中生硬别扭的语句及文法错误。他的爱和帮助总是带给我思考和写作上的进步。最后我要感谢我的先生麦克·汉兹(Michael Hench)，我的终身伴侣，始终孜孜不倦地替我修改文章。他对戏剧的热爱，及信手拈来的西方大师的佳言诗词充盈着我的生活，而且他对亚洲作家和诗人的认识与欣赏经常更在我之上。若没有麦克恒久绵长的爱与支持及他对文学的喜好，我的写作之路想必更加崎岖，遑论完成本书了，我的成就多归功于他。

第一章
浮士德及一个研究课题的诞生

邂逅浮士德

浮士德博士是欧洲 16 世纪早期的真实人物,史上有好几部以他为蓝本的文学艺术作品,描述他以不朽的灵魂换取全知的力量,这些作品进而结合而共同塑造出了浮士德的传奇以及"浮士德的交易"(Faustian Bargain),从此浮士德摇身一变成了追寻禁忌的知识而和魔鬼交易的人。在这些作品中,有两部最广为人知且备受推崇的版本,作者分别是英国剧作家马洛(Christopher Marlowe)以及德国诗人歌德(Johann Wolfgang von Goethe)。马洛将这个和魔鬼歃血为约不能回头的故事改编成一出戏剧作品,故事里知识到末了变得无谓且令人失望,而浮士德企图通过学习来拥有不当的力量("illegitimate power through learning"),最后终落入凄惨绝望的地狱。[①]歌德则本着 19 世纪中期的时代精神(geist)将契约修改成赌的是一旦浮士德感到了瞬间的满足,灵魂便归魔鬼所有。由于浮士德永不止息的追寻和希望,所以歌德最后让天使解救浮士德,赢了这场赌局。虽然两个版本的重点和文类不同,但都保留浮士德的交易为故事的主轴。

不可思议的是歌德的《浮士德》在 20 世纪初和许多其他重要的西方作品一起被译成中文,成为中国新文化运动的灵感源泉。[②]先母记得 1930 年代读初中时曾在学校图书馆看到过这本书——中国乡村小镇上只有少数得天独厚的孩子能上学——她大胆地打开这本标题古怪的书,但进一步阅读的欲望因不解其意而熄灭。

到了 1970 年代末期，第一批来自农村劳工的学生进了大学。我们从沉睡中苏醒过来，惊觉中国已远远落后，普遍的"一穷二白"，人人身负着不可言喻的悲哀，复兴教育成为最名正言顺的立即反应。一夜之间，学校大门重开，而知识尤其是科学知识瞬间身价百倍。十年之间，中国累积了上百万等待升学的学子，他们仍然四散在农村，都急着温书准备参加再度重开的大学入学考。许多高中后烧书毁籍以表现其反资产阶级的决心，或根本不再碰书本的人，干脆放弃了考试，但也有很多人决定抓住这个机会尽力一搏，而我很幸运地通过了这场录取率只有 4.7% 的考试。③ 虽然我们对于学校和主修科目（刚开始科目很少）没有什么选择权，不过大部分学生都想进有自然科学和工程等西方学科训练的学校就读，但是最热门的可能还是欧洲语文学系，依次是英语、法语及德语，这些科目尤其吸引那些对科学虽不排斥但并不特别擅长的学生。当时外语流利的中国人不多，而政府和人民都知道，自从 20 世纪初中国帝制结束后，如果想有机会立足现代世界，就必须增进人民的外语能力。毕竟就如马克思宣称的，外语是人生斗争的一门武器，这是每个小学生即使不懂也都会背的口号。

就像溺水的人抓到了一线生机，不只是通过考试的人对自己的生命怀抱了最大的期望，政府也把他们当成国家唯一的希望和具有划时代意义的新鲜血液。所以这些学生的学费和相关开销完全由政府负担，而且他们也不用辛苦地赚钱来半工半读。换言之，他们什么都不用操心，只为了一个目标：专心致志地读书，学会十年间被中国忽略的不像样的知识和技术。

就在这样的社会氛围下，我开始了大学生涯。我们是一群精英分子，但不是靠着血统或社会经济地位，我们之间没有血统或社会经济地位的阶级差别，唯一的共同点就是我们都是通过考试选拔出来的。考试前，所有考生都要选择想要就读的三所学校和三个科系。我选的三个学校都选了英语为第一志愿，其次是法语和德语。最终，我进了第二志愿的大学，该校有全国首屈一指的外语科系。负责录取学生的老师后来告诉我，全省的申请人中唯有我被排进德语系的原因是，我是唯一一个成绩达到英语系标准但愿意念德语的学生。我心中毫无遗憾，唯有感激，于是欣然接受这项安排，一头栽进了德文学海之中。

为了能充分提升学习成果，中国政府从当时的西德的大学和大学预科请来老师,所以颇不寻常的是,我大学四年接触的大部分是西德教师以他们的教学理论所设计的课程。虽然我们也有中国教授开的德文及其他如历史、中文、经济和英文课,但课程内容多半由德籍教师负责。就我所知,我们班的同学对西方人文学科教育都有上佳的体验,当然,是带着德国风味的(法语及英语系亦然,视其外国老师而定)。

不论以何种标准来看,学生们对学习都表现出极高的活力和动机。我们日日早起大声朗读课文,努力背诵词汇和相关课文,个个都去图书馆读书,入夜后则躲在蚊帐里念到熄灯时分,除非病得太重或遭遇紧急事故,不然没人会缺课。虽然也有体育和课外活动,但是人人抱着书本和总是挤得满满的图书馆是校园里的常态景观。我的欧裔美籍丈夫当时在本校教书,至今仍表示从来没有见过这样的场面,包括在他任教过的十二所美国大学校园里也没有。中国学生对学习的投入之深令他无法置信。

德语对任何一个母语非日耳曼语系的西方人而言都不是一种简单的语言,对中国人来说更像个灾难,因为汉字没有任何规则或不规则变化,更别提三种冠词、四格和各种没完没了的变化组合,但这些技术上的困难,我们都克服了。我们学会了发音、句型、文法,甚至某些中古时期的词汇和用法。我们研究德国历史,读歌德(Goethe)、席勒(Schiller)、海涅(Heinrich)、格奥尔格·毕希纳(Greorg Büchner)、格哈特·霍普特曼(Gerhart Hauptmann)、托马斯·曼(Thomas Mann)、罗伯特·穆希尔(Robert Musil)、弗兰兹·卡夫卡(Franz Kafka)、贝尔托·布莱希特(Bertolt Brecht),以及二战后作家的作品。我们听莫扎特(Mozart)、贝多芬(Beethoven)、舒伯特(Schubert)、舒曼(Schumann)、马勒(Mahler),甚至瓦格纳(Wagner)的音乐。我很爱学习这些重要的欧洲文化,但随着接触的日益深入,中国文化却渐行渐远,最终成了消失中的记忆。我们藐视任何中国的东西,在学校忙着练习德文,连中文都很少讲了。德国老师对中国文化表达的好奇心,也经常被我们草草打发,因为觉得就是中国文化把国家带向了"毁灭"(事后才明白是极大的错误),根本不值得一提。

接着出现了德国文学巨著——歌德的《浮士德》(Faust)。当时我们这群求知若渴的学子已略窥知识之堂奥,也已稍减"文革"后全力拥抱西方的狂热。当时有人从香港走私进来内容闻所未闻的印刷品,还有些同学甚至从佛教出家人处拿到手工印制的佛书,我们常拿着手电筒在床上偷看这些东西。这些接触和逐渐的转变让我们这些学生如同中了怀疑的魔咒,我们开始质疑一切,虽然未必在公开场合,但这类讨论时时出现在朋友间的聊天、闲逛、谈恋爱之中。我们思索着我们的存在、我们的 to be(sein)、我们的经验、我们的社会、德国的文化和人民、美国、生命、死亡、爱,几乎事事物物都是我们谈论的主题。自由的心灵徜徉在课堂之外,宛如进入了迷你的文艺复兴时代。我记得曾用中文写了一首诗与朋友分享:

前进与后退

八百里秦川上列车在飞奔,我在数着古代帝王的陵墓……

谁说坟墓

只象征着死亡?

我说象征着永恒和不朽

谁说列车在行驶

就是时代在前进?

我说它在盲目好奇

像儿童一样

为了要看一棵蘑菇里究竟藏着什么

非把它撕成碎片不可

车上的人们都在遭受它的愚弄

现代化在看不见的那端

坟墓在看得见的这头

坟墓提醒人们

对照、理智、醒悟

列车引诱人们

跟从、莽撞、糊涂

然而不论学校生活如何多彩多姿,我们对自己的文化仍然兴趣缺缺。

读《浮士德》,尤其是开头描述交易的部分,我们都逐句讨论,读得很慢,因为虽然诗的格式已不再那么令人生畏,但是西方的宗教传统和寓言象征仍很难理解。我记得自己和朋友们不断反复琢磨,为什么浮士德为了得到更多的知识必须失去灵魂和生命?中国人正苦于无知,浮士德追求更丰富的知识和完整的人生经验何错之有?为什么文学巨擘歌德要创作一首史诗把追寻知识写得像是一种罪恶?甚而,难道我们不就是浮士德吗?在这里为了追求知识奉献全身的力量和热情,也许比不上他的格局,但是差可比拟他的精神。我们很迷惑却没有勇气向德国老师提问,深怕对歌德的质疑会让自己出丑。但至少对我来讲,这些疑问始终萦绕于心,不过在找到满意的答案之前,我必须远赴美国面对更令人困惑的心灵探索。

惊异美国

大学毕业后不久我放弃了德文教职,移民美国。我的首要希望是对我的新婚生活有点贡献,也就是找到一份工作,但我的英文差极了。这种自我评价并非来自亚洲人惯有的自我贬抑心理,而实在是我所有的时间都用来磨炼德文,很少用在英文上。而且老实说,我不太喜欢英文,它没有复杂的冠词和格,句型组合变化也缺乏优美的逻辑。我试着加强了些许英文读写能力,但流利的听和说于我仍遥不可及。赴美不是我的计划,但我爱上了一个欧裔美国人,感谢上帝,虽然有幸能结此良缘,但另一方面,身在美国而非德国却让我有深深的错置感。

我先生帮助我在移民后住的第一个城市佛蒙特州的博灵顿(Burlington, Vermont)找到一个德文代课老师的工作,原因很简单,这是我唯一能做的事,因为我做不来中国餐馆厨房助手的工作,而代课老师不需要教师执照,所以我至少还可以教教美国学生有趣的德文,这也不错。

不幸的是,第一次派给我的工作不是德文课,而是当地一所高中的英文课。正如我之前已坦白表明,英文我几乎讲不出口,遑论教课。我把实情告诉通知我的人,免得她弄错了。虽然我很诚实而且坚持表示我没有教英文的资格,但仍然被告知一定得去,因为学校需要我,于是我冒着一身冷汗地去了,真怕会碰到英文里的《浮士德》,像莎士比亚或者任何暧昧艰涩的文学作品。我真希望能就此从地面消失。

有人带我进了办公室并安慰我这个工作不难,只需照着请病假老师的教学进度上课,然后只要"没有学生惹麻烦"就好。"哦,会有什么麻烦?"我环顾四周,这么明亮的教室走廊和藏书丰富的图书馆是我从未见过,甚至做梦也没想到过。学生们无疑都丰衣足食,并且洋溢着自信和快乐,是我或者任何一个在家乡时的同学所不能及的。好一个学习的天堂!如此幸福的生活,还会有什么麻烦?

令我震惊的是,那些学生似乎对维持好的学习环境毫不在意,他们自由自在地谈天说笑,互丢东西,好像我这个老师根本不存在。我更惊讶的是他们对已经少得可怜的英文课业没有丝毫兴趣。但我并不怪他们,只是自责英文太糟糕。就是从那时起我发誓要学好英文,不再让如此难堪的状况发生在我代课的班上。

随着我的英文水平和自信心的增进,我在宾夕法尼亚州上课时看到同样甚至更严重的情形。由于工作快如闪电般地进展,一年后我在匹兹堡大学担任实习老师的督导员。把如此重大的责任交给我这样一个对美国教育所知有限的人,可谓十分奇怪,而且更诡异的是,我自己一边还在偏僻的小镇高中挣扎着当个唯一少数族裔的实习老师(但终于可以教德文了),一边却要指导其他也在学校实习的学生。也许这是匹大的"一石二鸟"之计,不论如何,我不得不变成一只两头兽,要不然可能会人格分裂,而同时我还要继续和英文搏斗。

我固定在四个学区的五所学校视察,每天在教室里经常有机会观察到学生缺乏学习兴趣的情形,但这次责任不在我了,因为我不是授课老师。我在自己班上倒时不时能成功地鼓舞他们学习的士气,但常常觉得那只是掉进了一片冷漠汪洋里的小水滴。事实上,就是因为如此艰难,让我放弃了取得高中教师执照的计划。但事后回想起来,我必须承认宾夕法尼亚州这些学生真是一群天使,他们没有一个真的惹过什么麻烦,至少除了抽烟等小问题外,我没有碰到辍学、吸毒、怀孕和暴力事件。大体上来说,这些学生每天准时到校,没有逃课,而且还能把作业做完,虽然不是每个人都像我期望的那么用功读书,当然更绝对不会有我记忆中已成绝响的古代遗风,那种浮士德般的努力精神,但和我之后在大城市里遇到的状况相比,遇见这群学生可说是每个老师的梦想。

马萨诸塞州的学生也好不到哪里去,甚至在那些好学区,虽然远离问题丛生的内城,情形也一样。我对校务工作更加投入后,学生缺乏学习热情的状况仍然冲击着我的内心。当然,教育改革以及周刊上一再强调美国学生智育表现十分贫乏的报道,让我意识到我所观察到的不是单一现象,但也让我更加疑惑。看到这个世界上最富有的国家里却有这么多不爱读书的学生,让我如坠云雾之中。

鱼发现了水

为了取得教师资格,我在匹兹堡大学修了几门教育心理学及儿童发展的课,其中最精彩的就是如何发展孩子的创造力。我从没听说也想不到创造力可以学,更别提去教了。当代中国人长久以来(超过一个世纪)都认为古老的儒家传统是中国政治、社会和经济沉疴的根源,思想激进者如鲁迅(1881—1936)④等人,甚至说这是"吃人"的文化。在教育方面,儿童之缺乏创造力是最为人诟病也是至今普遍存在的强烈观点。现在,中国人恐惧的是马克思主义教条和鲁莽的试验不只没有解放人民迈向自由和创新的局面,反而吸干了孩童身上最后一点生机。我之所以会在美国继续读研究院,部分原因就是希望能找到解决中国教育问题的方法(另一个原因是我失去了在美国高中教书的信心)。如今发现创造力的可教性,重新燃起了我的希望。

于是我开始打听哪里可让我以创造力为博士研究的题目继续深造,教授们都推荐哈佛大学教育研究院⑤的霍华德·加德纳,并介绍我读他的《心智结构》(*Frames of Mind*)一书。霍华德的研究吸引了很多学生,而读了这本书后,我决定不仅要研究创造力,更想扩及到以人类的全面潜能为研究方向。我再度幸运地申请到入学许可,并开始了我在人类发展及心理学领域马拉松式的博士训练。但是要满足我对人类创造力和潜能的这份单纯的好奇心,不能不同时去了解其他影响儿童发展的重要过程,最后不可避免地,我遇到了"文化"这个概念。随着研究的日渐深入,我体会到而且非常惊讶于自己对文化曾如此视而不见,而今,我这条"鱼"终于发现了"水"。

一旦发现了,也就再不能不透过它来看这个世界,即使这么多年来浑然不觉,于是,文化很快就变成我不可或缺的用以观照世界的镜片。文化,是人类创造的最庞大的系统(相对于我们的生物系统),它深深地渗透进我们生活中所有的层面,改变我们的认知、情感和行为,使我们有别于动物王国中智慧仅次于我们的生物。⑥文化就像我们呼吸的空气般不可或缺,它和生物体系联手制造了我们,但我们同时也在不断地改变着文化。这个互动的过程是儿童发展背后不可忽视的力量。

然而，对我而言，这份觉醒唤起的不是对整体人类文化的觉知，而是一个特别的文化，也就是我自己的文化。是的，我自己的文化呢？因为我出生在一个业已存在的世界，我生长其中的这个文化是否以某种特定的方式在我身上留下了印记？如果有，是以何种方式呢？任何一个人类学家都可证明我生长在自己的文化中，但为何我这么久以来都没有感受到？难道马克思主义把文化从我身上抽离了，又或者埋葬了我的文化，移进了别的东西？我受困于自己无尽的疑问，而且发现我其他的中国朋友似乎也经历着类似的痛苦体验。我们都有同样的认同危机、困惑和反省。有一位正在写作博士论文的朋友，介绍我读哈佛燕京学院儒学权威杜维明教授的著作。我在燕京学社图书馆借了他的书，又在他的引领下接触了其他的相关书籍。虽然有点晚，但这是我人生中第一次一字一句地读《论语》、《孟子》及其他古籍。这个过程就和我大学时第一次经由德文的大门探首西方文化时同样强烈，只是这次我看到的是自己的灵魂。

　　书中的内容令我难以置信，因为我们年幼时在中国听到的（直接阅读该书是不允许的）⑦孔子和他的言论，和《论语》、《孟子》实际的内容有天壤之别。如果我们没有理由否认中国人的智商不比这个星球上任何人低，那么一定是哪儿出了严重的问题。为什么中国人尊崇孔子达 2500 年之久？为什么他会被有权（例如，皇帝）及有识（即学者）之士称为圣人和"万世师表"？为什么千年来中国学童必读《论语》？⑧难道我之前的中国人都错了，甚至太蠢了？这些问题一直深深地困扰着我。

　　进一步研读思索后，我理解到中国人由于无法抵抗汹涌而至的西潮，而历经了一个世纪灵魂搜寻的痛苦。封建王朝的全面式微直到灭亡，加上随之而来的混乱，饱受空前未有的耻辱和丧失自信心的折磨，使得当时的知识分子率先自我检视，得出了一个毁灭性的裁决，他们认为毁灭的根源就是历代统治者奉行的儒家学说。⑨根据儒家的主张，国家兴亡有赖君王个人的道德修养和对人民的恩泽，如果是有修养的继位者，会吸引贤能之士来助其治理天下，人民可享太平盛世。但若是暴虐无道之君，例如为建造长城而使人民受苦的秦始皇，人民就会起义反抗，历史上有成功的例子，但多半都失败了。而每回有百姓起义成功，就代表新的统治者崛起，然后又重举儒家治国的大旗。⑩虽然中国也有明君盛世，但才德兼备的皇帝为数远比不上缺德无能的昏君。

这种政治上的循环和皇权统治延续了数千年,但在西方势力敲开中国大门后气数已尽。⑪西方科技中最让人艳羡的就是坚船利炮,反观当时中国,海上及陆地作战仍依靠长矛刀剑,甚至武术。但知识分子和政治家都认为20世纪初击败中国君主专制体系的,并非西方武力,而是儒家学说明显缺乏的科学。这个结论导致了一连串全面的教育和政治改革,于是一批又一批的中国学生被送往西方学习科学和科技,此外,许多领袖和学者也将西方强大的力量归功于其较好的民主政治体系。中国和其他遭受相似命运打击的东亚国家,开始了不遗余力学习西方的漫长过程(至今尚未达顶点)。我必须承认我自己也是这个大规模跨文化学习过程中的一个小单元。

再思中华文化与浮士德

前述的一般历史观点虽稍减我的苦恼,但仍无法说服我接受孔子和他的学说是中国政治、社会和经济败坏的根源以及被责备的对象。2500年前的孔子毫无政治势力,他是个思想家、哲学家,更是位老师,学生们自愿投到他的门下学习,没有理由将中国后来的问题怪罪于他。如果要怪任何人,应该是那些以儒家之名,起不义之军、攻城略地、建立不当统治的人,更别提那些焚书坑儒⑫、压榨百姓、不顾民生的君主,以及那些追求权力财富甚于仁爱道德之士。换言之,该谴责的是那些未做到孔子要求的自我完善但不幸却掌权的人。怪罪孔子就如同拿以基督之名而发起的中世纪宗教法庭和其他恶行来责怪耶稣一样。

此一新的反思,让我终于了解到将国家的政治体系与文化混为一谈,正是造成我个人迷惑的部分原因,也因此在大学期间会认为任何中国的东西都不值一哂。但是到了研究院,我发现了文化之巨大,感谢人类学、儒学及学术界大量的诠释,如安乐哲(Roger Ames)、狄百瑞(de Bary)、芬格莱(Fingarette)、黄光国(K. K. Hwang)、艾文贺(Ivanhoe)、蒙罗(孟旦 Munro)、罗思文(Rosemont)、杜维明、杨中芳(C. F. Yang)、杨国枢(K. S. Yang),以及余英时等学者的研究。较诸任何政治体系,文化的范围更大也更持久,甚至比社会或国家实体都大,因为后两者通常在某个时间内的某种政治体系之下都有地理的界线,然而前者包含的人则超越了地理限制,如犹太文化即为一例。而中国的例子则说明了一个特定社会或国家可能在短时间内经历许多不同政治体系的演变更迭。所以不论是前后相继或是同时，在不同体系下生活的人民，就像中国大陆、香港、台湾，新加坡，美国，欧洲和世界其他区域的中国人，都毫不怀疑自己的华人身份，不受政治体系或社会形态左右。

经过这段崎岖的知识之旅后，我不禁要问自己：就文化传承上来说，我无疑是个中国人，但标志我是该文化成员的到底是什么，特别在我失去中国大陆公民的身份之后？事实上这是个很平常的问题，不仅是中国人，凡是有跨文化居住及涵化（acculturation）经验的人都有同样的疑问，但虽然经常被提出来，却不容易回答。有时一个人明明感受到自己与众不同，但却极难以言说。在某种意义上，将世界上不同民族文化间的差异加以厘清并清楚地表达出来，是文化心理学和人类学家穷极一生所追寻的。

在我求知道路上接触到的德国及美国的欧洲传统两个西方文化让我无法忽略学习与知识的议题。浮士德的交易仍然是我心头挥之不去的阴影，而美国学生对学习缺乏兴趣的情形也仍困扰着我。但自从开始思考自身的文化问题后，我渐渐明白其实是我，而不是浮士德，也不是美国学生，才是我的疑惑和困难的症结所在。且不论表面上政治及社会如何动乱，我出生及成长阶段浸染的文化对学习和知识有着非常不同的观点。我可以很大胆地声明，我所承继的观点（尽管有我个人的独特性），即人类学家所说的涵化过程⑬的结果，而不是席卷中国的马克思风暴造成的。

原因在于，从儿童发展的角度来看，不论政治动荡与否，日夜照料、关爱和养育孩子的照顾者，在中国大陆的家庭中很少被要求传达政治信息给孩子（如果有就太荒谬了），即使有而父母也照做了，在婴幼儿期也未必会产生影响。从人类心理学的角度来看，上层笼罩的政治经济氛围对儿童发展只有间接的影响，反而是当地的文化习俗、照顾者的心理特质和日常实际的互动对孩子有更直接的塑造力。⑭婴儿及幼年的人格养成期是个人后来发展的基础，所以这时的影响效果最显著，在这个意义上来看，我父母和保姆（nannies），从他们父母那儿承袭了一个悠久文化框架下养育孩子的价值观和方法，他们多半会采用这些根深蒂固的传统方式来照顾、指引、训练他们的孩子，而不会用马克思教条来煮饭、喂食或关爱孩子（就我所知，马克思主义没有提及人类心理学，更没有教养孩子的程序）。⑮

因此，我成长为一个彻彻底底的中国人。在学习和教育方面，父母讲过的

话也许会在我耳际萦绕一辈子,以下是部分他们鼓励及教导我和兄弟姊妹学习时曾说过的话:

- 学而时习之,不亦说乎。
- 三人行,必有我师焉,择其善者而从之,其不善者而改之。
- 学而不厌,诲人不倦。
- 好学。
- 知之为知之,不知为不知,是知也。
- 学然后知不足。
- 己所不欲,勿施于人。

后来发现原来这些都是孔子说的话,但我小时候不知道,因为在那个"批孔"的年代,父母担心会因此引来政治迫害,所以总是以"古人说"开头,从不提"子曰"。

而学校虽然面临着宣扬马克思主义的强大压力,却也不断灌输给我同样的价值观、规范和偏好。看看这个例子:在中国校园里每一间教室到现在都仍然一样贴着"好好学习,天天向上"的标语。单从字面上来看,其表达的信息和传统中国教育思想完全如出一辙。我于1990年代及21世纪初期访问北京、南京、上海、山东、四川和广东等地的学校,发现中学和大学的教室里也布置着几乎相同的诗词格言以激励学子:

书山有路勤为径,学海无涯苦作舟。[16]

在我读书期间,每回大考小考后,老师经常要最用功而不是成绩最好的学生站起来接受同学的掌声,赞扬他刻苦的学习精神。只要任何学生有好的表现,老师会叮咛他们不可骄傲,要继续努力,更上一层楼,因为学海无涯。对表现不好的学生,老师们的训话一开口总不外乎是"你不够用功、不专心、不用心听讲、练习不够"。有时候老师也许会提到某个学生"脑筋灵活",但我从未听过任何一个老师或同学将某人优异的学业成绩仅仅归结于他天生的智力;同样,也没有人会认为若是天生资质不好,功课就会不好。

层层剥开我的童年经验后,便清晰可见这一知识传统对学习所秉持的如下观点:

1. 学习是生命中最重要的事,是人生的目的。

2. 学习让人变得更好,不只是更聪明而已。学习的最终目的是达到自我的完善,同时贡献一己。

3. 学习是终身事业,很早就开始而且贯穿一生。

4. 让你与众不同的知识无法不劳而获,必须去追求,其过程需要决心、努力,不畏艰难、坚定的意志,专心致志以及谦虚之心。你必须有学习的热情,即所谓的"好学心"。

5. 学习没有特权也没有歧视的问题,每个人不论天生资质或社会条件如何,都能追求知识、得到知识。

6. 一个人的学习过程起初都受惠于他人的悉心教导,但随着自我的成长,个人也将有助于他人的学习和自我修养,与世界和睦相处。[17]

这些观念以前(很大程度上,至今仍是)就在无形有形的涵化过程中灌输给孩童。如同其他的文化内化过程一样,这些深层的信念,被学习和内化得如此成功,几乎没有任何一个孩子会去怀疑其背后附带的价值、倾向和规范。[18]

回归自我文化也加深了我对西方传统的体会。显然,浮士德的故事是一种全然迥异于东方的学习和知识体系的缩影。这个久远的知识传统源自古希腊,经过基督教的学术(Christian scholarship),最后站上了现代科学的尖端,而浮士德(不论是真有其人,或更可能是马洛和歌德所塑造的人物的混合体)承袭了此传统,表现出西方世界对学习及知识的核心态度,不但至今仍然盛行,而且多半会长久继续下去。该传统强调的主题是:

1. 人类对外在世界的好奇心激发了求知欲。

2. 知识来自对宇宙无休止的探究精神。[19]

3. 心智是人类探究知识至高无上的动能。

4. 我们借着推理(而非感觉)过程来认识世界。

5. 能力高超的人善学习。

6. 追求、探索及最后成功得到知识完全是个人的奋斗。

将两种学习传统并置来看后,浮士德的交易对家母、大学同学们和我自己会造成困扰的原因即一目了然了,因为这与儒家世界对学习和知识传统的定义截然不同,儒家的学习和求知不是为了探索外在世界,而是向内追寻自我的精进。学习如何完善自我,进而成为德行兼备之士,从未被认为会造成个人或他人的损失和负担,也因此,学习不仅是好事,更是首善之事。

很显然,美国学生不爱读书带给我的冲击也源自学习观点的差异。我的反应或许看来很主观且强烈,而且事后颇为之遗憾。美国学生的学习动机本身也是个复杂的研究领域,并且不乏西方知识传统的影子,此点在第二至第八章将会讨论。不论如何,若不是最初和佛蒙特州及宾夕法尼亚州学生的接触,亦不会激发我开始自我省视,发现自己的文化,并且发现了帮助我但同时也局限我学习的文化镜片。

经此崎岖但收获丰富的探索之路,我的研究计划也于焉诞生。如今,我的学习旅程中也承袭了部分西方的学习精神,我无法不再次回顾浮士德的追寻,但这次我有了远为深厚的基础和理解。我想知道这两种文化中是否仍存在这些基本的学习观念。身为儿童发展的研究者,我的好奇心自然导向儿童身上。假设可从实证研究得到确切的答案,我想知道这些信念是如何代代相传下去的? 而最后,不同的学习观念又如何影响儿童的学习?

在后面的章节中可以看到实证研究的结果都证明,不论政治、社会、经济如何变迁,此两种文化都仍维持着其各自的基本学习模式。这种模式潜藏在学习者的思想、感情、行为,及其社会世界(social world)的行动之下,对儿童有极深刻的影响。

注 释

① 引自 Knox, M. M. McGalliard, J. C., Pasinetti, P. M., Hugo, H. E., Spacks, P. M. Wellek, R., Doughlas, K., & S. Lawall (1992). *The Norton anthology of world masterpieces*, Vol. 2. New York: Norton, p. 462。

② "新文化运动"(1915—1923)是中国激进痛苦的近代史的一部分,为了拥抱西方民主科学的精神,知识分子发起在政治、经济、教育、语言、文学和艺术传统等方面的改革运动,例如将学校的教材全面由文言文改成白话文。详细的讨论请参考余英时(1992):《中国文化与现代变迁》,台北:三民书局。

③ 1977 年十年"文革"后首次高考录取率为 4.7%(应考人数 570 万,录取 2.7 万人。但十年"文革"造成了高达百万计的青年未能参加考试,如果都计算进去,当年有幸进大

学就读的学子比率应该更低）。相关统计数据见国家统计局国民经济综合统计司 (2005)：《新中国 55 年统计资料汇编》，北京：中国统计出版社。

④ 鲁迅是对中国传统文化批评最直率的作家，其小说和杂文对儒家的攻击也最猛烈。对于这位 20 世纪初反传统作家及其他知识分子所作的相关历史讨论和重新评估，请见本章注释②的参考数据。

⑤ 我最后终于有机会对匹兹堡大学的慕沙克及菲德特教授表达我的感激，他们两位开启我的心灵视野，带领我认识了儿童创造力，并建议我申请哈佛大学教育研究院。我原本不知道自己多么欠缺申请的资格，他们对我的信心和鼓励，永志难忘。

⑥ 请见 Tomasello, M. (1999). *The cultural origins of human cognition*. Cambridge, MA：Harvard University Press。他的研究主题包括人类整体文化如何成为我们传统的一部分，以及人类认知和社会理解由此之不可逆性。

⑦ 在我人格的形成期，我完全没有接触过任何儒学著作，除了荀子（前 313—前 238）的某些文章，所以 1970 年代的初中教材里选了一篇荀子有名的《劝学篇》，并要求我们背诵下来。荀子和孔子、孟子同是儒家早期的学者，然而除了这个意外的缘分之外，学童学到的是孔子和他的门生都是反革命分子、不尊重劳工、只看重书本知识，而且为统治阶级宣扬主义。儒家遭受到的恶意扭曲和马基亚维利式的攻击（Machiavellian attack），是许多我这个时代的人感到被欺骗的原因，然而一旦读了《论语》和《孟子》以后，一切便昭然若揭。2008 年的北京奥运会我们目睹了一个巨大的变化，在开幕典礼上，北京在全世界人面前以《论语》中的第二句"有朋自远方来，不亦乐乎"作为开场〔此处"朋友"指的是对自我修养有共同目标的人，但英文只以"欢迎朋友们"（Welcome my friends）轻轻带过〕。现在国家领导人翻新儒家追求和谐的基本价值，并将之提升为国家建立社会和谐的议题，我认为这是一个文化觉醒的象征。

⑧《论语》自汉代（前 202—220）以来就是所有学童的必读教本，直到 20 世纪初科举制度 (Civil Service Examination) 废除后为止。但四书和五经仍是学校的基本教材，中国大陆学校在 1949 年共产党执政后不再教授，但中国台湾、香港地区和新加坡的学校仍继续此一传统（很多学校到今天仍是）；请见杨晋龙（C. L. Yang, 1995），《论儿童读经的渊源及从理想层面探讨两种读经法的功能》"Reciting or listening to the origin and ideal of children's classics training"，《高雄国文学报》〔Bulletin of Chinese〕（National Kaohsiung Normal University），8, 1 - 50。此外值得一提的是，1930 年家母 9 岁入学时要正式向至圣先师孔子及她的老师行礼，第一本读的就是《论语》，她到了 80 多岁仍能背诵其中的大部分内容。同样，家父于 1920 年代 10 岁进村里的私塾时也以《论语》为启蒙书。

⑨ 请见第二章"以天下为己任"一节中科举制度的部分。

⑩ 中国历史上朝代的变迁，请见 X. R. Han (2006). *Chinese discourses on the peasant*, *1900 - 1949*. Albany, NY：State University of New York Press；以及 Gernet, J., Foster, J. R., & Hartman, C. (1996). *A history of Chinese civilization*. New York：Cambridge University Press。

⑪ 西方势力打开中国的大门,鸦片战争及随后的发展带来 1911 年孙中山的革命,终结了中国延续两千年的君主专制制度,其后中国共产党打败国民党政府,于 1949 年取而代之。

⑫ 秦始皇(前 259—前 210)的焚书坑儒(前 213—前 212)。

⑬ 有关涵化(enculturation),请见 Le Vine, R. A. (1990). Enculturation: A biosocial perspective on the development of self. In D. Cicchetti & M. Beeghly (Eds.), *The self in transition: Infancy to childhood*. Chicago: University of Chicago, pp. 99 - 117。

⑭ 关于"儿童发展生态龛"的介绍,请见 Harkness, S., & Super, C. (1992). The developmental niche: A theoretical framework for analyzing the household production of health. *Social science and Medecine*, *38*, 217 - 226。婴儿与照顾者的互为主体性(intersubjectivity)之研究回顾,请见 Trevarthen, C. (1998). The concept and foundation of infant intersubjectivity. In S. Braten (Ed.), *Intersubject communication and emotion in early ontogeny*. New York: Cambridge University Press, pp. 15 - 46。

⑮ 这一节并非无的放矢,而是因为有些人误以为中国大陆人民因为特殊的政治环境而异于常人,甚而以为大陆的父母没有能力给予孩子良好的爱与照顾,更糟的是将原因归结于他们欠缺文化传承,故特在此说明。

⑯ 难怪在我的学习词汇表中,这些诗句是最常见的前二十个。(详细内容请见第三章)

⑰ 学习和追求合乎文化期望的技能也会带来实际的益处,比如找到好工作以维持自己和家庭的生计,但这并不是中国独有的价值观,而是普世皆然,所以中国人当然也会为了现实的理由而学习。第二和第三章会将此现实层面和儒家传统较超越的学习目的结合在一起讨论。

⑱ 是的,除了秦始皇焚书坑儒,近世也有其他迫害学术界的事件,包括近代的教育审查制度。但这些事件只是更显露了秦始皇的暴虐及后世的残酷行为都会面临不断的谴责。历史上的这一页,尤其是秦始皇的暴政始终是中国人良知上的污点。博学之士自古至今都是文化英雄。读书人在新文化运动期间及中国更扭曲的近代史中,也同样质疑、攻击和排斥这个学习传统。然而,在本书后面的章节中可以看到这个传统并不那么容易去除,其力量和韧性仍待深入探讨。在毛泽东无数的文章中独独选中"好好学习、天天向上"高挂在中国的每一间教室里(没有别句毛泽东的话得到如此的青睐),正是此学习传统历久弥新的表征。不论孩童何时看到这句引文,都没有原本出处的上下文,也没有任何一位老师费神去解释这只是为了实践共产主义,每个学生走进教室都可以毫无阻碍地看到这句话高挂在教室黑板的上面,永远超然物外(decontextualized),仿佛顶着永恒的光环,居高临下,如此强大不朽,到今天还是每间教室必有的景象。我在大陆受教育的二十五年中一直听到的就是要努力读书贡献社会,因此,虽然老师和学童从中得到的单纯是字面上的信息,但就如前述,却和儒家学习传统不谋而合,所以孩子要认真向学是不受政治体系影响的。但对我而言,这就是文化力量持久的平常表现。从这个角度来看,这个学习传统穿越了时空,也超越任何

政治体系,不论在哪里,只要有中国人的地方,都有大量的实证研究支持这个学习传统的存在。

⑲ 浮士德为自己带来灾难是因为当时宇宙被认为是依上帝的旨意而创造的,是人类所不能也不被允许去理解的知识。虽然现代哲学和科学不再视神为世界本体之本源,现代浮士德也不用为了自己的追寻而放弃生命,但是如何感知外在世界,或者如何确定其能为人类所知,仍在这些领域中不断制造认识论上的争议。

第二章
为掌控宇宙而学抑或为完善自我而学

　　虽然许多文化观察家都能察觉到西方文化和儒家文化一般性的差别①,但很少有人对两种文化背景下学习观念的差异加以分析。本章旨在对两种文化中有关学习的基本观点作一概括的描述,希望藉由追溯这些不同知识传统的中心思想,替后面章节将要讨论的实证研究结果建立一个检验和诠释的基础。

　　我们将两者历史作一个简短的回顾后会发现,两种文化对于学习都有很丰富、为时甚久且影响深远的观点(世界观,weltanschauung)。每一个观点在其各自的哲学思想体系里都具有本质上的重要性。由于实际上可以互相区别,所以两种文化观点可以经由其学习的基本命题作为分析架构。这些命题一直指引着其思想家的论述方向,追求知识带来世世代代关于世界和人类生命的各种不同的学派和理论,随着时间的变迁,后来的思想家会修正既有的思想范式,进而创造新的思维。这个思想形成的模式一直在进行,在这一点上,两种文化知识发展史颇为相似。

　　不论这些一般的模式如何,这两种文化的知识传统肇始于极不相同的关注和前提,之后发展出各自的道路。以此来看,这两种知识体系以前没有,而且在可见的未来,似乎也不可能相交,亦不会像某些人以为的将融合为一。精通西学的儒家学者梁漱溟②,对此分歧有很精辟的见解,他认为如果你遵循西方的认知和学习路径,就不太可能得出儒家的结果;反之亦然,如果你沿袭儒学,那么落足西方传统的机会就很小。为了这个研究,我提取出西方知识传统中四个值得注意的重要主题,分别为:知晓客观世界、准确无误的知识、心智的奇迹,以及省视过的人生。同样,儒家知识传统也分为四个主题:完善自我、以天下为己任、学习美德，以及行胜于言，以下将分节讨论。此外，每一种文化的四项主题介绍完毕后，会以该文化对"学习者"(learner)这个概念的讨论作结。首先我们先来看西方的传统。

西方知识传统

知晓客观世界

打开西方知识史，入眼即为（人类的）认识论(epistemology)③，这是自古至今有关学习的焦点，也是西方重要的哲学概念。Epistemology 由两个希腊词 επιστήμη(episteme) 和 λόγο(logos) 组成，前者意为"知识"(knowledge)，后者意为逻辑或原则(principle)，即构成了这个词现在的意义，即"知识的理论"(theory of knowledge)。这个哲学的分支旨在研究人类知识的本质和范围，④其最普通的定义，包括了什么是知识、知识如何获得、人知道什么，以及我们怎么知道自己知道等问题。

然而，讨论西方与儒家的差异不能以这种文化框架内的问题为起点来进行。显然，所有这些问题都已经有一个前提，也就是一致接受"知识"这个概念的正当性和有效性，但在本章后面把两种文化中的各个观点并列比较后，会发现两者并没有共同的前提。为了配合本书的研究，以及更重要的是考虑到文化的观点，我采用在一般层次上比较能适用于两种文化的问题（就此而言，任何文化皆可）作为我研究的起点。这个问题不会偏向任一方对知识及求知的描述，而是将双方放在相同的立足点上。我提出的问题是："人要知道什么?"这个问题中的"知道"可以自由定义，其重点在于"什么"，并可以此来探究一个关键议题，也就是"什么"是人类需要知道的，或者说，"什么"是人类首先应该费心要知道的。

若从我读过的西方知识史来响应前述问题的话，答案是：外在世界。人类在此被视为"知晓者"(knower)，而这个"知晓者"概念的范围，没有限定对知识确定的程度。外在世界是人类要去认识的客体，但这里重要的是去观察人类在试着"去知道"并"获知"，或者至少他们认为自己知道了的时候的心理活动。这个"外在世界"的概念已逐渐扩大，从小范围的物理世界，及至精神世界，再到社会世界，最后扩及至一个包含一切的全方位世界，但所有不同版本的"世界"，对那个试图去认识它的个人而言，始终在外面。

一般说来，分辨外在世界有两个层次，第一个是入目所及的事物，哲学家称之为"感觉资料"（sense-data），在这个层次上主要是厘清人所直接察觉和经验到的东西是如何互为一体、彼此关联及作用的。但在西方观念中，更重要的是第二个层次的外在世界⑤，因为它是造成并推动表面事物发展的深层潜在力量，可从不稳定而且变化无常的事物下面找到稳定的本质。

第一个勾勒出认识论框架来看待外在世界这个人类获取知识客体的是希腊人。早期的希腊思想家两个层次都处理，其中有一些人试图连接表面的事物，但那些在历史上得享大名的则对了解"事物本质"（nature），也就是外在世界下深层的东西更有兴趣。他们想知道物理世界是由什么组成的，以及它是如何运作的。例如，据载泰勒斯（Thales，约前 624—前 546）在思考世界的本体（substance）后曾说过所有的东西都是由水组成的。安纳西曼德（Anaximander，约前 610—前 546）主张万物都来自一个原始的物质，它具有无限、无穷和永恒的性质。赫拉克里特斯（Heraclitus，前 540—前 480）相信火是所有其他物质产生前的初始元素。阿那克西美尼（Anaximenes，前 570—前 526）宣称宇宙形成的基本物质是空气，但其后的恩培多克勒（Empedocles，约前 483—前 435）则把火列为组成万物的四大元素之一。更惊人的是阿那克萨戈拉（Anaxagoras，约前 500—前 428），他认为世界可无限地分割，所以即使是物质里最小的元素也互相包容。

他们思索宇宙的秩序和法则，争论移动中的物体形状、运动现象和动态世界的时间性，例如，他们推测出天体是循着完美的轨道运行的，毕达哥拉斯（Pythagoras，约前 572—前 497）甚至发现地球是圆的。一方面，赫拉克利特斯认为这个世界不断在流动，并举过一个很有名的例子来说明："你不可能涉足同一条河两次，因为流过来的永远是新鲜的水。"（以及"每一天的太阳都是新的"）但另一方面，帕尔米尼底斯（Parmenides，约前 515—前 450）和芝诺（Zeno，约前 490—前 430）又反驳赫拉克利特斯的主张，宣称世界万物是永恒不变的。⑥

希腊的思想家对物质世界表现出超凡的态度和风格，罗素（Russell）形容他们是用"不偏不倚的努力"（disinterested effort）⑦来理解世界。一方面他们对外在世界有着强烈的好奇和热情，换言之，就像是孩子般一派天真坦率，"充满了想象力、朝气蓬勃，而且洋溢着冒险的喜悦"。⑧他们对什么都有兴趣，举凡星辰、风、海龟、豆子、神祇、道德等等无所不包。另一方面，他们的思索带有静穆的特质,即使用今日的标准来看仍然表现出真正的科学精神。他们对世界提出各种假设,互相争辩,有些人还加以检验。希腊人后来的思想受到宗教洗礼,使得人类想要了解的对象不再止于物理世界,而是其背后被视为绝对完美的神性。不过现代科学在 17 世纪时又重归早期希腊思想的怀抱,朝向物理及最终的机械世界发展,所以科学家和科学史家都一致同意这个立足点 ⑨ 应该是,也始终是后来世世代代科学方法的核心,不消说,这个模式成功地带领西方科学家成就了他们最重大的突破。

但是理解世界不是学习和探究答案的唯一目的。在西方,掌握世界以便控制它并且利用知识来满足人的需求也一直是一个很明确的目的。后者在西方历史最早的数千年间进展缓慢,但随着时间的推演,人类知识,特别是科学,已帮助人类消灭某些致死的疾病、增进健康、减少饥馑、提供大量的庇护所、提高生产效率、增加财富,并让人类生活的各方面都越来越便利。然而尽管如此,这些成就在近两个世纪也让我们目睹了人类对自然界施以了史无前例且彻底的剥削。人类的行为带来更多更棘手的问题,其中最严重的是科学发现所带来的后果(即核武器和工业污染)。如果对此毁灭的趋势不能找到有效的反作用力,地球的资源将很快耗尽,真正的人为灾难极可能随之而来。但是,我们仍希望藉由对物理及人类世界的研究,能找到解决的办法。

准确无误的知识

除了对外在世界基本的兴趣和态度之外,西方知识传统进一步的发展更植基于其对知识论关键问题的严肃探讨,也就是我们如何知道我们知道的事情。而这个问题又进而衍生出一组相关的问题,如"知识和信念的差别为何?""人类的知识有多准确无误?"等等。

认为外在世界是可以理解的这个基本观念亦来自古希腊,并由此衍生出所谓的理性主义,理性主义者主张世界是有秩序而且可以理解的,这个倾向形塑出崇尚理性、心智、分析和抽象思考的态度,较不看重直觉、感情、社会认识(social knowing),以及从经验中学习。

希腊人找到了推理过程最重要的基础"逻辑学"[始自帕尔米尼底斯,并由之后的亚里士多德(Aristotle,前 384—前 322)确立为一门正式的学科]。他们喜好用演绎法来证明人类肉眼看不到的物理关系和力量之存在,并且相信他们可以得到准确无误的知识。他们认识这个世界的方法是首先借着察觉那些不证自明的现象,找到宇宙的公理(axioms),然后再以演绎推理方法来研究那些远非不言而喻的事物,得出定理(theorems)或者其他合乎逻辑的结论。这个取得知识的方法主导着西方世界,并影响了大部分的西方思想家。

数学也许是希腊最具影响力的发现,因为它比逻辑本身来得更确然有力。毕达哥拉斯也因此被誉为"有史以来最伟大的人物之一"⑩。他以数学来表现沉思生活的理想,罗素曾评论:

> 经验主义哲学家似乎是自己研究材料的奴隶,但理论数学家不然,他们就像音乐家一样,自由地创造着他心中秩序井然的美丽世界……数学是现实世界中一种可靠、准确,而且实际的知识;而且,它的取得纯粹依赖思考,不需要靠观察,因此被视为一种理想,可以弥补日常经验性知识的不足,人们并以数学为据,认为思想优于感官。⑪

由于数学知识的可靠及绝对性,致使人们相信"有一个超越感官而且可理解的世界,而且世界上有永恒和绝对的真理"⑫。苏格拉底(前 469—前 399)和柏拉图(前 427—前 347)也主张世界上有正确无误的知识以及永恒的真理。柏拉图在他的《理想国》(Republic)中说道:"几何让人如实看见……因为几何是永恒不变的(geometrical knowing is of what is always)。"⑬数学和逻辑在古希腊也用来称颂上帝和不朽的灵魂,但后来被神学家和基督教学者用来证明上帝的存在,以及他绝对的知识、他的完美和他的力量。例如,圣汤玛士·阿奎那(St. Thomas Aquinas,1225—1274)以亚里士多德"不动之动者"(unmoved mover)的论点为基础,然后用理性与逻辑来证明上帝就是推动宇宙万物运行的不动者。

数学、演绎逻辑和理性的知识体系主导并且推动千年来对永恒与绝对真理的探索追寻,除此之外,长久以来没有其他探索外在世界的途径,哲学家和科学家都全心投入其中,并赖此继续他们的事业。17 世纪开创现代科学的巨人如哥白尼(Copernicus)、开普勒(Kepler)、伽利略(Galileo)、莱布尼兹(Leibniz)和牛顿(Newton)等人的成就都证明了数学、逻辑和理性推理(伴以有限的观察和事实)的力量。

17 世纪时弗朗西斯·培根(Francis Bacon,1561—1626)提出了归纳法,并成为西方认可的一种系统性的科学研究方法。虽然培根批评中世纪科学而且在方法论上有极大的贡献，但他对追寻真实无误的知识本身并无质疑，反而为之注入更可行的方法。18世纪时主张一切知识皆来自经验的约翰·洛克（John Locke，1632—1704）虽然想法十分激进，但也未放弃理性。相反，他始终认为理性的人应该对自己的主张保有某种程度的怀疑，即使是宗教启示也必须要以理性来判断，因此可以说，他仍然以理性为上。

理性在哲学领域也同样再次大获全胜。伊曼努尔·康德（Immanuel Kant，1724—1804）是自18世纪时期以来西方的哲学大师，著有《纯粹理性批判》(*The Critique of Pure Reason*)⑭，书中区别先验及非先验的知识。康德纯粹经由思考，总结出精神上的四个范畴：量、质、关系、形态（quantity，quality，relation，modality）（及其下再细分的子范畴）。他认为人类的心理机制总是会理性地把经验加以过滤（好似永远戴着有色眼镜看世界），也就是说，人类有一个先验的方法来认识和处理这个世界。因此人类知识不只包含数学和逻辑的先验知识，还有其他各种先验知识，即使后者最早是由经验而得到的。此外，他的道德理论中推论出著名的"绝对道德义务原理"（categorical imperative）的概念，认为所有道德观念的源头都完全先验于理性。

对知识接受的标准在过去三百年来已有很大的变化，导致现代认识论不再相信有正确无误的知识，而"绝对的真理"（absolute truth）变成了许多科学领域中的或然率程度、模式或趋势走向。⑮不过我认为不论是哪个领域的知识，但由于其源数据未必可靠，所以到底我们对这个知识有多大的确定性，这个基本问题仍然常被用来评估它的可靠性，因为没有一种知识可以不经过合理的推论来评估。这种评估的框架也被运用在社会科学及非科学领域，如犯罪和民事诉讼和审判上（例如，一个案件只要没有合理的疑点，不需要毫无疑点，即可判定犯罪），因此，数学和逻辑推论在科学和其他追求知识的领域中的主要角色至今仍然毋庸置疑，而且应该会在西方长久持续下去。

心智的奇迹

以上讨论了西方世界认为对人类而言很重要所以需要知道的事，以及为了得到正确可靠的知识而发展出来的主要途径和方法。另外还有一个在讨论西方知识和"得知"（knowing，在此意指"学习"）的时候不可忽视的重要问题："是我们的什么部分在'知'？"前面章节虽曾特别讨论过这个问题，但并未针对知道的人本身加以阐述。人类实体（existence）负责"知"的部分是我们的思维能力（intellect），或称为心智（mind），这是人类的一种官能（faculty），其后在心理学中视之为一种潜能（capacity），最前沿的神经科学则解释为一种人脑的电路系统（circuitry）。这个思维能力赋予我们逻辑性，能将事物作比较和对照、分析、综合归纳，总而言之，就是赋予我们理性。

这种人类官能对于我们获得知识有何作用？第一个思索这个问题的又是希腊人，其中两位最有名的思想家苏格拉底⑯和柏拉图都提出了影响深远、有力的论点。苏格拉底认为人类甫一出生即拥有知识，不用教也不用学就知道了，所以人类是靠回忆获得知识，而非学习。他以自己教导的一个奴隶男孩为例来证明他的主张，这个男孩刚开始对几何一无所知，但最后却能靠自己得出正确的答案。当然，若不是有苏格拉底式的教法，用一个接一个的问题来引导，这个男孩也不可能学会几何。苏格拉底坚持只有那些世俗技能才是学来的，比如骑马、射箭、工艺（包括弹奏乐器和制作雕像），高层次的人类知识，特别是数学和逻辑，则是天生的。

柏拉图进一步阐述其"理念论"（theory of ideas），他认为人类心智中所有可感知的事物都有一个"理念"或"形式"（从我们目前的观点来看，这和我们从所用的语言中选用的字眼有关）。语言里有意义的字词当中，有些表达的观念比较具体（柏拉图只讨论"理念"或"形式"的概念，没有讨论如何从可感受的现实中抽取概念）；反之，有些属于较抽象的范畴。以"狗"为例，我们用"这只狗"或"那只狗"来指个别的狗，但所有的狗都属于"狗"这个概念。在柏拉图的理论中，"狗"这个概念，是普世狗众共有的（今天我们只要用林奈生物分类法来定位动物品种即可）。因此，人类心智对世界上一切所见、所闻、所感的东西都有这种抽象的概念。而且，柏拉图主张这些普世共有的观念或形式同时也是理想的原型，因此是人类应该拥有的真正的知识。我们经验到的一些特定事物不是真实的知识，只是表象，因此，未用来追求真实知识的心智只看到漂亮美好的东西就满足了，但有智慧的哲学家，会劳其心智去理解美和善的本身。苏格拉底和柏拉图主张是我们的推理能力，也就是我们的心智使真正和理想的知识得以实现，因此理智胜过感官。

珍妮弗·麦可·海契（Jennifer Michael Hecht）在她的《怀疑》（*Doubt*）一书中表示古希腊哲学家看出了这个世界混乱的本质，但同时也体会到使人类超然物外的理性力量，她说："最迷人的是柏拉图的解释不但合乎逻辑而且超越经验(transcendent)。人运用逻辑不是为了征服混乱，而是因为逻辑本身就是美，就是真。柏拉图认为，思索静观事物的本质本身就是一个净化的过程，可以带领人类进入唯有神性存在的境界。⑰这个看法真是太精彩了。"

罗素指出，数学和逻辑由于其抽象性，所以完全脱离我们直接经验的现实。这是知识中唯一可以自我演绎推论的领域，从建立一个公理(axiom)开始，亦步亦趋走向结论。苏格拉底证明的不是人类知识的本身，而是我们有依循逻辑和证据的能力。此外，我认为重新思考柏拉图的理念论，可以发现它其实不过是人类将等级结构中的事物加以分类的认知能力，从对最具体事物的感知到渐次抽象的概念，并用各种词汇标出它们在人类世界认知结构图上的位置，所以我们没有必要独尊或贬抑某种认知类型，因为所有的人发展成熟后对所有层次的知识都有认知的能力。⑱

不论如何，苏格拉底和柏拉图对于人类心智的看法并非异想天开的短命论述，而且在西方知识历史上一再复苏，到了笛卡尔(Descartes, 1596—1650)提出一个人的存在是经由察觉到自己思想的后设认知(metacognitive awareness)而得到证明，即所谓"我思故我在"(cogito，即cogito ergo sum，英文译为I think, therefore I am)。⑲笛卡尔凡事以怀疑为出发点，即所谓的"笛卡尔式的怀疑"(Cartesian doubt)，最后也因此成就非凡。除了他的"我思"(cogito)以外，他甚至不能以任何其他方法来肯定自己的存在，但"我思"让他确定自己正在思考，所以他必定是存在的。⑳

在此要指出很重要的一点是，先天论者(nativist)对人类心智的观点至今仍很活跃，他们认为人类拥有非其他动物所能企及的心智能力。如乔姆斯基(Chomsky)首先提出来语言也是人类天赋的展现，人类语言，尤其是掌握语法规则及衍生的能力是我们的天赋，不是靠后天教导或彼此学习而来的，㉑在这一点上，他及其后来的学者都提供了难以驳斥的明证。现代科学对人类婴儿认知的研究已盖棺论定，我们确实天生就拥有认识这个世界的惊人能力。㉒

不过认为人类心智具有不可思议力量的不只先天论者。有些思想家虽然不同意先天论的观点，但仍然替心智增添了其他的本事。和苏格拉底及柏拉图同时代的阿那克萨戈拉甚至说心智是物理变化的主要原因。他的这个"心想事成"的主张(也许和苏格拉底和柏拉图的论点一样大胆)，加上其他古希腊较晚期的观点,也许正替后来上帝乃全知全能的神学观点奠定了基础。由于基督神学的影响,人类所能想象的最至高无上的力量就是神的意志,神不只从无中创造了世界,而且也控制了这个世界和其中的一切。由于人是神创造的,因此我们也与他的力量相联,虽然或许我们无法完全掌握并拥有这个力量,但可以认识它、敬畏它、信仰它、追随它。

即使是基督教早期历史上有名的圣奥古斯丁主教(St. Augustine,354—430),也曾思索人类心智的特质。他讨论心灵所感知的时间相对性,并认为不论过去和未来都不是真实的,唯有当下才是,因为我们可以感受到时间的流逝。他认为过去包裹在记忆里,而未来在期待中,因此,时间是主观的,存在于人不断期望、考虑和回忆的心里。当然,就圣奥古斯丁的信仰来说,人的心智亦源自上帝的创造。㉓

反对先天论最主要的人物是约翰·洛克㉔,不可否认他的观点在历史上很晚才出现,但其重要性不论当时或现在都不可轻忽。洛克认为我们所有的知识,也许权且不论逻辑和数学两项,都来自我们的经验。他表示没有所谓天生的知识,包括柏拉图学派的苏格拉底、柏拉图及其他人所主张的那种“理念”(ideas)。我们的心是一张白纸(a tabula rasa),上面写着我们的知识,首先是通过感官,其次是经由心理运作而来的感知。他进一步争辩说所有以往所谓对世界形而上(metaphysical)的知识和概念并非先验的,只是语汇选择的结果而已。洛克的知识理论开启了对自然和心智功能另类的探索方向,唤起了对经验及其如何影响我们的心智和“知”(knowing)的分析。他的理论也给予我们对主观的心理功能运作过程更大的探讨空间。但无论如何,他并没有放弃心智本身,而是指出了人类心智奇迹的不同面貌。

在洛克之后有两位重要的哲学家承袭其理论,并进一步论述人类心智的经验及主观的本质。乔治·柏克莱(George Berkeley,1685—1753)㉕坚持不光只是某些单个的事物(discrete things)而已,所有的事实都是心智的产物,我们察觉到的只是事物的性质,不是事物本身。比如说,热和冷只是存在于个人心里的感觉;又如带甜味的东西被认为是快乐的象征,苦味是伤痛,但是快乐和伤痛是心理反应,不是食物本来的性质。不论何事,在我们知道以前就已先经过心理上的过滤,因此,这个世上只存在着心智和心理活动,并没有一个独立于心智以外的世界。戴维·休谟(David Hume,1711—1776)㉖更进一步主张,我们由于思考和推理过程所累积的经验印象而得到简单的观念，另外把印象再加上想象得出复杂的观念，并用语言措辞来处理这些观念。他也主张我们大部分由因果关系而得到的知识不是来自事物本身，而是因为有些事物总是伴随而生，让我们以为有其一必有其二，这个推论或信念让我们以为两者有因果关系。康德面对经验主义的挑战，想要试图保留人类有天赋智能的看法，于是提出他对心智范畴的论点来调解以上矛盾对立的主张。从哲学作为一门学科的观点来看，后来的思想家对人的理性也许抛出了许多质疑，你可能同意或不同意这些后来的论点，但我认为，不论人类心智是理性或主观，又是否受经验左右，都不重要，但是心智这个主题得到如此大量哲学上的思考，使得我们现在能看到心智有这么多值得注意的功能，这点则意义重大。

心智的奇迹让西方学者为之着迷，至今不辍，也因此造就了致力研究心理功能及其外显行为的现代心理学。其研究人类智慧的方法和多样性从以前到现在都是现代心理学的特点。㉗长达一世纪的研究发展（亦受人类学影响）涵盖了不同文化的人民，提供了更多的证据显示人类心智活动可能有共同的基本结构，例如，儿童发展早期即有处理音素、话语声音、社会情绪交换和结合等等的能力，以及相同的语言习得程序。但是人类在智能（capacity）范围以外的心理过程总结来说并不一致，各个文化、种族，甚至性别都有不同表现。心智似乎很能适应生活所在的特定文化和社会情境，即使看来好像很单纯的概念，比如对于颜色、时间、物品分类，望着水缸里的鱼，看着一个木头三角形，或评量冲突矛盾等等，人的心理反应都有文化上的差异，有时甚至在同文化中的男女亦有别。㉘姑且不论西方世界曾如何研究人类的心智，总之极少有人会怀疑心智在人生中至关紧要的角色，当代心理学、认知科学和神经科学仍在专心致力于摸索人类心智各层面不同功能的精确图像，随着研究的日益深入，可想而知一定会发现更多心智的奇迹。

省视过的人生

至少自苏格拉底的时代开始，西方就很重视个人对自我人生的反省。苏格拉底在雅典接受审判，处死之前曾为自己辩护，其内容记录在《申辩篇》（Apology）中，其中有句名言："未经省视的人生不值得活。"㉙而他的一生正是这句话的真实写照。

在所有柏拉图记录的对话里，苏格拉底都非常坚定地质疑所有被认为是理所当然的传统观念。他会挑战和他对话的人，尤其是那些坚持己见的人，请他们回答那些他们自认为熟悉的观念到底意义为何。例如，他在法庭上看到欧西佛洛(Euthyphro)正在起诉自己的父亲谋杀了一名工人，而这名工人自己也是杀人犯。欧西佛洛告诉苏格拉底，他的家人和朋友都认为他不虔敬(impious)（因为他身为儿子却控告自己的父亲），但是欧西佛洛觉得那些人都错了，而且他的家人不了解什么是虔敬(piety)，苏格拉底就利用这个机会和欧西佛洛一起寻找虔敬最完全的定义。以下是苏格拉底(苏)和欧西佛洛(欧)对话的节录：

　　苏：那么告诉我，什么是虔敬，什么是不虔敬，你说说看。

　　欧：我说，我现在做的事就是虔敬，控告做坏事的人，不论是谋杀或者抢劫圣堂或其他的事，也不论这个人是你的父亲、母亲或任何其他人；不控告就是不虔敬……

　　苏：……现在，试着讲更清楚一点……你解释得不充分，我问你什么是虔敬，但你告诉我的是你现在在做的事，也就是控告你的父亲杀人，是虔敬。

　　欧：我告诉你的是事实，苏格拉底。

　　苏：不过，或许你也同意，还有很多其他虔敬的行为。

　　欧：是有的。

　　苏：那么请注意，我没有要你告诉我许多虔敬行为中的一件或两件，而是所有虔敬行为共有的形式(form)本身为何，因为你同意只根据某一种形式来看，而让所有不虔敬的行为都不虔敬，而所有虔敬的行为都虔敬，你不记得吗？

　　欧：我记得。

　　苏：那么告诉我，这个形式本身是什么，让我可以把它视为并用来当作一个模式(model)，如果你或其他人的任何行为符合这个模式就是虔敬，如果不符合就是不虔敬。

　　欧：如果那是你要的，苏格拉底，那我就如你所愿地告诉你。

　　苏：那是我要的。

　　欧：好吧，为神所爱的就是虔敬，反之就是不虔敬。

苏：好极了，欧西佛洛！……㉚

虽然他让欧西佛洛回答且提出抗辩，但苏格拉底屡屡提出尖锐的问题（不顾欧西佛洛被逼到墙角的感受），有技巧地一步一步逼问，让欧西佛洛无所遁逃，只能配合他，最后说出他对虔敬最广泛的定义。

苏格拉底展现出对追求真实知识的承诺和义无反顾的态度，但由于他教导青年像他自己一样地质疑所有的事情，所以被控诉败坏青年（以及不信仰城邦诸神）而受到审判，后来他放弃逃狱的机会，并依照判决饮下毒药，平静、勇敢地死去。

由于他的生活方式和对青年学子的教导，也由于柏拉图对他的生命、学说和光荣死亡的诠释，使得苏格拉底不仅成为让财富权贵感到芒刺在背的代表，也成为奉行审慎评估和判断的圣人。他实在不只是一位思想家，更是西方批判性思考（critical thinking）的化身。

今天在西方，学术自由受到普遍的尊重，老师和学生可以自由地探究、思考，挑战旧观念，并表达新的看法。他们在某种程度上可以也有责任自由地挑战学校或学术界，更扩及社会上的权威人士。在西方文化的精神氛围中，不论何种形式（温和或对抗性的）的好奇心和一探究竟的态度都被赋予了极高的评价。

自古希腊时代以降有无数的思想家，即使不是有意地追随，也都表现出了苏格拉底的批判精神，除了冗长的中世纪黑暗时期以外（但其间却也出现了大胆的浮士德），所有提出新的知识和方法解决社会政治问题的哲学家、科学家及政治和文化人物，都会挑战当时的思想规范和现状，其中或许有一些较为强烈激进的，但不论如何他们都承袭了这种寻根究底的精神。以 18 世纪的让-雅克·卢梭（Jean-Jacques Rousseau，1712—1778）为例，在《爱弥儿》㉛（*Emile*）一书中，他向当时的教育界投出了一枚震撼弹（这是他强烈抨击政治和宗教系统的外一章）。他认为整个文明带给人类的戕害多于幸福，因为它毁坏了人自然的天性，而这是他最推崇的善良本质。为了彻底改变教育体系，他引介了自己想象中理想的学习者取名爱弥儿。他没有入学受教育，只有一个私人辅导师，他对世界有着天生的好奇，思想独立，看法天真单纯，而且不受人类苦难和腐败的影响。他依循自己内在的时间表来学习，他的辅导师不会强加任何东西于他,而是耐心地适时提供他要学的东西,让他自发学习。卢梭这一强烈的出击可能在他自己的文化里和国外都遇到很多阻碍,但他的观念对教育的影响一直持续到今天,如欧洲和美国的渐进式教育传统(progressive educational traditions)就要归功于他的启发,目前极富盛名的意大利瑞吉欧(Reggio Emilia)教育模式也保留了卢梭思想的核心。

如今从幼儿园到大学的教育仍保留着教导学生进行批判性思考(think critically)的中心目标,鼓励(理想的)学生自发性地思考,对所学提出问题,并能够挑战当前的知识体系和权威。

西方许多一流大学校徽上现在仍以拉丁文写的校训可以证明西方知识传统中这个持久不变的特点,十分有趣,以下是在谷歌搜寻出的一些例子:

哈佛大学(Harvard University):"真理"(Veritas,英译 truth)

耶鲁大学(Yale University):"光明和真理"(Lux et veritas,英译 light and truth)

哥伦比亚大学(Columbia University):"在你的光中看到光明"(In lumine Tuo videbimus lumen,英译 in Thy light shall we see light)

美国加州大学柏克莱校区:(University of California, Berkeley)"愿光明普照"(Fiat lux,英译 let there be light)

牛津大学(University of Oxford):"主是我的光"(Dominus illuminatio mea,英译 the Lord is my light)

剑桥大学(University of Cambridge):"此地乃启蒙之所,智识之源"[*Hinc lucem et pocula sacra*,英译(From)here(we receive)light and sacred draughts]

以上校训都以真理和光明来表达至高无上的知识。还有一些校训强调心智、开放、自由、批判的研究精神以及知识领域的扩展如:

麻省理工学院(MIT):"知与行"(Mens et manus,英译 mind and hand)

斯坦福大学(Stanford University):"任自由之风吹拂"(Die Luft der

Freiheit weht in German，英译 the wind of freedom blows)

芝加哥大学(University of Chicago)："增长知识丰富人生"(Crescat scientia；vita excolatur，英译 let knowledge grow from more to more；and so be human life enriched)

海德堡大学(University of Heidelberg)："求知之门永远开敞"(Semper apertus，英译 the book of learning is always open)

多伦多大学(University of Toronto)："如经岁月洗练之古木"(Velut arbor ævo，英译 as a tree through the ages)

你可能会觉得这些只是古风遗训，但是从中可以发现和当今的论述有许多关联。校训代表了学校创建的基础理念和根本使命，而学生、教师、行政人员和校友实际上都在身体力行地诠释和再诠释这些清晰明确的观念。每个时期都有新时代的学子和教职员进入学校，他们会重新检视校训的意义，同时也给创校的精神带来新生命。

西方学习者

在西方知识传统的哲学讨论中，"学习者"这个概念并未占一席之地，大部分的思想家都集中于心智方面的探讨，对于学习者个人没有过多涉及。然而，姑且不管他们的主要兴趣是在知识的本质还是心智世界，苏格拉底和柏拉图(在其《对话录》中以《理想国/国家篇》最为注目)相当全面详尽地阐述了应该如何养育儿童，以及一群孩子中应该选谁接受最好的教育[成为监国者(guardians)]，并使其之后成为领导国家的哲君(as philosopher kings)。后来的一些哲学家，即洛克[32]和康德[33]，也以强而有力的笔触阐明教育人民的必要，并提出实施教育的建议。西方其他特别是 16 世纪以后和教育有关的重要理论家和倡导人如夸美纽斯(Comenius，1592—1670)、裴斯泰洛齐(Pestalozzi，1746—1827)、卢梭、赫尔巴特(Herbart，1776—1841)、福禄贝尔(Frobel，1782—1852)、蒙台梭利(Montessori，1870—1952)，美国教育理论家斯宾赛(Spencer，1820—1903)、杜威(Dewey，1859—1952)和克伯屈(Kilpatrick，1871—1965)，以及近代那些带领美国教育改革的教育家都强调教育的重要性，其中一些人还创立了新式的学校教育制度。

以上这些教育家的建议似乎都一面倒向如何为孩子们"提供"(provision)

教育资源,而没有对学习者(learner)本身多加探讨。㉞不过,我们仍然可以分辨出他们对于学习者或学习者应该具有的特性所持有的关键性假设,也可看出学习者投入学习并往预期教育目标前进的过程。为了进行两者文化的比较,以下列出我认为在西方知识传统中有关学习者最重要的四个特点和过程。㉟

学习者的首要特点是要具备并能善用良好的心智。个人心智起初被视为源自上帝(例如,夸美纽斯以此为前提而开创了全民教育),因此应该可以使其成长丰富。后来这个神性的源头被更换成人的天性[如卢梭和福禄贝尔所主张的,后者是最早提出幼儿园(kindergarten)的概念并加以实践的第一人],最后导出个人天生潜能需要完全开发的观点。发挥"个人潜能"的观念在今天仍占据着主流的地位,很显然,自古希腊以来,西方就坚信每个人天生潜能不相同,有些人较好,而有些人可能资质平平,从中分辨出最优秀的学习者在西方学习传统中一向很重要。

心智不会自己变优秀,它需要培养才能发展完全。关于心智发展,早期的思想家主张对儿童施以严格的训练,如柏拉图的"理想国"和斯巴达(Spartan)式教育所描述的那样。㊱自 17 世纪以来,教育理论家和从事教育的人士越来越倡导给予孩童智性刺激(intellectual stimulation)、爱与关怀、丰富的经验,还有社会参与及互动,因为他们认为这个过程有助于儿童心智能力的开发。而拥有发展良好的心智,其目的是要能善用它,因此,学习者可以借着批判性思考(critical thinking)来寻求确实可靠的知识和真理,并作出合理的判断和明智的决定。

学习者的第二个特点是有天生的好奇心、兴趣、玩性和发自内心的喜悦。这一重要的特点直接反映了希腊人备受赞扬的对世界的态度。自从福禄贝尔开创幼儿园后,儿童的天真无邪以及对这个世界天生怀有的好奇和兴趣,不但备受珍视,而且成为早期幼教,甚至是全程学校教育所有阶段正式的核心目标。学习者若是表现出好奇心、玩性和快乐的情绪[即美国学前及后段教育中"有趣"(fun)的概念],咸信会引导出他们追求知识和理解世界真正的动机。

学习者的第三个特点是想要探索世界。对学习者而言,能时时保持开放的心灵和寻根究底的自由精神是很重要的。一个好的学习者一方面应该会表现出对整个世界发自内心的兴趣;另一方面,会运用心智去探询并找出答案。学习者应该要有西奥多·赛泽(Theodore Sizer)所谓的"心智习惯"(habit of mind)㊲去思索世界的本质,去观察、去发问、去思辨和争论、去挑战现存的知识规范和权威(包括教师和专家),以及表达自我。

学习者的第四个特点是把了解和掌握世界当作学习的终极目标。这样的学习会表现在一个人真实的洞见、创造力、发现和解决问题的方式中,这类的成就表现出学习者的个人才华并值得奖励和赞扬。那些成就最高的会得到该知识文化体的尊崇,并成为传递给年轻一代的知识典范。⑧所有本章提到的西方哲学家和科学家,及某些未被提及的[但在其他知识和艺术领域(artistic pursuit)极有贡献]学者,都是西方学习传统中毋庸置疑的杰出人物。即使那些成就略低,比如课堂里表现平常的学生,也会因为新奇的想法、认真的提问和回答、新颖的解决方案或只是各种形式的自我表现,而得到奖赏和表扬。图2.1是西方学习者的图解说明。

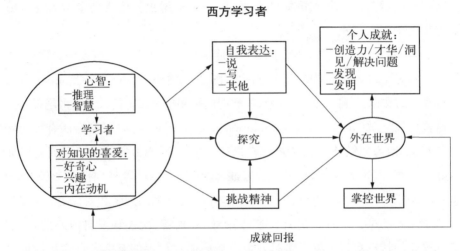

图 2.1　西方学习者:以研究外在世界为其基本的学习途径。每个学习者内在有心智和知识情绪两大成分,其中以心智为主。学习者企图探究外在世界时有两个重要过程:一方面要以各种形式来自我表达,另一方面则要有挑战权威和现存知识规范的精神。探究外在世界会得到两项成果:个人创造力和掌控世界。

儒家的学习传统

我在此并不打算详述中国或东亚历史上的知识发展,本节的重点是将其学习目的和过程之核心价值作一概略性的说明。

完善自我

儒家学习传统是中国历史上(日本、韩国、越南也深受影响)最具主导性的传统,其最重要的思想家就是孔子(前 551—前 479)㊴。根据学者们的解释,这些核心价值并不是他的"发明",而是他所承袭的长达数千年丰富的文化。但是,"是他使得在他之前的数千年文化能传递后世,也是他标出了中国文化在他以后的数千年仍能继续发扬光大的道路"。柳诒徵甚至说道:"孔子者,中国文化之中心也;无孔子则无中国文化。"㊵孔子集结整理了宗教、哲学、政治、人伦、道德、历史,以及诗词音乐等各方面的经典文稿,对后世影响深远。他开班讲学,有弟子三千人,来自社会各个不同阶层。他也是人类历史上第一个主张不论社会背景和个人差异,人人都应平等受教的老师。在前述诸多的成就里,孔子只需要有其中一样就足以使他在中国历史上享有不朽的地位,但他却全都做到了。然而,孔子留给我们最重要的财产,不是这些汇编的经史子集,而是他教导我们如何为人处事、如何学习、如何达到至善的途径。㊶

对孔子来说,人生最重要的目标就是"自我完善"(self-perfect),也就是在道德和社会层面上自我修养,谓之"修身"。一个人心智上所关注、思考、实践和生活的对象是他的自我,而非外在世界。自我是一个人要加以磨炼、改善、美化并完成的事业,但没有人生来就知道要如何去做,所以必须要学习,因此可说,人一生中为追求自我完善所作的种种努力共同构成了学习的核心意义。这个生命的目的和它通过学习而完成的过程,深深地驱策着中国人和其他东亚人民(以及日益增加的非亚洲人士)。

和一般人以为相反的,孔子并没有把精力集中在政治体系上,甚至无关乎其弟子的政治生涯,㊷而是每个人都要面对的基本问题:我要如何过这一生? 我要成为什么样的人? 这些问题虽然是以个人的选择为先决条件,但并不是像西方那样多半将个人当成一个生物体或权利主体来看待。这些问题关注的每一个人的生存、发展、茁壮都发生在社会关系中。举例如,一个人不只是一个女人(或男人),更重要的是她也是一个女儿、姊妹、妻子、母亲、阿姨、老师或同事等等各种身份,所以一个人的存在无法避免这些牵牵绊绊的人际关系,而人际关系和角色又会随着年龄增加而改变,再加上伴随而来的社会及道德意涵(而非生理特性),于是定义了我们每个人的人性(individual humanity)。一个人如何处理他的角色和不同的人际关系,尤其是重要或亲密的关系,(即父母、手足、配偶、上司、朋友),他的现在和未来会是什么样的人,这一生命基本的社会状态是要靠他自行观察、思索、实践和完成的自我使命,必须要靠学习才能持续一生。安乐哲（Ames）和罗思文（Rosemont）认为孔子的人生观"不能从其与客观感知的世界是否相配合的这个基础来了解、接受、修正，或拒绝……相反的，他的观点必须要去感觉、经验、实践和真正地把它活出来"。他关心的是如何铺展人生，而不是发现"真理"（即强调本源）。[43]

孔子和之后的儒家学者概述了五种基本人伦关系：（1）亲子；（2）手足；（3）夫妻；（4）君臣关系；（5）朋友。[44]要注意的是，孔子和他的追随者认为其中尤以前三项家庭内的关系最为根本，因为一个人如果家庭关系不和谐，另外两种关系也常不圆满。由于在一个家庭中，每个人都息息相关，所以每个家庭成员都要建立及规范彼此的关系。孔子认为无法维持这些基本重要关系的人，在人生中将面临许多困难，而且没有能力，也不适合承担国家社会的重大责任。

那么一个人要如何达成这些基本但困难的任务呢？孔子传授了五种美德来对应五伦，以及四种一般道德原则要大家努力学习。对于亲子关系，父母应给予孩子无条件的爱（或慈爱），也就是完全为孩子的幸福着想，而孩子则对父母表达孝心。无条件的爱和孝顺彼此相互依存，而且内含道德义务。因此，父母完全的奉献和孩子的孝顺不只是情感（emotions，通常指短时间的情绪表现）上的表现，而是彼此照顾并谋求对方幸福的一种道德义务上的支柱。所以如果能够体会又能做到的话，那么这种义务关系可以维系终身。

孔子花了很大篇幅讨论孝道的核心意义，例如他说："今之孝者，是谓能养。至于犬马，皆能有养；不敬，何以别乎？"[45]意思是说，现在人所谓的孝顺，只是供给父母生活所需而已，但你养狗养马也是如此，如果不能敬爱父母，那和照顾其他动物有何差别？所以孔子在此强调的是人对父母真诚的情感才是和其他生物最大的差别，而不只是在形式上尽义务而已，子女应该自动自发并且很乐意去孝敬父母。他认为一个人如果对生养自己又通常为了养育自己而多所牺牲的父母都没有孺慕之情和尊敬之意，又怎么会去关爱、照顾其他人？因此，对孔子而言，确实是百善孝为先。

在夫妻关系方面的主要美德是"敬"，但此处指的不单单是社会礼节、礼貌，或一般观念中妻子对丈夫的顺从，也不是我和费舍（Li & Fischer）在西方政治和法定权力上遍及所有人的"道义式尊重"（ought-respect）。孔子说的尊敬是一种组合，一方面接受对方为完整的个体，同时也表现出关于婚姻中包含

的爱和钦慕。此种爱和钦慕,我和费舍称为"爱慕式尊敬"(affect-respect)。㊽

兄弟姊妹之间讲究的则是手足之情和责任,称之为"悌"。年长的要照顾弟妹,年纪小的要接受兄姊的照顾和指导。"悌"这个美德保障兄弟姊妹永远给予彼此家人间的支持和关怀,促进彼此的安宁、幸福和道德成长。这在父母无法照顾或教导孩子时尤其重要(由于疾病、死亡或其他原因)。

君臣及当今职场中的上下级关系应该尽其职守,也就是"忠",不论原由、职务和职位,都毫无保留地全力以赴,是为别人工作时的基本伦理。如果一个人同意建立这种关系,就要尽力达到这个目标。抄近路、三心两意、搞破坏、制造利益冲突,或更糟的是背叛这种关系,就是缺乏职业道德,这在很多其他的文化中也一样,工作伦理是非常重大的原则问题。

最后是朋友关系,讲究的是"信"。虽然这个美德也是各文化普世共通的原则,但孔子特别强调对友谊的承诺和维持这份承诺的方式。同甘苦、共患难是维系友谊的关键,而这种信任不会受时间、距离、情绪变化和外在状况等条件的影响。

在基本的五伦以外,孔子进一步提出了四维:礼(propriety)、义(rightness)、廉(或身正,integrity)、耻(a sense of shame)㊼,这是四项超越特定人际关系的道德原则,所以可以运用在平常的生活之中。安乐哲和罗思文比较了孔子和西方的道德概念后,解释了何谓"礼":

"礼"是一种社会文法(social grammar),界定了每一个成员在家庭、社群、国家(在特定时间)中的身份和地位。它是代代相传并饱含意义的生命样态(life forms),让年轻人可以有效地运用自己传承下来的价值观,并以之面对他们自己的处境……礼和法律或规则最大的不同在于"礼"这个传统有一个被内化于己的过程。㊽

英文的"propriety"不能完全表达中国人"礼"的概念,对中国人和东亚人来说,"礼"更远为无所不包而且早已深入日常生活之中。礼的范围上至典礼仪式,如文化性的纪念仪式或祭祖,下至最平常的送往迎来、彼此恭维客套、席间上菜等等各种人际互动。"礼"让人们有个依循的基础去认识、接触、协调、联结、证实、接受他人,以及最终知道如何去彼此互相关怀、照顾。

"义"不论指涉的是正确(rightness)、正义(righteousness)或正直(uprightness)的行为,其原始意义就是在特定情境中表现合宜的行为举止。

但是这个字在现存的传统及延伸的意义上，意味着推崇"对的"事情及人类社群里的正义感，尤其是当个人面对自私的诱惑之际。例如，损人利己、无意遵守承诺，甚或毁约都不合乎义；另外如背叛朋友、欺诈等各种类似的行为也都严重违反了义。孟子(约前 372—前 289)是有名的圣人，也是孔子的追随者，他曾说："富贵不能淫，贫贱不能移，威武不能屈，此之谓大丈夫。"⑲ 虽然这里他没有详述在实际生活情境中具体的行为举止，但每一个人都应该培养这样的正义感，才能明辨是非，并在任何状况下都能依义行事。

四维之一的"廉"（或称身正）相当于英文的"personal conduct"或"integrity"，西方刚好也有类似的概念，也通常都用在得到社群或组织的委托而居领导地位的公众人物身上。勤勉地履行自己的职责，有责任感，以及正大光明地处理财务，是"廉"的标志；反之，腐败、贪婪、挪用公款则违背了"廉"。

以上的五伦和四维中的三维用的都是正面的字眼。最后一个"耻"，也就是羞耻感，却不然。但是"耻"不像西方的"shame"完全是负面的意思，孔子和其门徒大力强调"耻"在人类生命中的重要性和正面意义。如同西方的"shame"，"耻"是当一个人觉得自己没有处理好有关社会性或道德上的事情时所产生的情绪，这种自我意识发生时通常有他人在场。在儒家教诲中，有羞耻感等同于受到自己的良心谴责，因此也表示有判断自己错误的能力（羞耻感和罪恶感在中国文化里较在西方更为息息相关），然而最重要的是，"耻"有迫使自己改正错误的功能。对孔子而言，没有羞耻感相当于失去了人最紧要的自我修正的能力，由此之故，羞耻感和罪恶感创造了个人成长的空间。一个人如果没有具备任何该有的伦理道德，那么羞耻感的产生是一个人开始诚实地向内检视自己的机会，进而唤起承认自己错误的勇气，并下定决心自我修正。错误和失败不会阻挠自我的改进，反而有助于进一步的自我完善。⑳

然而具备这些美德操守不是追求人格完美（human excellence）的终点。对孔子而言，最高层次的自我修养概念是范围更广大的"仁"。在《论语》一书中，这个字出现了 105 次，其重要性可见一斑。"仁"在英文里曾被译为"human goodness"、"benevolence"、"humanity"、"humanheartedness"，及最近的"authoritative conduct"，但事实上没有完全对等的英文概念可以精确地表达它完整的意思。很多弟子都问过孔子仁的定义、怎样才是合乎仁的行为，以及达到仁的途径。据称，每个询问的学生各自都列举出了不同的人格典型且都拥有高尚的品德、优越的智慧与才能，而孔子虽然了解他们的优点，但对于声称他们具备了"仁"仍很保留。因此虽然具备某些美德操守，或拥有优秀的智慧学识是基础的要求，但仅仅如此仍不足以称之为仁，因为对孔子来说，真正的仁者终其一生致力成为最真挚、诚恳，而且富有人性的人，而这条人生旅程就是所谓的"求道"（following the Way）[51]。孔子总结这个过程是永无止境的，一个人必须立定个人的志向与道路，并且以"恭敬诚恳的态度，对于自己做的每件事情、行为、思想都时时自我警惕"。[52] 因为每个人实际的生活状况不同，所以求道的过程亦端赖个人的创造力。一个人追求仁，要抱着观察自我使命的胸怀，带着深深的喜悦和满足前行。因此，仁是个人选择的生命道路，也是一种以俗世为界的精神升华。

孔子称呼那些致力追求"仁"道的人为"君子"，这个词曾被英译为"gentleman"或"nobleman"，我认为较贴近原意的是最近由安哲乐和罗思文译的"exemplary person"。根据罗思文 [53] 的研究，孔子谈论过好几类经由努力不懈的学习而展现人类美好品德的人，但他着墨最多的概念非"君子"莫属（这个词在《论语》中出现了 91 次）。例如"士"（scholar apprentice）也是具备某些美德且了解道德原则的人，并且也超越了家庭、亲族和地方社群，矢志追求仁，然而他们要学习和自我修养的道路还很长。

和"士"相比，"君子"更接近自我修养的最后目标。罗思文说：

> 他们走了长远的道路，扮演了许许多多人生中不同的角色……施惠于众，也受人恩惠……遇见不平之事虽仍会气愤，但内心平静无波……他们……不论做什么都不仅熟练，而且优雅、庄严、美丽，并且愉快……始终孝顺父母、尊敬长辈，他们帮助别人……尤其是穷苦的人……他们的所作所为都非出于勉强，而是自愿、自发、独创的。总而言之，君子的生命有着很强的美学和伦理层面。[54]

孔子心目中的君子不只勉力自我修养，也愿意帮助别人达到完美人格的境界。他们是其他人效法的导师和模范，因此可称得上是一群人中典范（exemplary persons）。孔子描述的君子是为人的最高境界，所以是最理想的人，尽管如此，大部分的人还是有机会做到。

不过孔子的理想不只于此，他指出了更崇高的人类模范（loftier human model），即"圣人"（之后称为圣贤，sage）。他认为历史上在他之前的君王，尧、舜、禹、汤、文、武，特别是周公，替人类道德立下了不可超越的最高模范，即使君子也要望而敬畏，所以圣贤之道是常人无法企及的境界。暂且不谈孔子对自己的评价，但毫无疑问，不管他如何谦让，孔子和孟子一直是中国人心目中的圣人。圣人不但对人充满爱心与关怀，并且兼善天下，"显然，这样的人已把他们的人性情感和思想扩大并包容了全人类"。⑤

自从孔子描绘出这样的人生目标，而且说明人人都有达到的可能，对于中国人（也包括其他东亚国家的人）是很大的鼓舞。孟子将孔子的基本学说发扬光大，认为孔子提倡的"修身"定位在人性中与动物有别而纯属人类本性的部分（因此这才是自我修养的重点），也就是我们的道德感。⑤孟子特别提出四种人的天赋能力，称之为"四端"，意指人类道德发展的起点：（1）恻隐之心；（2）羞恶之心；（3）辞让之心；（4）是非之心。他认为恻隐之心会导向仁，有羞恶之心会带来正义感，辞让之心让我们知道守礼，明辨是非则带来智慧（更高层级的知识）。孟子认为自我的道德修养不是某些特定人士或社会精英的专属品，而是人人皆可为之，依据这个论点，孟子从本质上替所有人打开了追求道德完美的可能性。但是，人性本身不会通往伟大的道德成就，因为它们只是初萌之芽，所以每个人必须努力不辍地去"学习"自我完善，以期能充分发挥自己的道德潜力。⑤

孟子把孔子的"为己之学"（学习是为了自我修养，不是为了别人的好评）详加说明并以之勉励学子，他说："君子深造之以道，欲其自得之也。"⑤意思是君子治学若要精进深入，则要依循正确的方法，以期自己能心领神会，自然而然体悟到其中的道理。对宋明时期（分别是960—1279年及1368—1644年）的理学家而言，发现自己身上的"仁"，变成了重新取"道"的关键，而因此开始再度宣扬儒家的学习目的和过程。

儒家学习传统式微约一千年后，由宋代初期的理学家重新打开了新局面。两位最具影响力的人物程颢（1032—1085）及程颐（1033—1107）兄弟，认为孔子提倡的"道"代表了宇宙万物根源所在的"天理"，其中包括了人的道德天性，所以遵循"道"就是追求最高的原则。但是一个人要求道，就必须探究事物的原理法则和其特定的表现（包括了解物理特性）。程氏兄弟视这种穷究其理的精神为一个人自我修养、自我学习所必备的第一步,因为以往的儒学没有强调个人对宇宙的探究,因此这是不同于孔子的新见解。但尽管如此,他们所重申的学习的目的却是孔子想象中人类最崇高的目标,也就是要成"圣"(注意:其焦点不在君子,而是直接指向圣人)。二程相信圣贤之道不只是每个学习者的终极目的,而且也是人人可以达成的境界。他们建构了更具体的学习过程和方法来引导学习者,据此,一个人必须要推究事物的原理法则(格物),才能扩展知识(致知),进而全盘掌握天理(穷理)。⑤

朱熹(1130—1200)可能是继孔孟以后最知名的儒家学者,他深受程氏兄弟的影响,也由于其思想大部分承袭二程,故他们被称为"程朱学派"。朱熹以程氏的基本学说为基础进一步详细诠释儒家经典,并将《大学》(*Great Learning*)、《中庸》(*The Doctrine of the Mean*)、《论语》(*The Analects*)和《孟子》(*Mencius*)集成了"四书","四书"从此成为学子士人必读的典籍。⑥现在的《大学》中含有朱熹将二程对"格物致知穷理"论点的整理,这是自我修养很重要的学习步骤,而自我修养又是圣贤之道的基础。

程朱学派极力主张个人要完完全全地奉献于这样的学习。信奉理学的学习者比在孔子年代有更多的书籍材料,因此,"读书"(studying books,研究书籍的内容)成为很严肃的志业(事实上,"读书"一词变成了一种教育上很普遍的概念,至今仍常使用)。儒家学习者又向佛教借来了静坐观想的方法,也开始静坐和沉思。所有这些努力都为了自身的求道(儒家之道),因为学问修养要靠自己,旁人无法取代,而且若连这些都做不到的话,是很难达到更高深的学习目标的。

虽然程朱学派从此主导了中国的教育,但还有其他儒家学者对于学习有不同见地。例如大学者王阳明(1472—1529)的主张,和最早孟子提出来的"四端"(four germinations)一样,认为最具主导力量的是人与生俱来的"良知"(conscience),而非"天理"。因此,学习圣人之道不只是遵守道德规范,更要"致良知",也就是发挥个人心中本有的良知以臻圆满。他强调人需要固守自己天生的良知,不要因生命中负面的状况而泯灭良知。而且,王阳明持续了儒家以行为而非言语来评量一个人道德操守的态度,因此主张一个人一定要孜孜不倦地实践所知,是谓"知行合一"。这种思想替所有的人开启了看来崇高艰难的圣人之路,连平常老百姓也可以做到,不再受社会条件或学问高低的限制(程朱学派特别着重后者)。他的学说大大地鼓励了平民去追求同样卓越的道德成就。

王阳明也启发了许多后来的学者，就像朱熹一样，王阳明的弟子也在各地开办学堂广收门生。从明朝开始，王艮、李贽、黄宗羲、顾炎武、王船山和颜元等人，不是深入阐述王阳明的"良知"说，就是承继其道德上要"知行合一"的论述。但不论学术主张有何差异，各个儒家学派仍然保有一个相同的基本中心思想，也就是孔子最早所主张的：学习是为了自我的修养。⑪

以天下为己任

孔子自己教导学生时特别看重个人的自我修养，总是鼓励学生借着时时自我反省和努力以得仁。他有些学生有志为官(当时有很多小王国)。孔子在他的教导中很明确指出，不论是财富或名望上的收获都不属于自我修养的范围(虽然他也了解物质乃生存之所需)。侍奉君王的重点是要确保他们心怀仁德。孟子进一步厘清君子和君王的差别在于前者即使缺乏政治或社会权势，仍拥有优越的道德力量，而后者通常相反。因此，君子侍奉君王时必须负起道德责任，并成为掌权者的道德老师。孟子(及其他同时代的知识分子)拒绝以任何方式为任何其他君主效力，或接受他们的收买，虽然他曾有几年在朝为官，但他最终还是选择了当一位独立的教师，广收弟子并辅导君王贵族。而且，孟子坚持思想和言论的独立自主，足为后世楷模(这一点和苏格拉底并无不同)。当君王与贵族来寻求他的意见，他总是直言不讳地督促他们反恭自省为政治民是否合乎仁道。以下对话正是一则清楚的例子：

> 孟子见梁惠王。王曰："叟不远千里⑫而来，亦将有以利吾国乎？"
> 孟子对曰："王何必曰利？亦有仁义而已矣。"⑬

对话中的梁惠王见到远来的孟子，开口就问他能带给自己的国家什么利益，但孟子回答，何必只想到利益，因为只要有仁义就够了。接着孟子继续对梁惠王阐述如果一个国家以利益为治国原则，那他的大夫官员就会谋求自己的利益，那些位阶较低的也会跟进，很快地整个国家的人民都会起而效尤，那么此时谁会来关心疾苦无助的人呢？因此，一位君主不可以自己的利益为优先，必须以仁待民。

这种由个人独撑道德原则、勇敢地对抗政治势力的滥用、坚持匡正君主实施仁政的作为是儒家学习者最重要的任务，也就是所谓的"以天下为己任"。[64]第一个明确提出这个观念的人就是孟子，所以"任"是一个人不可推卸的责任，狄百瑞（De Bary）解释道：

> 这符合道德生活上的唯意志论（voluntarism），和"为己而学"的态度，"也就是每个人必须为自己的行为负全责……这和理学家里'道德英雄'（moral hero）的概念很接近……把"以天下为己任"当作'道'（Way），或负起这个责任，是以［朱熹主张的］个人乃道德自决者（self-determining moral agent）为基础发展出来的"。[65]

朱熹校编《大学》，把儒家的学习之路拓展延伸，从二程学说中穷究天理的"格物致知"开始，然后清楚地规划前进至"诚意"、"正心"、"修身"、"齐家"、"治国"，最后以"平天下"为终，最后两个阶段反映出以天下为己任的态度，而这个由朱熹构想出来的过程遂成为中国人的圣贤之路。在前面小节曾指出，圣贤之道不是精英分子的特权，而是所有视其为理想和终极目标的学习者都可拥有的理想。关于这一点，朱熹曾说："凡人须以圣贤为己任。世人多以圣贤为高，而自视为卑，故不肯进。……然圣贤禀性与常人一同。……又安得不以圣贤为己任？"[66]

因此很清楚，儒家的学习之路与其说是为了个人成就感、自我实现，或实际上的收获，不如说，更重要的应该是，它把学习的意义从个人的层面渐次地扩大到整体人类生命的格局。一个人从寻求对世事的了解（注意：这里专指社会层面，而非物理世界的了解）为起点，然后立下决心志愿走向终身自我修养之路。成年之后以道德力量和实际的方法处理家事，待整顿好了家务后，或许也由此赢得了别人的信任和尊重，再过来才能负起更大的社会责任。如果能成功地领导社会（地方上或更大范围的社群），这个人才能胜任领导世界的任务。因此，个人的自我完善不是个人主义，而是从一开始就具有强烈的社会性。

这种学习理想似乎看来很不切实际，但却至今不辍。以历史上任何一个腐败衰落的年代为背景来看，儒家学习传统的含义如下（我认为狄百瑞对理学的评论亦适用于整个儒家学习传统的状况，兹改述如下）：

> 标举着一个学习者高贵、正直和独立的崇高概念。它对人类的道德和精神资源有很高的评价，虽然它对英雄式美德的赞扬，从现代人的眼光来看，似乎是无可救药的理想主义，但是它指向……人类高尚的道德，是以个人的价值（修养）为基础，而不是用特定的社会阶级或身份地位来评断。⑥

有一个历史原因让理学家特别坚持这样的圣贤之道（而非个人成就或君子本身），是因为他们几乎全都是朝廷官员。这批在朝廷任职的儒学精英，由读书的"士人"转成朝廷的"大夫"，所以被称为士大夫（scholar-officials）。

如果学习是为了成就圣贤之道，那么如何确保修养良好的饱学之士能够入朝从政是一大问题，而且这不只是针对那些以天下为己任的人，对统治者亦然。从汉朝（前202—220）开始，这些士人的任用是根据地方上的选拔推举而来，称为察举制度（meritorious service）。7世纪时，这种选拔制度经过改良，最后形成了科举制度（Civil Service Examination system）。不光是贵族，不论何种背景的少年，都被鼓励及早开始读书并且要努力不懈又有纪律地学习。所有人都可应考，考试内容会测验他们对儒家经典的理解、文笔，以及对治理国家的看法。通过考试的人将会参加更高一级的考试，直到最后被选为士大夫，接受皇帝任命为止。至少原则上，即使社会阶层最低微的人也有机会成为国家最高级的朝廷官员，这对个人的学习动机来讲影响不可小觑。科举制度维持了超过13个世纪，直到20世纪初才被废除。⑥⑧

这种将道德修养、学术成就、政治势力、社会地位和经济获益一举空前地合并在一起，导致了学习在中国文化里无上的优越性，而且更强化了其无可非议也不容商榷的价值。虽然很多人确实是为了物质上的回馈才读书，但无论如何都必须经过同样的考验，愿意忍受如此艰巨的磨炼过程，不论其原始目的为何，都已证明了个人耐力和决心之坚定，令人佩服。那些能够精进至圣贤层次（伟大的领袖）的人固然会受人敬畏，而那些尽了力但未臻理想的，人们仍然会赞扬他们的努力。因此，对所有中国人而言，自古以来，为了自我修养和为了获得人生中所有其他的幸福而学习是一而二、二而一的同一条道路。实证研究结果显示，即使近代政治、社会和经济上经历了巨大的变化，如此看待和进行学习的态度至今并没有太大的改变。

那么中国学生面对现代教育课程，特别是科学时又如何呢？有趣的是，正因为接受了学习者要"以天下为己任"的这个观念，使得这个道德责任成为中国人（及其他东亚人）超过一个世纪以来极力学习西方的基础。如同本书开卷所述，在19世纪中期，中国面对汹涌而至的西潮、鸦片战争（1839—1842）、甲午战争（1894—1895）、义和团之乱（1898—1901），及其他种种的冲突后，最后一个封建王朝在1911年大开国门，并终于走向灭亡。这些历史事件同时也使得中国的知识分子纷纷将中国文化因缺乏西方学问知识而衰败的原因归咎于儒家学说。许多知识分子和学生自诩改变的力量，极欲挑起改造未来世界的担子，远赴欧美（以及日本，学习他们比我们早开启的政治改革和工业发展）学习科学和民主思想。中国国民党和共产党两大政治党派的建党元老就有很多是从西方和日本归国的留学生，他们的座右铭就是"救国救民"。还有很多赴西方追求科学新知的学生，其中最著名的有后来获得诺贝尔物理奖的杨振宁、李振道和丁肇中。国民党政府（1911—1949）实施教育改革后，采取美国式的教育系统，从小学开始的学校课程都与西方齐头并进，以数学和科学为核心，再加上传统的中文和中国历史课程。[69]总的说来，虽然学习内容范围扩大，并制定了西式的学校教育，但学习的价值和过程中的学习态度，仍然保留了典型的儒家风格，后面章节中将可看到实证研究的结果。

学习美德

儒家学习传统的第三个特点是其"学习美德"的概念，也就是帮助个人学习的动力，大部分儒家经典里都会讨论并主张所有的学习者都需要培养和练习某些核心美德。我目前整理出七种：诚心（sincerity）、勤奋（diligence）、刻苦（endurance of hardship）、恒心（perseverance）、专心（concentration）、尊师（respect for teachers）和谦虚（humility）。它们之所以被称为美德，有两个理由：第一，它们长久以来就是中国道德论述里的一部分，所以本身就代表着非常正面而且理想的人格素质，当然也是每个学习者该具备的；第二，全体父母、师长和社会都一致极力向孩子灌输这些学习美德，因此这些成为中国和东亚教育中的主要部分。

之前已经指出，"诚心"是儒家推崇的一项重要的学习美德，它强调个人追求仁甚或圣贤之道的决定是来自自己的选择，代表的是个人立下学习目标时诚恳而且真正的自我承诺。以下有一个说明诚心的例子。宋朝时有个人不远千里从南方来向程颐求教，他在一个寒冷的冬天早晨偕友来访，到的时候却发现老师正在小睡，于是就在外面等候，不久下起雪来，他的朋友受不了寒冷便求他叫醒老师，但这位学生仍坚持继续等候，程颐醒来后看见两人身上盖满了雪，为他们的诚心感动不已。[70]这个故事流传下来，成为诚心向学的美谈（同时也蕴含尊敬师长之意，后面会详加讨论）。诚心不但是一个人学习的开端，而且是贯穿整个儒家学习过程的重要美德。

第二个美德是"勤奋"，诚心诚意地许下承诺立志向学后，勤奋会驱策学习者开始一个行动的路线，以把承诺付诸实行。这个求学的行动路线需要一个人全力以赴，要能够抗拒任何会导致偏离轨道的诱惑，甚至避免遇到阻碍就放弃的可能，所以，勤奋是让一个人能够密集、稳定而且认真学习的基础。它强调学习需要大量的时间，也因此同时被认为会让学生对学习内容更加熟悉，进而有精通的机会。

第三个美德是"刻苦"，学习时难免会遇到困难，克服困难就是这个美德的焦点。在中国历史文化情境里，大部分的困难指的是学习资源的匮乏（如贫穷），或者因为贫穷需要工作谋生以致缺乏时间学习，而通常做的是粗重的苦工。另外也可能面临的是智力上的困难，比如不能理解某些概念，或天资不够聪颖等等，但是不论其种类和严重性，没有任何困难可以作为一个人放弃学习的理由，反而更要有能够接受困难的态度，遇到时就必须发挥刻苦的精神，找到解决的方法。历史上有许多刻苦学习的实例传颂至今，也是儒家学子的楷模。其中之一是作家也是汉朝丞相的匡衡，他幼时家贫，穷到连晚上点灯的钱也没有，所以就把墙壁打了个洞，靠着邻居家透过来的光线读书。这就是鼓舞了许多后代学子的有名的"凿壁偷光"。[71]很多儒家学子不只不畏艰苦，甚至以此为荣，因为困难刚好可以表现出他们个人坚韧不拔的力量。

刻苦是在面临困难时需要的美德，而第四个美德"恒心"则是学习过程里自始至终"持久"的耐力。这个美德背后有两个重要的观念：第一，学习是一段长久且渐进的过程，无法以顿悟或快捷方式来取代累进的经验，一个人若有学习的意愿，就已经证明了他确实想要拥有这项美德；第二，学习之路充满阻碍和令人分心的事，所以需要对这个承诺有坚决的信念。以下这段记录描绘出一个儒家学习者为了保持恒心所做的挣扎：

"冉求曰：'非不说子之道，力不足也。'子曰：'力不足者，中道而废，今女画。'"

这段对话讲的是孔子的学生冉有，有回抱怨说，并不是他不喜欢孔子教的仁道，而是他能力不够贯彻到底，孔子回答说：那些能力不足的会半途而废，但你是还没开始就画地自限。[72]冉有的问题不在于无意求仁，而是无力坚持到底，正如孔子指出的，他因为缺乏恒心，以至于连第一步都踏不出去。"千里之行，始于足下"[73]这句名言的主旨即在于那"千里"之间所留下的无数的脚步，而恒心就是当你开始一步又一步迈向求道的漫漫长路时，能够抵达终点的保证。

第五个美德"专心"，并不只有某些类型的学习才需要，它强调一致而长时间持续的注意力，是不论学习什么知识技能都需要的能力。专心同时也包含了学习时耐心、谨慎和彻底的精神。专心可让人全神贯注，影响学习甚大。此外，静坐和保持平稳的心境亦有助于学习。

"尊师"是第六个美德，在儒家传统里具有极高的评价，和"诚心"与"谦虚"关系密切（请见第五章）。然而，东亚学习者表现出来的尊敬，常被认为有服从、温顺、缺乏批判性思考的意味。[74]尊敬之必要源自组成这个关系的双方，学习者，尤其是初学者，由于要学的东西很多，尊敬老师让他们较能接纳老师的指导，而且一个人必须放下他的自我，才能真正诚心诚意地学习。具备尊师美德的师生关系大致如下：老师尽其所能地教导学生，而学生也尽心尽力地向老师学习。学生不能和老师平起平坐，但承认老师有较高的地位并不会有损学生的自尊心，这种谦恭的态度很类似西方人在寻求神职人员指引时的情形。通常一个人不会带着挑战的念头去接近精神上的导师，因为如果他不喜欢这位传教士，他只要去找别位就好了。同样地，西方孩童如果有运动或音乐方面的家教老师，也通常不会对老师的教学有太多质疑或争论。

尊敬的另一方是老师。老师在儒家的学习传统中不只是一位履行合约的雇员，只要教授课堂上的知识就好，他们也是道德上的导师，身为老师自己就必须确实做到完善自我修养，换句话说，他们是学生们直接仿效的榜样。因为在儒家传统的前提里，被称为老师或导师的人应该都有高尚的道德和智慧，理应得到学生们的敬重。此外，学生对老师的尊敬，也给予老师们不断提升自我修养的责任感,因此,老师得到高度的敬重不是没有代价的。而且,中国(不只是儒家)传统里的师生关系常被模拟成亲子关系,老师不只传道授业,也要照顾学生的身心健康,就像对待自己的孩子一样。所以除非愿意接受学生这种期待,还有亦师亦父/母的角色,不然很难承担儒家传统赋予老师的沉重责任。

最后一个美德是"谦虚",和尊师很接近,但对象不限于老师。谦虚让人觉得自己不论多么有成就,仍然需要持续地自我改善,而尤其是在有成就的时候,谦虚显得特别重要,因为人有了成就很容易会变得骄傲。但是儒家传统认为骄傲会让人自我膨胀,因而偏离了自我改进的轨道,谦虚则可以避免一个人发展出类似傲慢、自夸、自大的问题。孔子曾对如何保持谦逊提出这样的建议:"三人行,必有我师焉,择其善者而从之,其不善者而改之。"[75]谦虚让一个人愿意向任何人学习。孔子也拿自己以项橐为师的故事来说明谦虚的道理,因为天资聪颖的项橐虽然才七岁,却把已负盛名的孔子给问倒了。[76]孔子以自己如高山般的成就却表现出如此谦虚的态度,替中国学子立下鲜明的榜样。因此,谦虚表现出来的不是个人的软弱,而是个人的勇气,因为只有谦卑的人才愿意自我反省并承认自己的不足,然后愿意自我改进。

行胜于言

东亚的学生普遍被认为在学校里很安静,也不喜欢在公开场合发表看法,而且不论是在东亚还是西方(外国学生和移民)的观察结果都如此。但是,若因此给东亚学生贴上对上课没兴趣、不参与,或孤僻害羞的标签,则是很大的谬误。让我们以中国自然学科训练最好的清华大学为例再来仔细看看这一现象。清华校园里大会议厅的前方刻着一句格言:"行胜于言"(Action Is Better Than Words,拉丁文为 Facta non Verba),这四个字标志了他们引以为傲的校风,由此也可以看出,言语的意思及言语和行为间的相互运作,是中国文化(及其他东亚国家文化)里很重要的现象,不过迄今大家对其知之甚浅(详细的讨论请见第八章)。

孔子不信任伶牙俐齿的人,也许这就是他述而不作的原因。他曾说:"古者言之不出,耻躬之不逮也。"又说:"君子欲讷于言,而敏于行。"[77]意思是,古时候的圣贤不随意发言,因为他们以说到却做不到为耻;而君子说话迟钝而慎重,做事却积极而勤快。《论语》中这类评论屡见不鲜,所以对于自己的言论,儒家学习者的态度是很慎重的,当然也包括了言语。以下有几个很清楚的理由。第一，由于学习的主要目的是培养个人道德，所以是以其道德行为为依归，也就是要看他的行为而非言语的表现来衡量个人的进步。一个人的诚信（trustworthiness）影响其日常生活行为甚剧，因为别人会根据你讲的话来预期你的行为，而不同类型的言语会带来不同类型的责任。于是，故意用言语误导或欺骗别人，是不道德；话说出口但没有打算付诸行动，是不诚实；用言语鼓动别人行动但自己却不去做，是虚伪；不懂就发言是无知；不看场合说话是没有教养；而用言语吹捧自己，只是徒然暴露自己的弱点罢了。以上所有的结果对发言者都没有一点益处。总之，发言在中国文化里往往带有一般的道德目的和判断，这也是为什么君子要"讷于言而敏于行"了。[78]

第二，说话容易做事难，而一般人总是说得多、做得少。学习者有一个可以提醒自己改善的领域，就是注意自己是否有好夸夸其谈的倾向。检查自己的行为和互动以及致力改善自我会带来很大的收获，但光是谈论自己的行为却没有什么益处。

第三，这一学习传统也很重视广大深远的静默所蕴含的无穷智慧。老子的名言"智者不言，言者不智"[79]充分表达了这种信念。老子和孔子都同意人类智慧远非言语所能及，因此，中国老师，不论是宗教导师、武术大师、工艺师傅，或儒家教师，都很少讲话或者只是点到为止，绝不多费口舌，让学生有自己反复玩味、体会、深入思考的空间，这样的说话和教育方式被认为有助于学生得到自己的领悟，即所谓的"自得"。学生和老师很少有你来我往滔滔不绝的口头讨论，这种学习风格重视的是和专心息息相关的"耐心"，而急躁是万不可取的。

在前面讨论西方四种学习主题的结尾部分，我用谷歌（Google）搜寻了西方数所知名大学的校训，此处亦如法炮制。从中国大陆和中国台湾、香港地区，及新加坡等地大学的校训来看，显示了（和西方大学）强烈的反差：

清华大学："自强不息，厚德载物"（采自《易经》）

北京大学："勤奋、严谨、求实、创新"（注意是以"勤奋"为首）

复旦大学："博学而笃志，切问而近思"（采自《论语》）

南京大学："诚朴雄伟，励学敦行"（采自《礼记》）

暨南大学"忠信笃敬"

武汉大学："自强、弘毅、求是、拓新"

厦门大学："自强不息，止于至善"

台湾大学："敦品、励学、爱国、爱人"

香港大学："明德格物"（拉丁文是 Sapietia et virtus，采自《大学》）

香港中文大学："博文约礼"

新加坡大学："勤奋以成大业"（拉丁文是 per ardua ad alta）

　　从字面上来看，以上各校校训大部分都直接引用儒家教义或将其浓缩节要，而且一致明确地强调要先修养一己的道德与身心，然后才是探索世界，即便提到追求真理和事实以及创造力，也是放在儒家学习目的和过程之后。有一点也很重要，中国人的学习概念中并没有"大学"（university）一词。中国的大学很多是在 19 世纪晚期到 20 世纪早期之间建立的，当时中国的政治、社会和经济都正经历着戏剧性的变化，虽然都是以西方大学为模型，但儒家的学习目的及过程仍占据了最重要的地位。同样，这些校训拥有的影响力也类似西方大学的校训，它们将学校最核心的教育使命传递给学生和教职员工。而且从各校论坛搜寻到的许多热烈的讨论，也可很明白地看到其在当代的实质意义。

华人学习者

　　前述四个小节已说明儒家学习传统对学习者明确的期望和特征，此处不再复述，仅简短地摘要如下：一开始学习者先学识字、基本的计算和各种科目，包括西方现代学校课程内容。长大成熟后（依个人有所不同），理想的学习者要立志向学，在家人和老师的指引下渐渐了解"做人"的道理，以及其重要性及可能性。这是条兼具个人及社会性的道路，因此，一个人要能在家庭里学以致用，再藉此来增进学习成果。一旦能把家庭照顾好，接下来要立志担负起社会、国家乃至全天下的责任。这种文化要求转换成现在的用语就是"贡献社会"。学习者的社会化过程就从培养七个学习美德开始，一旦养成，则终身受用无穷。图 2.2 是中国学习者的图解说明。

　　至圣先师孔子反省自己一生的学习生涯后说："吾十有五而志于学，三十而立，四十而不惑，五十而知天命，六十而耳顺，七十而从心所欲，不踰矩。"[30] 由此观之，孔子每十年或十五年就会跨越一个自我生命转换的里程碑，虽然从现在的眼光来看十五岁很晚,但他从那时起立下了读书的决心;三十岁时得到了可见的成就;四十岁时,对自己选择的道路毫不怀疑;五十岁知道如何与世界和谐共处;六十岁,能以同理心去倾听别人的话;到七十岁时,则在任何情境下都不用担心自己的言行举止。

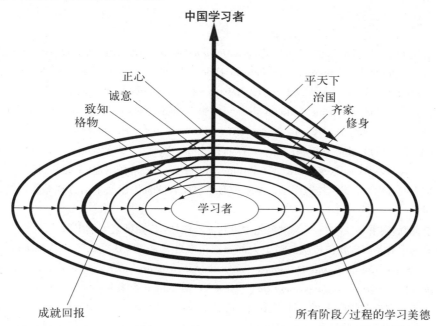

图2.2　中国学习者:中心四圈线条向外渐渐变粗,代表前四个学习阶段。线条最粗的第五圈代表孔子所构想的最重要的学习阶段:自我修养。若缺乏"自我修养",那么在这第五圈以内的学习阶段就无从进一步发展下去,而之后的阶段亦无法完成。外面三圈线条较细(与第五条相比),但仍渐次加粗,表现出个人学习领域的扩大,从个人到家庭、社会,及至全天下。

中心朝上的箭头代表自我完善的过程,学习者在这个过程中以"君子"和"圣人"为目标,两者皆为儒家坚持努力实践的理想的人格形象。箭头朝上表明了这个学习过程为一没有止境的终身志业,同时也象征其情感和精神上不断提升和超越的本质。

朝下的箭头所指的各学习阶段,对应了个人成长的高度及广度。学习者的成就同时是个人的也是社会的/道德的。

从中心的学习者向外移动的箭头表示适用于所有阶段和过程的学习美德。

往学习者方向移动的箭头表示学习的回报随着学习者的成就进步而逐渐增加。

孔子的教导反映了他自己一生的学习历程,展现了深刻的创意、美学和伦理素质。他不需要著书,他的一生在弟子的记录下就像一本书,从古至今一直给予后代子孙取之不竭、源源不绝的灵感，让我们可以不断阅读、体会，引为楷模。

注 释

① 请见 Hsu，F. L. K. (1981). *Americans and Chinese: Passage to difference* (3rd ed.). Honolulu：University of Hawaii Press；Ivanhoe，P. J. (2000). *Confucian moral self cultivation* (2nd ed.). Indianapolis，IN：Hackett；Rosemont，H. Jr. (1992). Rights-bearing individuals and role-bearing persons. In M. I. Bockover (Ed.)，*Rules，rituals，and responsibility: Essays dedicated to Herbert Fingarette* (pp. 71 - 101). La Salle，IL：Open Court；Shun，K. -L.，& Wong，D. B. (2004). *Confucian ethics*. New York：Cambridge University Press；杨国枢（主编）(1988)：《中国人的心理》，台北：桂冠图书。本书中有许多比较两者思想及生活方式差异的精辟讨论。

② 李渊庭，阎秉华(2003)：《梁漱溟先生讲孔孟》，桂林：广西师范大学出版社。

③ 本书中有关西方知识传统的讨论大部分资料来自 Russell，B. (1975). *A history of western philosophy and its connection with political and social circumstances from the earliest times to the present day*. New York：Simon & Schuster。

④ 关于认识论在哲学上的一般性讨论，请见 Moser，P. K.，& Nat，A. V. (2002). *Human knowledge: Classical and contemporary approaches*. New York：Oxford University Press；Williams，M. (2001). *Problems of knowledge: A critical introduction to epistemology*. New York：Oxford University Press。

⑤ 关于西方思想体系中本质论的论述，请见 Ames，R. T.，& Rosemont，H. Jr. (1999). *The Analects of Confucius: A philosophical translation*. New York：Ballantine。

⑥ 所有资料来源及引言，请看本章注释③。

⑦ 请看本章注释③，p. 72。

⑧ 请看本章注释③，p. 73。

⑨ Holton，G. (1973). *Thematic origins of scientific thought*. Cambridge，MA：Harvard University Press；and Westfall，R. (1971). *The construction of modern science: Mechanisms and mechanics*. New York：Cambridge University Press.

⑩ 请看本章注释③，p. 29。

⑪ 请看本章注释③，p. 33 - 34。

⑫ 请看本章注释③，p. 37。

⑬ Plato. (1991). *The republic of Plato* (2nd ed.). (A. Bloom，Trans.). New York：

Basic Books，p. 206.

⑭ Kant，I.（1787/1999）. *Critique of pure reason*. New York：Cambridge University Press.

⑮ 实例请见 Popper，K.（1972/1989）. *Objective knowledge: An evolutionary approach*. Oxford：Oxford University Press。

⑯ 苏格拉底没有任何著作，因其弟子柏拉图为他写下的生活和思想记录而闻名，因此常被称为"柏拉图笔下的苏格拉底"(Platonic Socrates)以识区分。另一个版本为同时代但成就远逊柏拉图的色诺芬(Xenophon)所作。本书中为方便起见，将简称为"苏格拉底"代替"柏拉图笔下的苏格拉"。

⑰ Hecht，J. M.（2003）. *Doubt, a history: The great doubters and their legacy of innovation from Socrates and Jesus to Thomas Jefferson and Emily Dickinson*. New York：HarperCollins，p. 20，斜体字部分。

⑱ 人类对自然万物阶级性分类的讨论，请见 Rosch，E.（1978）. Principles of categorization. In E. Rosch & B. B. Lloyd（Eds.），*Cognition and categorization*（pp. 27‐48）. Hillsdale，NJ：Erlbaum。有关孩童对事物如何产生不同的概念性理解，以及他们如何建立字义的规范结构来将事物分类的研究，请见 See Anglin，J. M.（1977）. *Word, object, and conceptual development*. New York：Norton；and Luria，A. R.（1981）. *Language and cognition*. New York：Wiley。

⑲ 笛卡尔谈到"笛卡尔式怀疑"的书有两本：Descartes，R.（1637/2007）. *Discourse on method*. Miami，FL：BN Publishing，以及 Descartes，R.（1642/2007）. *Meditations*. Miami，FL：BN Publishing。

⑳ 现代的观点认为人处于植物人状态时在生理上仍活着但失去了知觉，当然也失去了自我意识，有自我意识必然会想到自己，因此，笛卡尔的"我思"(Cogito)和人的后设认知性思考有很重要的关联，这是人类独特的能力，也是感知自己存在最起码的要求。

㉑ 有关人类天生语言如何运作的细节，请见 Chomsky，N.（1972）. *Language and mind*. San Diego，CA：Harcourt；and Pinker，S.（1994）. *The language instinct*. New York：Harper。

㉒ 人类婴儿认知能力的范例研究，请见 Piaget，J.，& Inhelder，B.（1969）. *The psychology of the child*（H. Weaver，Trans.）. New York：Basic Books；婴儿与照顾者的社会性互动(social engagement)，请见第一章注释⑯的第二项资料；婴儿侦测音素(phoneme detection)的研究，请见 Eimas，P. D.（1985）. The perception of speech in early infancy. *Scientific American*，252(1)，66‐72。

㉓ St. Augustine（397/1998）. *St. Augustine confessions*（H. Chadwick，Trans.）. New York：Oxford University Press.

㉔ Locke，J.（1690/2008）. *An essay concerning human understanding*. Oxford：Oxford University Press.

㉕ Berkeley，G.（1713/2006）. *George Berkeley: Three dialogues between Hylas and*

Philonous. Upper Saddle River，NJ：Prentice Hall.

㉖ Hume，D. (1740/2008). *A treatise of human nature*. Sioux Falls，SD：NuVision.

㉗ 人类智能研究之概观，请见 Gardner，H. (1983). *Frames of mind*. New York：Basic Books；and Sternberg，R. J. (1985). *Beyond IQ: A triarchic theory of human intelligence*. New York：Cambridge University Press。

㉘ 关于此类西方和东亚人思考方式差异的研究，请见 Nisbett，R. E. (2003). *The geography of thought*. New York：Simon & Schuster；关于时间和年龄观念之文化差异，请见 Rogoff，B. (2003). *The cultural nature of human development*. New York：Oxford University Press；颜色命名之文化差异研究，请见 Jameson，K. A. (2005). *Cross-Cultural Research: The Journal of Comparative Social Science*，39 (1)，88 - 106；脸部辨识的性别差异研究，请见 Herlitz，A.，& Rehnman，J. (2008). Sex differences in episodic memory. *Current Directions in Psychological Science*，17(1)，52 - 56。

㉙ Plato (1981). *Five dialogues* (G. M. A. Gruber，Trans.). Indianapolis，IN：Hackett，p. 41.

㉚ 见本章注释㉙，pp. 9 - 11。

㉛ Rousseau，J. J. (1762/1979). *Emil，or on education* (A. Bloom，Trans.). New York：Basic Books.

㉜ Locke，J. (1693/2007). *Some thoughts concerning education*. Sioux Falls，SD：NuVision.

㉝ Kant，I. (1803/1960). *Kant on education*. Ann Arbor：University of Michigan Press.

㉞ 以学习者和学习过程本身为研究焦点的实证研究领域中，现代教育心理学和儿童发展是唯一两个而且关系密切的学科。本书第三、第四和第五章会就这两个研究领域作进一步的回顾讨论。

㉟ 虽然很多早期教育哲学家主张在正规学校教育中要全程培养学生的道德与性格发展，但主导今天西方世界正规教育的还是学生智能和学术方面的训练，道德教育的责任大体上来说留给了家庭和宗教来承担。

㊱ 在 *Life of Lycurgus* 一书中，普鲁塔克(Plutarch) 对斯巴达体系的赞扬也包括了如何教育并严格训练儿童。罗素认为这本书对卢梭、汤玛士·阿诺(Thomas Arnold)和英国公立学校影响至深，所以儿童必须严加管教的观念始终存留在儿童养育和教育专业中。也因此，虽然或许不若以往严格，但大多教会学校体制仍然很重视纪律［详细的讨论，请见 Jackson，P. W.，Boostrom，R. E.，& Hansen，D. T. (1993). *The moral life of schools*. San Francisco，CA：Jossey-Bass］。

㊲ Sizer，T. R. (1996). *Horace's hope: What works for the American high school*. Boston，MA：Houghton Mifflin.

㊳ Olson，D.，& Katz，S. (2001). The fourth folk pedagogy. In B. Torff and R. S.

Sternberg（Eds.），*Understanding and teaching the intuitive mind*. Mahwah, NJ：Erlbaum, pp. 243 - 263. 对于伟大的知识分子、科学家和艺术家如何成为典范，并进而变成不朽的客观知识体经由学校教育代代传授下去，本文有很详细的讨论。

㊴ 有关儒家影响日本、韩国学习传统之综合性的讨论见 de Bary, W. T.（1991）. *Learning for one's self*. New York：Columbia University Press；儒家对越南的影响见本章注释⑤中的数据；这个学习传统是以孔子的职业"儒"而命名为"儒家"（不是来自拉丁语的 Confucius。在孔子时代，"儒"是指宫廷祭典中的术士，也用来指称老师。因为孔子曾担任这个工作，所以他的学派沿用此称），以表示孔子所扮演的重要角色。

㊵ 本段为梁漱溟的引文，见本章注释②，p. 203。

㊶ 尽管有许多经典汇编的作品，但孔子对自己的学说从未写下只字词组（很像苏格拉底）。《论语》中记录的孔子言论段落及师生对答，是我们得以一窥孔子思想和学说的主要来源，虽然过往历史上许多学者怀疑其中有孔子门生添加修改的部分，不过咸认前面十章是孔子本人的话语。关于《论语》考证的讨论，请见 Fingarrett, H.（1972）. *Confucius: The secular as sacred*. New York：Harper & Row，以及本章注释⑤。

㊷ 虽然儒家学说主导了各朝代统治阶级的意识形态，但这并非是孔子本人教学的重点。当他和弟子谈及如何在朝廷上服侍君王贵族，并不是为了事业名利的发展，而是为了确保政府能实行仁政。梁漱溟对于这点有详尽的论述，请见本章注释②，Li & Yan（2003）。

㊸ 见本章注释⑤，p. 5。

㊹ 在孔子及之后的两千多年里（直到辛亥革命之前），均为封建帝制，所以君臣关系为家族宗亲及朋友之外的最重要的人生关系。君主代表国家，即是最高的权威。一个人服务于君王就是服务于国家。但是在当今社会中，一个人走出家门去谋职，如果不是服务于国家机构（其个人与国家的关系也有君臣的缩影），缔结的关系是雇主/雇员的关系。虽然不是君臣关系，但是在个人/国家及雇主/雇员的关系中，一个人的基本态度与做事行为还是本着上司与下属的关系来界定的。除此之外，孔子时代以男性为主导，他讨论的也是父子关系而非当今父与母均涉及的亲子关系。不过，我们的目的是要理解儒家学说中作为人类生活基础的主要人际关系，就这点来说，这些历史条件如何并不那么重要。他的学说在今天来看，仍然适用于我们一般的亲子及劳资关系。

㊺ 见本章注释⑤，2.7，p. 77。原文出自《论语·为政》。

㊻ Li, J., & Fischer, K. W.（2007）. Respect as a positive self-conscious emotion in European Americans and Chinese. In J. L. Tracy, R. W. Robins, & J. P. Tangney（Eds.），*The self-conscious emotions: Theory and research*. New York：Guilford, pp. 224 - 242. 有一点很重要的是，虽然孔子曾描述那个时代的夫妻角色各有不同，但孔子并没有表示女人的能力和道德操守不如男人，对女性性别歧视的现象是后来历史发展的结果。在孔子时代的另一位圣人老子，即主张女性是宇宙间一个相对平等（但经常被忽略）的力量。

㊼ 这四项道德准则就镌刻在美国马萨诸塞州波士顿的中国城城门上作为纪念，并提醒

身在异邦不同文化中的国人勿忘儒家的核心价值观。最早提出“廉”的是齐国贤相管仲(约前 723/前 716—前 645),孔子则用“身正”这个词来表示这个所有政府官员都应具备的最基本品德。以“廉”表示清高正直是近代的事。

㊽ 见本章注释⑤,p. 51。

㊾ Mencius. (1970). *Mencius* (D. C. Lao, Trans.). Harmondsworth: Penguin Books, p. 107.

(50) 有关西方羞耻感的否定性(the negativity of shame),请见 Tracy, J. L., & Robins, R. W. (2007). The self in self-conscious emotions: A cognitive appraisal approach. In J. L. Tracy, R. W., Robins, & J. P. Tangney (Eds.), *The self-conscious emotions: Theory and research*. New York: Guilford, pp. 3 - 20。关于中国文化里羞耻的意义,请见 Li, J., Wang, L.-Q., & Fischer, K. W. (2004). The organization of Chinese shame concepts. *Cognition and Emotion*, 18(6), 767 - 797。台湾父母如何利用羞耻感来进行孩子的社会化,请见 Fung, H. (1999). Becoming a moral child: The socialization of shame among young Chinese children. *Ethos*, 27, 180 - 209。

(51) 关于“仁”的讨论,请见 See Tu, W. M. (1979). *Humanity and self-cultivation: Essays in Confucian thought*. Berkeley, CA: Asian Humanities Press。

(52) 见本章注释㊴,p. 342。

(53) Rosemont, Jr., H. (2003). Is there a universal path of spiritual progress in the texts of early Confucianism? In W. M. Tu & M. E. Tucker (Eds.), *Confucian spirituality*, *vol. 1* (pp. 183 - 196). New York: Crossroad;对于孔子曾提过的各类型人物,本文有精辟的讨论。

(54) 见本章注释(53), p. 190。

(55) 见本章注释(53), p. 191。

(56) 见本章注释㊾,Lau 在其《孟子》英译本的序言中论孟子对儒学的贡献。原文出自《孟子·公孙丑上》:“恻隐之心,仁之端也;羞恶之心,义之端也;辞让之心,礼之端也;是非之心,智之端也。”Wilson, J. Q. (1993). The moral sense. New York: Simon & Schuster,书中有对人类道德感研究的回顾。有研究提出有力的证明指出,非常年幼的婴儿会对其他情绪不安的婴儿表达共感心,这个结果支持孟子的性善说。

(57) 见本章注释㊾,pp. 82 - 83。

(58) 见本章注释㊾,p. 130。中文里的君子并无性别色彩,不过当时只有男人可以受教育。原文出自《孟子·离娄下》。

(59) (宋明)理学家运动兴起的部分原因是回应当时盛行的佛教和道教思想。佛教提倡无欲以开悟,道家主张清静无为以顺应自然。但两者都不符合儒家学者的理想,因为儒家鼓励的是治理家庭,服务社会,并为国家负起社会道德责任,不过理学家们吸收了前述两者的某些特点统合出一个兼容并蓄的学说[例如,学习佛家的摒除欲念以尚天理,以及静坐读书,并且主张人类永久的价值观与道家的太极(Supreme Ultimate),因为太极不但是道家教义,同时(无极)之广大无限又充满弹性亦是引导人类生命的最高原则〕。有关三教整合更多的讨论,请见本章注释㊴。

⑥ "四书"与"五经"〔《易经》(*Book of Changes*)、《尚书》(*Book of History*)、《诗经》(*Book of Songs*)、《礼记》(*Book of Rites*)和《春秋》(the *Spring and Autumn Annals*)〕是儒家学子的核心课程,也是科举考试的科目,这些典籍即使在 1905 年科举制度废除后仍然是学生必读的功课,直到 1949 年中国共产党执政后才从学校课程中删去,不过在台湾地区仍然是学校的必修课。有趣的是自从 1990 年代台湾地区开始了新一波教导儿童儒家经典的读经班运动,现在已蔓延至中国大陆及其他华语地区(请见第一章注释⑨的概论)。

⑥ 关于程朱和王阳明学派的内容及其影响,请见本章注释㊴。详细史料请见 Lee,T. H. C. (1999). *Education in Traditional China: A History*. Boston, MA:Brill Academic。

⑥ "一里"略大于 400 公尺。

⑥ 见本章注释⑩,p. 50。

⑥ 儒家学者角色的历史研究,见本章注释㊴,p. 29。亦见于余英时(2003):《士与中国文化》,上海:上海人民出版社。

⑥ 见本章注释⑭。

⑥ 见本章注释㊴,p. 30。原文出自《朱子语类卷第八》。

⑥ 见本章注释㊴,p. 37。

⑥ 有关察举制度(meritorious service)的讨论,请见 Lee,W. O. (1996). The cultural context for Chinese learners:Conceptions of learning in the Confucian tradition. In D. A. Watkins & J. B. Biggs (Eds.), *The Chinese learner*. Hong Kong:Comparative Education Research Centre,pp. 45 - 67;有关科举制度史,请见 Lee,T. H. C. (1985). *Government education and examinations in Sung China*. Hong Kong:Chinese University Press,pp. 960 - 1278。

⑥ 有关中国教育现代史的详尽介绍,请见苏云峰 & 吴家莹(2005):《中国新教育的萌芽与成长(1860—1928)》,台北:五南出版社;吴家莹(1990):《中华民国教育政策发展史(国民政府时期 1925—1940)》,台北:五南出版社。

⑦ 王涛等(1985):《中国成语大辞典》,上海:上海辞书出版社。

⑦ 见本章注释⑦,p. 1816。

⑦ 见本章注释⑤,p. 106。原文出自《论语·雍也》。

⑦ Lao Tzu (1992). *The Tao of the Tao Te Ching* (M. LaFargue, Trans.). Albany:State University of New York Press, p. 156.

⑦ 对东亚洲学生服从听话的讨论,请见 Pratt,D. D., Kelly,M. , & Wong,K. M. (1999). Chinese conceptions of "effective teaching" in Hong Kong:Towards culturally sensitive evaluation of teaching. *International Journal of Lifelong Learning*, *18*, 241 - 258;以及 Tweed, R. G. , & Lehman, D. R. (2002). Learning considered within a cultural context:Confucian and Socratic approaches. *American*

Psychologist，57(2)，89 – 99。有关中国学生类似的观察结果，请见 Flowerdew，J.，& Miller，L. (1995). On the notion of culture in L2 lectures. *TESOL Quarterly*，29 (2)，345 – 373，以及 McGuire，J. (1997). English as a foreign language in China. *Occasional Papers*，48. University of Southhampton：Centre for Language in Education。

⑦⑤ 见本章注释⑤，p. 116。原文出自《论语·述而》。

⑦⑥ 黄墩岩，彭惠婧(1992)：《三字经》，台北：瑞文化图书公司。

⑦⑦ 见本章注释⑤，pp. 93 – 94。原文出自《论语·里仁》。

⑦⑧ 见 Chang，H. C. (1997). Language and words：Communication in the Analects of Confucius. *Journal of Language and Social Psychology*，16，107 – 131. For a comprehensive discussion on Confucius' treatment of speaking。本文对孔子对于说话的看法有通盘的讨论。

⑦⑨ 见本章注释⑦③，p. 66。在日本亦然，多话的人，尤其是男人，会被认为很愚蠢，请见 according to Doi，T. (1981). *The anatomy of dependence* [J. Bester，Trans.]. New York：Kodansha International。

⑧⓪ 见本章注释⑤，pp. 76 – 77。

第三章
远古时光、现代时光

东西两种文化学习传统的核心价值已略述于前，现在我要回到本书的中心问题上面：这两种文化传统是否仍然继续影响着当代的学习者？本章要呈现的实证研究结果答案是肯定的。过去数十年的研究明确地记录了现代学习者的观念和实际的学习过程如何分别反映了他们各自的文化学习传统，然而在介绍这些实证研究之前，必须先厘清几个和中国（乃至整个东亚）目前教育制度相关的问题，以解读者心中的疑惑。

更改课程增加竞争力

随着时代变迁，世界上大部分地区古老的价值观也历经了剧烈的变化，这是不争的事实，当然东亚和西方世界也不例外。然而如第一章所述，至少在知识的追求上，西方的改变并不像东亚如此剧烈，事实上，西方极少从其他文化中采借做学问的方法，而且很显然他们的教育内容，也就是孩子学的东西，替其他文化和民族的孩童打开了新的知识领域。西方最显著的改变就是扩大义务教育和提高学习成果评量标准，[①]然而没有任何迹象显示西方国家把诸如儒家或佛家学习者的求知方法纳入西方孩童教育的核心课程中。相反地，中国（和其他东亚国家）却由于西方的影响，从制度（即入学年龄、升级年龄等）到实际课程内容，无一不全盘西化。[②]因此，这个小节将着重讨论中国发生的变化。

有一个特别的现象是媒体乃至一些学者都断言现在的华人学习者已日趋西化，多半不再受儒家学习传统的影响，而最近一次亲身的遭遇让我对这种看法有了更深刻的体会。我在一次中西学习信念比较研讨会上遇到一位在德国读社会学的中国留学生,中场休息聊天时,他问我:"你真的觉得儒家价值观和我们还有任何关系吗? 我觉得我们受西方影响更深。"听到他疑问及观点,我突然有一种似曾相识的感觉,因为这和大学时代的我简直不可思议地相似,但是我所知道的许多西方朋友都认为不只是来自大陆的中国人,而且包括所有来自东亚的人(包括已移居他国好几代的亚洲移民)都和他们非常不一样,而不少跨文化研究的结果都显示儒家思想是这个不一样的主要原因。

学校课程设计如前所述,无疑已改成以西方的数学和科学为必修的核心科目(英文课的比重也在增加),难以否定的是学校如果教授截然不同的学科必然会改变学习者的学习方式;毕竟,如果要学好数学和科学,就必须培养逻辑思考、因果推论、科学方法,以及客观看待世界的能力,而且同时也必须调整他们的学习目标。各种资料已证明亚裔学生在这些学科上都表现很好,更说明了东亚民众必定或应该已改变了学习方法。

此外,社会状况的巨大变化也提高了教育需求。中国是世界上人口最多的国家,从 1986 年起根据义务教育法规,每个孩童都必须接受九年的教育,[③]其他华人和东亚地区在人口增加和义务教育方面的情形也类似,这些变化使得教育需求更为迫切也给政府带来巨大的压力。人类知识的爆炸不但加重了这种社会负担,而为了能有效掌握大量的知识也延长了学习的时间。从学习者个人的角度来看,人口和知识的持续增长使得接受高等教育,尤其是进入精英大学的竞争越来越激烈。如果理想的工作机会没有比照高等教育就业人口而相对增加的话,这些劳动力也许必须重新训练或进修以便能具备必要的技能条件(skill set)。因此,华人和其他东亚裔学习者的学习信念和成就或许是对这些社会变迁的直接反应,和儒家学习传统无关。

以上这些论证都言之成理,但是关于学习西方学科的这一点,事实上孩子们在正式入学前有五六年是接受家人亲密的照顾,以亚洲小孩来说,常常不只父母,还有祖父母及其他亲戚的照顾。所以虽然核心家庭已是常态,但或多或少只是一种生活上的安排,和西方真正的核心家庭仍有出入。祖父母,甚至还有其他亲人一起参与教养孩子在亚洲仍很普遍,而且出乎意料的是美国的华人移民也如此。[④]根据人类发展研究,儿童最早期的几年对后来的发展具有决定性的影响。[⑤]因此,在这段重要的人格养成时期,华裔儿童就和其他任何文化里的孩子一样,形成了许多具有重要丰富文化信息(culturally informed)的学习相关观念和行为倾向,⑥然后孩子们带着这些观念和行为倾向开始了他们的学校生活。如同第二章所述,儒家传统里的师生关系是依照亲子关系为本形成的(详细的实证研究会于后面章节讨论),家庭和学校的一致性在同样文化中比在多族裔的文化情境中更高。⑦虽然有时甚至在幼儿园孩子就开始学数学和科学,但学习时的社会情境基本上仍是儒家的,因此,孩子在学习数学和科学时用的方式很可能和西方同学不同。⑧

然而社会变迁并非亚洲独有,大部分发达和发展中国家的教育体系也都面临着类似的挑战,不过,说到升学竞争之激烈却没有一个地方比得上亚洲。亚洲孩童为了有好成绩所承受的压力似乎格外明显。同样地,海外的东亚人虽然身处的社会较为崇尚心智、创造力和内在动机,但情况亦然;而且虽然西方社会比亚洲许多国家提供了更多的教育机会和更长的义务教育,但是亚洲移民间为了进入顶尖学校的竞争程度同样激烈。⑨对亚洲人而言,不论身在何处,似乎都以学业上求第一为路标。你若问道:"身为父母对孩子的未来有什么期望?"父母都会回答:"麦格涅高中、哈佛大学和天堂!"(麦格涅高中是美国最优秀的公立高中之一,此处代以假名。)学者秦宝莲(Desiree Qin)描述这种要孩子进最好的学校和大学的欲望是华裔移民父母普遍的现象,不论他们自己出身富有还是普通家庭。⑩

此处需要提出的是,大众媒体曾描写亚洲学生杰出的成就背后,付出的是心理健康的高昂代价。⑪由于报告的程序和方法不明,所以从亚洲国家很难取得可以比较的数据,但从现有的数据来看,并不能证明这个论点。有一项针对华人、日本和美国高中学生面对父母和学校压力时心理调适的比较研究发现,即使是父母对学生的成绩期望较高而满意程度低的案例,日本学生比其美国同学表现出较少而非较多的调适问题。华人学生的研究结果也显示,虽然他们较常有情绪低落和身体不适的症状(somatic complaints),但是如紧张、学业焦虑和攻击性情绪则比美国学生轻微。此外,高成就和调适问题在华人学生身上也未出现相关性,但对成绩好的美国学生而言,两者却有关联。另外最近韩国一项研究指出,来自父母的压力对青春期孩子的努力和成就动机具有正面而非负面的影响。⑫美国卫生与公共服务部(U. S. Department of Health and Human Services)最新一份对有重度忧郁症发作(major depressive episode，以下简称 MDE，是预测自杀行为的有力指标）的年轻人自杀念头的研究数据显示，亚裔 12 至 17 岁的 MDE 患病率低于欧裔美国人。[13]最后，亚裔美国人心理健康状况的全国性代表资料（national representative data）指出，整体来说，亚裔美国人比欧裔承受较少而非较多的精神问题折磨。[14]如果父母对学业成绩要求的压力真的会造成心理问题（因为大部分亚洲父母都会给孩子这种压力），那么亚裔美国人整体上应表现出较高比例的精神问题，但是，研究数据并不支持这样的结论。

最近的研究确实指出在美国的亚裔移民子女有适应上的问题，尤其是青春期的孩子，这是需要关注的现象，然而要注意的是，学业压力可能只是个现成的代罪羔羊。如果亚裔美籍年轻人这个群体没有显示出较高的精神疾病问题，而有些移民西方的亚裔子女却表现出调适问题，那么我们可能需要研究其移民的背景（immigrant context），以及原生文化（home culture）和主流文化在养育子女的价值观和做法上如何交叉失利，才能解释真正的原因。遗憾的是，这方面的研究很少，但是仍有少数几个开创性的研究厘清了某些关键因素，例如交叉语言使用（cross-language use）（父母讲母语但子女以英文应答，常造成亲子沟通的破裂）、对父母亲情（parental warmth）的期望与实际感受的差距、共处时间减少、父母不了解子女世界观已改变、子女不了解父母原生文化的思考角度等等都预示了调适的问题，但是还没有研究显示成绩压力是造成亚裔移民子女心理健康问题的直接原因。[15]

考试地狱

现今亚洲教育体系中最引人侧目的部分就是其恶名昭彰的考试制度。东亚以考试为导向的教育体系在国际上早已不是秘密，它以老师为中心的权威式教育、规定学生死记硬背的学习方法、利用外在动机、扼杀创造力等等，和美好的西方教育制度相比简直是万恶渊薮，任何有关中国和亚洲人学习方面的议题，要是略过这个备受责难的部分必定会遭到怀疑。

因此毫不意外地，这套体系饱受严厉的批评已有相当长的时间（事实上已超过一个世纪了），并引得伊许沙达（Ishisada）用"考试地狱"来表达对这套体系的反感。[16]这种憎厌不只得到非华人学界和教育界的回响，连许多亚洲自己的学者和教育家亦然。尽管如此，任何一个人若还有一线清明必定会问一个很明显的问题,也就是为什么如此臭名远播的制度仍然保存至今,甚至益形壮大? 为什么虽然它长久以来备受谴责,但亚洲人似乎完全无意放弃它? 事实上,东亚各地都曾多次试图改变这套制度(例如,日本和中国台湾地区),但结果它似乎完全不为所动。更诡异的是,这些地区的教育政策制定者其实都很熟悉"较好"的西方教育制度,而且许多人本身也受过西方教育领域的训练。

这个令人困惑的现象需要加以解释。就我所知,没有人比彭森明教授(Samuel Peng)更能解释这个"考试地狱"的正当性和有效性。[17] 根据彭教授的说法,东亚社会之所以无法摆脱考试制度是因为这是解决亚洲文化困境的唯一出路。如前所述,儒家传统认为重视家庭并为家人带来荣耀是一个人最重要的道德基础。同时,中国人和中国社会也拥护孔子"有教无类"的道德主张,也就是认为所有人不论身份背景都有平等受教育的机会。但是当有亲人要求特殊待遇时,那些能够左右学子受教机会的人(例如,大学负责招生的人员)就会面临严重的道德两难问题(例如某个亲戚的孩子考大学只差几分,很显然,他和其他考生的实际学生差异甚微)。如果拒绝了,这位握有行政权的人就违背了家族道义,如果同意了,他就违反了公共伦理原则。其他评量学生表现的方式,如老师推荐或面试等等也会遭遇同样的两难,所以除了以公平的考试分数来作决定外,别无他法,于是能否升学的责任就落在学生自己一个人身上了。从这个角度来看,"考试地狱"或许并不如表面上那么可怕。

不论其社会经济状态为何,如果华人/东亚人不是那么渴望升学而且确实很努力用功学习的话,这种困境不会发生。真正的问题是为什么他们觉得必须要一直求学? 难道生命中除此之外没有其他有意义的事值得追求?

当代西方和亚洲学术界有一个根深蒂固的理论性观点,他们认为学校教育有一个压倒性的目的就是赋予个人知识和技术以得到好的生活并且增加社会流动攀升(social mobility)的机会。虽然学者可能没有着手进行以社会流动攀升为目的而学习的研究,但很多现行的研究都聚焦在学习的结果上,如学业成绩,以及反映功利目的的实际利益等等。不可否认,不论在哪一个文化里,经济上能够生存,即使不是全部应该也是最多学习者所重视的目的。[18] 然而,如果谋生是"学习"之所以存在的唯一理由(raison d'être),我们可能不会在意孩子问的那些有关大自然的问题,譬如"为什么秋天枫叶会变红?"或者"为什么早上太阳比较大但比较凉,而中午比较小但却很热?"我们也不会去赞扬那些有兴趣进行哲学辩论，譬如何谓正义等等问题的年轻人；也不会去关心苏格拉底如何借着指导一名未受过教育的奴隶男孩来阐明人类知识的先天性，或者孔子关于学习自我完善的谈话。但我们确实在做这些事，而且是勤奋不懈地在做。

对社会经济阶层较低的人而言，谋生也许就是进学校读书最现成的理由，但这无法解释身家富裕者的学习行为。我任教的大学正好混合着来自富裕家庭和低收入但非常聪明的欧裔美籍学生，也有一些贫富背景不同的中国/东亚洲及亚裔美国学生。我观察的结果是，不论社会经济状况如何，欧裔美籍学生都有类似的学习态度和行为，也就是强调个人的好奇心、探究、语言沟通和本身的见识与才华。同样地，也常看到许多来自富裕家庭的华人/东亚学生用功的程度丝毫不逊于低收入家庭的同学。这些学生有家庭保障舒适的生活，并不需要靠努力读书来谋生，但他们自愿接受这些艰难的考验，或者虽然为了自己未必如此自动自发，但觉得必须努力用功来光宗耀祖。从华人移民家庭的学习者身上可以看得更清楚，他们一边享受美国校园里自由自在、充满选择和富创造力的环境，但同时也一贯地表现出和家乡同侪一样程度的认真态度和成绩，而这不能再归因于考试制度的压力。因此，我们不得不思考对现在的欧裔和华裔/东亚学生而言，学习必定还具备了其他的目的，而研究结果证明，在他们各自的学习方式背后的推动力量仍旧来自他们的文化传统。

早期研究对东亚学生成绩的解释

1960 年以前几乎没有对西方与东方学习者在学习信念上或与成就动机相关的比较研究。戴维·麦克利兰（David McClelland）在 1963 年发表了一篇有关华人动机模式（motivation pattern）的文章，文中他宣称中国传统文化缺乏成就动机，但幸亏有了共产主义思想的精神，使得中国人有了革命热情而变得比较积极。[19] 在这篇论文之后，有关这方面的研究沉寂了很久，直到 1970 年代末国际教育成就评鉴结果显示日本学生在数学和科学方面的表现比许多西方国家优异，而美国落在其他发达国家之后。[20] 这个出乎意外的结果立刻激起了大家对东亚学校和孩童学习方法的兴趣，于是赫拉德·史蒂文生（Herald Stevenson）和詹姆士·史蒂格勒（James Stigler）发起了一个划时代的十年研究计划来比较美国（大多是欧裔美籍）和亚洲的日本、中国大陆和台湾地区的小学生，而主要目的是找出造成亚洲学童成绩优异的原因。为了进行这个牵涉多国、多语言的研究，研究人员克服了许多艰难的挑战，他们选出确实能代表该国的小学生参与计划，另行设计数学能力鉴定考题以避免偏颇，调查学童和父母对成就的看法，观察教室上课情形，以及访谈老师等等。㉑

　　研究的结果颇为惊人。他们发现美国学童、家长、老师对孩子的成就是以"能力"这个概念作为解释的基础，而对照的亚洲组则是将学童的成就归因于孩子的"努力"。他们把这个差异称之为"学习鸿沟"（learning gap）。此外他们也发现这个观念上巨大的区别和学校以及上课的日程如何安排有关。美国学童上学的天数比亚洲学童少，每天上课时间也较短。亚洲老师布置的作业较多，而且不会犹豫当众指正孩子的错误，甚至在教室里公布成绩（所以每个人都知道彼此的成绩），而孩子的成绩即使已经很好了，家长仍然会表示不满意。相对地，美国老师布置的作业较少，而家长对孩子的成绩满意度较高，即使成绩平平时亦然。另外，美国老师不会像亚洲老师那样当众指出孩子的错误和缺点，相反地，他们会将孩子的成绩保密以保护他们的自尊。㉒

　　这个研究站上了舞台中央并带动了更多的研究兴趣。例如，美国学者研究美国和日本学习者描述能力和努力时所用的概念，他们分析得出日本学习者具有某些日本文化特有的气质，譬如"为决心之准备"（seishin），是一种帮助一个人处理难题时的心态，还有"努力不懈"（ganbaru），表示一种"对坚持的本质上的益处持有正面的态度"。㉓研究人员在香港用"努力"（effort）这个概念来研究华人学生。"Effort"在西方有关动机的文献中被定义为一种内在但不稳定因素（意指一个人是否会努力视其要达成的任务而定）。但他们发现对华人而言，努力并非视情况而定的，而是一个在各种时间情境下都很稳定的因素。换言之，华人学生认为有必要时时刻刻对所有的学习功课都加以努力。㉔

　　也有一些研究聚焦在美国和亚洲学校课程安排和课堂的差异上面，研究者发现日本学校提供给孩子更多学数学的机会，课程更顾及个别差异，而且课程内容根据年级而增加难度，所以有较好的连贯性。㉕乔瑟夫·托宾（Joseph Tobin）、戴维·吴（David Wu）和唐娜·戴维森（Dana Davidson）观察并录下了美国、日本和中国幼儿园一天上课的情形，然后把三个学校具代表性的影片片段分别放给三个学校的老师、行政人员和家长看。他们用影像民族志方法捕捉到学校如何安排和引导孩子一天的活动、如何授课，以及孩子间如何互动的细节。这个研究显示出美国幼儿园教育注重孩子的自我表达、自由探索、享受乐趣、和谐的同学互动，并严格执行学校里的社会和道德规范。中国的幼儿园关心孩子的营养、重视在老师严密监督下的团体活动、强调教室内有纪律地学习，而且要求严格遵守社会和道德规范。日本幼儿园则另有一番风貌，他们鼓励孩子们彼此互相学习；孩子们玩耍、吵架，老师通常都不插手，让他们自己解决彼此的冲突。令人意外的是日本幼儿园里并没有上很多课。[26]凯瑟琳·路易斯(Catherine Lewis)对日本小学上课和学习的情形也做了类似的深度民族志研究。她的研究进一步显示出日本学校不只针对孩子的心智发展来设计教学和活动内容，也兼重孩子的学习兴趣(affect in learning)。[27]最后，罗伯·海斯(Robert Hess)和弘东润(Hiroshi Azuma)研究美国和日本幼童课堂里的教学风格后发现美国老师偏好有效率、快节奏的作风，而对照的日本老师教学风格则较缓慢但严谨而彻底。这些差异都预示了双方文化里孩子们未来的工作习惯和成就。[28]有很多研究记录了日本小学里能有效提升学生数理成绩的教学策略，[29]不过，最著名的是由詹姆士·史蒂格勒所主持的美、日、德三国课堂教学比较的影音研究计划，该研究结论是日本的教学法确实胜过对照的西方国家。[30]

学者们也注意到家庭的因素，他们研究欧裔美国人和东亚父母后发现，虽然两边文化的父母都非常重视教育，但仍有不同的地方。亚洲父母对孩子的学业成绩表现出较高的期望(多半要求孩子所有科目都拿 A，欧裔父母则 A 或 B 都好)。亚洲父母会要孩子参加较多有目的性的学习活动(structured learning activities)，如课后或周末的补习课，他们也更多地在家里督促孩子们学习。[31]

同时，"国际数学与科学教育成就趋势调查"(Trends in International Mathematics and Science Study，以下简称 TIMSS)以及"国际学生能力评量计划"(International Student Assessment，以下简称 PISA) 最近出版的报告再次确定东亚的新加坡、韩国、日本、中国香港和台湾地区学生的数理成绩在过去 30 年来一直维持在全球排名顶端，而似乎不论接受怎样的测验，他们始终保持着最好的成绩。此外，他们的阅读也有了更大的进步(例如，2003 年 PISA 韩国排名第六、日本第八)。在北美、欧洲、澳大利亚、新西兰和世界其他各地的亚洲移民学生也都同样有较优异的表现。要注意的是可能由于中国(当时)经济落后，所以 TIMSS 和 PISA 评量在 2009 年之前并未涵盖中国(上海在 2009

年参加 PISA）。中国在 1990 年唯一参与的一次国际评量中排名第一，所以毫不意外地会在 2009 年 PISA 中排名第一，比第二名的韩国在阅读方面多了 17 分、数学多 54 分、科学 37 分，其后是芬兰和其他东亚国家，这些国家的成绩各只有些微之差（以上分数都以平均分 500 分为基础）。㉜

华人学习者的悖论

在这样的国际背景之下，有别于美国对东亚学习方式的好奇，另外有一群澳大利亚、英国和瑞典的学者在香港企图解释一个他们称之为"华人学习者悖论"（the paradox of the Chinese learner）的现象。他们的基本问题在于很多西方老师只要一碰到华人学生或访问华人学校，他们即使没有被惹得满腔愤慨并强烈指责华人的学习方式，至少也都非常失望。如前所述，中国的教育体系充满老旧的教学方式。一方面，它是以老师为中心、权威式、中央统一的教学课程（意指僵硬且无视学生的个别需求）；另一方面，学生很温驯、服从且不具批判能力，他们靠死记来学习、缺乏内在动机，而且只以考试为目标。换言之，中国／亚洲教育体系和所谓好教育制度所具备的一切已知优点都互相抵触。我还记得在哈佛教育研究院上课时，有一次我试着和老师分享练习写中国字或书法能够帮助孩子学习专注的事，但老师轻蔑地表示："所有的中国学生都只会死记硬背！我这门课对这个没兴趣。"她的反应让我从此三缄其口，我当时实在不知该如何反应，但是很清楚华人的学习方式被视为一种负面的学习模式，后来我发现我个人的经验并没有什么特别，因为批评东亚人学习方式的文章、书籍和媒体简直不计其数。㉝

然而，华人／东亚学习者的成绩经过一再的测验评鉴后，现在可说确实是优于其他发达国家，部分远赴西方进修的亚洲人也依旧表现优异，而且这些移民的子女成绩也都很好。对我来说，所有这些发现都指出不论经历怎样（通常很彻底）的评量过程和方式，华人／东亚人都表现很好。恶质的学习方式和优秀的成绩之间如此鲜明的反差，让敏锐如约翰·毕格斯（John Biggs）及戴维·沃特金（David Watkins）等关心华人学习方式的学者了解到这整个现象必须有新的解释。没错，像这样的教育体系加上这样的学习者怎么可能会创造出任何有重大意义的成就？

沃特金和毕格斯召集了一个研究团队，参与的研究人员之后出版了一部极具影响力的《华人学习者》(*The Chinese Learner*)，书中将这种现象假设为一种悖论。㉞因为大部分的东亚洲学习者都受儒家学习传统的影响，所以沃特金和毕格斯用"儒家文化圈"(Confucian heritage cultures，简称 CHC)来涵括中国大陆和香港、台湾地区，以及新加坡、日本、韩国和越南诸国。参与的研究人员以实证研究的方法观察并记录这个范围内学习者的基本观念和学习过程。2001 年，沃特金和毕格斯出版了后续研究成果《教导华人学子》(*Teaching the Chinese Learner*)。㉟虽然该研究的焦点是教学，但大多仍和学习方式息息相关。和这些研究同时期，还有其他学者也收集了有力的数据，对这个亟需厘清的现象进行解释。下一节将说明这些研究的结果。

学习信念

若从文化信念(cultural beliefs)的角度来看学习这件事，李荣安(Wing On Lee)点出了儒家核心价值观在中国历史上的重要性，以及其对今天华人学习者历久不衰的影响，根据他的论点，其中最重要的就是儒家认为立志勤奋学习来追求自我完善是生命最崇高的目的。这个信念也关联到其他的观念，譬如人应该对社会作出值得嘉奖的贡献，并能为家族带来实际的荣耀，以及增进他们本身的社会地位和社会流动性。㊱李的论点和本书第二章中回顾儒家学习传统的讨论不谋而合。程介明(Kai-ming Cheng)在中国一个省份进行小学教育的全面性民族志研究时，收集了当地人学习观念的资料，结果也支持李的说法。程的结论是，中国父母无论贫富贵贱，他们把孩子送去学校不只是为了学会识字数数，也希望孩子会变得学识渊博，在社会上能够左右逢源，并且最重要的是成为有道德修养的人。㊲此外还有 An Ran 以质性方法研究在英国的华人父母和英国教师在学习目的方面的冲突，他发现对于孩子显然已经很优秀的成绩，英国教师会注意对孩子表达嘉奖和满意，但华人父母却不论孩子成绩如何，仍会要求增加学习内容，并要孩子不断努力求取自我进步。㊳

其他和以上相关的研究如，金立贤(Lixian Jin)和马林·寇塔奇(Marin Cortazzi)发现英国学生描述的好老师形象是能够引发学生学习兴趣、解释清楚明白、有效运用教学方法，及善于安排各种活动的人；而华人学生心目中的好老师是学养深厚、能释疑解惑，而且是一个道德楷模。㊴类似的研究还有高凌飚(Lingbiao Gao)和戴维·沃特金(David Watkins)以质性和量性两者并用的方法来界定华人数理科老师的不同教学目标，研究发现除了认知上的目的，华人数理老师也很重视培养学生对于学习和道德指引的适应态度。[40]何德芳(Irene Ho)对中国香港和澳大利亚的老师进行访谈后发现,澳大利亚的老师把教学放在专业的责任框架里,具有明确的角色和界线,因此,如果学生成绩不及格或行为不当,他们会通知家长但不会把对学生的道德教养当成自己的职责,因为这是家庭应负的责任。相较之下,香港的老师则强调自己有责任要指引学生"走上正途,并准备好要尽全力矫正他们的不当行为,要尽可能花时间在学生身上,并且总是亲力亲为"。他们更倾向于把学生学业和品行上的失败归咎于自己的失职,而非学生和家庭的问题。[41]最后,邓广威(Thomas Teng)用质性方法研究香港老师的学习和教学观(conceptions),他发现道德发展是学习也是教学的最高理念(the highest conception),超过认知方面的理念(cognitive oriented conceptions)。[42]从这些以比较观点所做的研究可以发现,华人学生和老师都强调以道德和个人成长作为学习和教学的主要目标,而西方对照组则不然。

学习过程

关于学习过程本身,费伦斯·马顿(Ference Marton)、葛洛莉雅·达艾巴(Gloria Dall'Alba)和谢励勤(Lai Kun Tse)研究备受西方及中国教育界批评的华人/亚洲式机械性背诵的学习方法。结果发现华人的死记硬背本身并非目的,其背后有一个更高的学习策略,为了对所学能有更深刻的理解,背诵只是第一步。[43]在一个相关的中英学生使用反复记诵方法的比较研究中,博·大林(Bo Dahlin)和戴维·沃特金进一步发现了重要的文化差异。英国学生用复诵的方法检查自己是否确实记住了某个内容,华人学生却是用它来产生"深刻的印象"作为进一步理解的基础。此外,英国学生认为理解是一种瞬间的领悟,而华人学生认为理解是一个漫长的过程,需要耗费大量精力。[44]

在香港大学生和教师(包括华人和旅居当地的西方人)对有效教学(effective teaching)的感知/知觉(perception)研究中,丹尼尔·普瑞特(Daniel Pratt)、马维斯·凯利(Mavis Kelly)和王小城(Winnie Wong)也发现了华人师生和西方的差异。西方教师常把华人学生描述成"没有思考能力、只有短期目标……很被动、需要太多指导……在教室里采取安静、接受、谦逊的态度,而且(不愿意)挑战或质疑……权威"。[45]但是华人学生认为学习是渐进的过程,需要投注大量的精力和有计划的步骤(和罗伯·海斯和弘东涧研究的日本学习和教学风格相似）。⑥一般而言，华人学生接触到新的学习内容时有四个明确的步骤来完成学习的任务：首先是把内容记下来；接着试图了解它的目的、形式和意义；然后尝试把他们理解到的知识运用在赖以解决的状况上；最后深入到予以质疑和修正原来内容的层次。最后一个步骤自然需要口头的互动，但前三项可能比较需要独自地学习与沉思（这是中国知识传统里很重要的层面⑰）。显然，这种学习风格不止于立即的言语交流，而可能延续数日、数周、数月，有时候甚至数年之久（譬如一个博士生可能早先不同意指导教授的论点，而在数年后发表论文来挑战他）！因此，这些研究者观察到华人学生面对西方老师"期望他们马上跳到学习过程的最末端（质疑和分析），并以之评量他们的成就"时往往感到很沮丧而且为难。⑱

关于亚洲学习者多受到外在动机驱使，而缺乏大家认为较理想的内在动机这个方面，席娜·艾言葛（Sheena Iyengar）和马克·莱普（Mark Lepper）的研究厘清了一些重要的盲点，他们检视在学习和成绩方面，个人自主性及个人选择在亚裔和欧裔美国学童中如何发挥作用。个人自主性和选择是内在动机的指标，而社会影响和社会决定（social determination）（如由他人代为选择）是外在动机表现出来的形式。前两者很久以来就被认为有助于学习和成绩表现，而缺乏这种个人自由是有害的。⑲但是学者证明这种假设只适用于欧裔美国小孩，并不适用于亚裔学童。前者在拥有个人自由时（学什么、怎么学）会学得比较开心且表现较好，而后者则喜欢让重要的人（例如妈妈或信任的同伴）替他们选择的事物。更近期的研究进一步记录了亚洲孩子喜欢学由和他们关系良好的人所选择的活动，而且会学得很好。因此，个人选择的需求对亚洲学习者而言，可能不像对西方学习者那样重要。⑳

进一步的研究：深挖文化的学习信念

超过 20 年的研究已大幅增加了我们对华人/亚洲学习者的认识。值得注意的是，对于所观察到的这些学习过程和结果的差异，大部分新近的研究以质性方法漂亮地揭开了其背后有力的文化意义。香港虽然面积很小，但其独特的自由贸易环境替这样真正的跨文化研究提供了独特的研究据点。不但来自儒家文化圈和西方文化背景的研究者在香港有频繁的互动，更重要的是，许多西方老师和儒家背景的学习者及学校也有直接的接触。这个研究替未来的研究计划描绘出了新的蓝图。

描绘文化学习模式的图像

虽然 1990 年代在学习方面的研究已有重大的进展,但累积的知识从整体来看仍然有些分散,缺乏从文化的角度来进行的系统性研究,不但对西方和亚洲学习者没有全面性的描述,而且可说事实上对其他任何文化背景下的学习者的综合性研究也都付之阙如,虽然个别零星的数据也许展现了学习者片面的样貌,但是这些数据没有解释学习者以文化为基底的观念,也没有说明他们学习信念形成的原因和过程。如果我们的目的是要从所有的层面来了解人类的学习现象,那么一套完整的文化学习模式数据正是目前缺少而亟待建立的一个环节。

我以"主位观点"(emic perspective)来着手这个题目。主位观点就是局内人的角度(insider perspective),以被研究者为起点,与之相对的是来自局外的观察者/研究者的观点,称为"客位观点"(etic perspective)。⑤ 已有学者提倡凡是研究人类文化都应两者兼顾(否则不可能建立跨文化理解)。然而客位观点主导学界传统已久,尤其是以西方科学为范式的理论导向(theory-driven)及假设检定(hypothesis-testing)的研究形式。人类学是引介主位观点研究的先驱,对于我们了解世界各地的文化有莫大的帮助,因为采取主位观点往往较能得到高效度的研究结果,并且在发掘当地人的概念以及理解其行为背后的信念上,比客位观点研究更胜一筹。

此外,我把这个题目放在文化模式(cultural model)的架构中来进行探讨,这也是来自人类学的见解。文化模式是一个文化经由历史过程所建立起来的,并且会随着文化的发展推衍而不断地修正改变,它是一种概念上的架构,借着提供该群体共有的解释、预测和诠释人们想法、感情和行为的各种方式来影响成员的经验。这些架构也引导人们形成他们的目标并激励他们向目标迈进。⑤ 美国老师的形象就是一个文化模式的例子,每个在美国从幼儿园大班读到 12 年级的人应该都知道老师做些什么、他们的权利和责任、学生面对老师时应如何应对,还有如果学生未做到老师的要求时会有什么下场;而同样地,欧裔美国人及华人的学习信念也可当成文化模式来研究。

为了比较华人和欧裔美国人的学习模式,我进行了两个研究,所使用的实证方法为"原型法"(prototype methods)。这些方法的基础在于理论和实证研究都证明人类对世界的理解大多由对各种物品、活动和经验到的事件加以分类后所构成的。例如，家具是一种高阶的抽象概念，包含了人类日常用的沙发、桌子、椅子等等功能范畴的物品，在每一个子范畴内又可再细分成不同种类，如人坐的椅子可包括长沙发、长条凳、板凳等等。这种分类系统是靠着人类的语言，给每样东西命名、打上标记所建立起来的，一旦这些分类结构出现了，就成为各种物品、模型，或者人类活动和事件记录的原型（prototypes），之后人们再根据这个结构把新的物品、活动、事件分门别类。例如，我们看到一件像是椅子的东西，多半会拿椅子的原型来把该物品概念化，然后把它列入椅子类中。㊼因此，一种特定文化的语言有各种原型让人用来整理他们理解到的世界。而"学习"在特定文化中被概念化后，亦可运用原型法来研究。

为了得到东西方文化中含有学习概念的用语，我们从两种文化中选出的大学中各问了三位大学生，请他们各就其母语中的"学习"或"learn/learning"作自由联想。㊽为了确定中文的"学习"和英文的"learn/learning"词义相当，采取了几个步骤。首先，我们查阅中文及英文的词频字典。词频（word frequency）是自然语言（natural language）中一个字使用频率的标准化语言指数，使用频率越高，则该语言的使用者对这个字辨识的速度就越快，也越准确。㊾中文部分，我们选择"学习"一词是因为其频率值高达 679，是中文里所有表示"learning"的同义词中最高的。同样地，我们找出英文"learn/learning"的频率为 254，也是其同义词中最高的。㊿然后，我们在两种文化中各询问了 20 位双语皆流利的成人，其中母语及非母语人士各占一半，请他们把中文的词译成英文、把英文译成中文。经过这个交叉翻译（cross-translation）和分级步骤（rating procedure）（细节容后讨论）后得到的结果为"学习"和"learn/learning"是两种语言的同义字中意义最接近的词。○57

以上步骤中两种文化里分别选出的三位大学生，在听到"学习"或"learn/learning"时写下脑中出现的表示学习各个面向的一般字词、词组后，我们得到了一份初始清单，上面包括 242 个英文语汇和 145 个中文语汇。接着，我们把这两份清单拿给另外在这两种文化中分别选出的 20 位背景相似的大学生看，并请他们增补任何有学习意涵的词汇。这个步骤的必要性在于可以把集合扩大，避免遗漏该文化里和学习有关的重要概念，如此我们得出了一份加长的清单，有英文语汇 496 条和中文语汇 478 条。当然很可能这中间有一些只是某些人特别的想法,不见得是该文化中大部分人的共识,所以为了得出一份符合该文化中大部分成员观念的核心清单,最后我们又在两种文化里各另请了60位参与者根据各词汇和学习的相关性用四点评定量表标出等级,"1"表示没有关系,"4"表示明确有关。

依照研究惯例,我们用中间值2.72作为分割线,从所有相关词汇中筛选出一份核心列表。⑱这张表上的203条英文语汇及225条中文语汇是我们仔细逐条检查后筛选出来的,具有和学习相当程度的关联性,而且是经由群体共识所决定的。表3.1为中文及英文里和学习相关性最高的语汇。

表 3.1　由美国及华人成人评选出来和学习最具相关性的前 20 个语汇

英文语汇（中译）	中 文 语 汇
1. Study（研读）	活到老,学到老
2. Thinking（思考）	博览群书
3. Teaching（教学）	刻苦学习
4. School（学校）	看书
5. Education（教育）	勤奋(学习)
6. Reading（阅读）	博学多才
7. Teacher（老师）	读书
8. Books（书）	发奋读书
9. Critical thinking（批判性思考）	如饥似渴地学习
10. Brain（头脑）	学无止境
11. Discovery（发现）	专心学习
12. Understand（理解）	好学
13. Information（信息）	苦心攻读
14. Knowledge（知识）	求知
15. Motivation（动机）	读书人明理
16. Library（图书馆）	留学
17. Students（学生）	勤勉自学
18. Learn by doing（做中学）	学而不思则罔,思而不学则殆(孔子)
19. Applying ideas（运用所知）	学然后知不足(孔子)
20. Communication（交流）	书山有路勤为径,学海无涯苦作舟

从表3.1可以看到两种文化中与学习相关词汇的惊人差异,表3.2将这些明显可见的差异概括成四类。若纯粹从语言学的特征上来看,英文词汇大部分是单字和规则字;相反地,中文词汇通常包含好几个字和修饰语,很多以谚语、格言的惯用语句(idiomatic expressions)呈现。在概念性方面,英文词汇会提及外在的因素,如资源、机构和老师;但在中文词汇里得分最高的都没有这类指涉(但有出现在排名较低的词汇里)。有趣的是,在最早收集到的近500个英文语汇里没有一项提到努力(hard work)这个概念,而中文则呈现剧烈的反差,有很多都涉及努力及相关的学习态度(这个发现支持前述史蒂文生和史蒂格勒的研究)。英文语汇表中也没有出现"终身学习"意思的字眼,但中文的有好几条,包括第一条的"活到老,学到老"。有一个相反的状况是英文里有许多表示思考和心理过程的语汇(203条中有61条,占30%),但中文的前20条中只有一条提到(在全部225条中只有14条,占6%,其他剩下的条目中完全没有提及逻辑或分析的概念)。

表3.2　英文与中文前 20 个学习语汇中的语言、概念、情感、行为等特征的差异

英　　文	中　　文
语言特征	
单字	多字多修饰语
规则字	包括谚语及格言等的惯用语句
概念特征	
提到外在因素(如,资源和机构)	没有提到
没有提到努力勤奋等概念	许多有提到努力及学习态度
没有提到终身学习的概念	有一些提到
许多有提到思考/心理过程	只有一条提到
情感特征	
不带感情	
	情感鲜明(渴望/热情/强烈)
行为特征	
没有明确的行动诉求	明确要求行为表现

在情感方面,英文的学习语汇中缺乏情感的表露,中文语汇的情感表现则非常鲜明,表现出了渴望、热情和强度。最后在行为方面,英文语汇中没有出现清楚的行动号召,但中文里则十分明显。

当我们仔细思考两种文化中孩子的学习信念发展过程时,以上这些学习语汇差异的重要性就变得很清楚了。本书第七章会有两种文化中的母亲如何与孩子谈论学习的资料,母亲们用到许多我在研究初期收集到的字词语句来教导孩子养成好的学习态度与行为,而孩子藉由听到和使用这些字句来发展自己的学习信念,因此,和学习有关的语汇在儿童发展中扮演着重要的角色。

为了描绘出两种文化里各种各样的概念之间的关系,我们各请 100 位背景相似的大学生将其文化核心语汇表上的字句按意思相近进行分组,然后把他们分组的结果用统计上的群聚分析(cluster analysis)法作分析,得到英文及中文里学习概念的图各一张,如图 3.1 及图 3.2 所示。[59]

图 3.1 和图 3.2 中详细的数据显示出两种文化学习模式的庞大与复杂。这两张图上都包含了层次(levels)和集群(clusters)两个面向。层次指的是前面讨论"原型法"时所说的分类的阶层式结构(hierarchical structure),而此处分为四个层次,最顶端是"高级层次"(Superordinate Level),其下是"基本层次"(Basic Level),又细分为"基本层次 I"(Basic Level I)和"基本层次 II"(Basic Level II),再往下是包含最多小集合的"从属层次"(Subordinate Level),这也是包含实际学习词汇的一层。这些排在下层的字词词组就如字面所言被分成一组一组的"集群",显示了学习概念经参与者分类后得到的相似与相异处。集群的数量和每个集群的大小是由有多少参与者将多少学习概念归纳整理进各个不同组别而决定的。基于原型法的假设,某个概念出现的词汇数量越大,表示该文化对它的体认和重视度越高。[60]因为是由群体共识推衍出来的实证结果,所以这两张图得到的是文化层次的学习概念,描绘出通过语言的使用而呈现出来的一种文化学习模式的样貌。

就目前的研究目的来说,只需点明几个最重要的特征即可,如美国学习概念图(图 3.1)上一方面聚焦于学习过程(包含大部分的词汇),另一方面是学习内容(词汇较少)。在学习过程这部分,其中绝大多数落在学习者的特征方面,而社会环境方面较少。其中两个最重要的面向是落在学习者特征之下,即(1)具体的学习过程,其下又细分为(a) 积极学习,(b) 思维,(c) 探索,和(d) 交流;以及

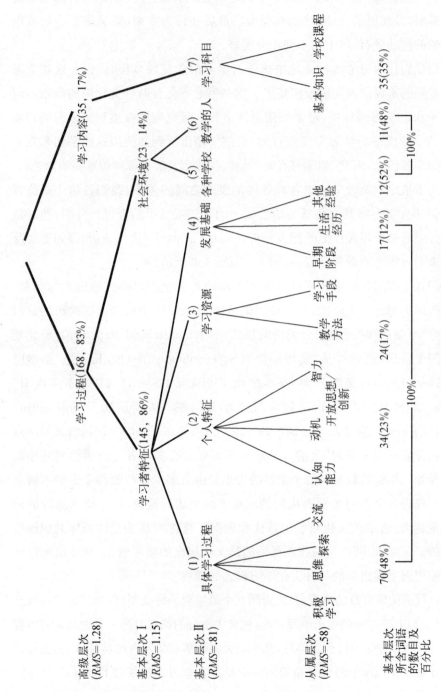

图 3.1 欧裔美国人学习概念图

高级层次
(*RMS*=1.28)

基本层次 I
(*RMS*=1.15)

基本层次 II
(*RMS*=81)

从属层次
(*RMS*=.58)

基本层次
所含词语
的数目及
百分比

学习过程(168, 83%)

学习内容(35, 17%)

学习者特征(145, 86%)

社会环境(23, 14%)

具体学习过程(1)

个人特征(2)

学习资源(3)

发展基础(4)

各种学校(5)

教学的人(6)

学习科目(7)

积极学习 思维 探索 交流

认知能力 动机 智力 开放思想/创新

教学方法 学习手段

早期阶段 生活经历 其他经验

基本知识 学校课程

70(48%) 34(23%) 24(17%) 17(12%) 12(52%) 11(48%) 35(35%)

|——100%——| |——100%——| |——100%——|

74　文化溯源：东方与西方的学习理念

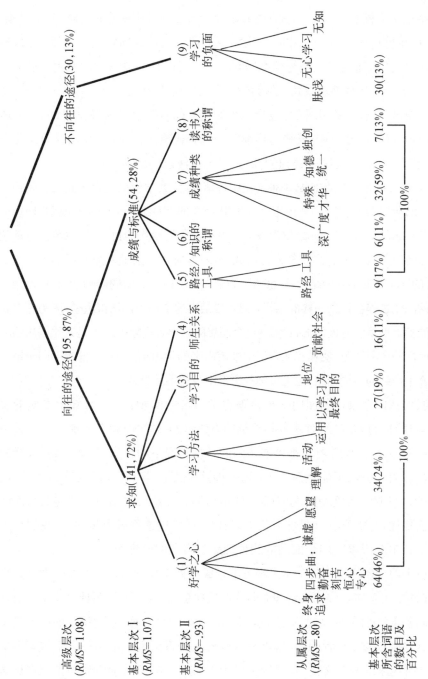

图 3.2 华人学习概念图

(2) 个人特征,强调(a) 认知能力,(b) 动机,(c) 开放的思想,和(d) 智力。

中华学习概念图(图 3.2)的顶端显示了向往的及不向往的学习途径,并附有偏好/价值(preference/value)。大多数的词汇都落在向往的途径那一边,其下再区分为"求知"和"成绩与标准"两类。在求知方面,最重要的两组是(1) 好学心,包括(a) 终身追求,(b) 学习美德(勤奋、刻苦、恒心、专心),(c) 谦虚,和(d) 愿望;以及(2) 学习目的,包括三大观念:(a) 以学习为最终目的,(b) 地位,和(c) 贡献社会。在"成绩与标准"下面的"成绩的种类"强调知识的深度和广度、特殊才能、知德统一和独创性,是很值得注意的面向。

在第二个研究中,我们从两种文化中各请 62 位大学生描述合乎其文化理想的学习者的典型 124 个样本。[61] 由于文化有其合意的"终端"(endpoint),或谓"理想的样貌"(optimal ways of being)作为该文化中年轻成员涵化的目标,所以我们以理想的学习者形象而非一般的形象为目标,正是因为前者提供了人类发展学者所谓的"最佳的"(optimum)发展结果。[62] 虽然因为个人的特性和环境的影响,没有任何两个孩子的涵化过程会得到一样的结果,但是描绘出这个理想仍然很重要,因为它会在人们的脑子里指引着他们的行为。[63] 这个理想的学习者形象因此也是文化层次而非个人层次的学习模范,就和我从语汇中推衍出来的学习信念一样,虽然不同于第一个研究中得到的字词词组,但可以弥补语汇本身的不足之处。

我们从四个具体的面向来探察理想学习者的面貌:(1) 对知识本质的思考、学习的目的和过程、对才智和卓越的看法;(2) 对学习和个人道德发展关系的理解;(3) 在任何学习者都可能遇到的常规状况下的行为,譬如得到好成绩、拥有高智力、失败、不能理解某些概念、即使努力也学不会,以及感到无聊、厌倦等等;(4) 随着学习状况好坏而来的情绪模式。然后请参与者就这四个面向作书面描述,并以质性和量性方法加以分析。[64] 经过这些研究步骤后,我们得到两种文化中对应以上四个面向的四种理想学习者的轮廓。

以上两个研究得出的基本发现可汇合成两种文化学习模式综合性图像。表 3.3 是两个信念体系构成要素和面向的概括性总结,从中可见两种文化至少有四大共同要素:目的、原动过程、成就和情绪。每一个组成要素下特定的词汇是由提到这些概念的参与者的数目,以及这些要素是否出现在由第一个学习词汇的研究所导出来的两个文化学习概念图上所决定的。以下我会特别讨论欧裔美国人和华人学习模式的相似及相异处来分别说明这两种文化模式。

表 3.3　欧裔美国人及华人学习模式之组成要素及面向

欧裔美国人	华　人
学习目的	
发展心智能力/理解世界	在道德/社会层面上完善自我
培养才能/技术	为自己获取知识/技能
达成自身目标	贡献社会
学习的原动过程	
主动投入/积极进行	勤奋
思考	自我奋发
探索	刻苦
交流	恒心
	专心
成就种类	
掌握基本/专门知识	知识的深广度/专精
具备个人见解/创意	运用知识
尽力做到最好	知德统一
情绪	
正面	
好奇心/兴趣	承诺(立志)
内在的喜悦	爱/热情/渴望
挑战的态度	尊敬/接受
因成就而自豪	对成就持谦虚的态度
负面	
冷漠/厌倦	无心学习
外在动机	傲慢
因失败而失望/自尊心低落	因失败而感到羞耻/愧疚

数据来源：Li，J.（2011）. Cultural frames of children's learning beliefs. In L. Arnett Jensen（Ed.），*Bridging cultural and developmental approaches to psychology: New syntheses in theory，research，and policy*（pp. 26 - 48）. New York：Oxford University Press；p. 30. Copyright 2011 by Oxford University Press. Reprint with permission. Originally adapted from table 14 - 1 in Li，J. & Fischer，K. W.（2004）. Thoughts and emotions in American and Chinese cultural beliefs about learning. In D. Y. Dai & R. Sternberg（Eds.），*Motivation，emotion，and cognition: Integrative perspectives on intellectual functioning and development*（pp. 385 - 418）. Mahwah，NJ：Erlbaum.

欧裔美国人学习模式

学习目的

如表 3.3 所示,欧裔美国人的学习目的有三种:(1) 发展心智能力/理解世界;(2) 培养才能/技术;(3) 达成自身目标。其中最常被提及的是发展心智能力和理解世界。心智让人能够去学习,同时如果处在刺激的环境下被要求适当地运作以理解世界,心智也会继续发展或变得更敏锐。

第二个学习目的是培养出一名健全的社会成员所需的才能和技术,包括拥有成功的事业和独立自给自足所必需的重要技能,以及解决问题和支配自己生活和环境的知识。第三个学习目的,是完成自己个人的目标(超越才能/技术范围以外),包括实现自我、找到个人的幸福快乐、增长见识和阅历、从事精神上的追求,或者达到任何个人可能渴望的目标。

这三种目的本质上互相关联,虽然心智在学习上具有主控的地位,但它也需要培养,而人也借着这个过程来培养赖以完成个人生命目标的才能和技术。

学习的原动过程

这个标题下的各点被称为"原动"(agentic)是因为它们是个人为了实现自己理想的目标所采取的行动,换言之,这些过程是怀着目标和理想的人们为了学习所进行的。[65]主要的原动过程有四,第一是主动地投入,这个过程的主旨就是一个人必须主动积极地学习,而其主动的性质强调的是不论在教室内外,时时都借着亲身实践和生活经验来学习。第二个过程具有"思考/批判推理"的意思,是心智在做或应该做的事,涉及学习时心理过程的所有领域。例如,一个人可以从低层次地区分物品类别,进至高层次地综合各种事物关系,或者可以进行严谨的演绎逻辑,或归纳推理,或自由地沉思、反省、冥想任何自己有兴趣的东西。

探索是西方科学发展背后的精髓和动力,这第三种学习过程强调发现未知和发明新物。人们在这个过程中借着各式各样的研究活动,例如收集资料、实验、观察、分析、得到结论进而获取对世界的了解。启动这个过程的关键来自一个人想要挑战现有思想规范的企图、发现新问题,并寻求创新的解决方案。

最后,第四种过程,交流本身既是学习也是将个人的知识和发现传播出去的方式。就学习而言,我们在参与口头和书面的社会互动时,不只是和别人交换想法,也同时运用了如逻辑、证据、唱反调的方法,互相讨论、争辩、批评或说服对方,以便能得到更好的理解。在传播的目的方面,报告、解释、表达和证明自己的见解、观点或研究结果,常常会用到影像的形式和科技设备。

就像学习目的一样,这四种学习过程虽然各有不同的重点,但彼此仍有本质上的联系。主动学习确保心理上更全面地投入,进而提升所有层面、形式和面向的探究思考;而交流因其互动的性质,不但是主动学习的自然表现,也会反过来促进更积极地投入、思考和探索。

成就的种类

三种最常指出的成就(表 3.3)是:(1) 拥有基础/专门知识;(2) 具备个人见解/解决问题的创意;(3) 尽力而为,做到最好。所谓基础知识不限于对某特定领域的研究,而是包括任何自己认为值得学习的事物。专门知识则专指某个领域,如数学或艺术等等。如果说学习的目的是理解世界,那么检验成就的标准自然会以一个人对某个主题理解的程度而定。许多参与答题的人都主张学习最杰出的表现,不是仅仅知道一些事实证据而已,而是能够深入了解事物的基本原则,也就是现象的本质。第二种成就标准是具备个人见解和能有创意地解决问题,展现的是一个人的才华和创意。第三种指的是在学习上尽其所能。相较之下,前两种较不牵涉到社会的认可,第三种则较具主观性,关系到个人在内心如何勾勒出所谓"最好"的样子,然后为了自己立下的成就目标去竭力争取。

这三种成就里前两项之间关系较为密切,不过当然,一个人尽力而为要做到最好的地步,目的也是要理解世界,成为某个领域的专家,并且有创意地将知识/技术运用在解决问题上,所以三者之间可说是相辅相成、彼此影响。

情绪

情绪是学习信念和过程中不可或缺的部分。不论人类何时何地又如何努力追寻理想目标,他们都会体验到相关的情绪和感受。情绪通常会引起生理反应,影响到人的心跳、肌肉、表情和姿势等等,但感受(feeling)多半不会。[66]例如,我们在某个状况下有奇怪的感受时也许不会体验到生理的变化,但尽管如此,那股奇怪的感觉是我们情感系统的一部分,让我们能察觉到环境中值得注意的变化。[67]情绪在我们的研究中指的是针对学习和自行投入学习过程时所有的情绪反应以及长期的感受,这也是人类动机研究领域所使用的定义。⑱

我们的研究显示了欧裔美籍人士学习模式中正面和负面两类情绪(表3.3),其中四项正面情绪为:(1)好奇、兴趣和学习动机;(2)内在的喜悦;(3)挑战的态度;(4)因成就而自豪。负面的情绪有:(1)冷漠和厌倦;(2)外在动机;(3)因失败而感到失望/自尊心低落。

好奇心、兴趣和动机是最常被提到的有关学习目的的正面情绪;内心的喜悦是伴随学习过程而来的正面情绪;挑战当今知识规范和权威的态度则得到大家很高的赞赏;和成就有关的正面情绪一般而言就是骄傲/自豪,是一种自信和自尊的表现。一般而言对自己的正面感受会激发一个人更进一步学习。

但是当觉得学习这件事很乏味或无聊时就会产生负面情绪。此时,根据描述,理想的学习者通常不会放弃而是继续下去,尤其当学习的内容是必修或重要的知识时更是如此,但他们并不会表现出内在动机和喜悦,而是抱着某种程度的冷淡、厌烦,甚至担心、害怕的感觉在做。很多参与答题者也都认为如果学习的内容不是那么重要的话,这些学习者不会一直把时间精力投注下去。与此相关的是,访谈者把外在动机归类到和天生好奇心、兴趣和喜悦的对立面。

另外,根据描述,当理想的学习者体验到失败时会感到的几种相关负面情绪包括失望、缺乏自信、自尊心低落及自卑。不消说,这些情绪当然和有高成就/好成绩时的情绪呈现强烈的反差。

欧裔美国人学习模式印证西方知识传统

值得注意的是,若和之前第二章讨论过的古希腊知识传统合起来看,以上关于学习目的和动力的研究结果正充分反映了这个久远的西方知识传承。欧裔美国人学习的目的仍然是为了理解外在世界,虽然这个外在世界已扩展至社会世界、人类心理、虚拟世界、头脑,甚至自我,但在探索这些领域时,他们仍然把它们当成"分析的对象",而非学习者自己个人转变的过程。心智仍然是最重要的人类潜能,可以破解人事万物的秘密。而得到被证实的、客观的而且可靠的知识的过程也仍然备受重视。对现存知识批判的态度以及对所有现象的寻根究底照旧是进行任何学习或研究时的必要条件。成就衡量标准大体上也是放在西方知识传统的框架中。个别学习者的成就是根据对自己选择的主题了解的程度而定的。他们个人的杰出表现一方面紧系于其最终目的和目标，另一方面则和学习过程息息相关。

同样地，他们的情绪反映了对世界的着迷、惊叹和真正的热情，也显示了他们爱追根究底的批判精神，充分表现出西方科学家的特质，承继了自古希腊以来的情绪倾向。虽然历史记载中通常不会详细描述希腊人和后来的科学家对失败的情绪反应，但是就其强调的正面情绪来看，我们发现的个人因失败所产生的负面情绪表现应该是很合理的结果。

华人学习模式

学习目的

华人和欧裔美国人一样，也有三个主要的学习目的（表 3.3）：（1）在道德/社会层面上完善自我；（2）为自己获取知识/技能；（3）贡献社会。第一点也是最重要的就是一个人必须追求自我在道德及社会层面上的完善。有一点要说明的是，有些欧裔美籍的参与者也提到理想的学习者会以"自我实现"或"自我完成"作为学习目的。然而，他们强调的是学业或学术上的尽其所能，有异于儒家所谓的道德修养上的自我完善。有趣的是，参与访谈者在对"学习"一词作自由诠释时，欧裔美国人认为指的是"理解世界"，但对华人来说，则除了学术上的学习外，也意味着在道德和社会上自我完善。[69]

第二个学习目的是为自己获取知识/技能，这使人联想到欧裔美国人的第二个学习目的"培养才能/技术"，但华人参与者着重于对知识的精通熟练，而欧裔美国人则强调发展才能。理想的华人学习者同样需要知识/技能来谋求美好的生活，必须拥有让自己能够赖以生存、自给自足和获取事业成功的技能。最后，这些技能也被认为会增进他们解决问题的能力、帮助维系良好的社会关系，及达成生命目标。

第三个学习目的是直接反映儒家核心价值观的贡献社会。如罗思文所言，华人儿童是其社会世界付出关爱、照顾和教导的受益人，但在他们的知识、技能和道德日趋成熟的同时也渐渐成为其社会的施予者。[70]个人的学习和对社群的贡献是不可分的，而这正是学习的终极目的。[71]

华人的这些学习目的也有着本质上的关联。它们很显然一直是儒家学习价值观中的一部分，也是家庭、社群、学校和整个社会都积极倡导的态度。[72]因此,在一个人有能力对社会付出有意义的贡献前,必须投入技能的学习和道德的培养。不过在华人的概念里,自我道德的完善和技能的习得不是分开或前后相继的过程,而是自始就同时并进而且持续一生的志业。许多欧裔美国人描述的理想学习者也表现出希望能有改造世界、解除痛苦和帮助他人的作为,然而,相比之下此类贡献社会的目的则没有华人那么明显与普遍。

学习的原动过程

我们请受访者描述模范学习者如何学习时(即,他们做什么、采取什么步骤、如何面对失败或厌倦等困难),令人惊讶的是华人受访者不像欧裔美国人那样描述学习过程本身,而是大量地描述如第二章所讨论的学习美德,这些美德也出现在我列出的华人学习语汇表中(见图3.2的"四步曲")。

这部分的资料归纳出五种美德。第一个是认真/诚意,和古人"诚心"(见第二章的讨论)的精神相似,强调要严肃认真地对待学习。中国人的学习向以追求自我道德的完美为中心,所以要求认真的态度是很合理的。就受访者的描述,认真是奉献的前身,是所有学习者一生都迫切需要培养的美德。

第二个是勤奋/发奋,意指一个人下定决心后频繁的学习行为。由于重点是落在实际的行动上,因此在决定之后接着是花大量的时间学习。[13]勤奋是自发努力的行为表现,能确保个人维持清晰的目标,它必须以实际的行动来加以落实,也是一个人坚守责任不被诱惑而偏离目标的方法。通常一旦决定后,学习者会把自己的学习目标与家人、好友或老师分享,而他们会成为学习者的见证人来监督、留意,甚至要求当事人要持之以恒,莫忘初衷。

第三种美德是刻苦,聚焦在克服学习时必会遇到的困难和阻碍。访谈者描述了三种困难:(1) 耗费劳力的苦工和贫穷,(2) 艰深的知识,和(3) 天资不够。首先,做苦工和贫穷被列为是一种困难的原因在于贫苦是整个中国历史上无可避免的生活状况(见第二章中国传统学习美德关于刻苦的讨论)。虽然近几十年来生活条件已经改善,但体力劳动和贫穷对很多人来说仍是残酷的现实。其次,碰到某些难以理解的学科或概念对任何一个学习者来说都是常态。最后,每个访谈者都非常清楚个人天赋能力的差异及其对学习的影响,然而,访谈者也都一致认为这些障碍不足以作为停止学习的理由,相反地,理想的学习者会从困难中培养坚韧不拔的耐力,让他们能够勇敢面对并战胜各种困难险阻。

第四种美德恒心，指的是对待学习一般的态度和行为倾向。恒心的价值在于人们相信学习无快捷方式，因为知识并非唾手可得，而是要靠着一点一滴长时间慢慢地累积，而且过程中充满了阻碍和令人分心的事物。[74]但恒心能帮助一个人自始至终不离岗位，是完成任何重要学习的必要德行。[75]

最后一种美德专心常被用来说明一般的学习行为，不见得和特定的学习或工作有关。专心强调坚定连贯的注意力和始终不渝的奉献，也含有谨慎彻底地学习的意思。[76]专心之所以被认为是学习者必要的特质，是因为这种素质令一个人在学习时能全神贯注、全力以赴。[77]

以上五种美德很清楚地彼此互相关联并形成一个共同体，它们都意味着对学习的渴望，因为学习的过程和行为若少了它们就不可能坚持下去。若没有决心和承诺，那么勤奋、刻苦、恒心可能会沦为随外在条件而变的情境因素。同样地，如果专心会因"苦"而停止，或者缺乏恒心，那么即使下了决心，也很可能半途而废。

华人受访者也有提到和欧裔受访者类似的其他学习过程和活动，如思考、观察、参与社会活动，及与人交谈等等，但是相较之下少了许多。欧裔受访者也认同理想的学习者应该努力和坚持，但是这些在他们的回答中显得不那么重要与一致。

成就的种类

与华人访谈的结果也像欧裔美国人一样可大致分为三种成就（表3.3），但其中有两类成就标准传达了截然不同的意义。第一类是知识的深度和广度，或谓之对知识的精通程度，在图3.2中的"成就的种类"下面也可以看到。广度指的是一个人拥有不同领域知识的范围，深度指的是在某一个领域上造诣的深厚，此外，深度和广度的结合也很重要。精通程度也许不特别针对广度和深度，但仍关乎对知识的拥有，并且意味着越深越广越好。若从学习的终极目标是为了自我完善来看，其穷其一生没有尽头的本质，必然会产生兼具精通和深度/广度的学习成就标准。

第二个标准是对知识的运用，很类似欧裔美国人所说的解决个人问题的方法，但是华人强调的是把学到的知识"用"在实际的情境上，是在概念上把知识分为书本抑或实用的知识，而不论是用在私事或公众事务上。因此根据这个标准来看，某些应用知识也许感觉上不够创新或富有见解（例如，用数学来核对银行转账）。第三个标准是知识和道德的结合，也是图 3.2 中所示的成就种类之一。这个成就标准和前述的学习目的具有协调一致的精神，也使得认知/知识与社会/道德的结合、追求自我道德和社会层次的完善、为自己获取知识，及贡献社会等等元素彼此间变得更加兼容并济。

以上这些成就标准亦环环相扣、互相影响，因为有了既深且广的知识可以让一个人加倍运用自如，进而反过来拓宽并深入知识的殿堂。而只要学习者不断在道德及社会层面上自我修养，他就多半会继续追求学习范围的宽度和深度，如此又回过头来增进他活用知识的能力。

情绪

华人在学习情绪方面也分为正面和负面两类。正面情绪有四：（1）承诺（立志）；（2）爱、热情和求知欲；（3）尊敬和接受；（4）对自己的成就保持谦虚。负面情绪有三：（1）缺乏求知欲；（2）傲慢；（3）因学不好而产生羞耻感/愧疚。

许下承诺、立志向学也是学习的目的之一，这个概念是为了帮助学习者，通常在中学时代就开始认真思考个人生命的目标，进而厘清个人的志向或抱负。华人相信藉由立志，不仅可以找到更明确的道路来专注前进（例如，当工程师），也由此可知该把精力贯注何处（承前例，因此要学数学、物理和工程技术）。因此，立志是在精神及情感上非常振奋且正面的过程。

有些欧裔美籍受访者也触及个人抱负的话题，但是对于鼓励学习者立下志愿来追求目标，并把这个当成一个社会公认且慎重的过程，他们的描述并不完全一致。

华人对爱、热情和求知欲的描述与欧裔美国人所描述的理想学习者求知的喜悦很类似，但是关于这种情感的来源，两者却有着重大的差异。欧裔美国人认为学习时发自内心的喜悦、好奇心和兴趣是不可或缺的，但华人的描述里并不特别强调这种内在的源头。事实上，许多人都承认他们描述的理想学习者并非从幼年开始就具备了学习的动机或兴趣，然而当他们一旦了解了学习的重要性或受到父母老师的引导时，就会渐渐培养出对学习的喜爱和热情。最近的研究发现，内在动机对亚裔美籍学童在校表现的影响并不像对欧裔孩童那么大，这正和上述亚裔社会培养鼓励孩子对学习的喜爱和热情之说互相辉映。[78]

尊敬/接受是华人理想学习者对知识和老师的另一种特别的感情表现。[79]

因为学习在儒家信仰中不仅限于追求学问,也包括社会和道德修养,因此尊敬知识和老师(也是自我完善的具体表现)是理所当然的。但是华人学习者平常表现出的这种尊敬/接受的态度,常被当成是温顺、服从和缺乏批判性思考的证据。[30]这是误会。华人学习者对知识和老师的敬意不是因为对权威的惧怕或盲目地接受,而是发自深处的谦虚之心。华人不认为谦虚是软弱,而将之视为个人力量和勇气的表现,因为谦虚的人才会愿意自我检视,承认自己的不足,然后自我改善。因此,尊敬/接受与谦虚两者是密不可分的。华人在经验到本身能力不足时,多半不会像欧裔美籍学习者那样觉得自我或自信心受到严重威胁而需要保护。[31]他们相信每个人只要愿意虚心受教,总是可以自我改进的。[32]

之前曾提过,华人学习者的接受和谦虚的做法可能和欧裔美国人的挑战态度大不相同,尤其在教室里或会议上直接的口头沟通方面更是如此,虽然华人受访者的理想学习者确实也会和同学辩论,但他们普遍较少谈到挑战老师的现象。但是这并不代表华人学习者没有挑战的精神,事实上,很多受访者写道挑战旧知识或发展新知是学习到最后很重要的目标,但在彻底了解某个论点或充分掌握某个学科领域之前,他们不会轻易对人发出挑战或质疑。[33]

华人对自己的成就即使心里很高兴也一向不太显露出得意的样子。[34]但欧裔美国人则通常会很以自己的成就为荣,并且喜欢和别人分享他们的喜悦。[35]理想的华人学习者被描述成需要维持沉着而且谦逊的感觉,与此有关的是,需要保持谦逊的原因来自学习是终身事业的信念。虽然也许会有其他人来公开表扬自己的成就,但一味地自我赞扬可能会被认为是负面的倾向,有碍进一步的自我完善。

学习上的两个负面情绪是缺乏求知欲与傲慢。前者是好学心的相反,显示了类似欧裔美国人所描述的冷漠和厌倦。[36]这种现象在许多和学习相关的中文词汇里都指涉心理动机的问题,而学习者在使用或听到这些字眼时,会感受到其社会世界的否定和担忧。傲慢是谦虚的反面,特别是表现优异的学习者很难抗拒这种自我膨胀的倾向。如果明白谦虚在华人学习模式中的重要性,就无怪乎骄傲/傲慢是学习者的一大顾虑了。

华人模式的学习者和欧裔美国人一样,在遭遇学习困境时也会感受到数种相关的负面情绪,譬如悲伤和痛苦,但华人最常表露出来的是羞耻感和愧疚,不但为了自己也因为家人。[67]如同在大多数其他文化中一样,羞耻感是一种感受到丢脸羞辱的情绪,但在中华文化里特别普遍而且力量强大。不过它却也具备了人们希望能培养的道德判断和敏感度。[68]因此,羞耻感和愧疚感的意义互相掺杂交融,一起发挥指引人自我省视的功能,以便能发现自己的不足之处,并且鼓励人们修补错误、加以改善。由于学习对华人而言是迈向自我完善的方法,因此在学习不佳时会产生羞耻感/愧疚感也是预料中的事。

华人学习模式与其儒家渊源

如前面章节所述,本研究的各主要发现也充分反映了第二章里陈述的儒家学习传统的四大特征。首先,完善自我这个重要的学习目的仍然继续鼓舞着全体华人,其次,虽然我访谈的大学生中只有少数引用"以天下为己任"这句话,但他们都明确表示"贡献社会"是他们学习的主要目的,而后者正是古代"以天下为己任"的现代表述,两者传达了同样的意义,也就是借着将个人的学习和更大的社会连在一起,进而赋予了学习超越个人利益的道德目的。

在学习美德方面,本实证研究的发现和传统的用语与表达方法几乎完全一样。事实上,学习美德可能是华人学习传统中保留最完整且生命力最强的部分。原因可能是学习美德比较是个人心理层面的东西,它们的培养和维护不易受政治变迁的影响。这些学习美德是经由家庭内的社会化(family socialization)以及以亲子关系为模型的师生互动方式而形成的,过程中并没有去接受或拥抱政治意识形态,只要这些学习美德没有遭受政治和大型社会运动的猛烈攻击,就没有什么需要改变的理由(例如,很可能妇女解放后从家庭进入校园和职场,更促进了这些美德的传播而非破坏它们,因为男女两性都可上学,所以学校现在比以前多了一倍的人在发扬及实践这些学习美德)。

最后,华人学习模式里没有一种学习美德和目的强调自我表达和口头沟通。华人学习者的信念和行为似乎都很符合"行胜于言"的原则,他们比较喜欢用行动而非语言来表现所知所学。[69]

文化层面与个人层面的信念

前述研究中描述的欧裔美国人及华人在文化层面的学习模式,不能被当成个人层次的模式,理由有二。首先,这两个模式导自两个文化所特有的学习相关语汇,这些语汇是文化的语言,不专属某些个人所有。其次,尽管事实上描述理想学习者形象的参与者也具备该文化学习者的代表性,但得到的仍是两个综合出来的理想概念,不是具体真实的人物。

这两种文化学习模式都得到该文化成员的认可,也具备对其成员在学习过程中思考和行为的影响力和指导(但非强制)作用。个人的学习信念由于带有个人特质不能称作模式,例如性别、社会经济地位和居住地等社会性分歧,所处的情境(例如,政治骚动及教育机会增加),或者其他如年龄、角色等变化因素(例如,父母相对于学生)也许都会造成个人信念和其文化模式的差异。虽然文化模式也会随时间演变,但因为环境的改变或个人的发展都可能使个人观念产生剧烈的变化,所以和个人层次的想法相比,仍然比较稳定。

注　释

① 有关西方义务教育的比较研究报告,请见 Mangan, J. A. (Ed.). (1994). *A significant social revolution: Cross-cultural aspects of the evolution of compulsory education*. London:Woborn;关于美国近年兴起提升全国教育水平的情况,请见 Toch, T. (1991). *In the name of excellence*. New York:Oxford University Press。

② 详细内容请见第二章注释⑥之参考数据。关于目前东亚和西方数学课程相似性的综合评论,请见 Wong, N.-Y., Han, J.-W., & Lee, P.-Y. (2004). The mathematics curriculum:Toward Globalization or Westernization? In L.-H. Fan, N. vY. Wong, J.-F Cai, S.-Q. Li, & T.-Y. Tso (Eds.), *How Chinese learn mathematics: Perspectives from insiders*. Singapore:World Scientific, pp. 27 - 64。

③ 有关中国义务教育法规及施行,请见国家教育发展研究中心(2001):《2001 年中国教育绿皮书:中国教育政策年度报告》,北京:教育科学出版社。

④ 有关祖父母仍然帮助照顾孙子女,及已婚子女照顾年老生病父母的研究,请见 Chen, F.-N. (2005). Residential patterns of parents and their married children in contemporary China:A life course approach. *Population Research & Policy Review*, 24(2), 125 - 148。有关华裔美籍延伸家庭共同监护抚养孩子的研究,请见 Li, J., Holloway, S. D., Bempechat, J., & Loh, E. (2008). Building and using a social network:Nurture for low-income Chinese American adolescents' learning. In H. Yoshikawa & N. Way (Eds.), *Beyond families and schools: How broader social contexts shape the adjustment of children and youth in immigrant families* (pp. 7 - 25). New Directions in Child and Adolescent Development Series. R. W. Larson &

L. A. Jensen (Series Eds.). San Francisco, CA：Jossey-Bass。

⑤ 有关幼儿早期数年家庭生活具备的入学准备功能之差异，请见 Coley，R. J. (2002). *An uneven start: Indicators of inequality in school readiness*. Princeton, NJ：ETS。

⑥ 欧裔和华人幼儿园学生学习信念之差异研究，请见 Li，J. (2004). Learning as a task and a virtue：U. S. and Chinese preschoolers explain learning. *Developmental Psychology*，40(4)，595 - 605；和 Li，J.，& Wang，Q. (2004). Perceptions of achievement and achieving peers in U. S. and Chinese kindergartners. *Social Development*，13(3)，413 - 436。

⑦ 有关东亚社会家庭与学校兼容性的讨论，请见 Kim，U.，& Park，Y. S. (2008). Cognitive，relational and social basis of academic achievement in Confucian cultures：Psychological，indigenous and cultural perspectives. In R. Sorrentino and S. Yamaguchi (Eds.)，*Handbook of motivation and cognition across cultures* (pp. 491 - 515). New York：Elsevier。有关美国各族裔家庭与学校不兼容性的讨论，请见 Hill，N. E. (2009). Culturally-based world views，family processes，and family-school interactions. In S. L. Christenson & A. Reschly (Eds.)，*Handbook of School-Family Partnerships* (pp. 101 - 127). New York：Routledge。

⑧ 华人学习者和老师仍然将年代久远的儒家学习方法运用在数学教学上的原因，请见 An，S. -H. (2004). Capturing the Chinese way of teaching：The learning-questioning and learning-reviewing instructional model. In L. -H. Fan，N. -Y. Wong，J. -F Cai，S. -Q. Li，& T. -Y. Tso (Eds.)，*How Chinese learn mathematics: Perspectives from insiders* (pp. 462 - 482). Singapore：World Scientific；and Wong，N. -Y. The CHC learner's phenomenon：Its implications on mathematics education (same book，pp. 503 - 534)。

⑨ 由经济合作暨发展组织(OECD)筹划的国际学生能力评量计划(PISA)最近一期有关不同国家移民孩童的报告，请见 The Economist (2008，September 11). Huddled classes：How migrants fare in school，and what schools can learn from them (print ed.). http：//www. economist. com/world/international/displaystory. cfm? story_id＝12208631。

报告中的土耳其、苏联、前南斯拉夫和中国四个国家中，前三国的表现会因为学生移出和移入的地区、家里使用的语言，及家庭社会经济地位等而有很大的变化。然而反观华人移民小孩一律成绩优异，完全不受这些因素影响。中国澳门、香港地区以及新西兰和澳大利亚的华人学童连年的好成绩无法归因于他们来自哪个特定的地区、去哪个国家、就读的学校与其社经阶级。OECD 主席 安卓亚·施莱哲（Andreas Schleicher)表示："一般说来，社会经济地位在东亚洲国家的影响力比在西欧国家小。"如果这些关键因素对华人学习者没有较大影响的话，那么若要解释华人的学习表现，我们不得不另辟蹊径。我认为华人父母帮助孩子社会化的方式，以及华人的学习方法也许是关键之处。另外，有关华人移民父母和英国老师对孩子学习期望的冲突，请见 Ran，A.（2001）. Traveling on parallel tracks：Chinese parents and English teachers. *Educational Research*，43，311 - 328。美国的华裔及韩裔移民家庭所表现的儒家学习价值观研究,请见 Zhou，M.，& Kim，S. S.（2006）. Community forces，social capital，and educational achievement：The case of supplementary education in the Chinese and Korean immigrant communities. *Harvard Educational Review*，76，1 - 29。

⑩ Qin，D. B.（2008）. The other side of the model minority story：Understanding psychological and social adjustment of Chinese American students. In G. Li & L. Wang（Eds.），*Model minority myths revisited: An interdisciplinary approach to demystifying Asian American education experiences*（pp. 133 - 156）. Charlotte, NC：Information Age.

⑪ Holman，R. L.（1991，December 21）. Exam hell linked to depression. *Wall Street Journal*，p. 4.

⑫ Crystal，D. S.，Chen，C. -S.，Fuligni，A. J.，Stevenson，H. W.，Hsu，C. -C.，Ko，H. -J.，Kitamura，S.，& K.，S.（1994）. Psychological maladjustment and academic achievement：A cross-cultural study of Japanese，Chinese，and American high school students. *Child Development*，65，738 - 753. 此外,本章注释⑦第一项参考资料中有关韩国青春期孩子的实证研究发现。以及 Huntsinger，C. S.，Jose，P. E.，& Larson，S. L.（1998）. Do parent practices to encourage academic competence influence the social adjustment of young European American and Chinese American children? *Developmental Psychology*，34(4)，747 - 756,该研究结果驳斥了父母对成绩要求的"压力"造成华裔美籍孩童适应问题的观点。

⑬ 请见美国全国毒品及健康调查(2005)，U. S. National Survey on Drug Use and Health（2005）. *The NSDUH report*. Retrieved July 8，2009 from http：//www. oas. samhsa. gov/2k5/suicide/suicide. htm for the data provided by the Office of Applied Studies of Substance Abuse and Mental Health Services Administration，U. S. Department of Health and Human Services.

⑭ 请见本章注释④第二项参考资料,文中指出 95％的低收入华裔移民学生表示他们的父母认为读书是获致美好生活的唯一途径。大部分学生都承认有来自父母的压力。虽然有一些人表示不喜欢这种压力,但没有人反对其父母对教育的重视。相关研究的例子,请见 Takeuchi，D. T.，Chung，R. C. Y.，Lin，K. M. et al.（1998）. Lifetime and twelve-month prevalence rates of major depressive episodes and dysthymia among Chinese Americans in Log Angeles. *American Journal of Psychiatry*，155，1407 - 1414 for a research report on lower rates of mental illness among Asian Americans in the United States,该报告中表示在美国,华裔人士罹患精神疾病的比率较低。

⑮ 有关青少年移民之社会情绪适应问题的质性研究,请见 Qin，D. B. -L.（2008）.

Doing well vs. feeling well: Understanding family dynamics and the psychological adjustment of Chinese immigrant adolescent. *Journal of Youth and Adolescence*, 37 (1), 22 – 35。Qin 文中比较了适应良好与不良的青少年。亦请见 Tseng, V. , & Fuligni, A. J. (2000). Parent-adolescent language use and relationships among immigrant families with East Asian, Filipino, and Latin American Backgrounds. *Journal of Marriage and the Family*, 62, 465 – 476; and Wu, C. -X. , & Chao, R. K. (2005). Intergenerational cultural conflicts in norms of parental warmth among Chinese American immigrants. *International Journal of Behavioral Development*, 29 (6), 516 – 523。该研究试图解释亚裔移民小孩适应问题的相关因素。

⑯ Ishisada, M. (1974). The civil service examination: China's examination hell. *Chinese Education*, 7, 1 – 74.

⑰ Peng, S. (1998, July). Communication at Meeting of Chinese American Educational Research and Development Association, Chicago, IL.

⑱ LeVine, R. A. (1974). Parental goals: A cross cultural view. In H. J. Leichter (Ed.), *The family as educator* (pp. 52 – 65). New York: Teachers College Press.

⑲ McClelland, D. C. (1963). Motivational pattern in Southeast Asia with special reference to the Chinese case. *Journal of Social Issues*, 19(1), 6 – 19.

⑳ Medrich, E. A. , & Griffith, J. E. (1992). *International mathematics and science assessment: What have we learned?* Washington DC: U. S. Department of Education. 请注意,除了日本和中国香港以外,其他亚洲国家和地区直到 1990 年代晚期才参与该研究计划。

㉑ 他们将研究结果摘要列入以下书中,有兴趣的读者可以在这本深具影响力的著作的参考资料部分获得详细的实证研究内容。Stevenson, H. W. , & Stigler, J. W. (1992). *The learning gap*. New York: Simon & Schuster。

㉒ 请见本章注释㉑。

㉓ White, M. I. , & LeVine, R. A. (1987). What is an "ii ko" (good child)? In H. Stevenson, H. Azuma, & H. Kenji (Eds.). *Child development in Japan* (pp. 55 – 62). New York: Freeman; and Holloway, S. D. (1988). Concepts of ability and effort in Japan and the U. S. *Review of Educational Research*, 58, 327 – 345。

㉔ Hau, K. T. , & Salili, F. (1991). Structure and semantic differential placement of specific causes: Academic causal attributions by Chinese students in Hong Kong. *International Journal of Psychology*, 26, 175 – 193; a 以及 Salili F. , & Hau, K. T. (1994). The effect of teachers' evaluative feedback on Chinese students' perception of ability: A cultural and situational analysis. *Educational Studies*, 20, 223 – 236。

㉕ McKnight, C. C. , Crosswhite, F. J. , Dossey, J. A. , Kifer, E. , Swafford, J. O. , Travers, K. J. , & Cooney, T. J. (1987). *The underachieving curriculum: Assessing U. S. school mathematics from an international perspective*. Champaign,

IL：Stipes。

㉖ Tobin，J. J.，Wu，D. Y. H.，& Davidson，D. H.（1989）. *Preschool in three cultures：Japan，China，and the United States*. New Haven，CT：Yale University Press。

㉗ Lewis，C. C.（1995）. *Educating hearts and minds：Reflections on Japanese preschool and elementary education*. New York：Cambridge University Press。

㉘ Hess，R. D.，& Azuma，H.（1991）. Cultural support for schooling：Contrasts between Japan and the United States. *Educational Researcher*，20(9)，2 - 8.

㉙ Kobayashi，Y.（1994）. Conceptual acquisition and change through social interaction. *Human Development*，37，232 - 241；Matsushita，K.（1994）. Acquiring mathematical knowledge through semantic and pragmatic problem solving. *Human Development*，37，220 - 232；and Inagaki，K.，Hatano，G.，& Morita，E.（1998）. Construction of mathematical knowledge through whole-class discussion. *Learning and Instruction*，8，503 - 526.

㉚ Stigler，J. W.，& Hiebert J.（1999）. *The teaching gap：Best ideas from the world's teachers for improving education in the classroom*. New York：The Free Press.

㉛ Au，T. K. F.，& Harackiewicz，J. M.（1986）. The effects of perceived parental expectations on Chinese children's mathematics performance. *Merrill-Palmer Quarterly*，32(4)，383 - 392；Hess，R. D.，Chang，C. -M.，& McDevitt，T. M.（1987）. Cultural variations in family belief about children's performance in mathematics：Comparisons among People's Republic of China，Chinese American，and Caucasian-American families. *Journal of Educational Psychology*，79，179 - 188；以及 Yao，E.（1985）. A comparison of family characteristics of Asian-American and Anglo-American high achievers. *International Journal of Comparative Sociology*，26(34)，198 - 208.

㉜ Gonzales，P.，William，T.，Jocylin，L.，Roey，S.，Kastberg，D.，& Brewalt，S.（2008）. *Highlights from TISMM 2007*. Washington，DC：National Center for Education Statistics；Organinization for Economic Co-operation and Development（OECD）（2003）. *Education at a glance：OECD indicators 2003*. Paris，OECD；OECD（2006）. *Education at a glance：OECO indicators 2006*. Paris：OECD。中国有参加 1990—1991 年由美国教育测验服务社（Education Testing Service）主持的国际教育进程评估（*International Assessment of Educational Progress*，IAEP），中国学生的数学成绩居冠。请见 Lapointe，A. E.，Mead，N. A.，& Askew，J. M.（1992）. *Learning mathematics*. Princeton，NJ：Educational Testing Service。以及最近的 PISA 成绩，请见 OECD（2009）. *PISA 2009 results：Executive summary*. Retrieved January 5，2011 from http：//www. pisa. oecd. org/dataoecd/34/60/46619703. pdf。

㉝ 西方人对华人学习风格的反应实例,请见 Gardner, H. (1989). *To open minds*. New York: Basic Books; and Ginsberg, E. (1992). Not just a matter of English. *HERDSA News*, *14*(1), 6-8。

㉞ Watkins, D. A., & Biggs, J. B. (Eds.) (1996). *The Chinese learner: Cultural, psychological, and contextual influences*. Hong Kong: Comparative Education Research Centre.

㉟ Watkins, D. A., & Biggs, J. B. (Eds.) (2001). *Teaching the Chinese learner: Psychological and pedagogical perspectives*. Hong Kong: Comparative Education Research Centre。

㊱ 请见第二章注释㉘第二项参考资料。

㊲ Cheng, K.-M. (1996). *The quality of primary education: A case study of Zhejiang Province, China*. Paris: International Institute for Educational Planning.

㊳ 请见本章注释⑨第二项参考数据。

㊴ Jin, L., & Cortazzi, M. (1998). Dimensions of dialogue: Large classes in China. *International Journal of Educational Research*, *29*(8), 739-761。

㊵ Gao, L.-B., & Watkins, D. (2001). Identifying and assessing the conceptions of teaching of secondary school physics teachers in China. *British Journal of Educational Psychology*, *71*, 443-469。

㊶ Ho, I. T. (2001). Are Chinese teachers authoritarian? In D. A. Watkins & J. B. Biggs (Eds.), *Teaching the Chinese learner: Psychological and pedagogical perspectives*. (pp. 99-114). Hong Kong: Comparative Education Research Centre, p. 102。

㊷ Tang, T. K. W. (2001). The influence of teacher education on conceptions of teaching and learning. In D. A. Watkins & J. B. Biggs (Eds.), *Teaching the Chinese learner: Psychological and pedagogical perspectives*. (pp. 221-238). Hong Kong: Comparative Education Research Centre。

㊸ Marton, F., Dall'Alba, G., & Tse, L. K. (1996). Memorizing and understanding: The keys to the paradox? In D. A. Watkins & J. B. Biggs (Eds.), *The Chinese learner* (pp. 69-83). Hong Kong: Comparative Education Research Centre。

㊹ Dahlin, B., & Watkins, D. (2000). The role of repetition in the processes of memorizing and understanding: A comparison of the views of Western and Chinese secondary school students in Hong Kong. *British Journal of Educational Psychology*, *70*, 65-84。

㊺ 请见第二章注释㉔第一项参考数据, p. 250。

㊻ 请见本章注释㉘。

㊼ 请见第二章注释㊴。

㊽ 请见第二章注释㉔第一项参考数据, p. 253。

㊽ 关于这个已广为大众接受的心理学研究路线的实例,请见 Conti, R., Amabile, T. M., & Pollack, S. (1995). Enhancing intrinsic motivation, learning, and creativity. *Personality and Social Psychology Bulletin*, *21*, 1107 - 1116; Deci, E. L., & Ryan, R. M. (1985). *Intrinsic motivation and self-determination in human behavior*. New York: Academic Press;以及 Hennessey, B. A., & Amabile, T. M. (1998). Reward, intrinsic motivation, and creativity. *American Psychologist*, *53*, 674 - 675。

㊾ Iyengar, S. S., & Lepper, M. R. (1999). Rethinking the value of choice: A cultural perspective on intrinsic motivation. *Journal of Personality and Social Psychology*, *76*, 349 - 366;以及 Bao, X. -H., & Lam, S. -F. (2008). Who makes the choice? Rethinking the role of autonomy and relatedness in Chinese children's motivation. *Child Development*, *79*, 269 - 283。

㊿ 关于跨文化研究中主位和客位观点的区别之更全面性的探讨,请见 Berry, J. W. (1969). On cross-cultural comparability. *International Journal of Psychology*, *4*, 119 - 128。

㊼ D'Andrade, R. G. (1992). Schemas and motivation. In R. G. D'Andrade & C. Strauss (Eds.), *Human motives and cultural models* (pp. 23 - 44). New York: Cambridge University Press; D'Andrade, R. G. (1995). *The development of cognitive anthropology*. New York: Cambridge University Press; Harkness, S. & Super, C. M. (1999). From parents' cultural belief systems to behavior: Implications for the development of early intervention programs. In L. Eldering & P. Leseman (Eds.), *Effective early education: Cross-cultural perspectives* (pp. 67 - 90) [AU: page range?]. New York: Falmer; Quinn, N., & Holland, D. (1987). Introduction. In D. Holland & N. Quinn (Eds.), *Cultural models in language and thought* (pp. 3 - 40). New York: Cambridge University Press; and Shweder, R. A. (1991). *Thinking through cultures*. Cambridge, MA: Harvard University Press.

㊼ Rosch, E. (1975). Cognitive representations of semantic categories. *Journal of Experimental Psychology: General*, *104*, 192 - 233;以及 Shaver, P., Schwartz, J., Kirson, D., & O'Connor, C. (1987). Emotion knowledge: Further exploration of a prototype approach. *Journal of Personality and Social Psychology*, *52*, 1061 - 1086.

㊼ 详细的研究内容,请见 Li, J. (2001). Chinese conceptualization of learning. *Ethos*, *29*, 111 - 137; and Li, J. (2003). U. S. and Chinese cultural beliefs about learning. *Journal of Educational Psychology*, *95*(2), 258 - 267。

㊼ Forster, K. I. (1976). Accessing the mental lexicon. In R. J. Wales & E. Walker (Eds.), *New approaches to language mechanisms* (pp. 257 - 287). Amsterdam: North Holland, and Morton, J. (1969). Interaction of information in word recognition. *Psychological Review*, *76*, 165 - 178.

㊼ 中文词汇请见王还,常宝儒,李宜生,林联合,刘杰,孙印录,等 Wang, H., Chang, B. -

R., Li, Y. -S., Lin, L. -H., Liu, J., Sun, Y. -L. et al. (1986):《现代汉语频率词典》,北京:北京语言学院出版社;英文部分请见 Francis, N. W., & Kucera, H. (1982). *Frequency analysis of English usage: Lexicon and grammar*. Boston, MA: Houghton Mifflin。

㊗ 请见本章注释㊿。

㊳ 请见本章注释㊼第二项参考数据。

㊴ 请见本章注释㊿。

⑳ 请见本章注释㊼第二项参考数据。

㊶ Li, J. (2002). A cultural model of learning: Chinese "heart and mind for wanting to learn." *Journal of Cross-Cultural Psychology*, 33 (3), 248 – 269; and Li, J., & Fischer, K. W. (2004). Thoughts and emotions in American and Chinese cultural beliefs about learning. In D. Y. Dai & R. Sternberg (Eds.), *Motivation, emotion, and cognition: Integrative perspectives on intellectual functioning and development* (pp. 385 – 418). Mahwah, NJ: Erlbaum。

㊷ Bruner, J. S. (1986). Value presupposition of developmental theory. In L. Cirillo & S. Wapner (Eds.), *Value presuppositions in theories of human development* (pp. 19 – 28). Hillsdale, NJ: Erlbaum; Rogers, C. (1969). *Freedom to learn*. Columbus, OH: Merrill;以及 Csikszentmihalyi, M., & Rathunde, K. (1998). The development of the person: An experiential perspective on the ontogenesis of psychological complexity. In R. M. Lerner (Ed.), *Handbook of child psychology. Vol 1: Theoretical models of human development* (5th ed., pp. 635 – 684). New York: Wiley, p. 639。

㊸ 请见本章注释㊾第一项参考数据。

㊹ 请见本章注释㊶第一项参考数据。

㊺ Bandura, A. (2001). Social cognitive theory: An agentic perspective. *Annual Review of Psychology*, 52, 1 – 26。

㊻ Brown, T. (1994). Affective dimensions of meaning. In W. F. Overton & D. S. Palermo (Eds.), *The nature and ontogenesis of meaning* (pp. 167 – 190). Hillsdale NJ: Erlbaum。

㊼ Buck, R. (1999). The biological affects: A typology. *Psychological Review*, 106 (2), 301 – 336。

㊽ Atkinson, J. W., & Rynor, J. O. (1978). *Personality, motivation, and achievement*. New York: Wiley, 及 Ryan, R. M., & Deci, E. L. (2000). Self-determination theory and the facilitation of intrinsic motivation, social development, and well-being. *American Psychologist*, 55(1), 68 – 78。

㊾ 请见本章注释㊶。

㊿ 请见第二章注释①第三项参考数据。

(71) 请见本章注释(54)，以及吴树平、赖长扬主编(Wu, S.-P., & Lai, C.-Y.)(1992). 白话四书五经全译本. 北京，中国：国际文化公司。

(72) 请见第二章注释(68)。

(73) 请见本章注释(54)第一项参考数据。

(74) 华人和英国学生的相关比较研究，请见本章注释㊹。

(75) 请见第二章注释(53)第一项参考数据。

(76) 关于日本儿童类似的研究结果，请见本章注释㉘。

(77) 请见本章注释(54)。

(78) 请见第二章注释㊾。

(79) 华人的"尊敬"是一种正面的自我意识情绪，相关研究请见第二章注释㊼。

(80) 请见第二章注释(75)第二、第三项参考数据。

(81) Brickman, P., & Bulman, R. J. (1977). Pleasure and pain in social comparison. In J. M. Suls & R. L. Miller (Eds.), *Social comparison processes: Theoretical and empirical perspectives* (pp. 149 - 186). Washington, DC: Hemishpere, and Ruble, D. N., Eisenberg, R., & Higgins, E. T. (1994). Developmental changes in achievement evaluations: Motivational implications of self-other differences. *Child Development*, *65*, 1095 - 1110。

(82) 请见本章注释(61)第一项参考数据。最近讨论西方类似谦虚的概念的相关研究，请见 Tangney, J. P. (2002). Humility. In C. R. Snyder & S. J. Lopez (Eds.), *Handbook of positive psychology* (pp. 411 - 419). New York: Oxford University Press, 与 Exline, J. J., & Geyer, A. L. (2004). Perceptions of humility: A preliminary study. *Self and Identity*, *3*, 95 - 114。

(83) 请见本章注释㉙第三项参考数据，以及请见第二章注释(74)第一项参考数据。

(84) 请见本章注释(61)第一项参考数据，以及 Stipek, D. (1998). Differences between Americans and Chinese in the circumstances evoking pride, shame, and guilt. *Journal of Cross-Cultural Psychology*, *29*(5), 616 - 629。

(85) Mascolo, M. F., Fischer, K. W., & Li, J. (2003). The dynamic construction of emotions in development: A component systems approach. In N. Davidson, K. Scherer, & H. Goldsmith (Eds.), *Handbook of affective science* (pp. 375 - 408). New York: Oxford University Press。

(86) 请见本章注释(54)第一项参考数据。

(87) 请见本章注释(61)第一项参考数据。

(88) 请见第二章注释㊿第二、第三项参考数据；以及 Fung, H., & Chen, E. C.-H. (2001). Across time and beyond skin: Self and transgression in the everyday socialization of shame among Taiwanese preschool children. *Social Development*, *10*(3), 420 - 437。

(89) 请见第八章中关于最近欧裔与华人在言谈及行为两方面的比较研究。

第四章

心智与美德之学习历程

讨论文化学习模式时有一个重要的问题需要考虑,即这些文化模式如何影响该文化中成员实际采用的学习过程。本章将试图对此加以探讨,但是在进入主题之前,必须要先说明人类各种不同的学习形式,并厘清和这两种文化模式之间关系最为密切的学习形式为何。

人类学习形式的种类

世界上几乎没有人类学不会的事情,已是由来已久的科学事实。人类的学习行为以各种各样的方式在进行,甚至在出生前就开始了。大体而言,婴儿及幼童认识这个世界的方式并非经由专门的教导,譬如,不需要大人刻意的解说,孩子就可以学会他们的母语和社会行为规范。[①] 然而由于进行这种个人的学习,孩子不太需要花什么力气,大人也不用特意指导,所以并不直接受到文化的影响,但是可用以证明人类有学习的潜能。[②]

不过,人类文化的兴起带来了知识和技术的累积,使得所有有形及无形的文化产物(例如:工具和符号)都必须要用全然不同的方式来学习才能适应这种文化发展的需要,也就是说学习者以及知识和技术传递者双方都需要付出努力才行。例如母亲教孩子怎样喂猪,或者哥哥教弟弟妹妹打篮球如何跳投等等,这类学习方式在现今的日常生活中仍然很普遍。

随着知识和技术持续地累积以及分工日益复杂,大部分文化在文字出现前的漫长历史中皆仰赖学徒制(apprenticeship)的学习方式。学徒制中的学习者通常会找一位师父学习一项技艺,如打铁或制陶。从拜师习艺到学成出师耗时长久,典型的学习过程是一对一的传授,学徒要仔细地观察师父,同时承担由低层级逐渐升至高层级的工作。师父对于大部分的技术并不作明白的解释,而是将教导融汇在其他活动中,学徒自己要担负起学习的责任。学徒同时也是生产劳动的一部分,参与诸如裁缝、木工等具体工作,以提供师父生活或经营上的需要。③

人类文化持续靠师徒相传的同时,也发展出了文字、算术和其他高层次及专业化的知识和技术。这些新形式的知识和技术增进了人类的生产和生存能力,因此势必需要被传承下去。新、旧形式的知识和技术之间最根本的差别在于前者可以被书写记录下来(陶土、石头、青铜、树皮、布帛及后来的纸张都是用于书写的材料),而非依赖人类的记忆和口耳相传,此外,知识的传递也由于保存方法的进步而更加容易。此一发展开启了正规教育制度,以便将知识有系统地传授给年轻人。最早的学校始于公元 4000 年前左右的中东地区,而中国则出现在大约公元 2000 年前的夏朝,主要是教导男孩子识字和其他重要的技能(诗、乐、礼仪等)。不过,古时的学校在西方只专为统治者和上层精英阶级所设立,在中国也只有贵族子弟才能上学。④

正规学校教育所要求的学习方式至此也有了转变。读、写和算术成为教育的核心,而且是以性质抽象的符号来表达,因为较难理解,所以在学习上,除了内容和以往不同外,更重要的是学习者必须运用大量的脑力(the great mental effort)。然而,光是如此也并不能保证学生能学得透彻,尚需要有一位专家,也就是要有老师才行。老师的首要之务是拥有必备的知识,通常在被认可并赋予教育年轻学子的资格之前,他要能够被证明对该门学科具有卓越的掌握能力,而在教学当中,也必须持续地运用智慧心力(mental effort)以确保学生学有所成。

工业化带来平民教育(mass education)的兴起,使得正规学校教育在人类历史上首度不再被上层的权力阶级所垄断,而普及至由义务教育法规涵括的每一个孩童。义务教育制度目前仍在扩展当中,在可预见的未来非常有可能推行至全球每个角落。⑤

人类知识持续扩张的同时也变得更加抽象,其量的增加与日益提高的抽象性对学习者而言是极大的挑战,如何在特定的文化传承下建立最好的教导和学习方式成为许多文化面临的重要课题。西方和华人/东亚的学习传统就是因应这个问题和考虑而发展出来的。正如第二章所讨论的,西方和东亚循着不同的路径形成了两种差异颇大的学习风格。

然而现在的学校教育不论所属的文化为何,都具有某些共同的特点,其中有两项特别值得一提。第一,当今全球有知识趋同(convergence)的现象,且大多是由西方世界所促成。这类的知识已成为人类共同的文化财产,被认为是每个孩童都要学习的重要知识,如数学和科学就是其中的代表,目前所有文化社会中的正规教育系统几乎没有一个不将数学和科学列入课程之中。第二,正规学校教育一致采用课堂内的教学方式并辅以课后的作业练习。这种学习形式的目的在于以最有效率的方法将最多的学生训练成功。不论是在哪个文化社会中,也不论学生个别的天赋如何,此种学习形式让现在的学生要比一两个世纪前多花上许多的时间和努力才能习得当前需要的知识。

即使如此,研究指出,每一种文化的学习(及教导)方式由于历史悠久,不太可能因为吸收了其他文化的知识体系和教学法而就此消失,它们似乎会保留本身学习形式中最好的部分作为基础,同时融汇其他文化的要素来应对新的学习挑战。这些经过文化形塑的学习方式仍持续影响着学习者实际的学习方法,因此对于各种文化最基本的学习过程加以描述是非常重要的,它将帮助我们理解在采借和融合其他新的文化元素时更为复杂的过程。

西方与华人文化的学习过程

本节将要描述中西两种文化中学习者典型的学习过程。这些描述以实证研究的结果为基础,研究及观察的内容则包括学习者对自我的描述和反省、校内及校外学习的状况和其他需要相当努力的学习活动,例如绘画、舞蹈、武术、乐器演奏等。虽然文中提到一些特殊的个人案例,特别是某些文化偶像的经历,但这并非该文化中普通成员所依循的学习过程,本研究的意义在于发现一般的文化趋势和模式,而非某些特殊人物的学习过程。此外,这些描述也无关教育学和教学法,因为这两项是有关学校课程的安排与执行,以及老师在教室里如何上课的学问,此处要谈的是学习。

西方心智导向的学习过程

西方人的学习过程有四个重点:主动投入(active engagement)、探索与探究(exploration and inquiry)、思考与批判性思考(thinking and critical thinking）、自我表达和交流（self-expression and communication）。（见第112页图4.1）

主动投入

从我对英文学习语汇的研究结果来看，⑥主动投入是具体学习过程中的首要类别。⑦代表性的字、词、词组如下：active learning（积极学习）、acquainting/familiarizing oneself with something（让自己了解熟悉某样事物）、competition（竞争）、experience（经验）、getting the hang of it（找到了窍门）、hands-on（实际动手做）、learn by doing（做中学）、learning it the hard way（学到教训）、practice（练习）、study（学习）、training（训练）、trial and error（尝试和错误）以及work（做）。很显然，这些都是学习者实际采取的行动，也是可以观察到的行为，它们表达的是学习行为主动的特质（active nature of learning），不是学习内容，甚至也不是学习策略。学习者主动积极地投入时，不只在心理上，更表现为亲力亲为地全面参与。

欧裔美籍受访者对心目中理想学习者的描述也符合此一特质，例如，许多受访者都写道学习者在学习过程中会主动去阅读各种书籍刊物、浏览网页、写报告、进行观察、测试想法和参与各种活动等等，这也是现实生活中学习者会做的事。

除了这些语汇和描述以外，西方大多数学校也经常鼓励学习者上图书馆和利用互联网搜寻感兴趣的数据，阅读各类书籍，写心得短文和报告，建构实物（例如，纸糊的火山模型），把所学做成模型（例如，用硬纸板做出冻原地区的地形和动物模型），进行科学实验（例如，利用实验室或长时间追踪飓风的动态），以及记录观察内容，等等。

此外，校外教学也是很常见的一种主动学习的形式，学校会带全班学生到实地参观，例如博物馆、水族馆、天文台、历史遗址、发电厂、工厂等地，让学生就地做笔记、讨论并写下所见所闻。另外的主动学习还有五花八门的课后活动。许多公私立学校都提供了各式各样以做中学（learning by doing）为特色的课程活动让孩子们学各类技能手艺，比如画图、雕刻、演奏乐器、做手工书、设计首饰、跳舞和各种运动。最后，暑假时学生可以参加夏令营，或到国内外其他地方旅行。很多此类的营队旅行活动主要是为了好玩，但也有很多带有强烈的学习诉求。

最能表现西方人主动学习精神的例子莫过于以下这些幼儿园，例如蒙特梭利学校(Montessori schools)、受约翰・杜威(John Dewey)哲学所启发的夏山学校(Shady Hill School,位于马萨诸塞州的剑桥)及普特尼学校(Putney School,位于佛蒙特州)。另外毫无疑问的还有极受推崇的意大利瑞吉欧幼儿园(Reggio Emilia)。它们打动非西方(甚至也包括西方)访客的地方是,这里非常重视儿童作为学习者这个角色所具备的主动性。从早到晚坐在教室里听课不是这些模范幼儿园里孩子的作风,他们对周遭不论是真实或想象的人或物理世界都动用全部的感官和好奇心去体验、去追问。他们借着画图、造物、调查和设计来学习和摸索。例如,踏踏雨后的水洼也许会让孩子们想要弄清楚水和镜子的反射是怎么回事,他们可能会站在小水洼旁或镜子上画出自己的倒影,然后研究思索自己的发现。这些小学习者也会研究人为的现代环境,比如借着收集资料、和超市经理及顾客交谈、提供改善的意见等等来了解超市的运作。⑧

孩子们也有不少在校外主动学习的机会,很多博物馆专门为此提供互动性的展示或活动设计,换言之,这些博物馆欢迎孩子们动手触碰、拆解和组合物品,让他们尽情地玩、试验和探索。费城甚至有个儿童博物馆就叫"请触摸博物馆"(Please Touch Museum),该馆从小孩子一进门就请他们触摸和把玩馆内的展示品。西方博物馆为鼓励孩子们主动学习和探索所做的努力,实在值得我们效法。

西方文化中主动投入的学习特质除了已融入部分可观察到的学习活动中以外,也表现在其他称之为"学习策略"或"自律学习策略"(self-regulated learning strategies)的学习活动里。这些学习过程不见得都能观察到,但却极具主动性。一般来说有三种:认知策略(cognitive strategies)、后设认知策略(metacognitive strategies),和保罗・平瑞克(Paul Pintrich)及同事所谓的支持策略(support strategies)。第一种是比较基础的认知策略,包括三个具体的步骤:(1) 用复述(rehearsal)的方法来处理书面和听讲而来的数据(例如,反复读诵和用闪式卡帮助记忆字词);(2) 深化(elaboration),如把概念加以释义或做读书摘要;(3) 组织(organization),将之前未整理的资料进行概括、分类、合并等等。第二种是后设认知策略,也包括三个具体的步骤:(1) 计划(planning)(例如,制定目标和施行步骤);(2) 监控(monitoring)(例如,监督自己的进度和理解程度);(3) 调节(regulating)(例如,根据自己的理解来指定和调整自己的复习功课）。第三种是支持策略，也是资源策略（resource strategies），包括：（1）个人时间管理（例如，排出工作的优先级）；（2）维持有益学习的环境；（3）调整付出的精力（例如，对挑战性较高的功课加倍努力）；（4）同学学习（例如，成立读书小组）；（5）需要时寻求帮助。这些确实都是西方学习者常用的学习策略（多于亚洲人）。⑨

探索与探究

第二章中曾详述寻根究底是西方学习精神最核心的部分。但在寻根究底时，学习者到底有何行为表现呢？我整理的英文学习语汇表中，在"探索"这个概念底下包含了以下这些代表性的用语：影像摄入（visual intake）、想象（visualization）、询问（questioning）、脑力激荡（brainstorming）、探索（exploring）、分解（breaking things down）、尝试（experimenting）、运用创意（applying ideas）、联结想法（relating ideas）、分析（analyzing）、解决问题（problem solving）、归纳（putting things together）和综合（synthesizing）。这些语汇都强调学习者在追究答案时的心理活动。

探索有许多面向，而每个都很重要。首先，从我们日常生活中最平常的经验就可以察觉到我们对这个世界的信念或知识与其他人的差异，或者导源于己的信念和其他权威角色不同（即，父母、老师、科学家、政治家、媒体和政府）。第一种差异的情形，例如一个会游泳的孩子以为每个人都能学会游泳，但当他的朋友表示自己学不会时，那么这个孩子也许就开始渐渐了解到他和朋友会有不同的想法。第二种差异的情形，例如有个小学生第一次看到爸妈买红龙虾回家时以为那是条大虫，因此不相信那是可以吃的，之后发现那条大虫竟是晚餐的一道菜，惊吓之余也毫无食欲，但他的父母却一直怂恿他尝尝美味的"大虫"。如果这个孩子是个好寻根究底的学习者，他可能会奇怪一条虫怎么可能会像他父母说的那样美味可口，也可能他会想弄清楚父母为什么觉得那不是条虫。

大多数人遇到类似的情况会提出疑问。在西方，表达质疑（不是只摆在心里）并寻求答案不只是受到欣赏，也是极受到鼓励的表现。因此，对自己和他人现有的信念和知识保持敏锐的观察力并发现彼此矛盾之处是发现问题的第一步。能够促使人不停追究的疑问是学习者做研究不可或缺的条件，这是"问问题"之所以在西方知识传统和教育学领域如此受重视的原因，而能够提出好的研究问题对读研究所、论文写作和成功的学术生涯来讲都是关键点。

好奇心和兴趣很相似,都是会激发人类产生疑问的心理状态。对某个主题没有好奇心也没有兴趣的学习者不可能会提出问题,即使提出来,也不会是好的或值得进一步探究的问题。好奇心让学习者想对事情有更多的了解,而兴趣会推动学习者超越可能因好奇心所激发出来的短暂注意力,举例来说,一个对数学有兴趣的人,不但喜欢数学而且会热衷于知道更多数学的知识。但好奇心和兴趣对影响学习者动机的细微差异不是本节的重点(第五章将会对情绪面向加以探讨),⑩此处的重点是这两种心理活动和注意力状态都可能促使疑问产生,和之前提到的察觉到想法差异时的作用类似。好奇心和兴趣经常会带来有意义且值得追究的问题,进而导向探索的历程。在西方,学习者具有好奇心又有兴趣,就某方面而言,比因察觉到差异而产生质疑更有价值,因为前者表现出学习者更持久且更重要的素质,也就是寻根究底的好学精神。

提出问题后,学习者即开始探索(exploration)的过程。这个过程对儿童,尤其是刚学会走路及幼儿园的小孩而言,通常只要没有危险,是不受任何约束的。儿童有尽情探索的自由,不论是刚好碰到什么引起他们注意或是让他们"着魔"的东西(例如有些孩子对恐龙就非常着迷),家长和老师通常都任他们随意游荡、把东西拆拆装装(弄坏是家常便饭)、问个不停、吵吵闹闹,甚至任他们犯错以致垂头丧气都刻意不去干涉。西方的家长和老师不喜欢要求孩子总是依循"对的"方法做事,或者给他们"标准答案",以免过分照顾孩子,因为他们相信儿童天生的好奇心和兴趣需要保护和鼓励,成人给予过多的指导对儿童的好奇心和兴趣是种干扰,会扼杀儿童在探索世界时的惊奇感受,而那是儿童最珍贵的特质。

儿童学习时的自发性是探索的同义词,因为儿童,尤其是学龄前的孩子天生就有对学习的渴望。这个观点主要的科学根据在于儿童快速生长的大脑和身体让他们可以执行许多认知上的和社会性的本领,例如他们会创造新字和其他符号,还有不用大人在旁边强加指导就可以想象各种社会情境来玩扮装游戏等等。学龄前儿童不受形式束缚的天真无邪令人羡慕,这也是为何他们的想法、话语、图画、行为对成人而言是那么创意天成的原因。⑪有些举世闻名的艺术家,例如毕加索(Picasso)、克利(Klee)和米罗(Miro),都对儿童的画作赞叹不已,并试图模仿以找出其中的精髓。所以,把小孩子局限在教室里并授以严格的训练被认为是极其不当的,因为成人的这种控制方式会让孩子变得消极被动,而这无异于把他们想要探索世界和寻根究底的精神扼杀,因此是绝对要避免的。在西方如果要办好一个幼儿园,最好的方法就是让园里的孩子成为自动自发、活活泼泼,而且具备探究精神的学习者。

霍华德•加德纳(Howard Gardner)在他的《打开心灵》(*To Open Minds*)一书中举过一个生动的例子,清楚地描绘出其子本杰明(Benjamin)幼年时珍贵的探索过程,以及他们如何尽心竭力保护这个孩子不受出自好意但缺乏探究意识的中国成人的"干扰"。

> 霍华德和妻子艾伦•温诺(Ellen Winner)在 1980 年代后期为了研究中国儿童的美术教育在南京住了一个月。他们住的旅馆里有一个供住客离开时放钥匙的地方,上面有一道窄缝可以把钥匙塞进去。他们的儿子本杰明当时一岁半,很喜欢玩钥匙,但这个缝又细又长,要把钥匙刚好塞进去,对这么年幼的孩子来讲很难,不过因为他看起来玩得不亦乐乎,爸爸妈妈就不管他,随他自个儿尽情地玩。但是经过的华人旅馆服务员看到的话,就会来教他,甚至帮他把钥匙放进去。⑫

瑞吉欧(Reggio Emilia)幼儿园一直被公认是西方学龄前教育的最佳典范,原因即在于孩子们在那里能够真正地探索自我和这个世界。这些意大利儿童享受着探索的充分自由,完全不存在加德纳书中描写的情况。这些孩子的探索,包括他们的举止、活动、问题、对话和其他言语,以及他们走的弯路、后退的情形都被记录下来并加以分析和重访。换言之,他们的探索过程受到极度的重视,有非常专业的教师主动追踪、支持并引导这些孩子进入下一个阶段,及至最后结出兼具知性与美感的果实。这些孩子的图画、雕塑和其他作品,以及和同伴的交谈内容天真率性、精致优雅又美丽,毫不掺杂成人的干预或强加的观点,让全球人士为之震惊。瑞吉欧展现给世人的是,即使在学龄前,儿童对世界的探索和追究也是没有极限的。⑬

年龄较大的孩子和大学生探究答案的过程就有些不同了。虽然他们也会受到鼓励去探索及提出疑问,但实际过程中难免有父母老师的插手,不是完全自发自动的。西方大部分国家的学龄儿童都要接受义务教育,意指他们必须接受一段特定时间的教育（通常九年或以上），或者必须上学到某个年龄（例如，美国大部分的州是 16 岁）。学校通常必须教授政府颁布的课程内容（例如各种科目）、遵循教学步骤（例如必须授课及给学生评语）和成绩评鉴标准（例如要通过本州或全国考试），所以学生光靠完全自由的探索不能保证可以完成所有的课程要求。

　　然而，和亚洲学生相比，西方学童仍然拥有很多的自由去探索各种不同的主题。除了坐在教室里听课，孩子们经常要动手做模型。举例来说，初中学原子结构时，老师可能在教完基本结构后要他们用家里的日用品（例如，毛线、布料、干面条、塑料和蜡笔）做一个原子的模型，然后大家各自带着用不同材料做的成品来上学。这是学校鼓励学童多方探索很典型的方式。没有这种个人的尝试，孩子可能无法对原子及其作用有如此清晰的了解，而每个孩子采用的方法形形色色，也让大家体会到可以有许多不同的方式去理解和发现事物。

　　孩子在学校也经常重复以往科学家藉以发现某些定律的科学实验，藉此可以一步一步地体会到该定律是如何被发现的。他们也经常有机会把原始的实验设计做一些变更，建立自己的假设，收集新数据，然后得出有根据的结论，换言之，这是一种让学生模仿实际的科学研究所进行的学习过程。此外，大部分学校都会举办科展，孩子们必须提出自己的研究题目，在完全没有老师插手的情况下，逐步完成研究的步骤，⑭并在科展当中把这个过程及他们的结论呈现出来。

　　在英文和人文社会学科方面，探究的精神也很重要。孩子在这方面的训练不以记忆为主，例如读到范文或诗篇时，他们并不用背下来加以模仿，而是要对不同主题进行研究分析。以历史课为例，孩子们可能要装扮成历史人物演出某一重要的事件，或者搭景重现某一历史运动的场景，也可能要去访问经历过大萧条或二战的人，然后把他们的发现写成报告。我儿子三年级时有一个英文作业是要学生想象自己是一棵植物，所以他必须去观察并记录自己这棵植物如何生长、需要怎样的支持、怎样使它成熟，以及成熟后的状况。于是他跑去外婆家后院的菜园，相中了一棵苦瓜芽。他决定当这棵小芽后天天去看这棵芽怎么长，同时帮忙浇水并巨细靡遗地做笔记，最后这棵植物结了很多大大小小的苦瓜，而他写了一篇关于苦瓜各成长阶段的报告。这种形式的学习来自许多伟大的科学家如达尔文等人研究方法的启迪，在西方学校普遍受到推崇。

西方整个社会也弥漫着探索和研究的精神，并不以学校为限，尤以儿童电视节目和网络最为明显。以美国公共电视台(Public Broadcasting Services，简称 PBS)为例，每天都播映许多适合学龄前及学龄儿童的好节目，内容多聚焦在培养孩子对世界探索和研究的兴趣，从海洋、丛林、太空到人类世界的城市、乡村、邻里小区和家庭，无所不包。也有的节目教导小孩和青少年如何设计和体验我们所处的世界。其中很受欢迎的有《好奇猴乔治》(*Curious George*)、《大大大世界》(*It's a Big，Big World*)、《奎特兄弟的动物世界》(*Kratt's Creatures*)和《设计小组》(*Design Squad*)。此外很多营利性质的电视台也会制作类似的节目来鼓励儿童多方探索。

最后，斯德哥尔摩的诺贝尔博物馆(Nobel Museum in Stockholm)保留着历届得主的自传，细读近几年物理奖得主的自述后可以很清楚地看到，所有的科学巨擘几无例外都从童年时期就热爱探索原由、考究事理、动手造物，享受研究和发现的乐趣。其中一个很好的例子就是因共同发现宇宙微波背景辐射的异向性和黑体形式而得到物理奖的乔治·史慕特(George F. Smoot)，他小时候对月亮很好奇：

> 我会变成一个好奇的科学家有一个很关键的事，我记得有一次全家去拜访亲戚，晚上开车越过亚拉巴马州……我因为兴奋得睡不着所以一直看着窗外，我注意到月亮跟着我们一英里又一英里，紧随不舍就像我的小狗一样。我问爸妈月亮为什么跟着我们？他们说月亮会跟着所有的车，不只我们的车。这真是太奇怪了，我很想知道怎么回事，难道月亮比狗厉害很多吗？我爸妈很有耐心地解释说，因为月亮很大很远，所以即使车子已开了很远的路，但我们仍然感觉不到和它的角度有什么变化。他们拿沿路所见有近有远的物体做例子让我体会其中的分别。我很惊讶月亮竟然这么大这么远，但令我感触更深的是，如果你知道怎么去看，你就能明了自己双眼所见的世界，因为一切是那么地简单明白，你只要用简单的推理估计就可以了解宇宙万物，这对我而言是一个很震撼的启示。[15]

因为对光学同调性量子理论的贡献而得到 2005 年诺贝尔物理奖的罗

伊·格劳勃(Roy J. Glauber)也描写到他充满好奇和探索的童年:

> 我四岁时家里有台收音机,放在一个像大行李箱那么大的木头柜子里,我记得自己认定里面有个人,而且他自称是莫利斯·雪佛莱(Maurice Chevalier)。有天我发现箱子顶有个铰链,于是我就打开盖子一看,发现里面只有几个亮亮的真空管,到现在我仍然可以感受到当时迷惑不解的感觉。我整个童年都为了电子而困惑不已,记得到了七岁那年,我决定要弄个明白。我觉得插在墙上的台灯的电线里一定有什么东西沿着它流进来,但不管是什么,在被灯吞掉以前谁也看不到,于是有一天我起个大早去看个究竟。我剪下来一小段台灯电线,把里面的金属丝紧紧缠在插头上,然后插进墙上的插座里,另一端就任它垂在那儿。突然,电线末梢闪了一阵蓝光,然后一声闷响,就再没任何动静了,直到我爸妈起床后奇怪为什么家里所有的电灯开关都坏了。换保险丝很容易,但我的讶异久久未消,我不明白从细细的电线里那么安静地流过去的东西怎么竟然可以有那么激烈的反应。[16]

虽然这些科学家从父母、老师那儿得到了很大的支持与鼓励,但很显然,持续在背后推动他们并获得最后成就的是他们对世界的好奇与惊叹以及始自童年的寻根究底的热情。

思考与批判性思考

在第二及第三章曾讨论过,西方知识传统赋予心智莫大的重视,而心智有一项伟大的能力就是思考。在语汇研究中,"思考"这个概念类别下面和学习相关性极强的字词如下:思考(thinking)、批判性思考(critical thinking)、推理(reasoning)、衍生/导算(derivation)、演绎(deductive)、归纳(inductive)、推断(infer)、自由思维(free thinking)、引人入胜(absorbing)、挑战(challenge)、质疑各种假设(challenging assumptions)、沉思(contemplating)、仔细思索(pondering)、启发(enlighten)、引申/扩大(expanding)、内化(internalize)、内省(introspection)、理解(realize)、认出(recognition)、反省(self-reflection)、发现(discovery)和明白(understand)。这一大串有关思考的语汇指涉思考的不同层面、过程和功能,而西方理想学习者的样貌也包含许多有关各式各样思考过程的描述。

思考有三个层次：（1）纯心理过程，（2）导向理解的思考，（3）批判性思考。西方学习者思考时，纯粹就心理过程来讲就是进行推理，更具体来说包括：把事物加以分解、区别、运用逻辑（演绎推理）、归纳推理、比较、对照和构成概念等等步骤，以及较一般的过程如：想象、找出关系和综合想法。例如，想了解某种植物如何生长，学习者首先可能要试着想想它成长需要的东西：水、阳光和养分，然后弄清楚该植物是依序还是同时吸收这几样必需品。在这段初始的思考阶段过了后，学习者接着可以把这棵植物和其他需要不同水量、日照程度和土壤养分的植物作比较和对照，以便对这棵植物得到更充分的认识。

为了对所学获得充分的理解，光是进行上述的思考过程是不够的，哈佛"零点项目"（Harvard Project Zero）的戴维·柏金斯（David Perkins）认为学习者在听课或演讲以后，必须要能够对自己和别人举例解释刚学到的概念或理论。把事情解释给别人听是一种证明自己理解程度很平常的方法，

但这样并不够，学习者要进一步试着建立假设以便能预测相关的现象。最后，要继续把知识的触角扩及类似的状况，一方面去验证所学的正确性，另一方面或可开创新的方法来思考原先的研究的主题。[17] 例如，一名小学生学会了分数以后，应该要能够跟别人解释分数的概念并且说明分数和小数的关系，以及两者如何互相转换的方法。此外他也要能解答新的分数题目，甚至把分数用在生活中实际的运算问题上，比如比较杂货店里商品的单位价格等等。

很多欧裔美国受访者在描述理想学习者时也写下了这些思考过程。例如，其中有一位描述道：一位好的学习者能够分辨出"哪些状况适用信息论（information theory）的方法，哪些不适合；（他）……演算的时候知道每一个计算步骤在理论上的意义；（他也）了解信息论可以如何应用在不同领域的问题上"。

第三个层次的思考是批判性思考，如第二章所言，这是在西方受到极度重视的学习过程，同时也是极具价值的学习结果。许多教育心理学家认为批判性思考是个人培养出来的性格特质，拥有这种能力是学习成就的关键指标。虽然这个教育目标尚未广泛地为所有学习者所意识到，但它始终是西方教育议题中很高的理想，也鼓舞着西方父母、学校、高等教育教职人员继续不遗余力地灌输这个理念给他们的青年学子。[18]

批判性思考一般被定义为：对于何者可信及何者当为所作的理性思考和反省。[19] 近来有些讨论指出了批判性思考有四个和本研究特别相关的成分。第一个是寻求真相(truth seeking)，指的是学习者在特定条件下追求最正确知识的过程，在此过程中学习者会对现有知识产生怀疑，进而提出问题。西方学习者一向崇尚挑战权威的作风，他们在追求真相之际同时理智地保持诚实和客观的态度，提出很直接的问题并要求相对的响应。同样地，即使论战结果不合乎自己先前的看法或者会让自己会处于劣势，学习者本身也要能接受别人对自己的挑战。第二个是开放的心灵(open-mindedness)，这一点让学习者能够容忍不同的观点，并促使他自我检验是否带有成见。第三是分析(analytical process)，也就是严格地检查在寻找真相的过程中(例如，收集实证研究数据)所得来的信息，其中一个关键步骤是运用这种分析的才能和素质以证据去评估各种互相冲突的信息和个人偏好。所以学习者必须不受自己喜好的影响，一切以事实为依归。分析往往关系到解决问题的过程，需要学习者对概念上及实际的陷阱很敏感，而且能察觉到是否有修正解决方案的必要。第四个是探求答案(inquiring process)，也就是前述学习者追随个人的好奇心去探索未知并找出解答的过程。[20]

上述四点也经常反映在理想学习者的描述里。例如，有一位受访者写道，她的理想学习者会"公开地质疑社会现状"，另一位则表示理想学习者的学习方式就是"批判性地思考所有的事情"。不过，最好的一个例子仍然来自西方科学界的泰斗李兰·哈维尔(Leland H. Hartwell)，他在 2001 年因为和另外两位学者发现细胞周期的关键调控机制而共同获得诺贝尔生理及医学奖。我们在诺贝尔博物馆里读到他对自己童年时迅速萌生怀疑论的描述："我小时候很爱收集虫子、蝴蝶、蜥蜴、蛇和蜘蛛，记得曾看过一本书上说蜥蜴没有牙齿，但是有一次我抓到一只很大的蜥蜴，它转过头来就将一嘴的细牙插进了我的大拇指，当时我简直不敢相信自己的眼睛，但那次的探险经验让我了解到对所有书上写的东西都必须要存疑。"[21]

克雷格·梅洛(Craig C. Mello)在 2006 年以共同发现双螺旋体核糖核酸造成基因静默的干扰现象(RNA interference-gene silencing by double-stranded RNA)获得诺贝尔生理及医学奖，他思考及批判的是一个更大的问题：

我在初中时决定不再相信任何宗教教义，"绝对知识"（absolute knowledge）就我看来无法解释我周遭的世界。而且，根据自己的文化或教养来宣称自己无所不知似乎也有问题。我看到人们对宗教毫无根据的信仰充满了令人窒息的对话，把非信徒拒之门后、排挤在社会之外。相反地，科学方法以提出问题为中心，不认为有任何所谓的"绝对"，它以"对话"（dialogue）为基础，并且尊重"对话"，始终让我觉得心旷神怡。人的志业就是要推倒围墙并挑战造墙的人去承认自己的愚昧，以及质疑所有的想法。㉒

在此，必须指出的一点是，批判性思考在西方是一种充满价值观而非价值中立的行为，不像其他比较纯粹的心理过程，人在作批判性思考时对知识和学习领域有一个预设立场，这个立场也清楚地表现了西方相信每个人都有在任何情况下对任何事表示质疑并进行调查研究的权利。因为发问者想要提问的欲望是唯一的启动来源，所以唯有当个人被赋予如此的权利而且得到支持时，才有可能培养和实践批判性思考。第二章讨论过令人头疼的苏格拉底，他以质疑一切为人生的目的，是西方历史上的先驱。虽然当时他受到不少人尤其是青年们的喜爱，但并不受权贵的欢迎。他无休无止的追问（eternal questioning）方式，㉓唯有到后世才深受追慕并化为具体的行为态度。然而因为他的权利在当时没有得到任何人的保证，所以落得以"毒害青年"及不信仰城邦神祇为由而被判死罪。其实西方历史上充满了类似的例子（例如，布鲁诺和伽利略），那些勇于说出违反宗教教条诠释和思想的人，都被视为异教邪说而遭迫害。

自我表达与交流

自我表达及与他人沟通的能力是西方学习者另一项知识成就（intellectual achievement）的重要标志。所有以上谈到的积极学习、探索追究和批判性思考都需要表达与沟通，两者都既是重要的学习过程，也是学习的成果。口头/言语的选择和表现是沟通最重要的部分，甚至比书写表达更甚，虽然后者也很重要。

西方重视口才的传统由来已久，可上溯至古希腊、罗马时期到基督教的布道传统（第八章会有详述）。延续到今天的民主社会、学术界和商业往来上都仍需要有公开讲话的能力。口头表达不仅是个人才智的表征,也几乎是达成所有生命目标所必要的能力。[24]因此,一个人不论交朋友、约会、上学、工作升迁、对生活环境话题的表态、民主参与、在法庭或其他正式诉讼程序中为己辩护等都必须要能表达自己的思想和感情。如果了解沟通在西方的重要性,那么自我表达和沟通会成为学习的重要一环,就不足为奇了。

在欧裔美国人学习概念的语汇研究中有关沟通的词有:表达(expression)、沟通(communication)、讨论(discussion)、对话(dialogue)、参与(participation)、互动的(interactive)、倾听(listening)、联系(connection)、引介(engaging)、协作(collaborate)、牵涉(involving)、举例说明(illustrate)、图解(diagrams)、论述(essays)、辩论(debate)和评论(critique)。我收集到的理想学习者的描述当中有70％的访谈者提到与别人交谈、和教授同学讨论,以及在各种各样的情形下和各式人等的互动(相较下,华人访谈者只有30％把沟通和讨论当成学习的过程)。

西方学习者很早就开始学习这种自我表达的社会化过程。举例来说,对幼儿期母子沟通的研究显示,欧裔美国儿童比华人儿童更多谈论自己的特质、想法和心情。欧裔美国儿童自我导向性的谈话(self-oriented talk)比同一对照组的华人儿童更长久,即使他们整段谈话比较短的时候亦然(相较之下,华人儿童更多讲到社会关系和各种活动,较少谈到自己)。在叙述过去经验时,欧裔美籍母亲询问孩子更多关于他们如何经历那个过程、当时感觉如何、有什么想法,以及对他们个人有什么影响等等之类的问题。研究显示,结果这些儿童也就更多地谈论他们生活中这些方面的体验。[25]在家里,最常记录到孩子谈话和讨论的机会是在家人共聚晚餐的时候。很多小孩和父母都表示这是亲子交换日常生活经验的重要社会情境,此时孩子可以随时问问题,不怕打断大人的谈话,也可以和兄弟姐妹闲聊。诸如此类一再出现的场合都是促进孩子口头自我表达的机会。

西方的幼儿园都不遗余力地培养儿童说话和表达的能力,瑞吉欧学校就是其中的典范,不过西方一般的幼儿园也都会普遍鼓励孩子表达自己的想法。瑞吉欧的老师会把孩子说出来的每个念头记录下来,仔细听完并予以回应,之后加以追踪。常常,天真无邪的孩子一个刚刚萌芽的想法后来会发展成让孩子投入的一幅画、一座雕塑、一首诗或一项科学研究。[26]想法表达出来后得到如此的重视,会使孩子们感受到自我表达的价值,进而增进表达的意愿。

西方幼儿园的老师也经常询问孩子的感受,比如他们是否喜欢某个活动、对某个主题有什么想法和建议等,对谈话的行为和自我导向的谈话两者都同样重视,这和前述家庭中的社会化情形相互辉映。也因此,老师一般都会告诉孩子答案没有对错,所以不论他们怎么回答都没问题。自从 20 世纪 90 年代出现了情绪智商(emotional intelligence)的概念后,[27]西方幼儿园开始尽力帮助孩童学习如何把情绪清楚地表达出来,尤其是如何把负面的情绪用语言表达出来而非肢体发泄。例如,如果一个孩子因为抢不到玩具而生气,大人会鼓励他把令他生气的事和他的感觉说出来,避免直接用吵架、抢夺或拳打脚踢的方式来得到他要的玩具。如果孩子违反规定,通常必须要对老师或同学口头道歉。同样地,如果孩子得到别的同伴或大人善意的付出,会极力鼓励他们说"谢谢"(而不是回报以善意的行动,如回送玩具或糖果等,后者是亚洲人社会化后较常见的非口头表达方式)。

进了小学后,除了持续学习口头的自我表达,孩子也开始学习书写的表达方式。一旦学了写字造句,学校就会鼓励他们写下自己的特质、想法、人际关系和感觉,也会要求他们写故事、描述家人的样貌、提出自己的想法。升上初中、高中后,学校会训练孩子论述的技巧,其中一个重要的方式是写论说文,老师会教他们提出支持的论点、收集证据、提出抗辩,最后证明自己论述的价值。

孩子到了初中,尤其是高中时会学辩论。老师的教法之一是把班上学生分组,各组就某个主题选择自己拥护的主张去收集抗辩的资料,最后全班进行公开辩论。学生不只很喜欢这种形式的口头辩论,也藉此学会了一项重要的技能。所有的公私立学校都有辩论队让学生参加,而且也有到其他乡镇州观摩及见识不同观众的机会。从地方、州到全国都有比赛,获胜者总是备受赞誉。

在高等教育体系中,尤其是人文社会系所的学生都要接受正式的演讲训练,这是各大学的必修课之一,即使没有列入必修课程,也通常会吸引大批学生排队选修,其受欢迎的情况可见一斑。这些课提供很好的机会让学生分析历史上如马丁·路德·金等杰出的演说家,以及准备自己的讲稿对全班演说,并可以藉由老师和同学们的评论来增进自己公开演说的技巧。除了正式课程外,大部分人文社会学科的课都要求学生除了书面报告以外,也要在课堂上作口头报告。此外,各种可加强报告效果的图表、插图、录像等视听媒介都是西方学习者常被鼓励使用的方法。

以上西方学习过程的四个主要部分在我收集的理想学习者描述中也处处可见。综合来看,欧裔美籍的答题者几乎全体一致(96%)都提到这四种心智导向的学习过程,相较之下,华裔答题者只有68%提到。

美德导向的华人/东亚学习过程

本节将讨论华人/东亚人以美德为导向的学习过程中五种主要的美德:认真/诚意、勤奋/发奋、刻苦、恒心和专心(见图4.2)。(第五章会讨论尊敬和谦逊)

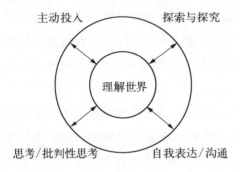

图 4.1　西方心智导向的学习过程图

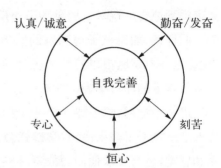

图 4.2　中华/东亚美德导向的学习过程图

认真/诚意

如第二章及第三章所述,诚意是传统中国人立志学习时的首要品德,《论语》里孔子与门生对此有很清楚的讨论,《孟子》及荀子的著作也对其多有着墨,但比不上宋明理学(Neo-Confucians)中直指诚意是自我修养的必要品德。认真(earnestness)同样是形容投入学习时的初发心,但是是较为现代的说法,也较适用于幼童身上("诚意"一词对他们来说可能太抽象了)。认真/诚意的意思是把学习真正放在心上严肃对待,换言之,这个美德的目的是让人变得可以教之、导之、放下自我,同时打开心门去接受领会。

那么华人/东亚学习者的认真/诚意表现在哪儿呢? 我的学习语汇研究[20]结果得出了以下六句日常用语可以作为一个了解的开始:"认真";"好好学习,天天向上";"不怕学不会,只怕不去学";"业精于勤荒于嬉";"功夫不负有心人";"世上无难事,只怕有心人"。它们的共同点是以缺乏认真/诚意的状况来对照出这种美德的重要性（例如，轻浮、疏忽、意志不坚）。

从华人/东亚学生的课堂观察研究可以非常清楚地看到，即使是很小的幼儿园学生也必须配合老师上课，不论老师要求他们坐下、听讲、看黑板、写笔记、回答问题和做功课，学生都应该毫无异议地照做。学习者必须全神贯注于老师及学习活动上的全力配合，不可妨碍教学和其他孩子的学习，比如上课中和同学聊天说笑、离开座位、跑出教室等等。所以认真/诚意不仅是个人学习之所需，也是对其他同学的尊重。㉙

学习在这样的情境下不仅是严肃的，更是神圣的。如果说其严肃的程度类似于其他孩子"学习权利"的严肃性，而且也饱含第二章中讨论到的所有美德的意义，可以说是毫不夸张。虽然没有明文规定，但这个"权利"是不可侵犯或剥夺的，所以学生若有妨碍上课的倾向，要把尊重别人的权利当成自己的义务，而同样地，他的学习也是神圣且不容其他孩子侵犯的。不过由于这是牢不可破的文化规范的内容，所以并不需要成文法律的保护。再以另一种模拟来看，这种对学习的承诺和严肃的态度和西方管弦乐团的情形很像，因为乐团的指挥也会要求团员们百分之百的配合和认真的态度，大家都了解彼此的角色和责任/义务，只要有一个人没有配合周全，整个团队表现就可能因而受损。或许就因为这个相似性，所以美国教育学者琳·佩因（Lynn Paine）将华人老师称为"表演大师"（virtuosos of performance），并说明这种教学风格必须要有认真/诚心的学习者才有可能出现。有了这层理解，就不会奇怪为何在东亚扰乱老师和其他同学上课是一个严重的学习问题了。㉚

如果以为华人/东亚的孩童完全无法从学习中得到乐趣，或者苦于缺乏自主性或创造力，那就错了。研究结果显示，即使他们有时候必须在教室里对全班同学承认自己的错误或者齐声应答（不同于个人主义式的一种集体学习活动），㉛他们仍能从中得到乐趣和满足并表现出对学习的热情，也许这很像管弦乐团团员在指挥的带领下完成一次绝妙演出时的感觉。

学生无故不交作业会被认为不够认真，缺乏诚意。此外，就算做了功课，但是做得匆忙、粗率、没有耐心（例如，字迹潦草），也同样会被视为缺乏认真/诚意的表现。因此，任何的学习行为如果只有动作没有心意，也就是没有从心底发出学习的企图心，对华人来说这个学习者就是缺乏认真/诚意的，他还没有建立起好好学习的心理准备。

一个认真有诚意的学习者不会仅仅做到最基本的期望后就停止学习,而会再更进一步地超越这些期望。例如他卖力地做好笔记以后,可能会去找同学讨论以确定自己的数据很完整,也可能课后去请教老师以厘清某些概念或解答疑问,如果得知有同学理解得更深入清楚,他也可能会特地去请教那位同学。只要有花工夫去确认自己学会了某样技术或学问,并且切实地朝目标采取具体的步骤就是认真/诚意的表现。第二章曾提到宋朝时有两位学生从南方不远千里到北方求教于程氏兄弟时在大雪中久候的故事,这两位学生表现出一心一意追求学问的诚意(还有尊师重道的精神)正是一个很好的例子(人称"程门立雪")。因此,华人要求学习者非常认真地看待学习这件事,把它当成随时随地向所有人学习的重要开端。

勤奋/发奋

中文里有好几个常用而且可以互换的词来表达辛勤工作或努力(hard work or effort)的意思,如努力、勤奋、用功(第一个在日文和韩文中也常用到)。我所收集的近500个英文学习语汇里竟然没有"hard work"或"effort",但是中文的核心语汇表中就有46个(还有更多的词因为评分较低所以没有入选)。像这样某个概念范畴(conceptual domain)在一种文化里表现出繁复的样貌,但在另一种文化中则不然的现象,被研究大溪地情绪用语的罗伯·利瓦伊(Robert Levy)称之为"高度认知与其相对立的低度认知"(*hypercognition* vs. *hypocognition*)。㉒很显然,以勤奋努力为中心的相关概念在华人(及东亚其他地区)的文化里得到高度的认知(hypercognized),而在西方文化里则相反,为低度认知(hypocognized)(至少以此研究所收集到的英文词汇为依据)。不过英文的"hard work/effort"无法表达出华人以美德为导向的学习过程中诸多措辞用语所涵盖的细微差异和复杂的意义。因此为了突出这个中西差异,我用"勤奋/发奋"(diligence/self-exertion)取代"努力"(hard work/effort)来讨论环绕着这个美德的各种学习过程。

经过仔细的观察后发现至少有三种学习过程及目标会用"勤奋/发奋"来形容:(1)熟(熟悉学习的内容);(2)练习;(3)精(精通完善所学)。将分别阐述如下。

熟

华人学习者接触到新的学习内容、概念或技术时所采取的第一道步骤就是去熟悉它,以便确定自己知道所有的片段、章节、组成成分与细节。例如,刚接触到一首新曲子、诗词、一组英文字,或数学证明,华人学习者通常会开始仔细看、读、唱出其中每一个部分,之后也许把诗吟诵出来、大声念出每个英文单词,或写下解题的每一道步骤,并且通常会一再重复这道步骤,从语汇研究收集到的句子里可见一斑,例如:"三天不念口生,三天不写手生";"熟读唐诗三百首,不会作诗也会吟";"熟能生巧",等等。"熟"的反面是"生",意指生疏、不熟悉,或荒疏。

让自己熟悉学习的内容是学任何事情的第一步,因为它能确保对所学有初步的认识并能流畅地表达出来,如果希望对新内容有进一步了解,就必须有方法迈过陌生的阶段,否则和没学无差别。"熟悉"的概念对西方学习者并不陌生,例如常见的英文词组"having it at my fingertips"(常见中译为"了如指掌")就表达了相同的意思,其目的是去熟悉某样功课所有"表面"的细节,未必甚至可说绝不是以深刻了解为目的。熟悉的结果是可以测量的,主要看是否已熟记在心,或者能背得滚瓜烂熟。

练习

练习绝对是华人/东亚人在勤奋/发奋这项学习美德上的主要行为表现。从可收集到的研究数据来看,练习可再分为四种方式和目的:(1)为了实现目标,练习的时间要够长(例如所谓"台下十年功"的"十年");(2)要达到预期的累积成果(例如"台上一分钟"的"一分钟");(3)温故知新;(4)补拙。

在练习的时间要够长方面,华人对新的学习内容有了某种程度的熟悉之后,多半会开始进入一段长时间且通常很艰苦的练习过程。[33]其特征可从我整理的语汇表中略窥一二,例如:"下功夫";"台上一分钟,台下十年功";"十年寒窗";"手不释卷";"拳不离手,曲不离口";"只要功夫深,铁杵磨成针";"不积跬步无以至千里"、"不积小流无以成江海";"冰冻三尺,非一日之寒";"书山有路勤为径";"功夫不负有心人";"勤勉自学"。以上所有例子都强调了练习的关键在于学习者必须了解长时间专心致志的重要,因为勤奋/发奋是学任何事情必要的德行,所以学习不仅是件严肃的事,也是长期抗战,绝无捷径。

以上有些句子来自荀子等中国古代的知识分子,或者才学兼备的大家如王羲之等人,大部分是以绘画、书法、武功、舞蹈和戏剧等古代的技术和才艺为例所发之言。不可否认的是,这些技能的学习不论时空如何转移都需要长时间的练习,如果希望能达到同样的程度,现代人学弹钢琴需要的练习时间和200年前的人是一样的。而且大家也一致同意想拥有任何有价值的知识/技巧都需要坚实的基础,而若无真正深入的理解是不可能达到的。此外,要建立这样的基础必定历时长久,非一蹴而就,而公认最可行的办法就是长时间的练习。㉞但是,这些格言的影响不在于实际所学的技术或知识,而是依附在练习时的勤奋/发奋的美德上面,因此重要的是真正地投入实际的练习过程当中。

华人面对学习有着长期投入的心理准备,对所学的每一个部分与每一道步骤都下功夫反复不断地练习,直到得心应手为止,然后才接着进入下一个部分或步骤,开始另一个练习的周期。虽然这些反复的练习似乎非常机械化,但其实需要非常专注和用心,这是两项很需要鼓励也备受赞扬的优点。㉟练习时也要时时观察自己的进度,虽然进度可能会依实际所学的技能或知识而递增,但耐性仍然很重要。没有付出心力却希望"突飞猛进"(great leap forward)是不切实际的,而想要要花招或抄捷径来避过长时间的练习是缺乏勤奋努力的表现。此外,学习者不只要继续而且必须加强前述认真/诚意的美德,因为练习需要更多的精力,而认真/诚意是勤奋/发奋不可或缺的条件。

对华人/东亚学生学习数学和科学等现代学校科目的研究显示,他们不仅认为学习是需要长期努力的过程,也确实投注精力在长时间反复的练习上面(数学和其他科学问题)。例如,在学习时间方面,已有很好的研究提供大量的证据显示,亚洲学生做作业、复习、预习和准备考试所花的时间远超过西方学生,课外读书和磨炼技巧的时间亦然,也就是说,他们做的练习比老师规定的要多。㊱

在达到期望的累积成果方面,华人学习者所有的练习都指向一个目标:了解并精通想要获得的技能或知识。大林(Dahlin)和沃特金(Watkins)的研究显示,华人与西方学习者的不同处在于,前者不相信深刻的理解或精通可以来自灵光乍现的瞬间(a sudden "ah-ha" moment),㊲虽然中文也有"茅塞顿开"(这也出现在词汇研究里)之说,表示他们也有这种经验,但若回顾前一节提到的词汇,华人学习者似乎为了得到极其深入且稳固的理解与精熟都投入了很长时间的练习,也就当然会为了"台上一分钟"去做"台下十年功",会为了累积知识而忍受十年寒窗苦读,会相信一小步一小步终能走到千里之远,而百川汇流才成江海,也会有冰冻三尺非一日之寒之说。很显然,博大精深才是华人学习者的志趣所在,并非粗浅的理解或小小的精通所能满足的。而深度和广度也是华人学习概念表上成就类型里的关键目标。(见图 3.2)

不过华人学习者是否真的能够获得这样深刻的理解和精通的程度呢?毕竟,这些充满了隐喻和文采的章句描写的都是十分笼统含糊的目标,并没有具体的成就衡量标准。但是如果这些目标无法达成,那么为什么华人学习者仍然要如此勤奋/奋发地向学呢?原因有二。首先,很可能虽然这些目标在学习者心里有些模糊不清,但确实是可以达到的。以大家熟知的武术为例,虽然习武的人或许无法确定自己最后能否练得上乘的武功,但因为有身怀此技的老师还有其他武艺高超的师傅作为榜样,所以很明白练成后的境界为何,因此,只要继续不断地练习,尤其是如果知道自己用的正是其他前辈获得成功的方法,那么多半会认为成功应是可以指望的。这和西方人学打高尔夫球、体操、花式滑冰、芭蕾舞、古典音乐和演奏乐器的情形很类似,他们努力学习之际并不知道自己未来能否练到某个理想的程度,但那些已有成就的音乐家和运动健将给了他们努力的目标。如果有人告诉他们要在这些领域有所成就都需要长期艰苦的练习,那么他们也多半会纵身投入这种过程。华人学习其他如数学、科学等科目也会进入长时间的练习过程,因为华人总是把长时间的苦练和之后的成就拉上因果关系(这种关联是否为真并非重点),并把这种观念灌输给儿童。不论学的是何种技能,也不论这个领域要求的天赋条件为何,华人儿童都深深受到这种观念的社会化影响(第七章会有深入的探讨)。即使是对孩子们介绍伟大的科学发现,也会强调若非该科学家对其研究主题无所不知且天天埋首研究,不然是不可能成功的。⑧

第二个原因是,本着儒家精神的学习者并不那么介意最后的结果,因为目标本身暧昧不明,而且有可能是特意如此(可能有人会奇怪为什么千年来中国人都没有明确可测量的目标)。大家多半都很清楚知道自己不会成为大师,就像不是所有人都能考满分一样,但是研究结果发现,华人学习者还是会欣然地勤奋练习,因为他们至少可以确定一件事,那就是练习不会让他们成绩变糟,只可能变得更好。另外我曾在别处主张过一个更重要的原因是,不论最后成就如何,展现学习美德的本身可能是个动机更强的目标。学习者行为的优劣不是由最后的成就来回溯评鉴的,而是从一开始就受到评估,因为学习尚未结束,所以学习的结果在此不起作用。因此光是能认真/诚意与勤奋/发奋地学

习就是一大优点,值得大家的赞誉奖励。成绩差的学生因展现良好的德行而受表扬确实会发生在华人学校里,以下是我的亲身经历:

> 初中时有次数学考试,我是全班 60 人中的最高分之一,当老师宣布他要表扬这次考试中表现最优异的学生时,我以为他指的是我,结果他请坐在角落里的一位安静的女生起立,大家都知道她在班上成绩平平,但是老师说:"各位同学,让我们替玉玲鼓鼓掌,她这次考试非常努力,虽然她的成绩不是很高,但精神可嘉,我们应该向她学习。"

老师的意思非常清楚,我们要赞赏的是一个人的勤勉努力,而非成绩。所以只要凡事竭尽所能,即使没有显赫亮眼的结果,仍值得大家尊敬。事实上,徒有杰出的成就或才智却没有美好的品德,很少受到赞誉。参与研究的华人受访者被问到他们的理想学习者如果已很有成就或极富才智的话会怎么学习,他们的回答是:往更高的目标继续努力,因为有成就的人是以自我完善为生命目标,不会因此自满。[39]

黄毅英(Ngai-Ying Wong)对华人练习方式的研究进一步解释了他们练习的特征。根据他的研究,华人学习者首先会试图"入法"(enter the way),若以书法为例,首先会希望能弄明白技巧所在,也就是如何用墨、使力、注意、运笔等等,以写出和自己心仪的大师相仿的字(和西方高尔夫球员模仿名家的情形十分类似),未臻满意不会停止。然而,这个临摹的步骤只是学习过程的一半,即使临得惟妙惟肖也不是最后的目的。一旦觉得自己练习够了,就会进入下一个阶段谓之"出法"(existing the way),也就是要保留但超越原先临摹的成果。[40]学习书法的人通过这两个阶段后,可说不但已经掌握了书法的技巧,而且建立了自己的风格。后者和西方传统绘画初学者的情形类似,他们一开始也需要长时间模仿大师的画作,因为只有经过严谨的练习才能突破前人,创造出自己的风格,但是这个新创的画风仍有着前人技巧与手法的深刻基础。因此,华人重视勤奋/奋发美德的学习方法似乎相当具有条理章法。

关于温故知新,中国人承袭孔子的教导,都坚信学习是累积的过程。所有过去学到的知识和经验并没有消失,但是若不再加以回顾则可能无法从中受益。然而,思考或反省纯粹只是心理活动,不能发挥最大的学习益处,所以就儒家极力强调道德修养和实践的学习传统来看，并不够理想，比较理想的是更进一步去重温旧有的知识以得到新的领悟。因此，孔子的"温故知新"是所有华人儿童都被教了会说会用的重要学习原则。

这个原则聚焦在两个层面，第一是"温故"的部分，顾名思义，学习者有责任把老师教过或曾经学过的东西确实理解熟练并做进一步相关的学习。学过的功课经过复习后会变得更熟悉、记得更清楚、理解更深刻，同时可体会到练习的重要并获得其他相关的领悟。学习者借着复习也可以反思、检验自己原本的理解，并和其他的所知所学加以联系、综合。复习必然会增进理解，也就是"知新"，这个概念就在于更深刻的理解，没有其他，而事实上得到新的领悟正是复习的真正目的。因此，华人的学习从一开始就是以理解和领悟为目标，只是中西方重点略有不同，相对于西方学习者比较深究思想上的理解，华人学习者是以道德上的领悟为中心，以期完善自我并扩及其他。孔子自己就十分重视回顾旧知所带来的学习效果，甚至说过"温故而知新，可以为师矣"，意思是若能够借着温习旧知识而能有新体会的话，就可以成为老师了。[41]

因此复习是具有勤奋/发奋美德的一种练习方式，而且应该不意外它会成为华人学习者自动自发立下的高远目标。父母师长都会很明白坚定地要孩子复习功课，也会为他们提供温书的机会。中国大陆每一所学校（以及大部分华人所在区域）每天都排有自习课让孩子们安静地坐在教室里温书做功课。孩子们放学后也会自己找时间温习功课。许多研究都一致发现，亚洲学生比西方学生在课后花更多的时间念书，最近一项有关越南与德国学生学习活动的研究也显示，前者比后者复习功课的时间要多得多。[42]

关于补拙方面，对于为何亚洲学生成绩优于美国学生的原因，史蒂文生（Stevenson）和史蒂格勒（Stigler）[43]的研究资料非常丰富，他们发现关键在于两个不同的概念，也就是西方儿童认为人的成就依赖于天赋能力，而亚裔儿童则相信在于努力。关于日本教育的研究也指出，他们轻忽天赋才能但重视努力。[44]我在西方常听见有人问："难道亚洲人不知道每个人天生智慧有高低不同吗？还是他们根本不在意？为什么？"这些问题在以往的研究中都未作说明。

但事实上华人学习者非常明了个人的差异，也知道天赋优异在学习上的先天优势。没有人怀疑杰出的运动员、艺术家、诗人、作家、音乐家或科学家都需要有特殊的才华，也很少有人否认世上确实有天才和神童的存在，有些人记忆力较好、反应比较快、精力旺盛、办事效率特别高,或者具备其他各种优异的本领。华人学习者并非不在意这些差异,他们当然会关心,尤其是当身处一群才华高超的同伴当中时,更需要知道自己的学习进度。然而,他们不认为光是因为自己不是天才儿童或者不够才华洋溢就一定学不好,事实上,他们相信如果发奋勤奋地学习就能学有所成。虽然并不期望成为下一个爱因斯坦,但如果够努力的话仍然可以拥有丰富的科学知识,但若是不努力的话,就必然要接受相反的结果。[45]

总结来说,华人学习者并非对个人差异浑然不察,而且事实上也很关注,然而并没有关注到会减损他们继续学习的程度,因为他们不认为才华是获取成就的唯一要素,所以并不会因此慌叹。他们从孩提时期开始就接触到许多历史上因品德高尚而成为大学问家的例子,而且不乏失明、耳聋及其他身体缺陷的人物。这些模范人物和才智出众甚至才华洋溢却不努力的人 有极大的反差,而他们学习成就上最大的区别就在于其对于学习美德实践的程度。[46]

因此,练习的第四个目标就是藉以弥补天赋或能力的不足。在我的研究中指涉该目标的句子有二:"勤能补拙"及"笨鸟先飞"。这是孩子们从小反复听到的成语格言,还有真人事迹加以佐证,说明一个人如果没有天分或能力不够就需要更加勤奋努力。在理想学习者的研究中,我问受访者如果天生资质较差时要如何学习,他们都表示要付出两倍或三倍的努力,甚至有人表示要付出百倍的努力来完成学习的目标,而且受访者对之都明确地表达了敬重与赞赏的态度。[47]

精

所有对所学的熟悉和练习都不是最后的目的,两者的终极目标都指向:精(refined and perfected mastery),也因此我的核心语汇表中有一组表达这种最高成就的中文词句。第一句是"熟能生巧,巧能生精",前半句很常见,后半句较少被讨论,因为只有最杰出的大师才能达到及展现那个境界,所以使得"精"不是一个能够定义得很清晰的状态。这种精湛的技艺无论是在西方、亚洲或任何其他文化里人类追求的各个领域中都可看见。表达精通状态不同层面的其他词句还有:透彻理解、精通、滚瓜烂熟、精深、精益求精、出神入化、炉火纯青。所以读书的目的不仅是理解,而是要通透彻底地理解;学习技艺也不只是学会就好,而是要具备精练完美的技巧;认识到并不够,要认识得很深刻。[48]

然而,精通到了最高的境界不但是对某项事物体会得里外通透而且同时使用起来毫不费力,其运用自如的程度如同第二天性般的完美无缺,展现出儒道并济之"道"。庄子(前369—前286)是与孟子同时代的道家思想家,其《庖丁解牛》的故事最能表达这种意境。

庖丁为文惠君解牛,手之所触,肩之所倚,足之所履,膝之所踦,砉然向然,奏刀騞然,莫不中音。合于《桑林》之舞,乃中《经首》之会。

文惠君曰:"嘻,善哉!技盖至此乎?"

庖丁释刀对曰:"臣之所好者,道也,进乎技矣。始臣之解牛之时,所见无非牛者。三年之后,未尝见全牛也。方今之时,臣以神遇而不以目视,官知止而神欲行。依乎天理,批大郤,导大窾,因其固然,技经肯綮之未尝,而况大軱乎!良庖岁更刀,割也;族庖月更刀,折也。今臣之刀十九年矣,所解数千牛矣,而刀刃若新发于硎。彼节者有间,而刀刃者无厚;以无厚入有间,恢恢乎其于游刃必有余地矣,是以十九年而刀刃若新发于硎。虽然,每至于族,吾见其难为,怵然为戒,视为止,行为迟。动刀甚微,謋然已解,如土委地。提刀而立,为之四顾,为之踌躇满志,善刀而藏之。"

这个故事用现代文解释如下:

魏惠王有位厨师名丁,一日为惠王下刀解牛,他每一回手指所及、肩头一倚、脚步一动、膝头一顶,同时但见刀锋闪动,轻快利落犹如舞者的节奏……于是王说:"太精彩了!我简直不敢相信有如此神乎其技的刀法。"丁放下刀回答:"臣追求的是道,并将之蕴含在刀法之上。我刚开始解牛时,眼前看到就是一只牛;三年之后,我看到的不是整只牛,而是已被分解开的各个部位;现在,我不再用眼睛去看,只是用精神去感觉它。我的感官虽然暂停运作,但精神仍很活跃。刀锋随着牛身自然的肌理特征准确无误地滑进骨肉经脉的空腔间隙,由于我的刀是顺应着它的组织结构而行,所以即使是最精细的韧带肌腱也不会碰到,遑论大骨。

"高明的厨师因为用刀来割肉,所以一年要换一把刀;普通的厨师因为用刀硬砍,一个月就要换一把刀。我现在这把刀已用了十九年,切过数千头牛,但刀锋至今仍像是刚磨过一般。所有骨肉连接的地方必有空隙,而刀刃不厚,如果把薄薄的刀刃插进充足的空隙中,自然可以游刃有余,也是我一把刀用了十九年后仍像刚刚才用磨刀石磨好般的锋利的原因。

"即使如此,每当遇到筋肉盘结交错,难以下刀之处,我仍会非常小心谨慎,目光专注,动作缓慢轻微,直到牛身霍然分解,如泥土散落一地。于是我提刀而立,举目四顾,心中志得意满,然后把刀拭净收起。"⑭

故事中的"游刃有余"(意指做起事来十分轻松容易)仍然是现在华人常用的成语。从故事中也可看见这种层次的"知"和运用时的自在随意实在需要大量的练习、极度的专注和全心全意的奉献。如果只是盲目地练习,没有用心仔细地研究,也没有深切的思考与勤奋的精神,是永远不可能达到精通的地步的。此外,故事里厨师个人内心的喜悦与满足以及其社会世界所给予的赞美与喝彩,和我们当代的大师如马友友、班·金斯利(Ben Kingsley)或麦克·乔登(Michael Jordan)等人相比丝毫不让。

讨论过学习过程里勤奋/奋发美德的错综复杂之后,我希望能谈一谈亚洲人被再三指责的死记硬背学习法。观察过华人/亚洲学校里儿童学习情形的西方人都很清楚地看到他们为了熟悉某项学科的练习过程,在行为上不外乎反复地背诵和誊写各种功课,下的是记忆的功夫。⑮表面上这些行为看不出来在思想和发现上能有任何突破性进展,如果观察者不知道华人还有一长串的学习美德和步骤要遵循的话,很可能就会以为华人的学习方式就是如此而已。再加上明显以师长父母为主导地位的教室与家庭学习环境,更让这些西方人很容易地就为华人/亚洲儿童感到悲哀与愤慨,因为如此缺乏自由、创造力、探索、追问、自我表达的环境,当然也就缺乏个人学习的动力,华人/亚洲的学习文化真是可怜又可悲。

然而,光是依赖这样的观察(包括实证研究及一时的印象)有极大的瑕疵,因为如果把可观察到的现象当成学习者内在的反射,就犯了和行为主义一样为人批评的谬误,也就是不去检视学习者本人的经验、志向与诠释,而只透过自己母文化与个人经验的有色镜片来解释,是一种非常主观的行为。⑯此处我们面临的仍是以客位(局内人)取代主位(局外人)意义的老问题。在我第一次接触到西方人对华人/亚洲人学习方式的诠释时,即感受到这个来势汹汹的问题。西方人的观察和诠释与我个人在中国的学习经验完全没有交集,但是这种研究方式至今仍在继续。

遣责华人学习方式的第二个谬误是研究人员忘了西方也有许多类似的重要学习方法,而且也都是必要的基础工作。如稍早所述,在西方学钢琴(及其他乐器)、芭蕾、各类运动、拼读字母、解数学概念习题、生物入门课,以及众所周知的医学院新生课程里绝大部分也都是这种"盲目"又"无聊"反复死背的功课,同样毫无自由、探索、追究、发现和创造力可言,但这种学习方法似乎无可避免,也无法变得充满创意或探究的精神。但我们会就此断言这些学习者也被剥夺了学习的原动力吗,或者说他们也深受老师权威主义的压迫吗? 最特别的是当有天才人物崛起时,即使他有大量进行以上这些基础练习,但西方人(东亚不会)对这名天才的嘉奖表扬中经常删除了其勤奋努力的部分。谢尔盖·伯坦森(Sergei Bertensson)、杰·莱达(Jay Leyda)和苏菲亚·莎提纳(Sophia Satina)对拉赫曼尼诺夫(Rachmaninoff)早期接受尼古拉·兹维涅夫(Nicholai Zverev)钢琴训练的故事,有一段生动的描述:

> 拉赫曼尼诺夫和同学列昂尼德·马克西莫夫(Leonid Maximov)及马特维·普雷斯曼(Matvei Pressman)每天早上六点起床以后要练好几个小时的钢琴,即使他们前晚两点才上床,也不准更改作息。因为只有一架钢琴,所以他们得轮流。不管是谁,只要弹错一个音,老师就会冲出来大吼。他出城的时候就由他严厉的妻子接手训练的工作。[52]

从这个故事可以看到艰苦的练习经常是入门时必要的过程。历史越悠久的学科,例如哲学、历史、数学、生物、医学等等所累积的知识体越庞大,也就越需要有扎实的基础训练,如果持续不断地进行这种所谓的机械式学习,假以时日,学习者对该门学问或技术的掌握终会达到更深奥微妙的层次。

第三个谬误是这些观察者以为自己看到的就是全部。华人学习者还在开始熟悉的阶段时,看起来好像完全是在做重复和记忆的工作,但是几天之后,他也许可以解释某首诗的意义和字词声韵排列的方法,因为此时他进入了理解与领悟的阶段。再过几个礼拜,他可能已学了好几种不同形式的诗,或许还能比较之间的变异。最后,一学期过去,这位学习者可能已会自行创作了。刚开始的作品也许有某些成名诗人的影子,但后来也许就渐渐展现出自己独特的风格和创意。后来的几个阶段都和起初"熟习"与"练习"的阶段有不同的学习方式,但是观察者误把初始阶段的观察结果用来假设该名学习者永远只是个不停重复死记硬背的机器人,甚至认为他们不只是在学某个技术时如此,而是一辈子不论学什么都如此。

第四个谬误是观察者以为理解一定是立即发生的,不论是一学就会,或是一懂就马上要用言语或行动表达出来。如前所述,理解可以有许多阶段和面向,有些甚至需要不断重复思考、反省、练习、应用、再思考、修正原先的理解等等,这些是复习的要素,也是产生新领悟的方法。㊽理解的状况端赖知识、概念或技术的性质而定。我认为在有限时间内(例如,50 分钟上课时间)的教室或某项活动里可以观察到的理解状态是低层次的理解,可能并不值得太费力研究,因为它不需要很深刻的思考和长时间的投入。庖丁所展示的理解旁人难以企及,也因此在短时间内很难观察出来。华人/亚洲老师或学生对某些学习阶段可能并没有期待得到什么重大的理解,而研究者却根据对这个阶段的观察就遽然谴责他们的学习方法并贴上缺乏理解的标签,实在是没有道理。

有些研究人员试图区分为记忆而记忆和反复练习的差异,前者是真正的死记硬背,而后者是有意义而且能导向理解及技术精纯的学习方式。这些研究人员进一步证明华人学习者把学习内容记下来是作为制造深刻印象的第一步,然后再藉此进行更深入的了解。费伦斯·马顿(Ference Marton)的研究团队开启了以现象学方法(phenomenological methods)收集学习者自己想法和经验的研究路线。他们发现华人学习者确实会去努力记住学习内容,但记忆本身不是结果,他们的目的是从记住的信息中去寻求了解,所以这只是第一个步骤。有一位香港学生曾描述这个过程:"因为我每一次重复都会有新的体会,也就是说我因此可以懂得更多。"㊾另外最近有一项越南与德国学生的比较研究显示,反复学习(repetitive learning)和深度学习策略(deep learning strategies)在越南学生身上有强烈的相关性,但对德国学生则不然,所以结论是反复练习对亚洲学生来讲不是不用大脑的机械式活动。㊿

以上的研究结果让人松了一口气,因为学者们证明了华人/亚洲并非是盲目无知的学习者,他们事实上很明白自己在学什么。当然,研究人员找这些证明的唯一原因是由于亚洲学童在独立的国际评比中一再出现优异的成绩让他们感到非常矛盾。所有的努力及担心找不到这种深度学习（deep learning）的证据来为华人/亚洲学习方法辩护的情形，说明了长久以来各界对华人/亚裔学习方法错误但又不幸被广为接受的谴责是多么强烈。很具讽刺的是学习者本身、老师、家长似乎都不以为然。其实他们何必在意呢？毕竟，谁会不钦佩庄子故事里的庖丁呢？谁不会为了年幼的拉赫曼尼诺夫和同伴们在俄国苦寒的冬日里苦练琴艺而动容呢？

勤奋/奋发是最可能让人有机会达到庖丁或其他大师境界的学习美德，同时也很清楚地指出了一条寻求彻悟与精通的长远道路。其历时之久与目标之高远是无法光从一堂课的时间或听孩子喃喃背一首诗就可以观察得到的。用短促草率的观察结果来看华人的练习方式，可能显得很机械化又无趣，但是练习的人却可能感到十分振奋且满足。

刻苦

要华人/亚洲人把学习视为有趣好玩或者应该是很有趣好玩的过程，着实有点困难。⑤⑥根据其他学者及我自己的研究来看，即使有这么多西方儿童电视及在线娱乐性的教育节目在中国大陆已播放了数十年（在中国台湾、香港地区和新加坡更久），但华人很少这样看待学习，对幼童的学习也许还可以，但较大的孩子恐怕很难接受这样的观念。为什么他们不觉得学习应该很好玩呢？我认为有两个相关的理由。第一在前几章曾说过，华人学习不只是为了求知而已，更主要是个人的道德责任与承诺，是非常严肃的追求，所以如果说努力修养品德成为更好的人，或者担负起生命的责任很有趣，实在很怪异。我认为如果了解华人的终极目标为何，那么不把学习当成轻松的过程，而是一个重要的使命才是合情合理的。

第二，华人早已把这个沉重的使命概念化而且把它具体地变成学习者必须接受和克服的考验，以下一位台湾父亲在读大学的女儿不想做物理作业时劝勉她的话就表达了这种使命感，这段话引自《孟子》："天将降大任于斯人也，必先苦其心志，劳其筋骨，饿其体肤，空乏其身，行拂乱其所为，所以动心忍性，增益其所不能。"意思是，上天要将重大的使命托赋给一个人时，必定会先磨炼他的意志，让他筋骨劳累、身体饥饿、生活贫困匮乏、行事障碍重重，如此来激励他的心志，使他的性格更坚韧，增进他不足之处。⑤⑦

然而，华人心目中并不把这种考验当成一种有伤害性的严酷惩罚，它不应该会阻碍学习，反而是人们学习道路上的一个指引，一则以检验学习者的决心和承诺，一则以鼓舞他的勇气来帮助学习者完成实际的学习过程。同时学习者迎向考验之际，亦需锻炼自己的实力并展现给家人和所属的社群。因此，华人投入学习时要预期并准备好面对各种挑战。

中文以"苦"（hardship）来表达这些挑战及任何困难的处境，这个字同时也有"辛酸"（bitterness）的意思，但辛酸的感受不会把人淹没。学习就是至善之道（the ultimate good），但过程充满了无尽的挑战，人必须面对并克服所有的挑战与苦难才能摘到至善的果实。而帮助人们勇敢面对挑战并与之奋斗的美德就是刻苦。

从我的收集的语汇中可以感受一下出现在求学过程中的考验有哪些样貌："刻苦"；"刻苦学习"；"勤学苦练"；"苦心攻读"；"学海无涯苦作舟"；"没有一番寒刺骨、哪得今日梅花香"；"宝剑锋从磨砺出、梅花香自苦寒来"；"世上无难事、只怕有心人"；"十年寒窗"（苦读）；"头悬梁、锥刺股"（孙敬把头发绑在屋梁上以防自己睡着；苏秦用锥自刺大腿，让自己保持清醒继续读书的故事）；"凿壁偷光"（晚上把墙壁打个洞，借邻家的光来读书）；"负薪读书"（朱买臣一边背柴一边读书的故事）。

以上的词句包括了两种苦。第一种是学习本身的苦，又可再分为两类考验，一是学有所成需要的时间，即前面勤奋/发奋部分所讨论过的。另一类考验是值得追求的学问或技术都有其困难处，这是惯常会碰到的情形。例如，碰到无法理解的概念或数学证明，或者无法完成某项艺术技巧的时候，如果不能选择放弃，就只有接受挑战。学习者若不是要花更多的时间去研究那个概念或练习那项技巧，就是请老师同学帮助。如果还是不行，就要加倍努力忍受更多的困难痛苦。每一次面临这样的情况时，学习者轻松的时光就要挪去一些，也就经验到学习过程里"克服困难"的部分。我曾访谈过华人大学生对他们而言在校时什么是"苦"，有一位诉说了一种很平常的刻苦情形；"我经常努力克制自己周末不去参加舞会，但是，我也想玩啊，我也想和朋友在一起，但是我得放弃这些乐趣，因为我必须念书。这真的是苦，真苦！"但是如果问他是否感到后悔，他表示不会，而且反而很以自己能够忍受这样的辛苦为豪。

前面曾提过华人学习者如此努力的原因也是为了弥补天生能力或才华的不足。在我的理想学习者研究中,资质不够也是学习者必须面对并克服的一种很平常的困难,但他们不但不会因而放弃,反而会花更多时间练习和寻求帮助。他们认为学问和技术要学到某个程度,如果幸而天资聪颖,可以学得很快,但如果不是的话,那么为了自己天生没有的东西而难过只是虚耗光阴而已,还不如多花点时间、多用点功,专注在自己能力所及的方面来弥补自己的弱点。有了如此的态度和行为,相信每个人最后都能跑到终点。⑱

不过中国历史上学习者最常面临的困难还是贫穷。在前述相关语汇中最后四句的主角都是中华文化中公认刻苦勤学的榜样,虽然其他处境类似的人物还有很多,但这四位最具代表性,他们的故事被收进了课本以及通俗的幼童读本如家家必备的《三字经》里,所以每一个学童都知道要效法他们刻苦的精神。可以说中国贫寒读书人克服穷困的方法都浓缩在这四句成语当中了。以下是《三字经》中这四个故事的摘要:⑲

锥刺股　战国时代(前475—前221)的苏秦年幼时因为家贫,所以必须做许多苦工维持生活,只有晚上才有时间读书,但是常常累得睡着。有一晚他又趴在桌上睡着了,但意外地被锥子刮伤醒来,于是他灵机一动,从此以后一发觉自己昏昏沉沉快打瞌睡时就拿锥子戳自己,虽然他的家人求他不要这样,但他回说自己必须读书。他勤读所有治国与兵法的书籍,并研究了一套国防战略出来,之后他说服六国组成联盟合力对抗最强大的秦国,后来身佩六国相印,成功地抵御秦国许多年。

凿壁偷光　汉代(前202—220)的匡衡也很穷,由亲戚教他识字。白天他必须下田劳作,只有晚上才能念读,但是家里买不起烛火,于是他在墙壁上打了个洞,利用邻家的光来读。后来他当上了汉朝的宰相。

负薪读书　也发生在汉朝,贫穷的朱买臣以砍柴为生,但他从未放弃读书,只要抓到一点点时间,常常靠着树就读了起来,后来他甚至把书摆在放柴的架子上,一边挑柴一边看,他就这样读书求学问,后来当了朝廷大臣。

头悬梁　晋朝(266—420)的孙敬白天必须做苦工才能维持生活,只有晚上可以读书。他怕自己念书时睡着,就把头发绑在屋梁上,如此一来只要一打瞌睡，头发一扯，就会醒来，他就这样读书求学，后来成为有名的儒家学者。

以上这些学习者尽管贫穷，却发明了各种独特的办法来读书，有些甚至不惜伤害自己的身体。有趣的是，历史记录显示他们的家人都不堪如此的刻苦程度，希望他们不要这样折磨自己，但他们却意志坚定并贯彻到底，此外，他们的成就皆有历史记载。这很清楚地告诉我们，虽然贫穷是很大的阻碍，但不足以构成放弃求学的理由。此外，刻苦在理想学习者研究中也是一个很突出的主题，没有一个受访者提到有人会因贫穷而放弃学习，而且他们对刻苦学习的人都表现出特别的赞赏和尊崇，并扩及其他文化里任何具备这种美德的人，例如，秉烛夜读的林肯，以及黑奴出身的菲德烈克·道格拉斯（Frederick Douglass）幼时学会读书认字的勇敢事迹。

恒心

恒心和刻苦是两个相关的美德，但如前章曾提到因为着重点不同，所以其心理机制（psychological functions）亦有出入。刻苦是接受困难的存在并明白自己必须要去克服它，恒心强调的是要从头至尾排除万难以完成整个学习的过程，其间可能会碰到困苦、障碍（未必很辛酸艰难，如朋友邀约玩乐等）、干扰、分心、厌倦和挫折等等状况，而无论遇到哪种状况，恒心都能支持学习者坚持到底。

我收集到的相关语汇有："持之以恒"；"学如逆水行舟，不进则退"；"精诚所至，金石为开"；"孜孜不倦"；"秉烛天明"；"不懈努力"；"锲而不舍，金石可镂"（荀子）。这些语汇都指出学习中会有阻碍，如其中一个比喻说的，像逆着水流行船一般。如果稍有挫折便改弦易辙则难有所成，所以不论发生什么都要持续不懈地学习下去，若能这样坚定不移，最后必能成就大事。滴水也能穿石，但如果半途而废，则终将一无所成。

前面一节曾讨论过长时间的练习和恒心是密不可分的，每当学习者因进展不顺利而沮丧时，发自自己内心以及来自师长、父母和同学的话可以提醒自己继续学习和练习。这和马拉松选手想要放弃的时候替自己打气一样，群众的加油也会鼓舞跑者坚持下去直至跑到终点。以下是一位留美中国学生的例子：

有一天晚上雪莉很用功地花了好几个小时做物理作业,已经累得做不下去的时候刚好爸爸从台湾打电话来,她说:"爸爸,有一道物理题好难,我已经做了好久都弄不懂,我好累,今天不想再写了。"爸爸一听女儿要放弃,就引用前述孟子的话勉励她一个人要能面对挑战并坚持到底,日后才能承担重责大任,并要她再坚持一下,雪莉听了爸爸的话,最后解决了那道物理难题。

雪莉跟我描述家人支持她求学的时候表示很感激父亲历久不懈地教导她要有恒心。父亲很显然在她大学四年中始终如此鼓励她,而雪莉毫无疑问也非常了解所谓恒心的意义。

有人也许会问那中途放弃的孩子呢?其实,因为各种原因而放弃的例子时时都有。不过只要一发现孩子有想放弃的迹象,老师、同学、父母和其他亲戚都会动员起来,就像雪莉爸爸一样开始对孩子晓以大义并帮助他改进。如果孩子没有生病或其他正当理由,老师和父母就会举例告诉小孩有些人因为克服了放弃的念头,所以最后能够完成目标,而这些值得学习的榜样有些是历史上的人物,有些也许只是班上的同学。中国学校经常举行"交流学习方法"(Exchange Study Methods)的活动,同学可藉此机会分享他们如何学习和培养各种美德的情形,比如他们曾遇到的阻碍,尤其是如何处理本身的挫折困难的特别方法,这些经验的交流让孩子们知道遭遇类似的问题是很平常的事,进而亦可彼此学习增进恒心(及其他美德)的方法。此外当老师看到某个孩子有进步时,也通常会公开赞扬他品德上的进展。这些学习机会不只反映了品德的重要,也提供了培养和实践这些美德的具体方法。所以学校采用的这些做法极有助于学习美德代代相传下去。

专心

最后一项非常重要的美德就是专心。前面曾提过在实际的学习进行中特别需要专心,如果说认真/诚意是学习过程所需的整体性美德(overall virtue)、勤奋/发奋是时段性的美德(temporal virtue),刻苦是面对苦难时的美德(hardship virtue),恒心是贯彻的美德(follow-through virtue),那么专心就是学习当下每一个瞬间所要具备的美德。

我收集到关于专心的语汇有:"专心学习";"潜心学习";"用心读书";"埋

头书斋";"努力钻研";"两耳不闻窗外事,一心只读圣贤书";"废寝忘食";"全神贯注地学习"等,都表现出学习时高度的专心、注意力与全心全意的忘我精神。

华人/东亚文化极度重视学习中沉静思考的部分,也就是说学习者需要有安静的时间与地方来读书和思索。孩子在教室里必须专心上课不可分心,不能和邻座同学讲话,因为在老师讲课时闲聊会造成学习环境的嘈杂,影响学习效果,而大声地自言自语亦无益于学习。事实上,宋明理学借用佛家用以明心见性的静坐传统并将其当成保持专心的主要方法。金(Kim,Heejung S.)⁶⁰最近的研究结果指出亚洲人很重视学习时安静的气氛,而且讲话会干扰他们脑中信息的处理(但对欧裔美国人却似乎不会)。

然而,要专心并不容易。华人学习者很清楚不能专心是学习时最大的麻烦,即使是不缺乏学习动机与决心的人亦然。现在的神经科学告诉我们,注意力/专心/专注是属于人类大脑前额叶的执行功能之一,而这个部位要到青春期晚期或成年期初期才发展成熟。专心一般说来是儿童发育很容易观察到的问题,也是注意力不足过动症(attention deficit and hyperactivity disorder,简称 ADHD),是儿童很常见的神经失调症状,对儿童有极大的挑战。

为了帮助孩子,华人父母和老师有几种训练孩子专心的方法,其中之一是替孩子准备一个安静的地方可以坐下来不受干扰地读书。例如,老师可能会要全班同学坐好,然后看自己可以维持多久不乱动或离开座位。⁶¹这不仅能训练孩子敏锐地感受专心的必要,也学会如何自我监督。另一个很有效的方法是让孩子练习某些必须减慢速度和控制精细运动的技巧,例如临摹书法(见图 4.3,爷爷教孙子写毛笔字时全神贯注的模样)、拿筷子,以及武术、舞蹈或其他运动的精确动作。华人课堂里有一种很平常的仪式,就是当老师进教室时,班长会叫全班同学起立然后齐声说:"老师好!"老师会回答:"同学们好,请坐下!"接着会说:"我们开始上课!"整个仪式不到 30 秒钟,虽然很短但标示了下课休息时间的结束,而严肃神圣的上课时间开始了,藉此把所有学生的注意力集中导向到课堂上面。⁶²

父母也有帮助孩子增进专注力的方法。在中国的住宅区听到邻家传来父母训示孩子"你读书要更专心一点"或者"你在学校有没有专心听讲?"的声音是很平常的事。我们最近的研究录下了亲子间关于学习的对话,结果显示中

图 4.3　一位华人祖父教 5 岁的孙子用毛笔书写汉字
（图片提供：冯涵棣）

国台湾地区的母子关于专心的对话高于欧裔美国母子。[33]而且虽然住家空间很小，但父母通常会在餐后把饭桌收干净并关掉电视，让孩子能安静地写功课。孩子念书的时候，父母也常留在附近，不会让他们自行其是，必要时也会加以干预，例如兄弟姐妹互相打扰分心时，父母会提醒他们要专心做自己的功课。由于读书的时间、空间，以及保持专心的条件都具备了，所以孩子可以做完每天的功课和复习。[34]有些父母甚至进一步帮忙孩子培养及练习专心。例如，我小时候镇上有个半以物易物的集市，每个礼拜固定有一天附近的农家会带自己种的蔬果和养的家禽来卖，然后买自己需要的物品回去，所以每到那一天整个镇就变成了一个嘈杂喧天的农贸市场。我父亲会拿个板凳放在我们家院子外面的街上，要我心无旁骛地坐着专心读书，我就坐在那儿一直读，直到市场的噪声对我完全没影响为止。

　　华人不认为专心需要天生异秉或特别的人格特质，他们相信每个人都能也都应该具备专心的美德。他们很赞赏能够专心的学生，会请他们分享学习的经验,然后鼓励其他的孩子以他们为榜样,并同时找到自己培养专心的方法。

很多研究结果都证明了华人以美德为导向的学习过程的优异性,也包括我在内。例如在我的理想学习者研究中,有 86％的受访者提到其中至少一项的美德。相较之下,欧裔美国受访者中只有 38％曾描写和美德有关的学习过程(但提到心智导向的有 96％)。另一个研究目前华人小学高年级到高中学生学习原动力的结果也证实这些学习美德是中国大陆一般学生日常学习极重要的基础。⑥ 此外,华人儿童早在四岁就开始内化这些美德,越大的孩子越是如此。⑥ 最后,老师和同学们对这些学习美德的赞誉钦佩,不亚于西方对探索、追究、批判性思考和富于表达的学习精神的推崇。

注 释

① 有关胎儿如何开始学习的研究,请见 DeCasper, A. J., & Spence, M. J. (1986). Prenatal maternal speech influences newborn's perceptions of speech sounds. *Infant Behavior and Development*, 3, 133 - 150。以及 Brown, R. (1973). *A first language: The early stages*. Cambridge, MA: Harvard University Press for the documentation of lack of adult instructions for child language acquisition 一书中儿童缺乏成人教导时语言习得的资料。有关幼童社会规范感的研究,请见 Rakoczy, H., Warneken, F., & Tomasello, M. (2008). The sources of normativity: Young children's awareness of the normative structure of games. *Developmental Psychology*, 44(3), 875 - 881。

② Gardner, H. (1991). *The unschooled mind: How children think and how schools should teach*. New York: Basic Books. 本书对儿童在入学前如何学习的研究作一回顾与评论。人类的学习能力在甫出生时最为明显,婴儿早期快速的心智成长不能归因于文化影响,因为他们没有足够的时间吸收文化知识。然而,从人类演化史的角度来看,人类文化与其生理特性的互动可能扮演了重要的角色,因此人类的学习潜能可能是两者合作的结果。更多的相关讨论请见第一章注释⑦。

③ Smits, W., & Stromback, T. (2001). *The economics of the apprenticeship system*. Cheltenham: Elgar.

④ 有关人类读写能力之发展,请见 Olson, D. R. (1994). *The world on paper: The conceptual and cognitive implications of writing and reading*. New York: Cambridge University Press。中东地区最早的学校,请见 Damerow, P. (1998).

Prehistory and cognitive development. In J. Langer & M. Killen (Eds.), *Piaget, evolution, and development* (pp. 227 - 270). Mahwah, NJ：Erlbaum；以及中国早期学校的研究，请见 Siu, M. K. (2004). Official curriculum in mathematics in ancient China：How did Candidates study for the examination? 与 L. -H. Fan，N. -Y. Wong，J. -F Cai，S. -Q. Li，& T. -Y. Tso (Eds.)，*How Chinese learn mathematics: Perspectives from insiders* (pp. 157 - 185). Singapore：World Scientific。中国从 7 世纪到 1905 年的科举制度基本上是对全民开放的，但很重要的一点是，只有那些负担得起教育费用的人才能从中获益。

⑤ 诚然，许多研究都显示虽然现在有了义务教育，但不表示所有的儿童有均等的受教机会，世界各地中产阶级和低收入家庭之间的境遇仍非常不公平，如美国就是一个好例子。不过义务教育仍是人类历史上的一个重大成就，第三章注释①的第一笔参考资料有更多详细的讨论。

⑥ 本章所列举的中英文字词/用语皆引自第三章注释�554的参考资料。

⑦ 收集到的词汇经统计分析后，最常被归为一类的词汇放在最左边，然后依次向右。因此每一个概念出现的顺序代表大家对该概念相对重要性之共识，越靠左边的越重要。请见第三章图 3.1。

⑧ Edwards，C.，Gandini，L.，& Forman，G. (Eds.). (1998). *The hundred languages of children: The Reggio Emilia approach — advanced reflections*. (2nd ed.). Westport，CT：Ablex.

⑨ Pintrich，P. R.，Smith，D. A. F.，Garcia，T.，& McKeachie，W. J. (1993). Reliability and predictive validity of the motivated strategies for learning questionnaire (MSLQ). *Educational and Psychological Measurement*，*53*，801 - 813；以及 Purdie，N.，& Hattie，J. (1996). Cultural differences in the use of strategies for self-regulated learning. *American Educational Research Journal*，*33*，845 - 871。

⑩ 有关学习兴趣及其培养的研究，请见 Hidi，S.，& Renninger，K. A. (2006). The four-phase model of interest development. *Educational Psychologist*，*41*（2），111 - 127。

⑪ 想对儿童发展研究有基本的了解，请见 Cole，M.，Cole，S. R.，& Lightfoot，C. (2005). *The development of children*. (5th ed.). New York：Worth Publishers。

⑫ 请见第三章注释㉝第一项参考资料。加德纳和温诺对于这位成年华人妨碍幼子尝试探索的乐趣很不以为然，留心观察后认为他的行为可能显示了对儿童学习发展观念的根本差异。

⑬ 请见本章注释⑧。

⑭ Kuhn，D. (1991). *Education for thinking*. Cambridge，MA：Harvard University Press.

⑮ Nobel Museum (n. d.). Retrieved October 5，2010 from http：//nobelprize. org/nobel_prizes/physics/laureates.

⑯ 请见本章注释⑮。并见 Gardner，H.，Csikszentmihalyi，M.，& Damon，W. (2001). *Good work: When excellence and ethics meet*. New York：Basic Books，书中对目前生物医学及遗传学领域的"科学探究的狂热"（thrill of scientific inquiry，p. 73）提出了明证。

⑰ Perkins，D. N. (1995). *Smart schools*. New York：Free Press；并见本章注释⑯第二项参考资料里关于科学研究中"思考品质"（quality of thinking，p. 74）与"理性思考"（rational thinking，p. 75）的重要性。

⑱ 有关批判性思考在西方世界重要性的回顾，请见 McBride，R. E.，Xiang，P.，Wittenburg，D.，& Shen，J.-H. (2002). An analysis of preservice teachers' dispositions toward critical thinking：A cross-cultural perspective. *Asian-Pacific Journal of Teacher Education*，30(2)，131–140。

⑲ Ennis，R. (1987). A taxonomy of critical thinking dispositions and abilities. In J. Baron & R. Sternberg (Eds.)，*Teaching thinking skills: Theory and practice* (pp. 9–26). New York：Freeman，p. 10.

⑳ Facione，P. (1990). Critical thinking：A statement of expert consensus for purposes of educational assessment and instruction. Executive summary of "The Delphi Report." Milbrae，CA：The California Academic Press.

㉑ Nobel Museum (n. d.). Retrieved October 5，2010 from http：//nobelprize. org/ nobel_prizes/physics/laureates.

㉒ 请见本章注释㉑。

㉓ 请见第二章注释⑰，p. 11。

㉔ 第八章将对西方这个传统，并对照东亚洲人不喜发言的文化作更全盘的讨论。另外，对于西方将口语表达能力视为智力表现之一的研究请见 Sternberg，R. J. (1985). Implicit theories of intelligence，creativity，and wisdom. *Journal of Personality and Social Psychology*，49，607–627。

㉕ 请见 Wang，Q. (2004). The emergence of cultural self-constructs：Autobiographical memory and self-description in European American and Chinese children. *Developmental Psychology*，40(1)，3–15；and Wang，Q.，& Leichtman，M. D. (2000). Same beginnings，different stories：A comparison of American and Chinese children's narratives. *Child Development*，71，1329–1346；并见第三章注释⑥第一项参考资料有关儿童不同叙事方式的研究。

㉖ 请见本章注释⑧。

㉗ Goleman，D. (1995). *Emotional intelligence: Why it can matter more than IQ*. New York：Bantam.

㉘ 请见第三章注释�554。

㉙ 有关日本幼儿园及小学教室的详细描写，请见第三章注释㉖及㉗。并请见 Hsueh，Y. (1999). *A day at Little Stars Preschool，Beijing，China*. Unpublished video footage；Wang，T.，& Murphy，J.（2004）. An examination of coherence in a Chinese mathematics classroom. In L.-H. Fan，N.-Y. Wong，J.-F Cai，S.-Q. Li，& T.-Y. Tso（Eds.），*How Chinese learn mathematics：Perspectives from insiders*（pp. 107－123）. Singapore：World Scientific；并请见 Cortazzi，M.，& Jin，L.-X.（2001）. Large classes in China："Good" teachers and interaction. In D. A. Watkins & J. B. Biggs（Eds.），*Teaching the Chinese learner：Psychological and pedagogical perspectives*（pp. 115－134）. Hong Kong：Comparative Education Research Centre 所记录的儿童在教室里认真/诚意的表现。

㉚ Paine，L. W.（1990）. The teacher as virtuoso：A Chinese model for teaching. *The Teachers College Record*，*92*(1)，49－81.

㉛ 请见第三章注释㉑、㉖、㉗及㊿。

㉜ Levy，R. I.（1973）. *Tahitians*. Chicago：University of Chicago Press.

㉝ 请见第三章注释㊸及㊹。有关记忆与理解在华人学习时的角色，请见 Marton，F.，Dall'Alba，G.，& Beaty，E.（1993）. Conceptions of learning. *International Journal of Educational Research*，*19*，277－300。

㉞ Zhang，D.-Z.，Li，S.-Q.，& Tang，R.-F.（2004）. The "two basics"：Mathematics teaching and learning in Mainland China. In L.-H. Fan，N.-Y. Wong，J.-F Cai，S.-Q. Li，& T.-Y. Tso（Eds.），*How Chinese learn mathematics：Perspectives from insiders*（pp. 189－207）. Singapore：World Scientific.

㉟ 请见第三章注释⑧第二项参考资料。并见两本新作：Colvin，G.（2008）. *Talent is overrated：What really separates world-class performers from everybody else*. New York：Portfolio；以及 Coyle，D.（2009）. *The talent code：Greatness isn't born. It's grown. Here's how*. New York：Bantam Dell。书中说明了在西方优异的表现也同样依赖这种"慎重"(deliberate)或"深度"(deep)的练习。

㊱ Chen，C.，& Stevenson，H. W.（1989）. Homework：A cross-cultural examination. *Child Development*，*60*，551－561；Helmke，A.，& Tuyet，V. T. A.（1999）. Do Asian and Western students learn in a different way? An empirical study on motivation，study time，and learning strategies of German and Vietnamese university students. *Asian Pacific Journal of Education*，*19*(2)，30－44；Peng，S. S.，& Wright，D.（1994）. Explanation of academic achievement of Asian American students. *Journal of Educational Research*，*87*(6)，346－352；本章注释㉛第三项参考资料；以及 Purdie，N.，Hattie，J.，& Douglas，G.（1996）. Student conceptions of learning and their use of self-regulated learning strategies：A cross-cultural comparison. *Journal of Educational Psychology*，*88*，87－100。

㊲ 请见第三章注释㊹。

㊳ Li，J.（1998）. The power of embedding learning beliefs in everyday learning：Language arts texts as a vehicle for enculturation. 本文尚未出版。我清点了 1997 年

出版的中国大陆小学语文课程的所有内容后发现，包括所有文体（例如，故事、小说节录、议论文、歌谣、诗词、书信等等）在内的课文中有 36% 提到了学习观念（例如，道德上的自我完善与贡献社会）和学习美德（例如，居里夫人在实验室长时间的工作）。

㊴ 请见第三章注释(61)第一项参考资料。

㊵ 请见第三章注释⑧第二项参考资料。

㊶ 请见第二章注释⑤，2.11，p.78。

㊷ 请见本章注释㊱第二项参考资料。

㊸ 请见第三章注释㉑。

㊹ 请见第三章注释㉖及㉘。

㊺ 请见第三章注释(61)第一项参考资料。

㊻ 请见第三章注释(61)第一项参考资料。并见 Huang，H.-M.（2004）. Effects of cram schools on children's mathematics learning. In L.-H. Fan，N.-Y. Wong，J.-F Cai，S.-Q. Li，& T.-Y. Tso（Eds.），*How Chinese learn mathematics: Perspectives from insiders*（pp. 282－306）. Singapore：World Scientific。文中探讨现在台湾的孩子花更多时间和精力上补习班的原因之一就是为了弥补能力不足之处。

㊼ 请见第三章注释(61)第一项参考资料。

㊽ 请见本章注释④第三项参考资料，以及 Li，J.-H.（2004）. Thorough understanding of the textbook：A significant feature of [the] Chinese teacher manual. In L.-H. Fan，N.-Y. Wong，J.-F Cai，S.-Q. Li，& T.-Y. Tso（Eds.），*How Chinese learn mathematics: Perspectives from insiders*（pp. 262－281）. Singapore：World Scientific。

㊾ Anderson，G. I. A.（Ed.）.（1977）. *Masterpieces of the Orient*.（6th ed.）. New York：Norton，pp. 421－422.

㊿ 有关对华人死记硬背学习方法的批评，请见第二章注释(74)的参考资料，以及 KemberD.（2000）. Misconceptions about the learning approaches，motivation，and study approaches of Asian students. *Higher Eudcation*，*40*，99－121。许多华人教育界人士亦有同样看法。

(51) Geertz，C.（1973）. *The interpretation of culture*. New York：Basic Books.

(52) Bertensson，S.，Leyda，J.，& Satina，S.（2002）. *Sergei Rachmaninoff：A lifetime in music*. Bloomington：Indiana University Press，pp. 10－11.

(53) Marcovitch，S.，& Zelazo，P. D.（2009）. A hierarchical competing systems model of the emergence and early development of executive function. *Developmental Science*，*12*(1)，1－18.

(54) 请见第三章注释㊹，及本章注释㉝第三项参考资料，p. 81。

(55) 请见本章注释㊱第二项参考资料。

(56) Chao，R. K.（1996）. Chinese and European American mothers' views about the role of parenting in children's school success. *Journal of Cross-Cultural Psychology*，*27*，

403－423.

⑤ 请见第三章注释⑦第二项参考资料,p. 330。D. C. Lau 的英译(第二章注释㊾)中把中文不分性别的"人"以男性的 he、his 和 him 代之。虽然 20 世纪以前,受教育并参与政治的女性很少,但我认为原本古文中的代名词应该保留其中性,翻译成 one 和one's。这个主张有特别的意义,因为其后例子中的父亲就是为了鼓励女儿而引用孟子这句话的。

⑤ 也许这是伊索寓言(数以百计的故事)里的《龟兔赛跑》在中国/亚洲文化中能如此长久受欢迎的原因。长时间学习一项技能可以让学习者有机会培养、应用及保留这些中国人的学习美德,或许是为什么有如此多华人/亚裔父母送孩子去学习西方古典乐器的真正原因。华人父母对古典音乐强烈的爱好和后现代的西方流行音乐人士视之为"博物馆音乐"(museum music)的观点有强烈的反差。

⑤ 请见第二章注释㊻。

⑥ Kim, H. S. (2002). We talk, therefore we think? A Cultural analysis of the effect of talking on thinking. *Journal of Personality and Social Psychology*, 83, 828－842.

⑥ 请见第三章注释㉖。

⑥ 请见本章注释㉙第五项参考资料,及注释㉚。

⑥ Li, J., Fung, H., Liang, C.-H., Resch, J., Luo, L., & Lou, L. (2008, July). When my child doesn't learn well: European American and Taiwanese mothers talking to their children about their children's learning weaknesses. In J. Li & H. Fung (Chairs), *Diverse paths and forms of family socialization: Cultural and ethnic influences*. Symposium paper presented at a biannual conference of the International Society for the Study of Behavioral Development, Würzburg, Germany.

⑥ 请见第三章注释④第二项参考资料。

⑥ Li, J. (2006). Self in learning: Chinese adolescents' goals and sense of agency. *Child Development*, 77(2), 482－501.

⑥ 请见第三章注释⑥第一项参考资料。

第五章
好奇导引探索，热诚激发投入

　　情绪与学习的牵扯就和它与生命中其他领域的关系一样，它不仅是各种情感，也包括感觉和态度，属于我们的动机系统的一部分，由于范围较大，所以我使用"情绪"（affect）取代"情感"（emotion）一词。不过，情感仍是我们一般情绪生活的核心，也是学习过程中很重要的一环。本章，我首先会介绍情感的一般概念，其次是描述和各种情感相关以及其他西方和亚洲人在学习上所经验到的情绪的研究，最后会讨论情绪在他们各自学习过程中的作用。

情感概述

　　情感是我们对环境反应系统的一个组成部分。在生理方面包括心跳、出汗、体温变化（例如，脸红），以及不由自主的面部表情（例如，悲伤时哭泣，快乐时微笑）；然而，感觉和态度可能没有明显的生理反应。例如，我们在不熟悉的地方可能会觉得不习惯或者不自在，但不见得会伴随显著的生理反应。在态度方面举例来说，我们可能心里觉得没有得到应有的酬劳，但是外表却没有流露出来。①

　　每种情感是分离而且片段的现象。其分离性在于当我们体验某种情感如快乐时，尽管这个快乐可能带有微妙的兴高采烈或者如释重负的意味，但这份快乐本身没有和悲伤或其他不相关的情感混在一起。有时候我们确实会觉得百感交集，例如，军人可能在打胜仗后，一方面感到欢欣鼓舞，另一方面为死去的战友而悲伤。但是这种所谓的百感交集并不表示胜利的快乐情感和失落的悲伤感真的混在一起，相反地，快乐在此有着完全不同的原因，也就是胜利，而悲伤则有另外不同的原因,也就是对死伤者的挂怀,因此在时序上,我们仍然先体验到快乐,然后才是悲伤,不论两者发生的时间多么接近,仍然是分离的。②

　　情感的片段性在于它是暂时的。罗斯·巴克(Ross Buck)曾说过,即使我们的情感系统在一般情形下总是开启的,但只有当它变得比较强烈时,我们才会注意到(而且经常是由我们周围的人先发现)。③ 因此,任何情感事件(emotional episode)都可以在时间的开展中看到三个基本成分:起因或先行(a cause or antecedence)、响应/反应(response/reaction)和之后的处理(coping afterward)。④尼可·佛瑞达(Nico Frijda)将其进一步细分为七道连续的过程,并具体详列每一步如何发生:(1) 先行事件(*antecedent events*)以引发情感,例如,一个事件、一个行为(如,品尝美食)、社会互动,甚至一个回忆或脑中一个影像都可能触发我们的某种情感;(2) 事件编码(*event coding*),人会参照自身文化来识别事件的类型并赋予意义(如,表达友善或污辱的手势);(3) 评估(*appraisal*),评量该事件对自己的意义(如,我有责任吗?);(4) 生理反应模式(*physiological reaction patterns*),某特定情感会联结到一组自主反应(例如,羞耻感引起脸红和转移目光);(5) 行动准备(*action readiness*),一个人从诸多可能中选择下一个行动路线(例如,害怕会激起逃跑的冲动);(6) 情感性行为(*emotional behavior*),即采取行动(例如,确实因害怕而逃跑);(7) 选择处理情感的方法和采取何种的行动规则(例如,快乐时会持续正在进行的活动)。⑤

　　传统上,情绪和认知在心理学研究上是相对的两端,然而,近来的研究发现两者对人类心理运作(human functioning)来说其实是密不可分的。在任何情感发生前,我们会先用心智来评估并决定该事件与我们的关联。事实上佛瑞达的理论称为"评估理论"(appraisal theory)就在于它强调的是我们的心智如何察觉前面的成因,如何把事件编码,并在我们的情绪启动前评估其对自己的重要性。同样地,当我们的心智开始活动时,如果我们想要它继续下去,就会为了这个任务打开情感系统来产生动机。⑥

学习中的正面与负面情绪

　　学习中的情绪正如在其他层面中的情绪一样有两价(two valences):正面与负面。因为情绪与学习两者皆具有时段性,因此可将学习情绪对照情感开展的三个阶段来加以讨论:学习前、学习中、学习后。其中每一个阶段都有正面与负面情绪。

当我们对世界感兴趣、好奇、惊奇并渴望得到更多知识/了解时,会感受到正面的情绪。在学习开始前,我们可能对于学习新事物感到充满希望、兴奋和振奋的情绪,[7]这种正面的情绪会激发我们采取行动开始实际的学习,例如阅读相关的读物、搜寻更多信息以及尝试新事物。而当付出有了收获,其所带来的鼓励、满足与自豪的感觉很可能会推动我们再进行同样的学习过程。

反之,如果被迫去学习没有兴趣也不感好奇的事物,则多半会引发负面的情绪。我们有时对某些知识/技能不但缺乏学习的动机,甚至会感到不安、畏惧。例如,很想学游泳却一直学不会,那么原本怀着的兴奋感可能很快就减弱,甚至连自信心也没了,此时,这个人也许会放弃也可能会再试一次。但如果他/她是违背意愿被迫再去学,就可能会产生害怕的感觉。重复的失败会造成自信心低落,并且根据这件学习任务的重要性,学习者可能会产生一时的挫折感,也可能因而完全丧失了自信心。一旦我们有了这种负面经验,负面情绪也会于焉生起。

学习情绪的文化差异

虽然人类对学习有共通的情绪反应,但是最后会发现我们经验到的学习情绪仍有着重大的差异,而文化就是造成这个差异的源头。拜基亚·马斯基塔(Batjia Mesquita)和佛瑞德(Frijda)认为文化和情感的七个阶段都有关联,因为人类情感经验是根据特定文化模式(cultural models)所产生的自主反应(autonomic responses)和调节反应(regulated responses)相结合的结果。[8]在第四章曾讨论过,罗伯·利瓦伊(Robert Levy)研究大溪地时发现某些情感在当地文化中非常繁复精细并且能充分表达出来,但有些情感则几乎不存在,前者如愤怒,后者如悲伤,而这和这两种情感在大溪地社会生活中的功能所形成的规范有关。他提出高度认知相对于低度认知情感(*hypercognized versus hypocognized* emotions)的概念来说明经由文化形塑的情感经验。[9]马斯基塔以此架构来说明对事件的评估、行动意愿(action readiness)、表达与行为,及调整过程在各文化中可以有不同的频率。即使各不同文化的人对某种情感都有相似的生理反应,例如快乐时会笑,但这些反应在不同文化框架中出现时,会有或高或低的频率,显示出其在某一文化模式中的稳定度。[10]换言之,一个强调学习会带来骄傲感的文化里的学习者就会较多地感受到骄傲并且表现出来。但如果是在另一个贬抑这种情感的文化里，那么可想而知我们大概不会看到较多因为学习成就而骄傲的情形。

西方学习者的学习相关情绪

我将采用学习前、学习中及学习后的三阶段架构来讨论东西方与学习相关的情绪，之所以不用佛瑞德的七个情绪启动步骤来讨论的原因在于，许多学习情绪虽然之前提到它们和情感有交集，但严格说来可能并不明确。此外，以三阶段架构来讨论学习情绪也可和学习行为及活动的过程互相配合。不过，很重要的是要指出即使每一种情感都是分离的，但在各学习阶段中的任何情绪却并非是孤立的（isolated）。因为学习（不论正式或非正式）是人生连续不断的历程中缺一不可的部分，所以某时空下一个特别的情绪反应可能是先前许多重复出现的经验所塑造并强化而形成的，因此，很可能有一个学习和感觉互相追随交织的回路。于是某个特殊学习结果造成的情绪反应可能会影响那个人面临下一个学习任务时的感觉。所以接下来的讨论并不会把学习前、学习中和学习后三个阶段断然分开，而是将其作为呈现学习情绪研究的一种启发式的策略。

学习前

大部分针对西方人学习情绪的研究都和成就动机有关，研究成就动机的资料很庞大，关注的焦点是去了解驱动人们完成任务的事情为何，常以实验方法来看人们如何解决诸如回文游戏或数学题目等等。成就动机咸认是人的基本需求，而人们对成就的信念来自他们生活中反复的成就经验。因此，人在面对任何成就情境（achievement situation）时都带有一组前置信念（prior belief）和相关的评估经验，两者都会影响我们对这个情境及其结果的情绪反应。在20世纪60年代，西方学者发现人们在面对成就任务（achievement tasks）时有两种动机：一是对成功的需求，二是避免失败的渴望，而不同的期望会随带产生相关的情感反应。前者让人们期待成功以及随之而来的骄傲感，于是就会促使一个人接下某个任务。但如果预期会失败，而失败会导致羞耻感，那么人们就会去回避它（失败）。[11]

区分内在和外在动机是成就动机研究的核心。内在动机是一种为了自己而付诸行动的渴望，努力的付出不是为了达成其他目标。例如，开心地阅读一本好书就是受内在动机驱使的,而为了赚钱所以不得不工作则是受到外在目的的驱使。不消说,西方极看重学习的内在动机而回避外在动机。

一般说来,研究者认为有三种情绪会激发内在动机的。第一个是好奇心,基于好奇心而来的动机本质上就是内在的,因为人类对于出乎意料的新奇事物与活动天生就会感到好奇。如第四章所言,当学习者对某个主题感到好奇时,往往会促使他们去寻求相关的知识来满足自己的好奇心,[12]再一次要强调好奇心在西方是任何一个学习者都极被看重的特质。

与好奇心相关的情绪是兴趣,而且根据研究,两者很类似。例如,由于兴趣而想研究黑洞的学生,如果纯粹是为了了解黑洞本身,不是为了炫耀自己的见识,那么他的兴趣就是发自内在的。然而,兴趣可能会导向外在目的,例如,一个人在候诊室无意间瞄到杂志封面上教人如何找到某种新形态高薪工作的报道,此人可能会基于好奇而拿起来读,之后又继续搜寻更多有关这份工作的信息。[13]虽然这个人表现出兴趣,但因为有其他的目的(为了那份高薪而不是工作本身),所以不能算是真正发自内心的。因此,好奇心是内在动机中一种比较纯粹的形式,而兴趣则不见得完全是内在的,要看其目的为何。

第二种内在动机来自人类天生有寻求机会以培养才能的倾向,因此也是从心底发出来的动力。成就可以证明我们的能力,并且经常伴有随之而来的报酬,但是希望拥有能力并不是受外在报酬所驱使的。即使是很小的孩子也会因为有机会培养和表现自己的能力而兴奋。例如,我们经常可以看到小孩子热情地大声宣布:"我要踢球!"或者很骄傲地说:"我会写自己的名字了!"

关于内在及外在动机最有名的研究发现,人类天生需要感到自身具有自主和自决的能力。自己选择要完成的任务会让人感到自己的活动与工作都受自我意志所引导,都在自己的控制之中,而不是受到外在报酬所吸引或为了避免惩罚才做的。研究结果显示西方学生对于自己选择的学习任务,也就是拥有学习自主性时,他们的动机会比较强,也比较开心、有活力,而且更会兴奋地期待随之而来的成功与喜悦。[14]

成就动机研究里有一个重要而且被广泛研究的概念就是"自我效能"(self-efficacy)。艾伯特·班杜拉(Albert Bandura)是这个领域中很重要的一位学者与理论家。其理论所带来的冲击是他把焦点放在人们对自己是否有能力完成某一特定任务的自我表现评估,而不是放在他们对能力的一般感受或让他们成功的客观实际才能上面。班杜拉强调一个人会因为缺乏某种技能而产生得到那种技能的动机。[15] 因此，效能感会激发人们去学习并迈向精通的目标。

学习中

情绪对于一个人是否会继续学习扮演了重要的角色，在这方面有几条研究路线对于了解情绪在学习中的作用提供了很好线索。卡萝·杜维克（Carole Dweck）早期的研究检视了学习者"习得性无助"（*learned helplessness*）的概念。在她的研究中，当孩子相信自己没有能力获致成功时，很容易一遇到挑战就选择放弃。而那些相信借着学习可以增进能力的，即使失败了，还是会坚持下去。前一类的孩子表现出较低的自尊心并且害怕失败，也就是一般习得性无助的表现。但是后面一类的孩子遇到挫折时表现出坚强的韧性和复原力。因此具有"智力固定观"（entity-minded）的学习者认为智慧是非有即无，不会改变的（either has or does not have），但怀有"智力增长观"（increment-oriented）的学习者则相信智慧可以借着学习熟练来增进。[16]

这个领域历时数十年的研究显示出西方一般人对于正在进行中的学习和表现所遇到的挫折特别敏感，对他们是否会继续努力有很大的影响。有两种信息对他们而言尤为重要，首先是要有能帮助他们了解手边问题或焦点的相关信息，[17] 其次是需要有肯定他们表现的回馈。然而，他们如果得到的反应是做得不好，很可能就会逐渐失去动机，最后甚至放弃。[18] 西方学习者通常都需要不断接收正面回馈以维持学习动机，这种模式和他们普遍强调自尊心以及认为自我的才能多多少少是固定不变的观念互相吻合，因此需要持续不断地得到肯定。[19] 西方认为学习者，尤其是儿童的学习需要高度的自尊心来推动，于是父母老师用大量的表扬来作为加强孩子学习动机的策略。[20]

关于学习进行中的情绪最重要的研究是米哈理·契克森米哈里（Mihaly Csikszentmihalyi）和同事[21] 在 20 世纪 70 年代创新的实证研究方法，称为"经验抽样法"（experience sampling method）。他们给参与受试者一个呼叫器和小本子，上面列着一些问题包括人在哪里、做什么、觉得怎样（正面及负面感觉），还有当时是否宁愿在别处或做别的事，等等。呼叫器会在白天及夜晚不定时的发出声响，受试者听到时要就当时的状况来回答问题。契克森米哈里的研究小组收集到非常庞大的来自学生，尤其是青春期学生日常生活中的经验资料。

他们的研究发现了一个重要的心理现象，而且是每个人都能产生的一种状态，被契克森米哈里称为"心流"（flow）。心流状态会在一个人从事某项活动，不论工作、学习、表演或只是玩的时候产生，其发生有四个关键元素包括，两个输入及两个合成的情绪反应。两个输入的关键元素是个人具备的技能，以及挑战这个人表现能力的任务。如果这个人的能力超过任务所需，例如要小提琴大师演奏初学者的曲子，他可能会觉得无聊，而无聊就是一种情绪反应，虽然很平常，但大多数人也会尽量避免。但是如果需要的技巧超出个人的能力，例如一位小提琴初学者被要求演奏艰深复杂的曲子，可能会感到焦虑，而这是第二种情绪反应。根据契克森米哈里庞大的资料来看，最好的状态是个人能力正好相当于任务所需的能力，在这种情形下就既不会无聊也不会焦虑，当事人会感到快乐，忘记自己的任务，而优游其中、浑然忘我，通常也会忘了时间。这就是心流状态。

契克森米哈里的研究所展示的是发挥到极致的内在动机。其他关于西方儿童学习的研究也证明当他们可以选择自己的学习任务及学习的方向和进度，也就是拥有自主性时，他们更能享受学习的过程，而且成绩也更好，[22]并因此会对学习有较强的正面感受，进而更加投入。

学习后

很多和成就相关的情绪研究想要了解人们对自己表现的反应，也就是研究学习后的情绪。爱金森（Atkinson）的研究发现情绪的产生来自对预期成功时的骄傲和预见失败时的恐惧，之后的研究人员检视了几个相关的情绪领域并对其过程提供了更精致深入的观点。朱利安·洛特（Julian Rotter）提出心理"控制点"（locus of control）的理论，认为一个人对成败的期望端看他们认为导致结果的来源是内在的还是外在的。[23]因此，相信成败系于自己本身能力的人比较有成功的信心，因为能力具有内部属性。反之，相信运气决定结果的人则对成功不太有把握，因为运气不是个人能力所能控制的。所以一个人对控制源的判断是决定他如何感知成就的关键。

研究结果发现西方学生对成败的期望有更复杂的运作。博纳德·温纳（Bernard Weiner）以洛特的研究为基础更进一步提出"归因理论"（attribution theory）。[24]温纳认为人类天生有寻找因果关系来理解所有事件的倾向，尤其是对自己重要的事（例如，学业表现），因此会进行因果归因（causal attributions），而这样的因果归因又会反过来影响自己在以后的成就情境中的行为与情绪反应。这个理论提出三种要素及其相互的关系：来源（locus）、稳定性（stability）、控制性（control）。来源（locus）在此指的是当事人认为其成功的原因来自何处，分为内在与外在两种可能的来源（sources）。稳定性指的是当事人认为影响其成败的原因是否能够持续（the duration of the cause），最后的控制性（control）来自洛特理论中的控制点的（locus）概念，但这里只表示当事人对影响成败的原因是否能控制。研究者可以利用这三个要素来分析成就动机中的重要概念。例如，能力和努力是两个最常被指出的归因（attributions），但现在发现虽然同属内在来源，但其稳定性与可控制性却不同。努力通常是可控制的，但是会依任务的不同而改变，所以并不稳定。然而，能力通常被视为不会改变的智能（capacity），所以虽然稳定但却相对的并非个人所能控制。

温纳的理论替这三种归因要素（attributional factors）所连带产生的各种情绪提供了明证。根据他的研究，当人把成败归因于运气时会有意外的感觉；如果把失败归因于不够努力则会感觉内疚；得到别人帮助会觉得感激；骄傲和羞耻感只有在归因于内在原因时才会发生；将成功归因于能力和努力时会感到骄傲，而若是因为没有努力而失败则感到羞愧。此外，如果当事人认为成功是来自于自己的能力和努力，比起因为别人的帮助，更可能产生骄傲的感觉。[25]

和归因理论并行的是由卡芬顿（Covington）和同事发展出来的"自我价值论"（the *self-worth* theory），其研究聚焦在个人用以维系自我价值的策略上面。他们认为自我价值对情绪有重要的影响，因为人类需要明白自己的能力来建立自我价值，也就是对自我重要性的评估，所以当个人价值感受到威胁，例如课业失败时，自然会去加以极力保护。[26]和归因理论一样，以自我价值论为基础所做的研究也发现，人会将成就归功于己（通常归因于自己的能力），失败归咎于外在原因，例如任务太难。此外，个人会为了试图逃避因能力不足而来的负面后果，尽量减少参与需要表现的活动。[27]许多学生因为害怕透露出自己能力的不足，于是就干脆不去尝试，尤其是挑战性较低的（中等难度）的功课，因为不够努力而失败未必会得出能力不够的推论，也就不会伤害到自我价值感。卡芬顿和欧米立奇(Omelich)的研究中最突出的是对一种"双刃剑"(double-edged sword)式努力的分析。㉘当学生预感到不论多么努力都难免失败，而且还会暴露出自己才能有限时，他们就失去了尝试的意愿，即使会因此被惩罚也不管。其他还有很多逃避尝试的策略，包括当众贬低用功的行为、利用各种借口，或选择去做难以完成的任务(注定会失败，但不意味能力的低下)。

　　我对西方模范学习者的研究显示，大部分参与访谈者(62％)对于博学多闻所提到的情绪包括快乐(happy)、喜悦(joy)、满意(satisfaction)、兴奋(excitement)和满足感(fulfillment)。其次是骄傲(pride)(53％)。然而对于孤陋寡闻，最常提到的情绪(47％)包括：挫折(frustration)、沮丧(discouragemen)、失望(disappointment)和不开心(general unhappiness)。最后，19％的参与者提到会感觉自卑(inferiority)、自尊心低落(low self-esteem)、羞耻(shame)、难堪(embarrassment)、耻辱(humiliation)、内疚(guilt)和自我价值感低下(low self-worth)。㉙

　　前述研究对西方学习者所经验的各种情绪提供了很一致的描述。他们的好奇心和兴趣带领他们自动自发地去探索世界。这种发自内在的动机让人感到振奋、快乐并且兴味盎然。对于其他并非完全自动自发或受好奇心/兴趣驱使的课业(例如，多半由社会世界所加诸学校的课程)，如果预期会有正面的结果，并会感受到骄傲及其他相关的正面情感如快乐等，他们也可能会有学习的动机。在学习当中，学习者会依随时接收到的回馈而作细微的调整。如果状况一直很好，他们会有较高的投入动机并持续努力；反之，如果没有得到正面的回馈就可能会感觉挫折气馁，而渐渐不愿再努力，导致最后放弃。他们事后的想法，也就是他们归结出来影响自己表现的原因，可能是什么结果会让他们产生什么情绪的关键因素。把成功归因于自我的特质如高超的能力，会让学习者感到骄傲，但若把失败归因于自己的内在特质，就多半会感到极大的打击(羞耻或自尊心降低)，因为得知自我的负面特质似乎难以改变是件很痛苦的事。虽然西方学习者也可能会把成功归因于努力并感到骄傲，但优越的能力会带给他们更大的骄傲和自我价值感。所以在保护自我价值感的成就情境下，能力比努力更重要。西方学习者的情绪是其学习观念中很重要的一部分，这种满载着情绪的观念就是在学习前、当中及之后的循环中日复一日所形成的。

华人/东亚学习者的学习相关情绪

华人/东亚学习者的学习情绪主要是基于个人信念,和西方人基于对某门学科或活动的好奇心、兴趣或喜好的情绪不同。如前章所述,他们的学习是以道德与美德为焦点,所以说是以信念为基础的。然而这并不表示华人/东亚学习者没有深刻且强烈的情绪来推动他们的学习。

学习前

因为华人/东亚人的学习是一个终身自我转化的过程,所以其学习情绪也是导向于这个长期目标,而不是依时变化的某个任务。第三章曾指出奉献与承诺才是中华文化学习模式的一般情绪重点,而非个人对某项主题的好奇、兴趣和乐趣。因为这种生命取向,所以"学习前"这个概念,以及把学习过程分段的实证研究策略并不适合用在华人学习者身上。但尽管如此,学习仍是孩子必经的路程,而凡事必然有个开头。

在我理想学习者的研究中(见第三章),华人学习情绪的起点就是所谓的"立志",立下学习的志愿。传统上,华人认为孩子长到大约六七岁时就懂事(understanind things)了,具备认知及社会能力,可以开始认真地学习。[30] 能够负担的家庭会尽力让孩子接受正式教育,以往通常会从乡镇上请私塾先生来教孩子读儒家经典,并会举行正式的拜师(acknowledge the teacher)仪式。不论孩子是否喜欢这条由父母决定的道路和承诺并不重要,因为每个孩子(大多指男孩子,并非所有的孩子)都必须接受儒家自我完善的学习传统。父母师长念兹在兹地引导孩子了解其重要性,绝不可打退堂鼓,有些孩子走不长久,但也有很多会坚持下去。老师和家人会不断地勉励后者能全心全意地投入学习,直到他们立志的一天。这个智慧启蒙的时刻并没有正式的仪式,但仍然是个人终身学习的开始。孩子可能会与家人朋友分享他的志愿,作为见证。这个心理机制和西方孩童知道自己想做什么的情形相似,例如,想当兽医然后计划一生朝着这个目标前进。不同处是西方孩子的"意愿"(will)或"意志"(volition)纯粹基于个人的好奇、兴趣和感想,与家人关系不大。但是对于华人而言,家庭是推动孩子开始学习之路的关键力量。[31]

这个长远的立志传统在现代华人社会仍然很牢固。家庭、学校、社会一般说来都一致强调立志的重要性,不但国家媒体和学校一直不断地灌输孩子学习需要有长远目标以便将来能够贡献社会的观念,而且许多研究都不断发现华人/东亚的父母比其他文化中的家长更密切地关注孩子的学习状况,也更常送他们去上额外的学习课程。㉜这些研究的发现非常符合这个表面上似乎已被抛弃但在深深的底层下仍运行不辍的传统,只是以现代的形式来呈现(例如,学习需要高度付出与投入的课外才艺)。

当孩子持续社会化到立志的阶段,家长老师和孩子两方面都会以这个长期目标作为每一个具体学习活动的推动力。在我的理想学习者研究中,参与访谈者描述不论学的东西多么无趣与艰难,这些学习者仍然能感到兴致昂扬、精神抖擞、充满力量,并且很扎实地去追求学习目标。对于以立志为基础所感受到的一般学习情绪,他们使用如爱、热情、渴望等字眼来描述。

词汇研究出现的一些情绪词句也显示了这种倾向包括:"发奋读书";"幼不学"、"老何为";"潜心学习";"学贵以专";"求知欲";"好学";"好学心"等等,㉝所形容的都是一种倾向长期性的学习情绪,而不是针对某个特定的学习活动。这一点和西方有显著的反差,因为西方学习者可能会对某一次成败的结果和连带的情绪做具体描述,而华人学习者表现出的是对长期且较大目标的投入与付出。因此,他们在开始学习任何特殊技能前,不是以这个学习任务和成绩结果为其情绪的投注对象。

学习中

怀着这种长期目标的华人/东亚学习者所经验到的情绪因此可能和西方大不相同。我收集到的一些词汇可提供些许线索,例如:"学而时习之,不亦说乎";"用心读书";"如饥似渴地学习";"废寝忘食"。首先,"学而时习之,不亦说乎"事实上就是打开《论语》看到的第一句,孔子认为以道德修养为终身学习的目标应该令人心生喜悦,何畏惧之有,但他借着这个反问让弟子们思考学习至斯会带来怎样的情绪感受。其次,前面章节已讨论过,回顾中国历史,学习/读书一直被视为个人严肃的使命,所以立志后自然会全心全意地读书(认真的表现),并且会如饥似渴般地升起想要深入钻研学问的欲望。最后"废寝忘食"形容学子埋首书中到了忘记吃饭睡觉的地步(没有意识到自己的生理需要),则令人联想到契克森米哈里所描述的"心流"情绪状态。以上都是很多参与访谈者用来描述模范学习者学习状况的词句。

关于东亚学习者在学习中实际的情绪经验,虽然缺乏足够的实证研究,不过仍有一些颇具启发性。首先,有项最新近完成的研究检视了对数学不感兴趣的东亚和欧裔大学生学习动机的类型,并提出三种类型的目标:近端(proximal,指短期与手边正在进行的学习任务有关)、远程(distal,长期的和手边功课没有直接关联的目标,例如事业)[34],以及自我发现(self-discovered,无关乎近端或远程)的目标。研究发现,美国欧裔学生不会因为你告诉他(因此是来自外在,非自我选择的)有种新的数学技巧很重要而增加他的学习动机。对照之下,如果是告诉东亚学生有个新的数学技巧对于他达到远程目标很有帮助的话,他们会因而表现出更大的兴趣并变得更用功。此外,把近端与远程目标并列比较时发现,如果告知学会这种新的数学技巧有助于达到近端目标的话,美国欧裔学生会变得更有动机(例如,较快的计算方法)。但是东亚裔学生对于达成生命的远程目标更有兴趣,也更会因而努力学习该项新技巧。[35]

我本人的理想学习者研究也显示华人/东亚人不太在意好奇心、兴趣、喜悦和乐趣等在传统上归属于内在动机的情绪。他们经验到的是个人的努力、鼓起勇气面对困难(刻苦)、克服好逸恶劳或用他们的话就是"懒惰"的天性,换言之,华人学生在挑战自我。这种倾向从两个开放性问题的回答可以看得特别清楚。第一个问题是:"如果很用功还是学不会,那么你的理想学习者会怎么学?"在此先回顾一下前面提到的西方学习者的学习动机会根据得到的回馈而变化,也就是如果得到肯定其能力的评语或反应的正面回馈时,他们会有更大的动力继续学习。对比之下,日本学生在得知表现不好后反而会坚持更久。[36]华人和日本的情形很类似,有50%的华人受访者回答:"改变学习方法。"其他的回答包括:"坚持"(32%);"谦虚地请教别人"(30%)。第二个问题是:"如果对所学的东西不感兴趣甚至觉得厌烦时,这个理想学习者会怎么学?"60%的参与者的回答是"坚持不懈",其他还有"如果是很重要/有用的话就强迫自己学"(28%),以及"想办法让自己感兴趣"(24%)。

若把两组回答并置来看,华人学生确实不太关注负面情绪(没有人对第一个问题提及任何负面情绪,但42%的欧裔美籍访谈者很自然就会提到)。不过半数的华人参与者相信用功却学不好的人,若改变方法就可以成功,只有13%表示学不会应该放弃(持此看法的欧裔参与者有42%)。同样,关于感到厌烦的问题,不少华人回答"强迫自己学"来对付无聊厌倦的课业。欧裔则除了一个人以外,没有人用"强迫自己学"来描述模范学习者。此外,很少有华人参与者对于无趣的课业提出有关不太热衷地学习(17％)，以及不用去学(17％)的建议(欧裔则各有 32％ 及 26％)。欧裔美籍参与者一再表示如果没有兴趣就不可能学得好，而且也不必花时间和精力去学无聊的科目。例如他们会说"你必须依照自己的兴趣去学，而且一定要有兴趣才学得好"；或者"他学习是为了乐趣"；还有"求知应该是有趣且满足的过程，也才会让他有意愿去追求"。华人则很少出现这类的想法。

为了了解理想学习者的形象反映在一般华人学习者身上的程度，我进行了另一项研究，我请他们完成十个以"学习时，我……"为开头的句子，来分析华人青少年在学习过程中如何看待自己。参与这项开放式作答的青少年有从中国东西部两大地区来的共 259 位(从 12 至 19 岁)学生。[37]最常出现的自我描述包括各种不同的学习美德，而比较之下，很少出现例如喜悦、兴奋等正面或挫折、失望等负面的字眼，此外诸如兴趣/没兴趣、自信/没自信等也付之阙如。似乎很明显的，不论是正面或负面的情绪在这些学习者的自我观察中都并未扮演重要的角色。

黄幸美(Hsin Mei Huang) 的研究也支持华人这种学习情绪的基本倾向，并提出了很能反映真实状况的报告。他发现中国台湾地区的儿童其实觉得补习班(cram schools)可以激发他们的学习动机，甚至比他们的父母还愿意继续补习。[38]恶名昭彰的补习班是亚洲特有的学习机构，在大陆和港台地区以及日本、韩国、新加坡、越南等地都非常热门(而且毫不意外的，美国部分亚洲人密集的城市也有这些学校[39])，这种私人的营利企业可提供学龄孩子课外的辅助课程，但一般大众多认为补习班加重了升学压力。

不论亚洲本身还是以外的地区，对这种教育现象都有诸多批评。大家都认为这种学校是"考试地狱"的恶果，使得孩子放学后还要继续上课，偷走了他们休闲的时间和其他重要的童年乐趣。[40]对于这种批评，亚洲国家采取的因应措施是把每周上学天数从六天减到五天并缩减作业量，好让孩子享受童年时光。连 cram school 这种带有贬义的说法都成为补习班的正式英文翻译(补习班本身是很中性的词，纯指私人辅导的课程)。亚洲学者轻易地就使用这个英文名词(没有加引号)也显示出亚洲人接受了"cram"这个字内含的贬义。所以不消说，亚洲儿童有多么厌恶补习班了，但是，出乎意外地，研究结果却相反。

尽管有来自各方的炮轰指责，补习班的发展仍然欣欣向荣，在中国台湾地区就有一半的学生在上补习班,比例相当高。黄幸美研究了家长和孩子参加补习的理由,其中父母的说法是,补习班可以预防青少年的不法行为,让孩子把年轻宝贵的时间用来学更多东西,并且可以弥补没学好的学校课业,增加孩子进好学校的机会。这些是基于功课至上而来的看法,所以父母会因为这些理由而送孩子去补习并不让人意外。但孩子本身对补习的肯定大大违反了众人的直觉。孩子们似乎都已接受了一个事实就是每个人都背负着要有好成绩的同学压力。因为功课好的人才会受到同学的喜爱和欢迎,而且不会像在美国或其他西方社会那样被冠上"书呆子"(nerds)的标签(第六章有专门详细的讨论)。反之,功课不好则多半不太有人缘。因此,虽然孩子可能不喜欢自己还得上补习班,但把它视为一件重要而且需要做的事,所以会有上补习班的动机,而且也会尽力而为。

对于日本青少年上补习班(*Juku*,塾)和课外训练学校(*Bukatsu*,活部)的研究也显示了同样的状况。虽然年轻人表示在上这些课时没有感到很正面的情绪,但仍然表示希望去补习班上课,并且参加课外训练学校严格的训练。[41]这种特殊的课外活动反映了日本文化价值观中 *ganbaru*(努力不懈)的概念,他们非常重视这种坚定的意志力,也要求小孩要具备这种品质(见第三章注释)。[42]另一个相关研究也显示越南学生虽然承受较大的家庭压力,但仍比德国同学有更强的学习动机。

总结以上研究结果,可以得出在学习中中西方学习者的情绪有两点重要的差异。第一,东亚人的学习动机并非系于对某特定学习活动的好奇心与兴趣,也就是说不以自我为基准(self-based),也不依学习任务(task-specific)而定的那些情绪,而且也不以享乐有趣为学习的主要条件(*primary condition*)。如前所述,在儒家传统文化中,学习是件需要克服重重困难的事,并没有纯粹为了好玩有趣而学习的概念,而其追求自我道德完善所带来的快乐要经过长时间的追寻与沉思后才会产生,不是天生自发的。所以唯有当学习者了解求知之路所需要的决心、承诺和艰苦后,仍愿欣然踏上旅程才可能达到更远的目标,也就是把自我驱策努力的痛苦转化成快乐。

因此,东亚人的学习情绪似乎更植基于一生的信念和承诺,努力朝着远方的目标而奋斗,所以会因时变动的特定学习任务对他们的影响(兴奋或沮丧)或许不像对西方学习者那样重大,而且也降低了这些正或负面情绪的强度(但可能被视为对其终极目标的干扰）。㊸东亚学习者在意的是如何掌握好眼前的学习作为前进的基础，换言之，研究显示他们重视对学习全面性地坚持，和西方基于好奇、兴趣、有趣、开心的学习方式所带来的情绪类型不同。

萧秀慧（Hsiao d'Ailly）最近以西方对自主性与内在动机的评量方法来研究台湾的学龄儿童，㊹其研究结果更进一步证实了以上东亚学习者的特质倾向。虽然这些方法兼具效度和信度，但是父母对孩子的介入和支持（鼓励孩子自动自发），以及老师对自主性的示范与教导（鼓励或者压制孩子的自主性）都不会影响孩童的内在动机，孩子自主性的高低也不会影响他们努力的程度。其研究中最有趣的发现是如果把孩子对自己的能力与学习策略的控制感放到一边时，出乎意料地，他们所谓的外在动机对其成绩有极正面的影响。萧的结论如下：

> 虽然……孩子（可能）会受到自身兴趣的影响，而且具有高度自主性的孩子主要是为了乐趣而学习，所以不太理会外在的压力，也更可能会因为没有兴趣和乐趣而决定不学，但是对台湾的儿童来讲，有趣好玩……或许比不上规定（外在）和课业的重要性更能推动他们努力［学习］……

另一个可能的解释是，动机的来源对东亚学生而言可能不是那么重要，换言之，东亚学生的内在与外在动机并非如西方学生一般的截然二分。第三章曾提过，艾言葛（Iyengar）与莱普（Lepper）以及包雪华（Xue-hua Bao）和林瑞芳（Shui-fong Lam）的研究很清楚地指出，在美国的亚裔学生及其他亚洲学生可以把那些由他们社会世界中信任的人（即，和他们关系良好的人）所选择的学习任务学得很好很有乐趣，但是欧裔美籍孩子对于自己选择的任务则学得更好。㊺也就是说外在世界给予东亚学习者的学习动机和情感可能比对西方学习者强烈，但是却不能假设受到社会形塑的动机就是马登·凡斯丁德（Maarten Vansteenkiste）和同事们所主张的外在动机。㊻华人儿童接受了父母师长的引导后，把自我完善当作最后的目标，那些目标尤其是在他们立下志愿以后已经不再是外在的了，因为道德和美德的追求是以自身为终点的。

也许我们应该重新思考把内在动机仅仅定义在兴趣好玩（有时候被说成是世界上最好的动机）上面是否恰当。如果仔细观察那些非常虔诚的宗教人士在追求精神目标时的奉献精神与热情,我认为这种动机比基于兴趣好玩而来的动机更加发自内心,因为后者会因情境、学习内容和心情而改变,因此可能很短暂。短暂的动机,不论多么发自内心,都不如长久而热情的内在动机对学习更有帮助。例如,一个孩子也许发现某本书很有趣,但他(她)却可能不会发现许多其他的书有趣,因此他未必有兴趣读其他的书。但如果是因为发现读书很重要而且能够充实人生而决定要尽量多读书的人,就会有终身读书的热情。后者表现出来的这种信念和热情就是儒家学习传统的目标。东亚洲文化相信如果有来自家庭、学校和社群一致的支持,儿童会有较好的机会培养出长久而热情的学习动机。

尊敬——东亚学习者的重要情绪之一

东亚学习者有一种重要但迄今大家认识不够的情绪就是对师长的尊敬之情,第三章有关华人学习者的部分曾做过初步的介绍,此处我将探讨在"学习中"这个阶段尊敬之情可能带给亚裔的情绪性经验。我之前曾回顾东西方有关尊重的研究,并进一步在理论上区分出东西文化中都有的道义式尊重(ought-respect)和爱慕式尊敬(affect-respect)。[47] 道义式尊重指的是基于政治、道德和法律上的考虑,所有的人都应该得到的尊重,因此不是特定社会情境下或人际关系的产物,不会因为一时一地生起的情绪而异。由于它紧扣着以权利为基础的道德原则,而且由法律强制,所以它不受特定个人或人际关系的左右,也不大可能成为一种原型情感(prototypical emotion),而是一种比较具理性基础的社会、道德和态度上的思维产物。而研究显示道义式尊重在西方可能比东方更普遍。

爱慕式尊敬则通常是一种在特定社会情境或人际关系下产生的情绪。这种尊敬发生在一个人真正地看出、了解、赞佩另一个人的优点、成就、道德操守和/或地位/职务/角色/权力的时候,所以必然有赖于觉察到自己有不如对方之处,或者双方有相似的特质。这种自我意识,尤其是彼此间的差距必然会导致自己对对方特质的看重及渴望。这份重视与渴望以及觉得自己应该而且可以拥有但尚未得到那份特质的领悟,可能就是爱慕式尊敬的基础。

爱慕式尊敬对个人可以有重要且正面的影响。首先,它可能是寻找行为榜样的关键部分。行为榜样必须是自己钦佩且想要仿效的对象,是一个更好的自己。[48] 当一个人找到了他/她的榜样,心里就有了一个清晰、具体、可触知的真实人物可供效法，也表示自己了解那个榜样根本的特质、优点和成就，而且对于自身和榜样之间的差异（discrepancy）有起码的自觉，或许也知道拉近彼此距离的方法。其次，每一回察觉到行为榜样时，心中可能会升起爱慕式的尊敬之意，前面曾提过这是一种会让人自我感觉良好的极正面的情绪。最后，爱慕式尊敬可能会激发一个人强烈的行为动机去获取对方的特质和优点。总结来说，爱慕式尊敬可能会让一个人最后变成像对方那样的人。这也许可称为"自我毕马龙过程"（self-Pygmalion process，毕马龙是希腊神话中一位雕刻家，他雕的像最后活了过来）。研究指出基于亚洲强调向古范先贤学习的文化，所以产生爱慕式尊敬的情形可能更普遍。

研究发现，在西方会得到爱慕式尊敬的人有四类：（1）展现出道义与美德的风范（例如，诚实、可靠、正义）；（2）具备令人钦羡的才华；（3）善解人意（例如，对人体贴、能够接纳、谅解别人、具同理心）；（4）属于受景仰的社会阶层或团体的成员。⑭从我对华人的研究中发现另外还有两类：（1）父母/长辈/亲戚；（2）老师/导师/学者。⑮

就学习而言，最后一类和华人学习者特别有关。对老师/导师/学者的尊敬表示可从学校里找到行为的榜样，此外，教育学子也正是他们的工作。一方面人需要不断地模仿以求自我进步，另一方也必须保持谦虚并接受可敬的学习模范的教导。因此，对老师抱有尊敬之意对华人学习者来说具有正面的意义，因为可以帮助他们成为像老师那样的人，毕竟老师是儒家追求自我完善具体化身。

厘清了华人学习者尊敬老师的意义后，我希望稍稍讨论亚洲学习者在所谓权威教导之下的情绪。老师的教学和与学生互动的方式毫无疑问地会直接影响孩子的情绪经验，如果华人老师真的那么权威主义，那么华人孩童应该对老师感到害怕而非尊敬。⑯遗憾的是，关于亚洲权威式教学下学生对老师情绪反应的相关研究很少。但尽管如此，我们也许可从现有的研究中找到一些意外的现象。

薛烨（Hsueh）与同事请欧裔美籍及华人小学生和中学生从下表中选出他们会因为哪些理由对老师表现尊重的态度：⑰

- 做老师要求的事（服从）
- 用功读书（学习美德）

- 在老师需要时提供帮助(社会认可)

- 不在学校惹麻烦(避免受罚)

- 对待老师如同父母(父母与老师的相似性)

以上列出的理由是来自对两个文化中年龄相近的学童作的开放式问题访谈的结果。研究小组发现,两组中选择社会认可、避免受罚与师长如父母的孩子数目差不多,但都是各自团体里的少数。同时,欧裔学童选择服从的人数明显较多(37%),而选学习美德的最少(8%)。华人学童结果相反,选择学习美德的高出其他项目很多(33.4%),选服从的最少(6%)。结果显示华人学童对老师的尊重和他们有多愿意发挥学习美德去学习关系密切。但对欧裔美籍学童而言,尊重老师和服从权威遵守规定的关系更大,和个人是否努力学习没有什么关系。这些发现证明很多的东亚学习者对老师的尊敬不是来自服从权威、追求社会认可或避免受罚(害怕)的结果,而是源于其以美德为导向的学习态度。

学习后

因为学习是持续一生的过程,所以华人学习者或许并不特别强调某个学习任务或活动可单纯二分为成功或失败。换言之,某次学习的成败不是影响他们的情绪反应的重心。这种倾向也可能源自道家思想中没有绝对、没有固定不变的对立面或真正的二分法的世界观。㊹形势会转变,世界不断地流动,而人类的学习亦然。学习上一时的失意不表示下次也一定不理想。但是学习者也不能坐待奇迹出现来改变命运。学习者必须明白自己不会或没做好的地方,然后找到改进的方法。同样的,此时此处学得很好,也不保证下次也一样好,不论如何,学习者都仍然需要保持谦虚继续努力学习。

我的理想学习者研究中对于当面临重大的成功或失败时如何反应的问题,许多参与者的回答事实上就和上述相吻合。前面也讨论过,他们对持续进行中的学习,不太会因为成绩好坏而有高低起伏剧烈的情绪反应。以下摘录了几段关于学习失败时(例如,考试分数低,或得到不好的评语)的回答,颇能代表一般的反应模式:

他不会因而气馁,反而会更加鼓起精神克服困难。他认为失败并不可怕,你只要能从失败中吸取教训,最后必然会成功。

她可能一开始会觉得沮丧一小段时间，但是接着就会开始反省失败的原因。因为失败本身不是大问题，关键是要能从跌倒的地方站起来。

　　面对失败时，他会很冷静地去思索，然后找出下一步该怎么做，他相信只有在反省之后才不会贸然行事。不需要为了一次考试的失败而消沉。

以下是对于得到好成绩的反应，可以补充以上失败时的表现：

　　他会继续努力用功，以下次的成功为目标，因为他知道一次的成功只是求学路上的一个小指标，不是最后的结果。

　　他不会因而自满，会有正确的态度。成绩只说明了一个人的过去，不代表他的未来，如果因为一次的成功就自满而不再前进，最后会退步。

　　为了得到直接的情绪反应，我请华人及欧裔美国大学生描述其理想学习者若能够拥有渊博的学习成就会有怎样的感受。42％的华人（及62％的欧裔）认为其心中的理想学习者会感到快乐与满足（包括其他类似的正面情感如喜悦、兴奋、满意、高兴）。但是只有22％的华人（欧裔有53％，超过华人两倍）明显地提到会感到骄傲。此外，28％的华人（欧裔只有9％，少于华裔的1/3）也表示其理想学习者对于自己的博学会表现得谦虚/平静。最后，28％的华人（但欧裔只有2％）回答这种成就不会让他们的理想学习者感到满足，而会激发他们进一步继续学习。

　　对于学业不佳，30％的华人（19％的欧裔）参与者提到羞耻/内疚，还提到自责。相较之下，没有欧裔美籍参与者提到自责，但有47％（华人则无）提到挫折、气馁、失望和气愤。然而有27％的华人表示其模范学习者会感到悲伤和消沉，高出欧裔的19％很多。尽管如此，他们的悲伤/消沉与自卑或自尊心低落并没有关联，因为没有人提到这类的情绪（但是19％的欧裔美籍参与者对此有所描述）。另外有40％的华人（28％的欧裔）参与者写道：这些学习者会因此受到激励而去努力学习以弥补自身的不足。

低度的骄傲、高度的谦虚
　　此处有两个很重要且相关的情绪需要讨论，也就是东亚学习者的骄傲与谦虚。实证研究显示对东亚人而言,骄傲是一种有争议性的情绪,而谦虚虽然由于某种原因很少有人研究,但它是自古以来就极受重视的美德。由于这种独特的状况,所以我将两者一并讨论,以期能增进对东亚学习者这些重要的情绪分析的更多了解。

在讨论西方学习者的小节中曾说过,骄傲是非常正面的情感。因为自我是这种情绪的中心,所以骄傲也被视为一种具有自我意识的正面情绪。[54]当一个人完成一项工作或者克服了困难的挑战时心中就可能生起骄傲的感觉,其所完成的任务或表现形式不拘但需要相当高程度的本领/才能/技术/知识,艺术、运动天分或者其他体能专长,工作质量和判断或评量标准。例如,一位舞者赢得了比赛或者得到了赞美,还有终于学会绑鞋带的小孩子都可能感到骄傲。虽然个人也可以自己定义任何程度的能力或表现标准,但这些程度或标准不论是否有其他人在看,或者是内化的结果,都有其社会文化的根源。因此,如果心里没有进行某种社会性的比较,不太可能产生骄傲感,也就是说,它是对自己在类似的项目上与他人的成就和表现相比较后的一种觉察。因为学习成绩,尤其是在正规的学校环境下会以社会性比较(social comparison)为基础直接加以评量,所以学生在成绩比别人好时骄傲感便油然升起。[55]

在西方,和骄傲相反的情感是羞耻(shame)/难堪(embarrassment)/自卑(inferiority)/自尊心低落(low self-esteem)/自我价值感低落(low self-worth)。羞耻感在西方基本上是一种负面的情绪,因为耻辱(disgrace)对人有伤害性,所以必须去除。反之,在儒家教义中,羞耻感是人人需要的一种道德指引或内在的声音,可以用来检查自己不当的行为,再者也可以一方面激起人们承认错误的勇气,另一方面升起自我改进的愿望,因此羞耻感是四大需要培养的儒家道德感之一,还被镌刻在波士顿中国城城门上。[56]麦克·路易斯(Michael Lewis)对西方的骄傲与羞耻感所做的大量研究证明两者可能是相对的情感,特别是对完全缺乏自我价值感(可能肇因于不断的失败经验)的人而言尤其如此。这样的人在成功时极度骄傲,而失败时的羞耻感也特别强烈。[57]

但是骄傲对东亚洲学习者来讲意义不同,感受也不同。首先,中文里没有对等的字词来表达英文全然正面意涵的 pride。基于实证研究的程序之一,我以往把 pride 译成意义最接近的"骄傲"。[58]在我的研究中,14 人里有 13 人

（93％）是完全双语且有大学程度（在美国出生或长大，或至少住了 10 年以上），他们把英文的 *pride* 或 *feeling proud* 译成骄傲，其中只有一人译为自豪（这个相关的词可能更接近 *honor* 的意思）。但是以上参加翻译的人中有 31％表示骄傲带有傲慢自大（*arrogant* and *conceited*）的负面意味。另外一组有相似背景的双语人士，20 人中有 18 人（90％）把中文的骄傲翻译成英文的 *pride / proud*。这 18 人中有两人把骄傲翻译成英文的 *stuck-up*（恃傲）、*overconfident*（过分自信）、*boastful*（炫耀）、*conceited*（自大），以及 *arrogant*（傲慢）。另外有 7 人（全数为 9 人，占 45％）提到骄傲有傲慢自大的负面意涵，但会依情况而定。从这总共 34 位双语人士的翻译，我们导出骄傲和 *pride* 是最接近的对等词，但同时也很清楚地指出两者虽然可能都具有某一核心的正面意义，但意思不尽相同。

其次，其他实证研究指出亚洲人的骄傲感是种矛盾的情绪，[59]兼具正面及负面意涵。例如，华人和欧裔美籍对照组相比，不太会体会到骄傲的感觉。[60]德博拉·斯帝佩克（Deborah Stipek）对大学生的问卷调查发现，和欧裔学生（会为自己感到骄傲并且表现出来）不同，华人学生更会因为家人的成就而欣然地感到骄傲（例如，进了好大学）。[61]华人参与者表示骄傲感应该发生在利他的成就上，其他的研究也有同样的发现。另外还有学者用经验取样法（experience sampling method）随机收集真实的情绪经验，为时一周后发现，骄傲对中国大陆和台湾地区的人而言，都是较不受欢迎也不可取的情感，评分低于欧裔美国人及澳洲白人。此外，虽然亚裔美国人和日本人经验到的骄傲是正面的情绪，但他们（欧裔美籍则不然）的骄傲中仍掺杂着许多不快的情绪（内疚、焦躁、难过、担心）。统计分析显示骄傲同时具有正面与负面双价（以因素负荷分析）。[62]最后，我和同事共同进行了一个幼儿园孩童如何看待成绩优秀的同学的研究。我们发现华人孩子在五岁这么年幼的时候就会关注成绩好的同学是否有自大的问题（arrogance concern），会认为如果太骄傲的话会有碍自我进步。这种倾向在华人当中非常普遍，远远超过欧裔孩童。[63]

东亚学习者骄傲感所具备的混合性质实有必要做进一步阐释。从我发现 pride 和骄傲对翻的过程及斯帝佩克的研究来看，这种双价情绪（double-valenced affect）是依情境而定的（context-specific）。例如，一位东亚学习者因为不错的学习经验而产生初始的正面情绪反应，就很类似欧裔美籍人士的骄傲感。但是，这最初的评估和相关的情绪经验可能很短暂，[64]而由于文化倾向会影响到人如何调整其情绪，所以随之而来的是一种预防性的自我反省。[65]于是实际的心理过程可能像这样："我做到了！好开心因为努力而终于能够成功，但是当心，别太自满，前面还有很多事要做。如果我表现得太快乐，大家可能会觉得我很傲慢。而且，公开表现出骄傲的态度会让别人因为自己不够好而觉得不舒服，所以我应该谦虚谨慎。这样对我自己和别人都比较好。"但华人对于因为团体的成就而感到骄傲就不会有负面的感觉，即使仍然难免出现某种程度的预防心理，[66]例如大家可能还是会彼此提醒："是的，我们的奥林匹克数学队表现很好，但还需要再接再厉。"

如果就此推论骄傲的负价位（negative valence）会削弱且有害东亚学习者的话，那就错了。最近的研究证明东亚人对生命有一种自我规范的态度，并以"预防"（prevention）为焦点。这种"预防性焦点"（prevention focus）可以警告自己避免潜在的错误和不当行为及其可能的后果（相对于着重在积极获取求成的促进性焦点[promotion focus]）。[67]近来的研究显示，人们不论以何为焦点都很肯定自己的风格，但华人比西方人更倾向于以预防为焦点（prevention-focused）。[68]因此，骄傲的负面意义也许对华人学习者努力完成道德与社会责任来说是有益的，其在东亚人身上的二元性具有互补而抗衡的作用。

华人心目中骄傲的相反是谦虚（humility），而不是大部分西方人以为的羞耻（shame）。一般说来，从坦格尼（Tangney）与其他学者最近的理论来看，谦虚是一种气质（disposition），是一个人持久的素养。[69]这种素质观相当贴切，然而，因为谦虚是骄傲的反面，而骄傲又是一种自我意识浓烈的情绪，所以谦虚也可能含有尚待探讨的情感成分，而每个人都有可能在学习中（在人生中其他层面亦然），尤其是对学习结果的反应中感受过谦卑（humble）的情绪。

谦虚是自古以来儒家教诲中不可或缺的一部分，虽然对其研究不多，但看起来亚洲比西方要重视许多。东亚人不但非常重视谦虚而且非常积极地发扬这种个人修养与情绪表现。最近对西方概念中谦虚的研究显示，人们对有宗教信仰及注重亲密关系的人的谦虚持有正面的看法，但是很明显，他们不觉得这是领袖人物和演艺界人物所该有的特质。[70]相反地，在儒家信念中，谦虚从来不是个人软弱或缺乏自尊的表现，反而是个人自我修养所必备的长处。[71]在中国道家思想中，"满"被视为一种心理上（或大自然中）会反噬本人的动力，会阻碍自我追求人性的完善与极致。[72]所以儒道两家学派都认为自满（例如，自以为无所不知、完美无缺、有钱有势、掌控一切)才是一个人最大的弱点(类似西方的自恋[73]),因此是学习时极严重的障碍。

治自满的方法就是谦虚。这种力量不是武力、财富、强势的性格,也不是说服力,而是一种内在力量,但巧妙地外显出文雅、温和且敦厚的品格。[74]每个人都具备这种潜力,这种力量一旦培养出来后将用之不竭且锐不可当,能够让一个人不屈不挠地追求自我改进。这种内在力量可用来检视自己,看到本身的不足,并寻求改善的方法。这种内在力量和动力与自尊无关,因为谦虚的力量来自自己能够而且必须成长的信念。它为个人带来希望、乐观和动机去反省自我的奋斗与追寻。

谦虚在东亚的学习文化里不但必要而且备受尊崇。有学习便有成就,而成绩好的人特别容易自我膨胀。但由于儒家思想中的学习不只是学术上的,也具有道德与社会的人生意义,所以谦虚被认为是提防自己功成名就后不会败在自大与傲慢手中最重要的手段。西方学者近年来也注意到了这个现象,并试图弥补西方对谦虚研究的忽略。以下是谦虚的特点:

- 一种能够察觉自己错误、不足、知识断层和局限性的能力;
- 可以正确地看待自己的能力和成就,也就是自己的真实处境;
- 让自己更能开放心胸向他人学习。[75]

研究结果确实显示了亚洲人不论对自己或者对他人之高度成就的态度都有这种倾向。我的理想学习者研究曾请参与者形容其理想学习者对高度成就的反应。其中 54% 的回答是谦虚(相较下欧裔有 16%),只有 5% 认为是感到骄傲。事实上,有 22%(但欧裔美籍参与者完全没有)特别指出他们的理想学习者不论有多高兴都不会因此骄傲或自满。此外,关于问到他们的理想学习者如果不懂的时候会如何学,62% 的华人说会向人虚心请教;相较之下,只有 10% 的欧裔美籍参与者提到类似的反应。我对华人及欧裔美籍幼儿园孩童对好学生的研究有更多的资料证明,华人儿童表示要向成绩优秀的同学学习的现象非常显著。相反地,欧裔美籍孩童则很明显表现出社会隔离与拒绝的态度。[76]一般心理学研究一再发现东亚人具有所谓的自谦偏差(modesty bias),而非西方人的自我抬高偏差(self-enhancing bias),[77]证明了东亚人对于学习(在生活中其他领域亦然)确实很重视并表现出谦虚的态度。[78]

前述对东亚学习者情绪研究的回顾提供了一个大概的样貌。学习前,他们的情绪可能不太受对某个主题或事物的好奇心或兴趣所驱使,而多受到远程目标,也就是终身学习意愿的影响。所以如承诺、奉献和热情等情绪比受不同状况影响而产生的乐趣或兴奋之情意义更重大。在学习中,他们不太有高低起伏太剧烈的情绪(很兴奋或者很沮丧),因为他们似乎更在意要如何才能朝向远程目标前进,所以最显著的情绪包括奋发、勤勉、刻苦、恒心和专心等学习美德。此外东亚人有一个重要的情绪就是对老师的爱慕式尊敬,因为老师不只是教学上的权威,也是学生意欲仿效的人格模范,但是他们对老师的尊敬并非源自对权威的畏惧,而是因为他们都以道德修养为学习的共同目标。东亚学习者和西方学习者一样都会因为好的学习经验而感到快乐,反之则会感到羞耻/内疚和自责,也会难过/消沉(但比欧裔美籍同学轻微),但无论如何,似乎都不太会产生极端的情绪状态。而且,不像对照组的欧裔美籍学生,东亚人往往不太会产生骄傲感,因为骄傲包含的自满之意不合乎文化期望。东亚人认为这种自以为是的态度会妨碍他们持续地努力学习与进步,所以并不鼓励,但非常重视并鼓励人要谦虚。谦虚是一种个人内在的力量,也是一种情绪反应,特别是在有成就的时候可以给予学习者正确的指引。

注 释

① 请见第三章注释⑥⑥。

② 有关人类情绪之基本描述,请见 Davidson, N. , Scherer, K. , & Goldsmith, H. (Eds.) (2003). *Handbook of affective science*. New York：Oxford University Press。

③ 请见第三章注释⑥⑦。

④ Fischer, K. W. , & Tangney, J. P. (1995). Self-conscious emotions and the affect revolution: Framework and overview. In J. P. Tangney & K. W. Fischer (Eds.), *Self-conscious emotions: The psychology of shame, guilt, embarrassment, and pride* (pp. 3 - 22). New York：Guilford.

⑤ Frijda, N. H. (1986). *The emotions*. Cambridge：Cambridge University Press.

⑥ 关于认知与情感密不可分的关系,请见 Damasio, A. (2005). *Descartes' error: Emotion, reason, and the human brain*. New York：Penguin;请见第三章注释⑥⑥;以及本章注释④。

⑦ 请见第四章注释⑩。

⑧ Mesquita, B. , & Frijda, N. H. (1992). Cultural variations in emotions: A review.

Psychological Bulletin，*112*，179 - 204；以及 Mesquita，B.（2003）. Emotions as dynamic cultural phenomena. In N. Davidson，K. Scherer，& H. Goldsmith（Eds.)，*Handbook of affective science*（pp. 871 - 890）. New York：Oxford University Press.

⑨ 请见第四章注释㉜。

⑩ 请见本章注释⑧第二项资料。

⑪ Atkinson，J. W.（1964）. *An introduction to motivation.* Princeton，NJ：Van Nostrand.

⑫ Berlyne，D.（1966）. Curiosity and exploration. *Science*，*153*，25 - 33，and Litman，J. A，& Silvia，Paul J.（2006）. The latent structure of trait curiosity：Evidence for interest and deprivation curiosity dimensions. *Journal of Personality Assessment*，*86*（3），318 - 328.

⑬ 请见第四章注释⑩。

⑭ deCharms，R.（1984）. Motivation enhancement in educational settings. In R. Ames & C. Ames（Eds.)，*Research on motivation in education: Student motivation*（pp. 275 - 309）. New York：Academic Press，and Ryan，R. M. ，& Deci，E. L.（2000）. Self-determination theory and the facilitation of intrinsic motivation，social development，and well-being. *American Psychologist*，*55*（1），68 - 78.

⑮ Bandura，A.（1993）. Perceived self-efficacy in cognitive development and functioning. *Educational Psychologist*，*28*（2），117 - 148.

⑯ Dweck，C. 1975. The role of expectations and attributions in the alleviation of learned helplessness. *Journal of Personality and Social Psychology*，*31*，674 - 685，and Dweck，C. S. ，& Leggett，E.（1988）. A social-cognitive approach to motivation and personality. *Psychological Review*，*95*，256 - 273.

⑰ 关于其欧裔和亚裔学生不同动机模式的研究，请见 Godes，O.（2009）. *The effects of utility value on achievement behavior of two cultures.* Unpublished doctoral dissertation，Univeristy of Wisconsin，Madison for her research on the different motivational patterns of European-American and Asian students。

⑱ Heine，S. J. ，Kitayama，S. ，Lehman，D. R. ，Takata，T. ，Ide，E. ，Leung，C. ，et al.（2001）. Divergent consequences of success and failure in Japan and North America：An investigation of self-improving motivations and malleable selves. *Journal of Personality and Social Psychology*，*81*，599 - 615.

⑲ Rothbaum，F. ，& Wang，Y. Z.（2011）. Cultural and developmental pathways to acceptance of self and acceptance of the world. In L. A. Jensen（Ed.)，*Bridging cultural and developmental approaches to psychology: New syntheses in theory，research，and policy*（pp. 187 - 211）. New York：Oxford University Press.

⑳ Ng，F. F. -Y. ，Pomerantz，E. ，& Lam，S. -F.（2007）. European American and Chinese parents' responses to children's success and failure：Implications for children's responses. *Developmental Psychology*, *43*(5), 1239 - 1255,和 Miller, P. J., Wang, S.-H., Sandel, T., & Cho, G. E. (2002). Self-esteem as folk theory: A comparison of European American and Taiwanese mothers' beliefs. *Parenting: Science and Practice*, *2*(3), 209 - 239。以及 Thomaes, S., Reijntjes, A., de Castro, B. O., & Bushman, B. J. (2009). Reality bites-or does it? Realistic self-views buffer negative mood following social threat. *Psychological Science*, *3*(2), 1 - 2 等最近的研究显示,不论是膨胀或贬抑性的自我意识都不益于个人面对实际的负面社会评价,只有接近真实的自我意识才是理想的。

㉑ Csikszentmihalyi, M. (1990). *Flow: The psychology of optimal experience*. New York: Harper & Row.

㉒ 请见第三章注释㊿;和 Grolnick, W. S., Ryan, R. M., & Deci, E. L. (1991). Inner sources for school achievement: Motivational mediators of children's perceptions of their parents. *Journal of Educational Psychology*, *83*, 508 - 517。

㉓ Rotter, J. (1966). Generalized expectancies for internal versus external control of reinforcement. *Psychological Monographs*, *General & Applied*, *80*(1), (Whole No. 609).

㉔ Weiner, B. (1986). *An attributional theory of motivation and emotion*. New York: Springer.

㉕ 请见本章注释㉔。

㉖ Covington, M. V., & Beery, R. (1976). *Self-worth and school learning*. New York: Holt, Rinehart & Winston.

㉗ 请见本章注释㉖。

㉘ Covington, M. V., & Omelich, C. L., (1979). Effort: The double-edged sword in school achievement. *Journal of Educational Psychology*, *71*, 169 - 182.

㉙ 请见第三章注释61第一项资料。

㉚ Wu, D. Y. H. (1996). Chinese childhood socialization. In M. Bond (Ed.), *The handbook of Chinese psychology* (pp. 143 - 154). Hong Kong: Oxford University Press.

㉛ 虽然西方儿童也许看起来很有自己的想法,但启发他们想法的灵感未必来自本身,而多半是来自西方文化中普遍主张以人道主义对待动物的论述。儿童认同(*endorse*)这个主张,然后将其内化成自己的观念,这就是维果茨基(Vygotsky)发展理论中的社会文化源头。

㉜ 请见第三章注释㉛最后一项数据;以及第四章注释㉞第三项资料。

㉝ 请见第三章注释54。

㉞ 关于其学习之近程及远程目标的研究,请见 Bandura, A., & Schunk, D. (1981). Cultivating competence, self-efficacy, and intrinsic interest through proximal self-motivation. *Journal of Personality and Social Psychology*, *41*, 586 - 598。

㉟ 请见本章注释⑰。

㊱ 请见本章注释⑱。

㊲ Li, J. (2006). Self in learning: Chinese adolescents' goals and sense of agency. *Child Development*, 77(2), 482-501.

㊳ 请见第四章注释㊻第二项资料。

㊴ 请见第三章注释⑨最后一项资料。

㊵ 批评亚洲学校的例子,请见 Berliner, D. C., & Biddle, B. J. (1995). *The manufactured crisis*. Reading, MA: Addison-Wesley; Hishino, H. J., & Larson, R. (2003). Japanese adolescents' free time: *Juku, Bukatsu*, and government efforts to create more meaningful leisure. In S. Verma & R. Larson (Eds.). *Examining adolescent leisure time across cultures: developmental opportunities and risks*. (New Directions for Child and Adolescent Development, No. 99.) San Francisco: Jossey-Bass.

㊶ 请见本章注释㊵第二项资料。

㊷ 请见第三章注释㉓第二项资料。

㊸ 关于华人比美国欧裔较不偏好高唤醒度积极情绪(high-arousal positive affect,兴奋激动),而偏好积极低唤醒度情绪(low-arousal positive affect,平静沉着)的实证研究证明,请见 Tsai, J. L., Knutson, B., & Fung, H. H. (2006). Culturalvariation in affect valuation. *Journal of Personality and Social Psychology*, 90(2), 288-307。

㊹ d'Ailly, H. (2003). Children's autonomy and perceived control in learning: A model of motivation and achievement in Taiwan. *Journal of Educational Psychology*, 95(1), 84-96, p. 94.

㊺ 请见第三章注释㊿。

㊻ Vansteenkiste, M., Zhou, M.-M., Lens, W., & Soenens, B. (2005). Experiences of autonomy and control among Chinese learners: Vitalizing or immobilizing? *Journal of Educational Psychology*, 97(3), 468-483.

㊼ 请见第二章注释㊼之资料。

㊽ Markus, H. R., & Nurius, P. (1986). Possible selves. *American Psychologist*, 41, 954-969.

㊾ Frei, J. R., & Shaver, P. R. (2002). Respect in close relationships: Prototype definition, self-report assessment, and initial correlates. *Personal Relationships*, 9, 121-139.

㊿ 请见第二章注释㊼。

○51 第三章有更多的讨论。

○52 Hsueh, Y., Zhou, Z.-K., Cohen, R., Hundley, R. J., & Deptula, D. P. (2005). Knowing and showing respect: Chinese and U. S. children's understanding of respect and its association to their friendships. *Journal of Psychology in Chinese Societies*, 6

（2），89 - 120.

⑤③ Peng K. -P. ，& Nisbett，R. E. （1999）. Culture，dialects，and reasoning about contradiction. *American Psychologist*，54，741 - 754.

⑤④ Tracy，J. L. ，& Robins，R. W. （2007）. The nature of pride. In J. L. Tracy，R. W. ，Robins，& J. P. Tangney（Eds. ），*The self-conscious emotions: Theory and research*（pp. 263 - 282）. New York：Guilford. 虽然作者将西方的"骄傲"分成真正的骄傲和自大傲慢两种(authentic pride and hubristic pride)，但其日常生活中多半是属于正面真正的那种骄傲。

⑤⑤ Lewis，M. （2007）. Self-conscious emotional development. In J. L. Tracy，R. W. ，Robins，& J. P. Tangney（Eds. ），*The self-conscious emotions: Theory and research*（pp. 134 - 152）. New York：Guilford.

⑤⑥ 请见第三章注释⑧第一项资料。

⑤⑦ Lewis，M. ，& Wolan-Sullivan，M. （2005）. The development of self-conscious emotions. In A. Elliot & C. S. Dweck（Eds. ），*Handbook of competence and motivation*（pp. 185 - 201）. New York：Guilford.

⑤⑧ Li，J. ，Fung，H. ，Liang，C. -H. ，Resch，J. ，& Luo，L. （2009）. Is the glass half-empty or half-full? Emotional responses to children's learning among European American and Taiwanese parents. Manuscript under review.

⑤⑨ Eid，M. ，& Diener，E. （2001）. Norms for experiencing emotions in different cultures：Inter- and intranational differences. *Journal of Personality and Social Psychology*，81（5），869 - 885；Ross，M. ，Heine，S. J. ，Wilson，A. E. ，& Sugimori，S. （2005）. Cross-cultural discrepancies in self-appraisals. *Personality and Social Psychology Bulletin*，31（9），1175 - 1188；以及 Scollon，C. N. ，Diener，E. ，Oishi，S. ，& Biswas-Diener，R. （2005）. An experience sampling and cross-cultural investigation of the relation between pleasant and unpleasant affect. *Cognition and Emotion*，19（1），27 - 52.

⑥⓪ Sommers，S. （1984）. Adults evaluating their emotions：A cross-cultural perspective. In C. Z. Malatesta & C. E. Izard（Eds. ），*Emotion in adult development*（pp. 319 - 338）. Beverly Hills，CA：Sage.

⑥① 请见第三章注释⑧第二项资料。

⑥② 请见本章注释⑤⑨第一及第三项资料。

⑥③ 请见第三章注释⑥第二项资料。

⑥④ 关于理想学习者对得到好成绩开心的时间很短暂或避免小题大作的态度，以及会提醒自己不可因此傲慢自大，而应该要继续努力学习的描述，请见第三章注释⑥①第一项资料。

⑥⑤ Ayduk，O. ，May，D. ，Downey，G. ，& Higgins，E. T. （2003）. Tactical differences in coping with rejection sensitivity：The role of prevention pride. Personality and

第五章 好奇导引探索，热诚激发投入 **165**

Social Psychology Bulletin, 29(4), 435 - 448, and Grant, H., & Higgens, E, T. (2003). Optimism, promotion pride, and prevention pride as predictors of qualify of life. Personality and Social Psychology Bulletin, 29(12), 1521 - 1523.

(66) 请见本章注释(59)第一及第三项资料。

(67) 请见本章注释(65)。

(68) Lee, A. Y., Aaker, J. L., & Gardner, W. L. (2000). The pleasures and pains of distinct self-construals: The role of interdependence in regulatory focus. *Journal of Personality and Social Psychology*, *78*(6), 1122 - 1134.

(69) Tangney, J. P. (2000). Humility: Theoretical perspectives, empirical findings and directions for future research. *Journal of Social and Clinical Psychology*, *19*(1), 70 - 82,以及 Morris, J. A., Brotheridge, C. M., & Urbanski, J. C. (2005). Bringing humility to leadership: Antecedents and consequences of leader humility. *Human Relations*, *58*(10), 1323 - 1350.

(70) 请见第三章注释(82)第三项资料。

(71) 请见第二章注释⑤。

(72) 请见第二章注释(73)之资料。

(73) 请见第三章注释(82)第三项资料。

(74) 与西方观点大相径庭,谦逊(humility)是任何形态组织领袖必要的特质。例如黄帝(传说大约在前 2718—前 2597,活了 121 年),这位传说中的领袖不仅完成统一古代中国各部族的伟业,而且也具备谦逊的领道风格。据说他设计了有效率且创新的行政系统,以及阴历、医药和十二律等许多科技发明。但他也亲自下田教道人民如何播种收获(象征勤奋和刻苦的精神)。纵观历史上受人敬仰的领袖人物尽管位高权重但都表现出谦虚的态度。当今亚洲政治领袖亦然,第一个例子如联合国秘书长韩国人潘基文,另外中国台湾地区的领导人马英九及其他亚洲领道人也都明显地传达了谦逊的风格。

(75) 请见第三章注释(82)第二笔资料,73—74 页。

(76) 请见第三章注释⑥第二笔资料,以及 Li, J. (2005). Mind or virtue: Western and Chinese beliefs about learning. *Current Directions in Psychological Science*, *14*(4), 190 - 194。

(77) Heine, S. J., Lehman, D. R., Markus, H. R., & Kitayama, S. (1999). Is there a universal need for positive self-regard? *Psychological Review*, *106*, 766 - 794. 琼·坦格尼(June Tangney)与其他学者将谦逊与谦恭(humility from modesty)加以区分,指出前者是个人内在的力量,而后者比较是外在层面如衣着和性别相关的行为等(例如,第三章注释(82)第三项资料中有关女性的谦恭)。然而,在亚洲自谦偏差与西方自我抬高偏差的研究中,两个词被交互使用。

(78) 由于以往很少注意到谦逊这个概念,研究者在试图测量亚洲学习者的低度自尊心时必须像坦格尼等人一样把谦逊列入考量,将两者加以区分。亚洲学习者不论成绩如何,其自尊心评量一向很低。例如,2006 年的 PISA 国际教育评量,东亚学生在数学和科学两科方面都表现了低自尊心（韩国数学排第 32 名,科学第 21 名;日本分别是第 34 名和第 16 名;中国台湾地区是第 30 名和第 18 名）。相反,美国学生对科学的自尊心排名第一,数学第四,但是他们的 TIMSS 的数学成绩排第 19 名、科学第 18 名,2006 年 PISA 科学排第 14 名、阅读第 15 名、数学 19（详细的讨论请见第三章注释⑦第一项资料）。有鉴于分辨谦逊和真正的低自尊心两者差异的重要,我极力主张学者们重新省思对东亚学生自尊心的评量方法,因为若无视其差异则很可能把亚洲学生的一项长处当成了短处,而得出令人费解的结果。

第六章
"书呆子"的地狱与避风港

　　现代正规学校教育是以年龄来分年级(age-graded 采逐级年龄制度),所以大家会有年龄相近的同伴,因此,同伴是儿童发展中一个重要的社会情境。当孩子脱离儿童早期(early childhood),进入儿童中期(middle childhood,大约六到十二岁)时,会变得对其社会世界比对家庭更感兴趣。然而,现代儿童进入儿童中期和开始上学的时间一样,因此,从家庭转换到学校是儿童社会世界一个很重大的转变。虽然父母的监督减少,但仍有学校老师及其他教职员继续督导他们,所以改变最大的是孩子们现在每天大部分时间都和同年龄的同伴们在一起。

　　许多研究都指出同伴情境(peer context)在儿童发展中扮演了极重要的角色。[①]儿童中期阶段的孩子正在发展心智能力(体能亦然),特别是在社会认知方面尤其如此,[②]虽然还不能充分了解别人的心理运作,但是他们现在比较能了解复杂的事物,可以体会到自己所知所见和别人未必相同,也就是说他们知道每个人有各自不同的性情和想法。另外,他们掌握不同观点的能力也越来越成熟,能够将别人的期望、想法和行为与自己的分开,而且更准确地加以预料、理解和解释。孩子们与同伴有密切的社会性互动,不但非常关注同伴关系、友谊,以及自己在同伴间的社会地位,也同时很关心自己的特质、能力和独立性。[③]

　　伴随这些身心发展变化的同时,儿童也面临着上学后的成绩压力。因此,儿童在与同伴互动下的社会经验如何影响他们的学习与成就是非常重要的课题。西方关于儿童在这些过程中的应对方法与经历的研究比其他文化要丰富许多。他们的研究显示在同伴间拥有良好关系和较高社会地位的儿童通常成绩更好。④从儿童社会需求的重要性来看这个一般性的发现并不意外。因为不难理解，人缘好的孩子较有安全感而且不必担心同伴问题，所以可以专心于学校课业。这种来自同伴间正面的社会支持也会提高儿童的自尊心与自信心，更进一步产生较强的学习动机。但人缘较差的孩子如果感到被忽视、拒绝甚至被欺辱，就可能会害怕上学，也很难学得好。⑤

　　这些研究虽然很丰富，但却很少从学习者的层面来研究同伴关系，即儿童如何面对彼此成绩上不可避免的差异来看待他们的同伴。本章中，我将综合各个研究的结果以期能厘清这个以往受到忽略却非常重要的主题。我有三个主张：第一，儿童看待彼此学习者的身份/成就的方式对于他们如何应对、互动、相处，和对待彼此的情形有重大影响；第二，儿童对学习有成的同伴特有的态度深深地影响了他们后续的学习状况（除了一般社会发展与身心状况以外）；第三，儿童对同伴的态度受到本身文化深刻的影响。而东西方文化上的差异对这三项过程与造成的结果提供了一个极佳的对照。

西方学习者眼中的同伴

　　在西方，如果非常幸运的话，初中或高中同学可能会变成你的朋友，⑥但较常见的情形是成为你的竞争对手和压力来源，而最不可思议的普遍现象是会变成骚扰你的人。⑦想要比同伴优越，或至少不要输给别人的欲望使得学校变成了一个竞技场。⑧经常要担心同伴看待自己的眼光，还有可能失去人缘的风险，以及被同伴团体排除在外的后果，使得同伴成为压力的来源，⑨所以还可能被同学盯着嘲笑与欺侮⑩，遭到冷落、轻视与孤立⑪。大量的研究都指出，同伴骚扰和迫害在西方文化中相当普遍。⑫

"书呆子"地狱

　　研究发现中最显著且令人难以置信（对我这样完全文化背景不同的人而言）的是，有学习意愿的人受到的骚扰最严重。⑬事实上正是那些有求知欲又用功的初中和高中生在学校最常被恶意地冠上"书呆子"（nerds）、"怪胎"（geeks）、"笨蛋"（dorks）及其他带有贬义的称呼。显然很多西方国家都有这种形式的同伴骚扰，并不只发生在美国，在加拿大、澳大利亚、新西兰等英语国家也很普遍。美国的 nerd 在英国被称为 swot，⑭德国是 Schreber，法国是

bouttoneux,[15] 荷兰是 stuud,[16] 在以色列则是 hnun。[17]

那什么是"书呆子"？这个词[18]一般认为是美国本土的产物，最早可能源自苏斯博士(Dr. Seuss)在《如果我管动物园》(*If I Ran the Zoo*)一书中所创作的有趣韵文，书中有一句是"a Nerkle, a Nerd, and a Seersucker too"。[19]其中"nerd"这个词很快赢得了大众媒体及其后数十年的青睐，例如当年的一出情境喜剧《快乐时光》(*Happy Days*)中就出现了这样的角色。在 20 世纪 60 年代和 70 年代，这个词横扫美国和其他西方文化地区，特别用来指称在社交及体态上感觉很笨拙的学生，且通常是初中或高中男生。但光是这样还称不上是书呆子，另外有一个关键特质就是对知识的好奇心，而且书呆子会努力追求自己的兴趣(尤其是科学、数学、科技，或其他同学觉得太复杂困难的科目)，更重要的是必须有杰出的表现。[20]美国传统英语辞典(*American Heritage Dictionary of the English Language*)目前对"书呆子"的定义是：只专注于追求科学或科技研究但拙于社交的人。[21]这个定义中的特征结合出了书呆子的标签。目前的研究发现不仅男生，现在的女生如果喜爱追求学问又表现优异的话也会被冠上这个封号。此外，这个词虽然最早是专门用在白人男孩身上，但现在已扩及所有民族中符合这个形象的孩子。[22]

如果这只是无伤大雅的取绰号开玩笑的话，就不会引起任何严重的关注。但是正如雪登·怀特(Sheldon White)[23]所言，文化中诞生的新词都映射出重要的社会现实，例如 19 世纪晚期出现"青春期"(adolescence)一词即为一例，而现在西方世界各地纷纷出现"书呆子"和其他类似词的情形亦然。而最后我们发现，替同学冠上"书呆子"的封号是每天欺负同学的主要形式，专门针对那些符合社会、学校、老师、父母和孩子自己本身期望而认真求学的同学来进行骚扰。不幸的是孩子一旦被叫作"书呆子"之后就成了同学间公开愚弄、口头嘲笑、社会排挤，甚至身体攻击的对象。[24]

研究指出这种同伴骚扰十分普遍。1989 年费泽(N. T. Feather)[25]询问了澳大利亚 500 多名的高中生和 300 多名大学生对某些状况的反应，除了对成绩很好的学生和成绩普通学生的一般态度以外，还问他们若看到这两种学生遭遇失败后的反应，结果答题者都很喜欢看到好学生失败。他也发现高中生对于成绩退步到中等的好学生比对成绩落到垫底的中等生要来得友善，而且也更愉快。费泽用"栽倒的高大罂粟花"(fall of the tall poppy)的典故来比喻学生对杰出同伴的态度。此外,他还发现大家认为好学生"和成绩普通的学生相比,被视为孤僻、不合群"。[26] 在后续研究中,他用高罂粟花量表(Tall Poppy Scale)来测试 200 位成就普通的成人,发现自尊心较低而且较不看重成就感的人更会表现出这种负面态度。

约翰及麦可·毕夏普(John and Michael Bishop)[27] 最近针对像这样的同伴规范(peer norm)如何影响美国学生面对课业和用功的程度进行了一个大规模的研究计划。他们访谈了八所公立学校 10 年级的学生,这些学校都位于以中上阶层白人为主的郊区。他们以质性研究方法进行全面性的调查,在 325 所学校访问了超过 110 000 位初中及高中学生。

他们的发现和费泽及其他学者的研究结果一致,但他们看到了更细微之处:学术能力、积极学习态度与成绩都中等(average)的学生最少受到骚扰(每年 40 到 100 次)。而表现落在量表的两端,不论是极差或极好,也就是落在规范之外的学生最常被同学欺负(每年 120 到 220 次)。位于下端而被骚扰的学生有两种非常不同的类型:一种是最没有学习动机的捣乱者和敷衍偷懒的学生(落在规范下方);另一种是很用功但能力差的人(企图打破局限、超越规范)。这两位学者以"用功但不要太用功"[28] 来形容美国公立学校中这种强悍的同学规范。

在这种文化背景下,想要好好读书的学生害怕表现出很用功或者成绩很好的样子,研究人员表示:"他们通常会转换规则,在学校里遵守'用功但不太用功'的规范,但一到家就开始念书……常常隐藏自己非常努力的实情,对自己的好成绩很低调,以便能融入团体并避免同学嫉妒。"[29] 他进一步解释引来同学骚扰的不是好成绩本身,而是伴随着好成绩的个人意图、动机和行为。如果被同学看到你为了胜人一筹而"巴结老师"或比大家用功很多,会被大家不耻,然后来处治你。"然而,如果因为智商高而成绩好就不会被认为是故意的,也就很少被教训。因为不费吹灰之力就能有顶尖的成绩表示这个学生能力超凡,备受父母同学的看重。[30] 所以成绩很好的学生通常会自称没有读书来防止同学骚扰,也避免公开自己对学业的兴趣和好成绩。很多成绩优秀的学生用这个策略来赢得人缘。"[31]

由此看来一个学生除非天资聪颖,不然最好不要太用功。有一个比较四、六、八年级学生的研究发现,八年级(14 岁)的孩子虽然乐意让老师知道自己付出的努力,但很不愿意在人缘好的同学面前表现出自己有多么用功,但较年幼的孩子则不会。此外,到了八年级的时候,曾经因为聪明又用功而人缘好的儿童就不再那么受欢迎了,而那些不论能力如何但不用功的人缘最好。㉜另一项比较加拿大、德国和以色列八、九年级学生的研究发现,害怕被同学拒绝排挤的情绪损害了学生的学习和成就动机,而越多学生认同这种同学文化,代价就越高。此外,这种同学规范文化中越普及,其负面冲击就越大。㉝

这些研究迫使我们得出结论,西方有一个很强势的同学文化(至少在公立学校),使得学业精进和同学认可两者互相冲突,也就是学业成就越高,就要付出越高的社会代价。由于同学的社会认可是儿童,尤其是青春期孩子最关心的事情,迫使他们必须在学业和同学两种需求间作选择,除非天资聪颖不需费力就能有好成绩,否则不可兼得。"高大努力的罂粟花"在初始遭受同学猛烈的批砍,但最后真正毁灭他的是学习动机的消失。许多学者认为这股力量是一种平庸者的暴力(tyranny of mediocrity),这种同学文化竟然可以在父母学校连手鼓励孩童努力读书下仍如此长久不消,实在威力惊人。正如同约翰及麦可·毕夏普所痛惜的,㉞成人的努力很显然不敌同学文化的压力。这种文化使得许多学生求学与教育改革的努力都付诸流水,就像西西弗斯(Sisyphus)推动的巨石一样,好不容易推上山后又看着它滚落下去(根据希腊神话,西西弗斯王犯了错后被惩罚推动巨石上山,然后看着它滚下去,一次又一次,永远没有休止)。

可怜的是大部分的孩子没有让他们"轻轻松松考满分"的顶尖智慧。笑话大师盖瑞森·凯勒(Garrison Keillor)说得好,每个孩子分数都高于平均值的渥布岗湖神话(The Lake Woebegone myth)就只是一个神话而已,老师、父母和孩子自己都十分清楚这一现实状况。许多孩子也和父母师长一样觉得自己应该要充实知识才能,唯一的方法就是努力用功,但对于这样的孩子,学校却好像地狱一般。大量的研究都看到遭受同学攻击的学童饱受焦虑、自卑和忧郁症之苦,更别提差劲的成绩了。㉟这种心理问题对孩子造成的长期负面影响会随之进入成年以后,可能要花很长的时间才能拾回自信心,㊱有些人可能需要接受心理治疗来恢复心理健康,还有些人可能永远也不会好转。父母也很担心这种不幸而令人感到绝望的状况会降临自己孩子的头上。为了降低风险,父母会鼓励孩子发展兴趣、培养嗜好、参加课外活动和运动项目,来增强孩子在同学间的立足点。

我儿子读的公立初中学生同构型很高。他有点害羞而且运动方面的能力低于一般水平，但他对数学很有兴趣而且成绩很好，名字被列在学校走廊上的荣誉榜中。他就遭遇到了典型"书呆子"的经历，每天都被同学欺负，有些人不只口头嘲笑他或排挤他加入同学的团体和活动，有一个大个子还曾经试图把他丢进垃圾桶。我们收集到专门用来侮辱他的字眼有 12 个，每个上学日对他还有我们都是折磨。如果他回家告诉我们那天没有被骚扰，那就是个难得的幸运日，而我和我先生也可以松一口气。但是情形每况愈下，直到我儿子拒绝上学，要求在家自学或者转学。

不幸的是，这种同学文化在初中及高中前就已经出现而且运作完善。据研究指出，连幼儿园大班和一年级的儿童都了解在西方成绩好是双面刃的道理。如第三章提到的，我的研究㊲中请孩子把故事完成的方法发现，欧裔美国儿童在五岁这么大的时候就知道成绩优异的社会代价。他们非常清楚虽然成绩很好的孩子自己很开心（父母老师亦然），但是同学却因为他更好所以会"不开心"、"难过"、"生气"，还有"妒忌"。有些儿童表示曾对功课好的同学采取实际行动，例如不和他玩，或讲些伤人的话，所以造成成绩好的孩子会因此担心被同学孤立和拒绝。

欺负"书呆子"是人的天性？

我和我先生曾向儿子学校的校长和辅导员提议帮助学校推动"尊敬同学运动"（respect for your peers），但是这个希望很快就被学校的领导粉碎了，因为他们把这种同伴问题归因于人性，就像一般公认的人类有骚扰书呆子的基因。他们认为"孩子就是那样"，既然是天性，学校也无能为力。

我们无法再继续忍受下去，于是把儿子转进一所私立学校，那儿的孩子不再"就是那样"，而天性之说也就不攻自破。由于这所新学校不相信欺负书呆子是天性的主张，又或者因为大部分来此就读的学生都是书呆子，所以该校没有人被叫成书呆子，也没有欺负书呆子的事情。㊳我们的儿子很幸运地在学校有了朋友，也开始能享受较以往好上太多的学校生活。知识和社交在他的生活中终于融合起来了。

太久以来，心理学家尤其是发展心理学家都把这种同伴文化和欺辱现象视为理所当然。这种普遍的观念是以动物等级研究及社会支配与顺从的泛文化现象为论证的依据。㊳第二个使此观点获得普世公认的原因,其实来自对一个文化的研究结果,也就是西方文化。㊵把西方理论和以西方人为基础的研究发现应用在所有文化上,而没有实际研究过那些文化及其人民,这是把研究的局限当作支持证明的错误。不过近几十年来已有研究异文化的学者发现学校里的同伴文化亦有社会文化上的差异,㊶在本章东亚同伴文化一节中会有进一步的说明。以往所谓普世共有的同伴规范其实只是一种文化类型里的一个规范而已(以我儿子的新学校及欧洲各地的大学预科为例,都证明了即使在西方这也不是普遍共有的规范),因此应该要把西方同伴文化规范视为一种特例,而非普世共有的人类规范来加以检视。

西方"书呆子"难逃的厄运

为什么在西方有兴趣、有动机又认真学习的人会被如此轻蔑地对待,又为什么会有这么多人认为大家可以欺负那些和自己有相同目标的同学?如果想到西方文化一向是引领并持续拥护人身权利、人权、平等和民主秩序的所在,这些问题就显得愈加迫切。每个人都希望能享有安全与尊敬及接受良好教育的渴望,这是不言而喻的,然而西方学校里的同伴文化却似乎背道而行。事实上,在西方这些崇高的人类道德期望的底层所显现的似乎正好相反。

回顾以往的研究与理论,关于这种同伴文化的存在与运作,可看到几个似乎言之成理的原因。如前章所讨论的,第一而且最主要的原因和个人(individual)与自我(self)如何定义有关。有大量且可靠的心理学研究显示西方人对自我有一个固定的看法。㊷因此,自我生来就具有一组独特的气质,例如天生与众不同的性格,而这些独特的气质被认为是一个人最终人格发展的基础。在学习的领域,很多研究人员证明了西方人相信能力/智慧的存在与效力,尤其认为它是天生的,并且和个人的长处如才华、创造力、风格有关。个人长处的独特性是自我价值与骄傲感的来源。㊸因此,在学校表现良好时会对自己有正面的感觉,因为它肯定了自己的价值。然而,表现不好时,就难免会觉得自己天生不足,通常会推论为才智有限,而一般认为这是成功的基础。这种想法可以毁灭一个人的自我价值感。㊹没有人愿意面对这种个人的毁灭。

然而学校教育的过程除了对抗这种歌颂个人独特性与自我价值的文化精神以外别无贡献。学校教育是一个极度仰赖学业成果评量的过程。所有的学校,不论公私立都经常对学生进行学习方法与成绩的评量。以成绩评量为基础的学校教育不可避免会导致孩子越来越在意各种社会性的比较,例如谁聪明、谁普通、谁好、谁不好,还有最重要的是每个孩子在团体中的位置。老师对孩子正式与非正式的评量是学校教育的核心,但除此以外,每当老师问班上孩子问题时,就会出现这种社会比较。出来答题的孩子会变成同学们人己评比(self-other evaluation)的目标,得到好的评量结果会让孩子有良好的自我感觉,但如果结果不合意,孩子不只会对自己产生负面的感受,也会对造成这种否定其自我实现(negative self-realization)的孩子产生敌意。⑤

因此,如果说学校教育过程打碎了大多数孩子认为自己独特且优越的自我意识并不夸张。残酷的事实是,每个学校里只有极少数真的很独特又优异的孩子能够不用跌跌撞撞地从这种非个人化的学校教育过程里脱颖而出,他们也许真的就是那种念起书来"轻轻松松考满分"(effortless perfection)的人。但是学校教育的目的是要让大部分孩子具备一般生活所需的能力、知识和技术,也因而不可避免的让孩子了解到他们只是普通人,也就是说,除了少数孩子得以重新确认其独特及优异性,其他的多半会经历到被降格(downgrading)的感受。在一个自我观点僵直不变的文化里,拥有高成就的人若受欢迎是满可疑的,因为谁会对造成自己降格的人友善又尊敬呢?

第二个理由是,西方,尤其是美国文化充满了激烈的竞争性。匈牙利心理学家玛塔·弗洛普(Márta Fülöp)研究美国、日本和匈牙利高中生对竞争的理解后发现三个文化中的孩子都知道学校生活充满了竞争,但是美国孩子对这种情况感到最不愉快且反感。他们把竞争视为一种零和游戏(zero-sum game),意思是如果一个孩子领先赢过大家,其他的人必然要落后认输,这个概念的重点是他们认为竞争没有双赢。日本孩子相对最喜欢竞争,他们对竞争的看法与美国孩子的零和观念很不相同,他们觉得竞争是让自己赶上同学的好机会,而且大家会互相帮助,所以最后每个人都能有好成绩,双赢的结果使日本孩子比较喜欢这种竞争过程。匈牙利孩子的态度居中,他们以排名顶端为目标,但并不认为这是零和竞争。费洛普的研究结论是,虽然竞争普遍存在于自然界和人类世界,但会随着不同的文化及竞争的目的而有不同的形式、意义和过程。因此竞争是一种受文化影响而构筑的概念,并引导着人类的行为。⑥

美国孩子视竞争为零和游戏的观点和美国人一般固定不变的自我概念或

许有关联。比赛赢得胜利是自我价值的最高证明，只要自我价值高于其他所有人，这个竞争就会热烈地进行下去，两个过程互相依存使其动力达到新高点。胜利证明并巩固了自我的价值，促使自我为了胜利继续竞争，所以只要一直是胜利者就会持续下去。但对那些输得多赢得少的人而言，竞争无法确保他们的自我价值。输不但会让人自我怀疑、变得软弱，而且会失去努力的意愿。在人生的其他领域，你可以放弃不擅长的活动，另外追寻其他可以发挥的方面。但是义务教育体系不容许孩子把上学时间移作他用，不论喜欢与否，他们都不能躲避学业及其挑战。在学校教育里，孩子变得更容易受到零和游戏式竞争的打击，而可能失去对课业的兴趣、想要放弃或非常可能转而攻击那些造成他们失败的人。

第三个原因是西方文化似乎认为知识上的成就来自天资才华，顾名思义是天生的，这个根深蒂固的观念可上溯至古典时代，[47] 和自我固定不变的概念一致。但是这个假设很难驳斥，因为每个孩子确实天生资质不同，在各个不同领域中都可看到有些人显然更有才华。最简单的例子如莫扎特、毕加索、爱因斯坦、居里夫人，以及那些在数学、科学、阅读、写作上早慧的孩子等，都支持这种才华天成的假设。[48] 卡萝·杜维克（Carol Dweck）对此有数十年的研究经验。[49] 她用智力固定观与成长观的理论（*entity theory versus incremental theory of intelligence*）来解释孩童与成人对课业学习的观念。持智力固定观的人认为一个人的智力在出生时就固定不变了，而持智力成长观的则认为智力会因学习而增加。有趣的是，西方幼儿园大班学生认为聪明的人会努力工作，而努力的人也都很聪明，但不幸的是等他们到了小学阶段后发现光靠努力未必会有成就，另外还需要能力。青春期的孩子更加明白努力其实代表着能力不够，聪明的人不需要努力，所以那些努力的人一定不聪明。[50] 很多研究都发现初中和高中孩子会利用各种各样的方法隐瞒自己用功的证据（不只是为了躲开同学骚扰），以免被（通常是老师）认为能力不好。[51] 以西方如此根深蒂固的才华天成的假设，不难看出那些为了进步而努力的人可能会被认为是在企图改变不能改变的命运（"unalterable" lot），不过是徒劳无功罢了。这可能是为什么在毕夏普的研究里能力差的孩子会首当其冲成为同学骚扰对象的原因，但也不能否认的是，书呆子这个词对听到的人投射出一个可怜复可笑的形象，也许是造成那些有能力"轻轻松松考满分"的人会幸免被同学欺辱的原因。

我刚好认识一个男孩子，他的经历在我看来鲜明地描绘出了学校里这种对天资的假设如何运作的状况。他在高中时每一学期英文课的第一篇作文都拿 B。他的老师都很优秀又关怀学生，也总是很愿意帮助他。九年级的时候，他确实试着完成所有老师交代的事情，诸如写大纲、打草稿、照老师的建议修改等等，但仍然拿了 B。这个男孩刚好颇有探究精神，于是开始拿自己做实验。他故意迟交作业，第一次晚几个小时，然后晚一天，最后拖了好几个星期才交。到最后他作业全交出去后，他拿的还是 B。他在高中第二和第三年（十和十一年级）时又重复了这个实验。这个男孩的结论就是学校里有一个潜规则：一旦被认定是 B 等写作能力，不论你做得多好，也不会改变老师对你的看法。他自我实验里最离奇的发现是，不论做得多糟，B 等写作也不会被降为 C 等写作，可以说他已经被定型了！当然，大部分读者会觉得这个男孩子拿自己的学校成绩做实验真是太傻了，但这让我们看到了学校里对天资的成见有多么根深蒂固。结果不用说，这个男孩从此不再喜爱写作了，虽然就我看来他写得很不错，至少比我开始用英文写作时要好很多。

在学术研究方面，黑曼、付根跃和李康（Heyman，Fu，and Lee）[52]最近做了欧裔美籍及华人小学高年级学童是否愿意让同学知道自己成绩好坏的研究。他们发现欧裔美籍学童只会把自己的成绩告诉和自己差不多的同学，而不会告诉比自己好或坏的同学，因为担心会被认为是在炫耀（对成绩较差的同学），或泄漏了自己能力不足的事实（对成绩较好的同学，大概担心从此不能翻身了）。

金妮·欧克斯（Jeannie Oakes）是研究美国教育系统的权威，对著名的高中分班系统（tracking system）进行了长时间彻底的调查，她的研究得出了一个非常清楚的结论就是，高中教育不在于提升孩子的学习，而是确认他们已显示的能力。欧克斯和吉顿（Guiton）表示：

> 让这些"初中老师对学生升九年级分班时做的"推荐和评语如此有力的原因是大家普遍相信一个学生的学业前途事实上在他进高中前就决定了。许多人认为学习动机和智能是固定的……所以不是教育者能控制的。很少证据显示有任何学校的教师认为高中课程可以（或至少应该尝试）增进学生的智慧或提升他们的期望。这个主调反映在许多行政人员、

老师和辅导员的谈话中……有些人直接告诉我们,进高中前就"已经结束了"。例如,(有位)校长说……他在孩子们幼儿园大班毕业时就可以看出来谁到了高中成绩会很好……有位辅导老师告诉我们,高中老师一般相信学生一旦进了高中,不是有很强的内在动机,就是没有,而且无法改变。[53]

在"普遍相信高中生能力无可对治的观念"下,[54]课程设计和教学法也会以配合学生已有的特质为目标,而不是去加以改变或改善。虽然学者研究的是高中能力分班的宗旨与制度下老师和行政人员的观念,但研究结果指出这种观念不限于高中,包括幼儿园老师对极小的幼童的能力也是做如此的判断。

最后,西方似乎有一个智力与社交能力对立(intellectual-social divide)的假设。很多人以为如果一个孩子对智识追求有兴趣,那他一定有什么地方不对劲,而那个不对劲的部分一定就是缺乏社交能力,而且可能永远也没办法得到,就像费泽高大罂粟花一样。姑且不论骚扰缺乏某种能力的人是件很严肃的道德问题(如同欺负残障人士的道德问题),这个智力与社交能力分离的假设完全是个错误。儿童发展研究以及进步神速的神经科学领域告诉我们,所有的人[即使带有先天性障碍(congenital challenges)]都具有完全发展人类能力的潜能,而且虽有程度差异,但都可以达到很高的境界。每一个人如果有机会并得到支持与帮助都可以学好任何一种技能。[55]我们的能力非但不是天生注定的,而且还有未被充分了解的潜力。一个孩子若是开始时缺乏某种能力,不论是智力、社交,甚或体育,但如果把他放在一个良好的环境下加以培育都可以习得那个能力。但是如果校园里被天生注定/智力固定等这样(违背科学证明)的观念所主导,那么就一定会产生所谓的书呆子,而他们也将难逃被同伴骚扰侵犯的悲哀命运。

东亚学习者眼中的同学

东亚社会的学校同学文化与西方相当不同。华人文化里影响力最强的无疑是来自儒家的学习传统,日本与韩国亦然,所以可能和华人很类似。英文中的"school peer"在中文就是"同学"两字。第一个"同"字是"一起"的意思,第二个"学"字就是"学习",因此照字面上理解就是"那些一起学习的人"。日文里比较正式的讲法是"学友",中文书面上也会用到,意指"学习时的朋友"(learning friends)。同僚(Douryou)和仲间(nakama)是比较日常的说法,但也用在工作场合。同僚中的"同"和中文平常说的同学的"同"是同一个字,"仲间"指的是一起从事某样活动的一群人。在韩文则里是"kyo-woo"(校友),是同校的朋友。这三种文化里的这些词都用到的字有"同"、"学"或"友"。

"Peer"(同伴)的概念在西方和东亚文化中的差异不是枝微末节的小问题。根据《韦伯英文字典》(Webster's English dictionary)的定义,同伴是与自己属于同一个社会群体且地位平等的人,尤其是指以年龄、级别,或身份为组合基础的群体。⑤这个定义的关键是同样的年龄、级别或身份,而其中最强调的一点是在群体中的地位。《现代汉语词典》(第六版)对"同学"的一个解释是"同在一个学校学习的人"。⑤这个定义中没有提到年龄、级别、地位等身份的概念,强调的是在同一个地方在同一位老师门下一起学习/读书,而彼此是朋友的关系。所以西方把同伴的重点放在学童团体里的身份/地位,而东方着重在有着同样老师或在同一个地方学习的朋友。⑤

同学的重要

华人的同学之间是如何彼此看待与对待的呢? 从孔子最早开始收弟子的时候起,同学就是一起学习且有相同学习目标的人。如前章所述,儒家教义中学习的目标在于培养个人道德情操,但是除了个人的决心以外,在自我修养的实际过程中若只是静坐沉思踽踽独行,不能达到最好的效果,所以在这个过程中同学很重要。孔子《论语》首篇第一句就说:"学而时习之,不亦说乎?"接着又以同样欣喜的口吻说:"有朋自远方来,不亦乐乎?"⑤因此可见孔子认为和目标相同的同学一起追求道德上的修养是很快乐的事。

同学并不是碰巧和你同时向同一位老师请教的陌生人,而是追求同样人生目标且志趣相投的朋友,是彼此的支柱。孔子的门生子贡家境富裕,他领悟到人并不因为富有而比穷人优越,于是有次便向孔子卖弄自己的见识,以下是《论语》中对两人对话的记录:

原文:

　　"子贡曰:'贫而无谄,富而无骄,何如?'子曰:'可也。未若贫而乐,富而好礼者也。'子贡曰：'诗云：如切如磋，如琢如磨，其斯之谓与？'子曰：
赐也，始可与言诗矣，告诸往而知来者。'"

这段对话的白话文是：

　　子贡说："不因贫穷而奉承巴结，不因富贵而傲慢自恃，老师觉得这样
的人怎么样？"
　　孔子说："不错，但是不如贫穷却能乐道，富贵而又好礼的人。"
　　子贡说："您的意思就像《诗经》里说的'如切如磋，如琢如磨'，牙骨玉
石要再加以切割磨炼才能成大器吗？"
　　孔子说："赐（子贡的名字）啊！你能见往知来、举一反三，我可以和你
谈论《诗经》了！"⑥⓪

　　"切磋琢磨"来自《诗经》⑥①，是孔子与弟子从中汲取智慧与美学灵感的来
源。这句话透过孔子师生的对谈成为东亚同学关系的缩影：一同学习、摸索、
讨论、互相帮助、改正，以及最重要的是会互相学习、彼此改进的关系。无怪乎
同学是人一生中除了家人以外最重要的人际关系。因为共同学习的经验也是
共同生活与成长的经验，所以珍贵无比。因此，同学就是同窗，最后可能会进
一步成为同窗好友，这种在同一个地方学习的好朋友的概念历经数千年而传
到现代（后面将会谈到相关研究）。中文和日文中的"学友"及韩文中的"校友"
都有朋友的意义在内，所以在这种文化氛围里恶意骚扰或用侮辱性的名字称
呼同学，坦白地说是难以想象的。

"书呆子"的避风港

　　读者可能会好奇：难道在东亚这种文化情境里就没有同伴问题吗？事实
上中文也有"书虫"（bookworm）一词，用来形容除了读书什么都不会的人，不
过这不是校园里流通的词，而是社会上一般成人间在用的字眼，所以东亚各国
也许有其他的词来形容奇怪的行为或作风，而且同学间必然也有孤立与排斥
的现象。近来报告显示东亚校园欺辱的事件有增加的趋势，⑥②但是重要的差别
是东亚学生并不以聪明好学或成绩优异的同学为骚扰的对象。根据华人儿童
社会发展专家陈欣银（Xinyin Chen）的研究，华人校园里，至少中国的学校里只

有两类同学团体：好学生和问题学生（antisocial/delinquent group），书呆子似乎不构成一种类别〔然而，西方校园里的学生类型要多很多，例如，运动肌肉男（jocks）、怪胎（geeks）、脑咖（brainies）、哥特族（Goths）、嗑药族（stoners）、毒虫（druggies）等等〕。[63]

相反，那些成绩优异的学生通常是被同学们羡慕、欢迎、模仿、追求交往的对象，不"酷"（例如，外表、运动或仅仅社交能力不佳）也没关系，因为光是成绩好就足够赢得同学们的尊敬和羡慕。在我的理想学习者研究中，华人描述同学会如何对待其理想学习者时，87％表示"尊敬与钦佩"，42％表示"视为楷模并希望和他们做朋友"。[64]黄幸美研究为什么台湾地区的儿童愿意上补习班时也发现"得到同学尊敬"也是原因之一。[65]我与同事做的幼儿园大班孩子对功课好的同学的感觉，其研究结果也显示华人儿童会仿效并希望自己能像好学生一样（但是欧裔美籍儿童会比较排斥与孤立好学生）。[66]最近一项[67]有关华人同学团体如何运作的研究发现，小学和初中时属于好学生类别的孩子在两年后社交能力会更好。但另一方面，仅仅社交能力好并不具备相对的效果，也就是说，同样时间内，人缘好不会让孩子的成绩变好，这个结果和西方儿童团体的研究与理论相反。[68]此外，好学生群体里即使是功课较差的孩子，也比被归类于功课不好的孩子出现较少的社会问题。在中国社会里与好学生为伍有防止发展负面社会行为的保护作用。这些研究证实了在中国，功课好确实会带来同学的尊敬、喜爱和其他的好处。在别处受尽欺侮的"书呆子"却可能在这个避风港里备受呵护而大放异彩。

在学习的领域，华人的同学文化不像西方，大致上多多少少和学校、家庭及社会的文化是互相协调的。换言之，东亚也有专属青少年自己的音乐、流行、团体活动、网站和不同世代间的代沟与冲突，但是青少年文化和学校及家庭在学校教育上似乎冲突较小。这样的同学文化到底如何运作？其产生至少有三个可辨识的层面在相互作用：学校/社群、家庭和孩子自身。

学校及社群里同学互助的学习方式

在学校里成绩好的学生通常会被当成是班级的领导人物，不见得是因为他们有了不起的人格特质（例如，外向、合群、友善、吸引人的外表），而是因为他们可作为其他同学仿效的模范。例如，在中国的学校，每年老师和同学会提名然后选出在品德、学业和美术/体育等方面特别优异的"三好生"(Three Excellences)。选出模范学生背后的观念是每个人都应该也有能力向模范学生学习,并且达到和他们一样的成就。现在学校采用更为民主的方式来选拔学生领导。例如,候选人会组织竞选活动和对手进行辩论并发表他们将如何为班级或年级服务的政见,然后进行公开的投票与开票过程。不论哪种选拔方式,都不太可能选出成绩不好的学生,因为有良好的社会关系和课外活动表现不如好的学业成绩来得重要。[69]

当选为模范生是很高的荣誉,学校为了加强对学生的正面影响,可能会定期举办讨论会,请模范生来分享他们遇到的挑战和克服这些困难的策略。所有的孩子都愿意参加这样的讨论会,听模范生分享学习各个学科的窍门,如何安排读书、社交及其他课外活动的时间,还有他们读书的方法,等等,而同学们可以问问题并交换意见。如前所述,成绩好的学生并不在意成为大家目光的焦点,因为大家并不把他们当成天赋异禀的人,而是习得良好技能的同学。同样地,功课不好也不被认为是天资不足,所以,所有的孩子都能从模范生身上学到提高学习效果的方法,而每个孩子在人生不同阶段都有机会成为众人的表率。

除了这类讨论会,老师会要求成绩好的学生"负责"帮助其他同学,所以每一个科目都设了"科代表"。老师会鼓励学生进步并成为科代表,同时也鼓励功课不好的学生去寻求同学的帮助。两者在教室里配合得相当天衣无缝。老师甚至会把功课好和功课不好的学生两两配对,以期提高所有学生的成绩(全班成绩会影响老师的升等评鉴,所以是诱因之一)。以下是北京一位老师生动的描述:

> 有位八年级的学生在学校很害羞,不太讲话。每次老师叫他回答问题,他都红着脸、低着头不说话。同学们会低声地要老师不要烦他,因为"他不会"。但是老师不久就发现这个男生数学很好,于是对全班同学说如果有人能让他开口,就可以加分,于是大家都去找他……现在那男生不再害怕开口,而且和同学互动很好。[70]

很显然,帮助和被帮助的学生都有人人都能进步的共识,所以在这个文化情境中,寻求帮助并不可耻,提供协助也不会不妥。

最近有一项对小学高年级学生如何向同学透露自己成绩的研究让我们能一瞥这个过程。前面曾提到黑曼（Heyman）和同事[71]发现美国欧裔学童只会让成绩相当的同学知道自己的成绩，不会去告诉比自己好或比自己差的同学，免得被认为是自曝其短（如果告诉功课更好的人）或炫耀（可能担心被成绩较差的同学制裁）。但是，华人学童不管属于哪个程度都会告诉所有同学自己的成绩。告诉功课好的是在试探寻求帮助，通常就会得到帮助；告诉功课较差的，其实是在提供帮助，而对方也会欣然接受。这一发现解释了华人学校里同学互相帮助的情形为何这么普遍。

有一个巩固这种同学互助学习方式更平常的方法就是成立小组。华人学校的班级很大（每班小学 40 人，初中和高中约 60 以上），每班会照座位分组，所以一个 60 人的班级可能会被分成五六组。小组长通常由组员选出，但很多学校会鼓励学生轮流当，因为这样每个人都有机会锻炼自己的领导能力。小组长会帮助老师收集、分发作业和考卷，安排团体活动，代表班级联络沟通，还有分配打扫工作（华人学生自己打扫教室）等。

除了这些组织行政上的工作，小组长也负责组员的学习，例如组织组员一同做作业等。华人和其他东亚孩子比西方学童的功课多很多，[72]老师会仔细检查每天功课是否做完并给出评分或评语。然而不像西方，东亚学校的作业并不算成绩，那么就有疑问：为什么还要给作业？又为什么这么多？因为作业是为了练习、复习，还有对当天教的课程提供一个反思领悟的机会，所以作业本身不是用来证明学生是否已经融会贯通的方法，因为学习成果需要长时间的累积，这在第四章有详述，作业的设计和使用其实是反映了儒家温故知新的深度学习思想，因此，做作业是学习的步骤之一，不是表现学习结果的时机。[73]

小组成员经常会轮流安排时间在学校或请同学来家里一起写作业。我初中时带同学回家（不是私下的朋友），我爸妈会在晚饭后清出饭桌让我们写功课。团体写作业有两个重要的目的：（1）确定每个人都写完功课；（2）互相帮助消化白天学的东西。那些听懂例如某个数学概念的人可以解释给有理解困难的同学听，大家互相分享，最后每个人都会有收获。此外，小组学习还有两个重要的额外好处：（3）减低老师难以负荷的教学负担；（4）培养良性的同学关系。最后，父母也许就不需要亲力亲为地弄通学校所有的科目，也不用太介入孩子每天的课业和同学间的互动（西方家长需要安排孩子和同学的游戏日、开车带孩子参加各种课外活动,还有帮助作业),因为孩子们自己很自然地就可以打成一片。

成绩好的学生也不是校园里的秘密,就像在西方一样会受到地方媒体的宣传。从学校、学区、市到省级有不同等级的荣誉学生,区域越大,荣誉越高,[74]而拥有荣誉学生是一个社群极大的骄傲。2005 年,我访问了中国的几个城市与乡镇,看到大街小巷挂满旗帜横幅,上面写着高考最高分的学生的名字,作为宣传,而在市中心,有公司广告牌写着他们对大学考生不同等级的资助金额。这种传统很显然也传到了国外,例如在美国,中文报纸会定期刊登全国、州和地方学术竞赛中得奖学生的人物报道。[75]所以要阻挡这样的文化风气几乎是不可能的。

父母心中的模范同学

东亚文化中的父母在进一步强化对好学生的正面态度上扮演了重要的角色。在任何文化中,父母都是传递文化价值观的关键,因为那是他们帮助孩子社会化的依据。他们虽然是推动文化价值观最有力的人,但经常对自己扮演的角色并不自觉。这个从日常生活中耳濡目染习得价值观的有趣过程叫作涵化(enculturation)。人类学家长久以来就发现涵化的力量及影响来自文化中最寻常的生活内容,并不需要藉由正规教育来完成。华人儿童对优秀同学的正面态度很大一部分是受到这种日常教养过程的结果。显然,华人(及其他东亚)父母平常会习惯性地为孩子指出谁是模范学生,并确实要求孩子向他们学习。

首先,如第四章提到的,师法模范是中华文化里教育儿童的一项悠久的传统。中国历史上所有的学者和学习榜样仍然是口传故事中的主角,许多乡镇文献里都记载了他们的事迹,为他们立纪念碑,他们的故事也成为电影和戏剧的素材,[76]以及学校里的语文教材的内容。我最近研究了大致仍是全国统一的中国义务教育九年级的中文课程,发现 36％含有学习模范的内容。[77]因为现在学生的家长自己小时候就读这些故事,所以这些榜样对父母和孩子而言一样生动真实。父母为了鼓励孩子会习惯性地要孩子们以这些人物为学习的榜样(与老师们一致),因此,孩子们很熟悉也很习惯这种教养方式。

不过遥远的历史人物和模范形象不是父母的唯一资源,他们也善于在邻里间就近寻找好学生,或经常和孩子的朋友们交谈来发现谁在学校表现优异。这些好学生包括亲戚、朋友和同事的小孩,还有社群中公认的好学生。一旦发现了这样的榜样，他们就会和孩子分享，清楚地两相比较并鼓励孩子仿效他们。我个人的经历就是一个典型的例子。我在美国取得博士学位后，家母把我身着博士袍领取毕业证书的照片寄给在中国大陆的亲戚，没有想到这张照片被好几位亲戚装框挂在客厅墙上。除了感到与有荣焉以外，他们很显然把我当成了一个榜样，用来激励他们的孩子用功读书。在我们对华裔移民高中生的研究中，有77%的学生表示他们的父母会要他们以邻里间的好学生为学习榜样。意外的是，虽然对父母此举感到厌烦，但这些青少年也发现自己会被激励得更加用功。以下是一段访谈的节录：我"妈妈老喜欢对人吹嘘我有多棒，然后她……不知道怎么会看到别人的成绩单……就对我说，看看人家，每科都拿 A，看看你，有一科B……你应该都拿 A 才对。我在想那还不够吗？嗯，我倒不会觉得泄气，其实会让我觉得该更用功一点"。[78]华人父母这种要孩子效法好榜样的作风十分普遍，但这点极少在欧裔美籍和其他族裔父母的身上看到。

孩子自己寻求同学支持的学习方式

从对成绩优异同学的一般态度来看，华人孩子对这些好学生自然也有类似的态度。在我的理想学习者研究里，我曾问大学生："你的理想学习者对具有好学心的人有什么感觉？"大多数（77%）都表示会很尊敬（respect）、羡慕（佩服 admire）、尊崇（revere）、敬重（esteem），并且欣赏那些热爱学习的人。42%的参与者表示（其理想学习者）会谦虚地向那些好学的人学习、把他们当成自己的榜样，并且努力精进迎头赶上。43%认为理想学习者会把有好学心的人当成志同道合者，分享同样的生命目标，以他们为友，或渴望跟他们一样。[79]之前提及的黑曼（Heyman）及陈欣银（Chen）与同事们最近分别对普通的华人小学生（非理想学习者型）的研究结果都证明孩子们有这种完美同学（peer paragons）的意识。[80]

因此，不须老师父母在旁边敲打，孩子们也会彼此寻找自己的榜样。我和同事合作的研究发现，来自低收入家庭的华裔移民高中生在学校会继续以这种同习支持的学习方式来互相帮助。我们问他们谁会帮助他们的课业，三分之一的人表示由于父母英文不流利或者不熟悉美国学校的课程安排，所以是借着和朋友在学校或家里一起写作业来完成功课。所以这些读书必须靠自己的移民子女选择了同学支持的学习方式，而非独自打拼来面对学业。例如，数学好的同学可以向这个群体中其他同学解释数学概念，另一个擅长历史科的也许会上网找资料来帮助大家。由于现在网络实时通讯很发达，有时候他们不见得需要在同一个地方，只要同时上网一起写功课即可。其他族裔，包括欧裔美籍的学生则很少提到这种同助支持学习方式。

东亚悠久的模范生传统

我们从上一节可以看到一个清楚的图像：成绩优异的学生在东亚不只很少遭受同学骚扰，而且实际上是大家赞扬推举的行为榜样。所以学校、社群、父母和孩子本身如何在学校创造出一个学习避风港是首要的研究主题。然而，现实的描述和其运作并不能解释文化差异的原因。接下来，为了理解东亚同学文化的存在和延续，我将根据研究资料来概略说明埋藏在文化底层很重要的价值观和信念。

首先，如前面曾讨论过的，东亚学生承继的文化学习传统数千年来形塑着儿童的生活和教育体系。综观历史，这个传统除了 1966 年至 1976 年"文革"十年以外，几乎没有中断过。[31] 很具讽刺的是，即使在政治上不幸的低迷时期，中国人向学的欲望也没有断绝（虽然知识分子遭受摧残）。当时真正被公开抨击的是某些特定的知识，也就是儒家、科学及其他"资产阶级"思想，所以十年浩劫之后，各方面的学习很快就恢复了生机。除了中国，其他东亚文化并没有经历明显的中断，因此，这个传统在东亚可说是根深蒂固、丝毫未减，而且绝非夸大其词。任何违反传统的同学文化很难动摇这样的价值体系。

其次，抵制高成就的反传统同学文化必须要有一个清楚的理由，但是依我来看并不存在。孩子有什么理由要对抗父母以及自己都看重且渴望的东西？此外，学校、社群和家庭合力打造了一个让成绩中下与成绩好的学生有密集互动且能得到帮助和自我改进的环境，所以实在没有道理用贬抑的外号来欺负会帮助自己的同学。

但是东亚成为高成就者避风港的一个深层因素是东亚文化并不认为个人的天赋是与生俱来固定不变的。不像西方，东亚人认为在个人努力和社会影响下人是具有可塑性的。[32] 如前面所讨论的，立下决心（加上学习美德）是一个人发展的关键，关系到能力和智慧的成长。因此，一次的成功不代表个人全面的成就，因为各方面都仍然有改变的可能。同样地，也不能以一次的失败来否定一个人的天赋。因为终身学习是每个人最根本的生命课程，不论成败，自我都要持续的修养成长，而最重要的是要能发愿并确实努力自我改进。[33]

认为自我有可能大幅改变是信任社会影响的第二个原因，也是个人可塑性的延伸，所以华人文化非常重视环境对儿童发展的影响。[84]"近朱者赤、近墨者黑"正说明了老师、父母和孩子这种相信他人对自我影响的普遍信念。越年幼的孩子受环境影响而改变的可能越大，所以父母老师会敦促孩子接近好的影响，而远离不好的影响。这个信念直接反映在接受老师父母鼓励而去寻求好学生的帮助上面。如果发现孩子与不读书或有行为偏差的问题朋友为伍，父母会表示不赞同的态度。由于中华文化经常视成绩为美德和道德的表现，所以华人父母于理也会鼓励孩子与成绩好的孩子为友。[85]

最近在西方与东亚文化差异的研究显示两者对于物体（objects）的感知非常不同。[86]西方人聚焦在物体本身，东亚人的注意力则往往放在背景的大环境上。给一群人同样的东西，例如几支同样的红铅笔和一支不同的绿铅笔，或者一群小鱼中有一条大鱼，西方人会注意到那个突出的、独特的单一对象，但是东亚人会比较注意整个群体。有些学者认为这种倾向是文化影响关注焦点、觉察力和信息处理的表现。最近的研究[87]也证明亚洲儿童在三岁时受到成人共识的影响比欧裔同伴大。虽然这些实验据称是以两个文化的认知差异为研究主题，但我认为东亚洲人对环境（即个人以外的因素）的关注对其"近朱者赤、近墨者黑"的观念提供了很好的解释，而这是东亚父母师长朝着理想的儿童发展结果去进行社会化的基础。

玛塔·弗洛普（Márta Fülöp）对竞争的文化差异研究，也为同伴文化的差异提供了相关解释。[88]弗洛普的研究假设竞争和合作在西方是两个互斥的、二分的行为概念。根据这个假设，一个高度竞争的文化，则合作性必低。强调个人主义的美国就是一个竞争激烈而合作性低的社会；前社会主义国家匈牙利则相反（大概受到社会主义教条影响）。然而日本的情形是这种西方二分法的一大挑战，因为日本同时是高度竞争也是高度合作的国家。为了找出竞争和合作如何能够并存的原因，弗洛普以三个文化中超过700名高中生为研究对象，请每一位参与者描述自己就读学校的竞争状况来看他们如何看待竞争，以及他们如何与人竞争。

她发现学校里竞争的激烈程度依序是日本、美国、匈牙利。学生提供的例子从试图得到好成绩、赢得比赛、入学考试超越别人、进较好的大学、到参与课外活动都有。但是日本学生的报告虽然显示了最激烈的竞争情形，但他们的竞争经验却也是最正面的，美国学生的正面感受最低，匈牙利居中。日本学生较多认为在竞争的过程中，个人可以自我改善、加强学习动机、发挥个人努力、获得成就感、展现意志力、进行自我评量，而且很愉快；美国学生最主要的感受是竞争促使他们发挥自己最大的极限；匈牙利学生提到最多的是排名。关于竞争负面，美国学生显示出承受的压力最大，另外还有输和自私的感觉。美国和匈牙利学生也都比日本学生体验到与同学更强的冲突。弗洛普的结论是日本学生在学校的竞争经验最正面，美国最负面，匈牙利居中。日本学生在竞争当中彼此激励、互相帮助改进；匈牙利学生借着竞争提高自己的排名；而美国学生则试图领先其他人。对日本学生而言，竞争对手就是朋友，所以合作的成分很高，结果是可以提高每个人的成就并也因此强化了他们之间的关系。对匈牙利学生而言，竞争对手是敌人，合作性低，[89]会造成赢家和输家的对立，导致关系的恶化。美国学生的竞争对手就是比赛的对家，合作性质也低，但是与对手关系并不在考虑之中。

最近，渥金斯(Watkins)和他的研究生用弗洛普的方法来研究香港高中生对竞争的看法和进行的方式(同时追踪教育程度高与中/低的学校)。[90]结果和弗洛普的发现类似，两种学校里参与研究的大部分学生都表示他们的学校鼓励他们和其他同学竞争(分别是 81％ 和 67％)，但是学生对竞争的感受正面大于负面，或者中立。正面的例子包括：

1. 竞争激励我改进；感觉很好。
2. 竞争促使我们主动积极地参与。
3. 我们的学校藉由竞争鼓励我们彼此学习。
4. 我觉得很开心，因为竞争让大家都进步了。

负面的经验：

1. 竞争很辛苦，让我喘不过气来，很想放弃。
2. 很难，压力很大，我不想和别人竞争。
3. 我觉得很紧张，我一定要赢。

此外，学者也很明确地询问参与研究的学生是否尊重他们课业和运动比赛中的对手，结果发现大部分学生(超过 90％)回答"是的"，最主要的原因是他们的对手是他们的"朋友或同班同学"，而且在竞争中应该"要始终尊重所有的人"。

这些研究结果让我们不得不承认学习和成就是属于每一个人的。而这些发现和基本的儒家教义不谋而合，同学是我们学习、合作、尊重的对象，而且最重要的是同学可以彼此帮助互相提升。在这样的文化里，欺负"书呆子"是难有立足之地的。

那么我们如何解释东亚常见的类似高大罂粟花那种除之而后快的现象呢？[91]这种观察并没有错，但是若常被盲目地拿来解释生活中所有的层面则极不恰当。在东亚社会生活中，尤其是社会经济资源分配严重失衡的社会中，那些拥有较多资源的人常成为攻击的目标，但这和以道德修养为目标的求学过程完全不同。努力奋斗自我修养是人人皆可为且可得的，并不是为了夺取资源，而且有道德修养的人越多，整体社会就越美好。在这方面，"高大的罂粟花"非但不是个问题，反而会成为人人的目标，尤其是在大家都相信人人都有能力成为高大罂粟花的情况下。

我认为最后一项可以用来解释东亚同学文化的文化价值观是社会关系形成和维系的方法。根据儒家学说，最重要的社会关系是在家里形成的。华人（及其他东亚人）透过家庭模式来概念化、分类、探究和维系其社会世界的运作。孩子在家里要称呼比他们年长的手足为哥哥、姊姊，比他们年幼的为弟弟、妹妹，很少直呼其名，所有的亲戚也都依据父方母方（男/女方）、辈分、年龄而各有特定的称呼。儿童也学着以这个模式来分类外人及处理社会关系。例如，当遇到邻居同辈时，孩子们需要知道对方比自己年长还是年幼，如果年纪比较大，就称为哥哥或姊姊；如果较小，就叫弟弟或妹妹。同样地，如果遇到不熟悉的大人，孩子也需要知道这个人比自己的父亲年纪大或小，然后决定称呼对方伯伯，还是叔叔，如果是女性，则叫阿姨。[92]

这种由家人向外扩展到陌生人的人际关系形态重要的目的是各个称谓不同的角色都有其伴随而来且清楚界定的责任义务，以及照顾与特权。例如，比较"年长"的都有责任照顾、教导、指引辈分比较低或年龄比较小的人，并做他们的榜样。即使是只略微大一点的哥哥姊姊也会被父母要求在弟弟妹妹面前有较好的行为举止（例如，把糖果让给弟弟妹妹）。来自不同家庭的孩子一起游戏的时候，也可以观察到这种社会化情形，妈妈可能会用年龄差距来跟比较大的孩子讲道理（例如，"你是姐姐，她是妹妹，请把玩具给她玩"）。而称谓上较"年幼"的也要接受自己在人际关系上的位置去尊敬/重视、听从、遵循较年长者的关心、教导和指教（例如，四岁大的孩子可能被要求仿效六岁大的哥哥怎么拼英文单词）。等到开始上学，大部分的华人孩童对这种复杂精细的称谓区分系统都已很熟悉（至少近亲关系），大部分孩童也能体会长幼角色的相对责任义务。[93]

因此，中国台湾地区的孩子对同学仍然有学长、学弟、学姐、学妹的称呼。例如，如果年级低的同学问年级高的同学数学问题，学长就有责任要帮助。同样，如果一位学姐帮助或教导学弟、学妹，学弟、学妹也要接受。这个文化系统使得老师、父母会要求成绩好的学生承担起帮助成绩中下学生的责任，同样地，寻求好学生的帮助是成绩中下学生的本分，所以这个学习系统里没有羞愧或藐视的情形，就如前所述，寻求帮助是展现谦虚的美德，提供帮助则是慷慨大方与尽责任的表现。在这种以家庭模式为基础的社会关系之下，自然很难有骚扰"书呆子"的行为。[94]

美国的亚裔"书呆子"族

美国的亚裔人士都很清楚他们的孩子在学校都被叫作"书呆子"，而且经常被骚扰。从他们的文化背景、明显地重视学校课业，以及成绩通常很好的情形来看，这并不意外。但雪上加霜的是，华裔孩子普遍身材较小，运动能力方面比其他族裔的孩子差，所以在体格及行为上都符合"书呆子"形象。其他族裔可能也有受这种欺负"书呆子"文化折磨的孩子，但亚裔学生们是美国校园里公认的"书呆子"族群。

因此他们首当其冲承受着全方位的同学骚扰，我儿子的经验就是一例。就全美来讲，目前有一起费城亚裔美国人法律保护和教育基金会（the Asian American Legal Defense and Education Fund）控告学区没有保护亚裔学生的诉讼案，显示了亚裔同学被骚扰的情况已达到高峰。根据 NBC 新闻，26 名学生被非亚裔同学攻击（被殴打的学生中有 13 名送医，其中一位被打断鼻梁）。[95]

纽约大学的奈厄比·威（Niobe Way）和同事对亚裔美籍学生同学骚扰的现象做了最详尽的研究。2004 年，他和苏珊·罗森布隆（Susan Rosenbloom）[96]进行了为期两年的深度质性研究，访问了纽约市内各类公立学校的华裔移民学童，也做了观察研究。他们发现华裔青少年普遍有遭受非华裔同学歧视和迫害的经历（同一时段内，对华裔学生有 26 起身体和言语攻击，但非裔和拉丁裔的美国学生分别只有一到三件）。以下是他们细述这种同学攻击报告的节录：

一位华裔女孩说:"学校里那些人叫我支那(chino)、蠢蛋(stupid)、怪胎(geek),或类似的字眼,因为我是华人。"

参与观察和访谈结果显示学校里有许多非华裔学生对华裔学生进行肢体骚扰的事件。学生表示在走廊上不时会被经过的男女学生猛然"快速地拍打"(slappings)身体和头部。华裔学生描述这种拍打是种让人神经紧张、随机发生、羞辱性的暴力,男生表示被女孩子打时感觉特别悲惨。

除了猛然拍打,从观察与学生自己的报告可得知华裔学生也会被非华裔同学推、拳打、取笑、嘲弄。当有华裔学生经过时,常听到充满种族歧视的"支那"(chino)或"怪胎"(geek)等字眼。不论大人是否在场,都会发生对华裔学生身体和言语骚扰。

Kit Wah 告诉访问员有一位亚裔男生朋友在体育馆的更衣间被同班同学拿刀威胁。他的朋友已经被抢过好多次了。

诸如此类被偷走钱财、首饰、外套等都是亚裔学生描述身为亚裔在学校如何被欺负且常发生的典型事件。……亚裔学生最常成为抢劫的目标。这些都是他们在这个学校里必须忍受的寻常生活的写照。

奈厄比·威[97]在之后的研究报告表示,非华裔对华裔的骚扰是全美共通的问题,不限于纽约市。

秦宝莲(Desirée Qin)、奈厄比·威(Niobe Way)和佩帝卡·慕克吉(Preetika Mukherjee)[98]最近的研究中访问了纽约和波士顿九至十四岁的华裔移民孩子,其结果类似,但也发现了很清楚的原因:非华裔同学认为华人孩子属高成就群,所以受到老师对他们的优惠待遇。

最后,德博拉·瑞瓦斯-德雷克(Deborah Rivas-Drake)、黛安·修斯(Diane Hughes)和奈厄比·威(Niobe Way)用同学歧视标准量表来研究如何预测青春期早期孩子的心理健康情况后发现,和非裔学生相比,华裔学生被同学骚扰的次数几乎是两倍,抑郁症状较严重,很自卑,而所有这些差别都有统计显著性。研究人员结论是:"华裔青春期早期学生……表示感觉遭受恶劣、不公平、戏弄、骚扰、辱骂,而如此对待他们的人是每天都会遇到的。"[99]

华裔孩子在学校认真学习并求得好成绩,做着他们该做的事却天天要面对极度严重的同学问题,我希望这章能够对这种骚扰现象提供一些文化根源上的见解,但是不论底层的原因为何,这样的事实真的是很多华裔孩子的梦魇。

注 释

① 请见第四章注释⑪。

② 有关儿童社会认知发展的研究请见 Perner, J., Leekam, S. R., & Wimmer, H. (1987). Three year olds difficulty with false belief: The case for a conceptual deficit. *British Journal of Developmental Psychology*, 5(2), 125 – 137; Astington, J. W. (1993). *The child's discovery of the mind*. Cambridge, MA: Harvard University Press; and Wellman, H. M., Cross, D., & Watson, J. (2001). Meta-analysis of theory of mind development: The truth about false beliefs. *Child Development*, 72, 655 – 684。

③ 请见第四章注释⑪。

④ Wentzel, K. R., & Caldwell, K. (1997). Friendships, peer acceptance, and group membership: Relations to academic achievement in middle school. *Child Development*, 68, 1198 – 1209; Wentzel, K. R., & Wigfield, A. (1998). Academic and social motivational influence on students' academic performance. *Educational Psychology Review*, 10(2), 155 – 175; Uguroglu, M. E., & Walberg, H. J. (1986). Predicting achievement and motivation. *Journal of Research and Development in Education*, 19, 1 – 12; and Kindermann, T. (1993). Natural peer groups as contexts for individual development: The case of children's motivation in school. *Developmental Psychology*, 29, 970 – 977.

⑤ Wentzel, K. R., & Asher, S. R. (1995). The academic lives of neglected, rejected, popular, and controversial children. *Child Development*, 66, 754 – 763.

⑥ Ladd, G. W., & Troop-Gordon, W. (2003). The role of chronic peer difficulties in the development of children's psychological adjustment problems. *Child Development*, 74(5), 1344 – 1367.

⑦ Feather, N. T. (1989). Attitudes towards the high achiever: The fall of the tall poppy. *Australian Journal of Psychology*, 41(3), 239 – 267; Boehnke, K. (2008). Peer pressure: a cause of scholastic underachievement? A cross-cultural study of mathematical achievement among German, Canadian, and Israeli middle school students. *Social Psychology of Education*, 11(2), 149 – 160; and Bishop, J. H., & Bishop, M. M. (2008). An economic theory of academic engagement norms: The struggle for popularity and normative hegemony in secondary schools. Unpublished manuscript.〔AU：incomplete listing. Please add journal，volume number，and page range.〕

⑧ Fülöp，M.（1999）. Students' perception of the role of competition in their respective countries：Hungary，Japan，and the USA. In A. Ross，*Young citizens in Europe*（pp. 195–219）. London：University of North London.

⑨ Asher，S. R.，& Coie，J. D.（Eds.）（1990）. *Peer rejection in childhood*. New York：Cambridge University Press.

⑩ Pellegrini，A. D.，& Long，J. D.（2003）. A longitudinal study of bullying，dominance，and victimization during the transition from primary through secondary school. *British Journal of Developmental Psychology*，20，259–280.

⑪ 请见本章注释⑤。

⑫ 请见第四章注释⑪，及 Nishina，A.，& Juvonen，J.（2005）. Daily reports of witnessing and experiencing peer harassment in middle school. *Child Development*，76(2)，435–450。

⑬ 请见本章注释⑦第三项资料。

⑭ 请见 Elliott，J. G.，Hufton，N. R.，Illushin，L.，& Willis，W.（2005）. *Motivation，engagement，and educational performance：International perspectives on the contexts of learning*. New York：Palgrave Macmillan for discussion of *swot*（pp. 122–123）；关于德文的 *Schreber* 与西伯来文的 *hnun* 请见本章注释⑦第二项资料。

⑮ 法文 *bouttoneux* 的资料来自与 Marie Suizzo 的谈话。

⑯ 荷文 *bouttoneux* 的资料来自与 Marieke van Egmond 的谈话。

⑰ 请见本章注释⑭。

⑱ 为讨论方便起见本书将以"书呆子"一词代表所有其他类似的称呼。

⑲ Seuss，G. T.（1950）. *If I ran the zoo*. New York：Random House.

⑳ Nugent，B.（2007，July 29）. Who's a nerd，anyway? *New York Times Magazine*. Retrieved July 28，2007 from http：//www. nytimes. com/2007/07/29/magazine/29wwln-idealab-t. html? _r=1&ref=magazine&oref=slogin.

㉑ *American heritage dictionary of the English language*.（3rd ed.）.（1992）. New York：Houghton Mifflin, p. 1212.

㉒ 非洲裔美籍学童遭遇的类似问题，请见 Fordham，S.，& Ogbu，J. U.（1986）. Black students' school success：Coping with the "Burden of 'Acting White.'" *The Urban Review*，18，176–206。

㉓ White，S. H.（1998）. What do we have to do to create a better social design for adolescence? Paper read in honor of Theodore Sizer at Brown University.

㉔ 请见本章注释⑦第三项资料，及 Juvonen，J.，& Gross，E. F.（2005）. The rejected and the bullied：Lessons about social misfits from developmental psychology. In W. D. Kipling，J. P. Forgas，& W. von Hippel（Eds.），*The social outcast: Ostracism*， *social exclusion, rejection, and bullying* （pp. 155 - 170）. New York：Psychology Press。

㉕ 请见本章注释⑦第一项资料。

㉖ 请见本章注释⑦第一项资料，p. 256。

㉗ 请见本章注释⑦第三项资料。

㉘ 请见本章注释⑦第三项资料，p. 22。

㉙ 请见本章注释⑦第三项资料，p. 12。

㉚ 关于新西兰儿童对于能力与努力的观点从幼儿园到青春期的变化，请见 Nicholls, J. G. （1978）. The development of the concepts of effort and ability, perception of academic attainment, and the understanding that difficult tasks require more ability. *Child Development*, *49*, 800 - 814。Dweck and Leggett 对此研究主题的回顾请见第五章注释⑯第二项资料。

㉛ 请见本章注释⑦第三项资料。

㉜ Juvonen, J., &. Murdock, T. B. （1995）. Grade-level differences in the social value of effort：Implications for self-presentation tactics of early adolescents. *Child Development*, *66*(6), 1694 - 1705.

㉝ 请见本章注释⑦第二项资料。

㉞ 请见本章注释⑦第三项资料。

㉟ Fisher, C. B., Wallace, S. A., &. Fenton, R. E. （2000）. Discrimination distress during adolescence. *Journal of Youth &. Adolescence*, *29*, 679 - 695；Greene, M. L., Way, N., &. Pahl, K. （2006）. Trajectories of perceived adult and peer discrimination among Black, Latino, and Asian American adolescents：Patterns and psychological correlates. *Developmental Psychology*, *42*(2), 218 - 238；La Greca, A. M., &. Harrison, H. M. （2005）. Adolescent peer relations, friendships, and romantic relationships：Do they predict social anxiety and depression? *Journal of Clinical Child &. Adolescent Psychology*, *34*, 49 - 61；Storch, E. A., &. Masia-Warner, C. （2004）. The relationship of peer victimization to social anxiety and loneliness in adolescent females. *Journal of Adolescence*, *27*, 351 - 362；and Rivas-Drake, D. Hughes, D., &. Way, N. （2008）. A closer look at peer discrimination, ethnic identity, and psychological well-being among urban Chinese American sixth graders. *Journal of Youth and Adolescence*, *37*, 12 - 21.

㊱ 请见第四章注释⑪。

㊲ 请见第三章注释⑥第二项资料。

㊳ 他的新学校是位于罗德岛普洛维登斯的惠勒学校（Wheeler School），大部分来此就读的都是好学且认真的孩子，学校以学生的杰出表现自许并以此闻名且为荣。我们和儿子对于该校宣扬的价值观及为孩子们创造了一个安全的学习环境都非常感激。

㊴ Strayer, F. F. （1991）. The development of agonistic and affiliative structures in preschool play groups. In J. Silverberg & P. Gray (Eds.), *To fight or not to fight: Violence and peacefulness in humans and other primates*. Oxford：Orford University Press；以及 Fiske, A. P., & Haslam, N. (2005). The four basic social bonds：Structures for coordinating interaction. In M. W. Baldwin (Ed.), *Interpersonal cognition* (pp. 267 – 298). New York：Guilford。

㊵ 关于这个问题的讨论,请见 Arnett, J. J. (2008). The neglected 95%：Why American psychology needs to become less American. *American Psychologist*, 63 (7), 602 – 614。

㊶ 关于跨文化研究之回顾,请见 Chen, X. -Y., & French, D. C. (2008). Children's social competence in cultural context. *Annual Review of Psychology*, 59, 591 – 616。

㊷ 请见第三章注释㉛,及第五章注释⑲。

㊸ 实例请见 Fischer, H. A., Manstead, A. S. R., & Rodriguez Mosquera, P. M. (1999). The role of honor-related vs. individualist values in conceptualizing pride, shame, and anger：Spanish and Dutch cultural prototypes. *Cognition & Emotion*, 13 (2), 149 – 179。

㊹ 请见第五章注释㉖和㉘。

㊺ Tesser, A., Campbell, J., & Smith, M. (1984). Friendship choice and performance：Self-evaluation maintenance in children. *Journal of Personality and Social Psychology*, 46(3), 561 – 574 and Ruble, D. N., Frey, K. S, & Greulich, F. (1995). Meeting goals and confronting conflicts：Children's changing perceptions of social comparison. *Child Development*, 66, 723 – 738.

㊻ 请见本章注释⑧。

㊼ 请见 the classic Galton, F. (1869/2006). *Hereditary genius: An inquiry into its laws and consequences*. Amherst, NY：Prometheus and its recent reincarnation, Hernstein, R. J., & Murray, C. (1994). *The bell curve*. Chicago：Free Press。

㊽ 关于这个主题的研究例子,请见 Steenbergen-Hu, S. -Y., & Moon, S. M. (2011). The effects of acceleration on high-ability learners：A meta-analysis. *Gifted Child Quarterly*, 55(1), 39 – 53。西方"资优儿童"(gifted children)的说法及大量的相关研究都说明了"才华"(talent)和"天资"(born intellectual "gift")概念的重要性;更多的讨论请见 Winner, E. (1996). *Gifted children: Myths and realities*. New York：Basic Books。

㊾ 请见第五章注释⑯第二项资料,及 Dweck, C. S. (1999). *Self-theories*. Philadelphia：Psychology Press。

㊿ 请见本章注释㉚第一项资料,及注释㉛。

○51 完整的讨论请见 Covington, M. V. (2000). Goal theory, motivation, and school achievement：An integrative review. *Annual Review of Psychology*, 51, 171 – 200。

○52 Heyman, G. D., Fu, G. -Y., & Lee, K. (2008). Reasoning about the disclosure of success and failure to friends among children in the United States and China. *Developmental Psychology*, *44*(4), 908 - 918.

(53) Oakes, J., & Guiton, G. (1995). Matchmaking: The dynamics of high school tracking decisions. *American Educational Research Journal*, *32* (1), 3 - 33, pp. 10 - 11.

(54) 请见本章注释(53),p. 12。

(55) Doidge, N. (2007). *The brain that changes itself: Stories of personal triumph from the frontiers of brain science*. New York: Penguin.

(56) *Webster's new collegiate dictionary*. (1973). Springfield, MA: Merriam, p. 845。

(57)《现代汉语词典》(第六版),商务印书馆 2012 年版,第 1307 页。

(58) 有一点必须要指出的是,当学者用英文的 *peer* 来描述中、日、韩文中的"同学、同僚、校友"时会流失重要的文化意涵。

(59) 请见第二章注释⑤,p. 71。

(60) 请见第二章注释⑤,p. 75。

(61) Legge, J. (Trans.). (1960). *The Chinese Classics*, *5 volumes*. Hong Kong: University of Hong Kong. Songs 55, vol. IV.

(62) 关于台湾校园霸凌事件增加的例子请见 Child Welfare League Foundation (n. d.). *Report on school bullying*. Retrieved March 15, 2010 from http://www.children.org.tw/database_report.php?typeid=34。

(63) Chen, X.-Y. (2008, October) at the conference, *Bridging developmental and cultural psychology: New syntheses in theory, research, and policy*, Worcester, MA, Clark University。虽然就我所知并没有关于东亚学校书呆子的研究,但我询问亚洲各地学者后可以确定在中国大陆和香港地区以及新加坡、日本和韩国都没有骚扰书呆子的情形。

(64) 请见第三章注释(61)第一项资料。

(65) 请见第四章注释㊻第二项资料。

(66) 请见第三章注释⑥第二项资料。

(67) Chen, X.-Y, Lei, C, Liu, H.-Y, & He, Y.-F. (2008). Effects of the peer group on the development of social functioning and academic achievement: A longitudinal study in Chinese children. *Child Development*, *79*(2), 235 - 251.

(68) 请见本章注释④。

(69) 资料来自我与王咏梅的沟通(March, 14, 2010)。王咏梅曾在北京四中任教十年。她表示该校学生如果有任何满分的科目(包括音乐、体育、美术)未满 85 分的话,就自动从推荐名单上除名(缺席太多者亦然),合格的学生则可以推荐自己参加竞选。

(70) 资料来自我与北京初中教师王晓玲的沟通 (March, 14, 2010)。

(71) 请见本章注释(52)。

(72) 请见第四章注释㊱第一项资料中的例子。东亚学校的家庭作业量一直是个引起争议的问题。十年前中国的教育部甚至通过限制家庭作业量的条例,规定每天做作业的时间限制,禁止学校和老师强迫学生参加课后和周末的辅导课。但是这种政策效果不彰,因为家长为了提高成绩仍然会请家教或让孩子上补习班。

⑬ 定期的小考、期中考和期末考才是评量学生学习程度的方法。俄罗斯的家庭作业功能亦同。请见 Hufton, N. , & Elloitt, J. (2000). Motivation to learn:The pedagogical nexus in the Russian school:Some implications for transnational research and policy borrowing. *Educational Studies*, 26, 115-122。

⑭ 不同年级的荣誉学生报考热门的精英初中、高中和大学时会获得不同的额外分数。

⑮ 请见第三章注释⑨第三项资料。

⑯ Wilson, R. (1980). Conformity and deviance regarding moral rules in Chinese society:A socialization perspective. In A. Kleinman & T. Lin (Eds.), *Moral and abnormal behavior in Chinese culture* (pp. 117-136). Dordrecht:D. Reidel.

⑰ Li, J. (1998). The power of embedding learning beliefs in everyday learning:Language arts texts as a vehicle for enculturation。尚未出版。

⑱ 请见第三章注释④第二项资料,p. 19。

⑲ 请见第三章注释⑪第一项资料。

⑳ 请见本章注释㉒及㊅。

㉑ 请见第一章注释③。

㉒ 请见第五章注释⑯。

㉓ 如第三章所述,我的学习词汇研究显示能力在中华学习概念表上是放在学习结果的位置,而智力与能力在欧裔美籍学习概念图上是属于学习者的内在特征。

㉔ 请见第二章注释㉕第一项资料。

㉕ 西方青少年虽然比较坚信自我特质是固定不变的,但仍极易受同学影响,有关的研究请见:Gardner, M. , & Steinberg, L. (2005). Peer influence on risk taking, risk preference, and risky decision making in adolescence and adulthood:an experimental study. *Developmental Psychology*, 41(4), 625-635。

㉖ 请见第二章注释㉘第一项资料。

㉗ Corriveau, K. H. , & Harris, P. L. (2010). Preschoolers (sometimes) defer to the majority in making simple perceptual judgments. *Developmental Psychology*, 46(2), 437-445。亦请见 Hess, R. D. , Azuma, H. , Kashiwagi, K. , Holloway, S. D. , & Wenegrat, A. (1987). Cultural variations in socialization for school achievement:Contrasts between Japan and the United States. *Journal of Applied Developmental Psychology*, 8, 421-440,及 Hess, R. D. , Kashiwagi, K. , Azuma, H. , Price, G. G. , & Dickson, W. P. (1980). Maternal expectations for mastery of developmental tasks in Japan and the United States. *International Journal of Psychology*, 15, 259-271,本篇论文讨论日本母亲对孩子在社会礼仪、自我控制、顺从权威等方面有较强烈的期望,以及这种来自母亲的社会化过程如何有助于孩子未来在学校的成就,但对欧

裔美籍孩子却有负面结果。

⑧ 请见本章注释⑧。

⑧ 大概如此，而原因是因为匈牙利现在是采行市场经济的民主国家，弗洛普的研究也许会发现他们有竞争性增加而合作性降低的现象。

⑨ Watkins, D. A. (2009). Motivation and competition in Hong Kong secondary schools: The students' perspective. In C. Chan & N. Rao (Eds.), *Revisiting the Chinese learner: Psychological and pedagogical perspectives* (pp. 71 - 88). Hong Kong: Comparative Education Research Centre (CERC), University of Hong Kong and Springer Press, pp. 82 - 84.

⑨ Kwan, V. S. Y., Bond, M. H., Boucher, H. C., Maslach, C., & Gan, Y. Q. (2002). The construct of individuation: More complex in collectivist than in individualist cultures. *Personality and Social Psychology Bulletin*, 28, 300nali.

⑨ 此处要说明，对年龄比母亲大或小的女性长辈，孩子们统称阿姨。这仍然是一个尊称，尽管"阿姨"这个称谓并没有像男性长辈那样还有年龄之别。

⑨ 相关研究请见 Liang, C. -H. (2007). Shame and pride: Age, kinship terms and socialization practice in a middle-class Taiwanese preschool. Poster presented at the Biannual Meetings of Society for Research in Child Development, Boston, MA, and Fung, H., & Liang, C. H. (22008). 越南妈妈，台湾囡仔：台湾跨国婚姻家庭幼儿社会化之初探〔Vietnamese mothers, Taiwanese children: Socializing practices with young children in Sino-Vietnamese cross-border marriage families in Taipei, Taiwan〕. 台湾人类学刊〔*Taiwan Journal of Anthropology*〕, 6, 47 - 88。必须要指出的是亚裔移民儿童在他国入学后常会发生文化误解的情形。我们目前研究中有一名住在主流白人中产阶层郊区的华裔学前班男孩，有一天他告诉他的欧裔同学他有一个姐姐，老师知道后非常惊讶，于是打电话给他妈妈，才发现原来这个姐姐是他住在大陆的表/堂姐。由于不明了华人家庭系统与社会关系，于是这位老师就去"纠正"这个男孩，并要他站起来告诉全班同学他没有姐姐，这孩子觉得自己被当成了笨蛋和骗子，不用说，当场就哭了出来。这个令人难过但活生生的例子说明了对其他文化的无感和误解（及粗劣的教学）。

⑨ 有证据显示同伴霸凌在东亚有上升的趋势（请见本章注释㉑）。有些研究发现网络是骚扰同伴不必承担后果的管道。在日本出现了社会孤立和排挤的现象；实例请见 Mishima, K. (1996). Bullying amongst close friends in elementary school. *Japanese Journal of Social Psychology*, 19(1), 41 - 50, and Masataka, N. (1999). Nihonteki ijime no seiritsu to ikuji〔The formation of Japanese bullying and child-rearing〕. *Japanese Journal of Addiction and Family*, 16(4), 438 - 444。前面曾提到，东亚也有对不努力或孤僻的同学不友善的情形，应该要加以研究，但是成绩好的学生很少遭受这样的骚扰。

⑨ Johnson, D. (2009, Dec 7). Attacked Asian students afraid to go to school: 26 Asian

students were attacked last week. Retrieved from November 20，2010 from http：//
www. nbcphiladelphia. com/news/local-beat/Attacked-Asian-Students-Fear-Returning-
to-Class - 78652997. html.

⑯ Rosenbloom，S. R.，& Way，N. （2004）. Experiences of discrimination among
African American，Asian American，and Latino adolescents in an urban high school.
Youth & Society，*35*(4)，420 - 451，pp. 433 - 343.

⑰ Way，N. （2005）. Seeking engagement：Reflections from a qualitative researcher.
Journal of Adolescent Research，*20*，531 - 537.

⑱ Qin，D. B.，Way，N.，& Mukherjee，P. （2008）. The other side of the model
minority story the familial and peer challenges faced by Chinese American adolescents.
Youth & Society，*39*(4)，480 - 506.

⑲ 请见本章注释㉟最后一项数据，pp. 18 - 19。

第七章
苏格拉底与孔孟式的家庭辅导师

儿童的学习信念来自何处？是天生的潜能，还是来自他们的社会文化环境？这个看似平淡无奇的问题其实饶富深意，因为这不但是长久以来"先天与后天"（nature and nurture）争议的核心，也是对于教养方式与其结果无休无止的争论焦点。我们知道孩子天生有学习的潜能，[①]但我们也明白没有一个孩子诞生时带着学习信念（或任何观念）而来，而是随着年龄增长而发展出来。鉴于儿童习得各种不同学习信念的情形反映了其文化模式，[②]我把焦点放在社会文化的作用上，希望用这章来说明美国欧裔家庭中都有苏格拉底大师而华人家庭里必有孔夫子的身影。这些伟大的家庭辅导师就是父母，他们用充满文化信息的策略来培养孩子的学习信念。

最有决心且最有效率的文化处方执行者

大家都同意家是给予儿童滋养与爱的地方，毋庸置疑也是人类生存和幸福的基础，不过家对人类还有更非凡但通常被忽视的影响。人类学家很久以来就发现家是文化传递、维系与更新最丰饶的场所，而且任何文化皆然。[③]文化心理学大家理察·薛德（Richard Shweder）最近曾表示，文化心理学者的工作在于描述及了解文化处方（cultural prescriptions）的内容，以及人们如何把它运用在儿童教养上。[④]理察·薛德的"处方"（prescriptions）指的就是渗透进儿童教养中的文化价值观与喜好倾向。

我们最后发现执行文化处方意愿最强且最有效的人就是父母和家中其他照顾孩子的人。他们的目的很明确，但更常常是不自觉地在按照他们最珍视的文化价值观孜孜不倦地抚养孩子。人类藉由经验、取用(appropriating)、内化(internalizing,),甚至重组(reconfiguring)生活中各种事件和规范的过程来习得价值观。但是价值观不论是以何种方式进入人心,都必然来自他们的文化(如果孩子有多样的成长背景则可能不止一种,例如移民子女),所以虽然每个父母教养方式都有其独特性,但仍和其他父母有某些共同点,因此父母看似平常的日常作为其实一点也不寻常,而是巨大文化力量的见证,而文化的力量不但存在于每个父母对孩子不断勤勉地教养之中,而且也进而造就了文化价值的生生不息。但令人惊讶的是,尽管身为文化处方最有决心且有效的执行者,父母对自己扮演的角色通常并不自觉。难怪发展心理学者会将注意力转移到家庭上,因为家是理解"先天与后天"这个方程式中"后天"的金矿。

父母对孩子的教养是儿童发展中的一种社会化过程。社会化指的是社会世界试图依据文化价值与规范来引导、鼓励、灌输、塑造、矫正和训练孩子,使他们能习得该文化中理想的观念和行为的过程。很明显,社会化过程并不只牵涉到父母,不过父母做得最多,特别是在儿童性格形成期时尤其如此。⑤要描述儿童如何发展学习信念,我们不仅必须知道儿童在各年龄阶段独立于其社会世界外知道些什么,也要知道父母社会化孩子的内容及进行的方式。

本章将提出有关美国欧裔与中国台湾地区父母如何进行儿童学习信念社会化的研究发现,内容主要是我与台湾中央研究院的冯涵棣博士合作研究的结果。我们把研究焦点放在亲子日常的交谈上,结果显示似乎两个文化的父母在养育子女上都不但动机强烈,而且教导技术纯熟。除了一般的社会化过程外,两个文化在锻炼孩子思考习惯以及鼓励孩子表达的感情形式上也确实有很大的差异。确切来说,欧裔父母表现出如西方古哲苏格拉底般的教导风格,台湾父母则类似儒家风格,他们复制出了各自文化中世世代代的理想学习者。

捕捉社会化的流动

虽然社会化的重要性人尽皆知,而且在认知、自我、性别角色和情绪等方面的研究极其丰富,但对于儿童学习信念的研究却出奇地有限。部分原因在于这是近年才开启的领域(虽然成就动机已有大量的研究),另一个就我所看到的阻碍在于研究社会化过程本质上的困难。因为社会化不是一个静止的状态,而是持续进行的过程,要掌握像流水般不断变化的现象,即使有些许可能,但何其困难,加之若企图将不同文化模式列入考虑的话,更增加了实证研究的难度。就算掌握了社会化过程流动又难以捉摸的特质,研究人员仍然要面对多年来资源及时间有限的困境。如此的局限使得学者很难把自己沉浸在文化场域里观察自然发生的现象与事件来进行理想的研究。

感谢实证研究方法的进步,使得在有限的资源下还能进行这样的研究而且没有损害到社会化流动过程的效度。我发现用实证方法收集父母子女对某一主题的摹拟对谈对本研究特别有帮助,因为它是日常生活中亲子源源不断互动里的核心成分,而社会化有很大部分就是在家人间这样的对谈中完成的。虽然社会化是持续进行的过程,但研究人员仍然可以从中抽取一段作为研究的样本,若比喻成流水的话,就好像是从潺潺溪流中舀出一小瓢来分析水中的成分。在日常对谈的样本中,我们很可能会看到一套经过文化编码的光谱,上面包含着概念、信仰和情感及其表达、交换和反应的方式,什么是他们认为重要或不重要、赞成或反对、接受与拒绝的事物尽显其中,我们也会看到父母子女间如何沟通谈判、争论及达成决议的情形。当然,从样本不能尽窥全貌,但这些是在真实时间(real time)中父母引导孩子社会化时所收集到的样本,所以在相当程度上显现出实际亲子互动的状况。这个方法已成功地运用在儿童记忆发展研究上,对于母亲说话的内容、结构、风格如何影响孩子的自传式记忆(autobiographical memory)与情绪发展提出了重要的发现。⑥此外这个方法在文化相似性与差异性的研究上亦有贡献。⑦

冯涵棣博士与我采用这个研究方法记录了209则母子对话,一半收集自美国欧裔母子,另一半来自台湾地区家庭。⑧由于都属中产阶层家庭,所以两地样本有相似的社会经济背景,另外因为小学低年级的孩子每天在经过审慎计划的教学下学习,具有足够的学校经验,所以成为我们选择的研究对象。为了收集母子模拟对谈(simulated mother-child conversations,简称"母子对谈"),我们请母亲们和他们的孩子谈论两个学习事件。第一个是请母亲就自己的判断认为是孩子表现出好的学习态度和行为,第二个是不好的学习态度和行为。为了方便起见,我们用"好的学习情境"(good learning)来指称前者,"不好的学习情境"(poor learning)指后者。两种事件除了"好的学习"与"差的学习"两个词以外,用完全相同的字句叙述如下:

请您回忆一个您认为您孩子的学习态度和表现都<u>很好</u>(或<u>不好</u>)的真实情境。这个情境不一定是您亲身目睹的。但是您应该对这个情境有具体、深刻的了解。请您跟您的孩子交谈一下这个情境。您想谈多久就谈多久,您想谈什么就谈什么,没有时间限制。

我们收集到非常丰富的数据并进行了数年的努力分析,虽然面对于如此丰富的讯息,理当要花更多的时间与精力来好好整理并充分利用它们,不过从我们目前的研究中仍可提出结构、序列、与话语等三种分析方法的一些研究发现。由于每一种方法处理的层面都不同,也因而提供了对社会化过程不同的洞见,三者汇聚更胜单一的分析法,将分述如下。

结构分析:母子对谈的要素

第一道分析是我们对于人类话语中所谓结构性要素(structural elements)的考虑,这些要素替被检视的对谈提供了一个整体性的轮廓。[9]可检验的结构要素有很多,在此牵涉到的基本上有母子在对谈中发言的轮流次序(turns)、对谈长度、母子各自交流总量。这些要素在两地文化的母子对谈中平均数很相近,因此我们的结论是,在之后序列与话语分析中任何所观察到的差异都不会是因为结构要素所造成的,而是受到社会化文化模式的影响。[10]

序列分析:真实时间中母子对谈的开展

之前的结构性要素分析虽然描绘出母子对谈的一般轮廓,但没有显示其实际内容如何进行。如果能亲眼目睹每一对母子的谈话当然能得到最充分的信息,事实上我们是可以把209则对话录音全部放出来重听,但这样对我们深入了解其一般模式可能没有什么帮助。[11]比较有效的方法是将母子对谈做所谓的序列分析,利用分析软件将209则对谈的每一步一起循线分析,分辨出两个文化群体不同的模式。[12]

序列分析需要把自然发生的对话编成互为排斥的代码,编码方法有很多,我们选择的是以事件做为编码依据,[13]并将事件定义为:母亲和孩子的一个交谈主旨(theme)或话题(topic)。例如,母亲问孩子某一天在学校做了些什么学习活动,然后孩子列举了出来,这就是一个谈论学习活动的事件。如果母亲继续问孩子对做完的成果有什么感觉,然后孩子回答:"我觉得还不错。"那么这里对学习成果相关感觉的讨论就是另一个事件。事件编码会追踪谁讲了什么及对方的反应,并全部以"好或不好"的学习情境及文化来分类合计。这种编码方式基本上把表达出来的意见、主旨和话题转换成在原序列中的发生频率,然后再算出这些序列频率(sequenced frequencies)的显著性。举例来看,如果一个 A→B→C→D 序列(A、B、C、D 分别代表四个事件)在第一个受试组出现的频率比第二组的概率高,那么这个序列就是显示出两组的差异;但是如果第二组出现的 C→A→C→D 序列的频率比第一组高,那么这个序列就显示了两组的另一个差异。

数据编码后,[14]我们发现两组的编码大约有 80% 所代表的意义有高度相似性,表示两个文化中的母亲对孩子在学习态度与行为方面谈论到的概念很类似。不过虽然在学习概念上有共同之处,但每个编码的谈话量(the amount of talking)和相关序列(sequences)却有极显著的差异,以下将进行讨论。

必须要指出的是,两个文化中的母亲们在谈论学习情境时,对于好或不好并没有严格的界线。有些母亲根据随机抽到的主题,对于好的学习情境会偏重谈论正向层面,对不好的学习情境则偏向负向层面,也有很多母亲不论谈论哪类主题都会在正向与负向两边来回游走。因此我们觉得应该用同时[15]包含正向与负向想法与感觉的编码来处理学习情境的对话。[16]

如果想用序列分析来计算比较多的编码和每回合较长的对谈则需要更大量的数据。因此,我们把数量较多的对谈主旨/话题重新组合成四类(见表 7.1 中的主旨/话题),[17]而由于双方轮流谈话,所以形成母亲与孩子各有一组包含四类对谈主旨的编码。我们可以看到,第一类编码表示母亲和孩子的正面情绪,第二是各自的负面情绪。第三是学习美德(称之为美德),第四是学习活动/心智功能(mental functions)(为方便起见,简称为心智)。最后,由于我们的数据量只容许分析四个对谈回合,因此我们都以母→子→母→子的序列模式来计算所有对谈主旨/话题的显著性。

表 7.1　亲子对谈序列分析之八套编码

编码	代 表 意 义	例　　　子
mP	母亲启发孩子的正面情绪	快乐、喜欢、骄傲、兴趣、热衷、有趣
cP	孩子提到自己的正面情绪	

编码	代 表 意 义	例　　　子
mN	母亲启发孩子的负面情绪	沮丧、不喜欢、悲伤、生气、无聊、缺乏动机
cN	孩子提到自己的负面情绪	
mV	母亲启发/教导学习美德	努力、用功、勤奋、练习、坚持、认真、专心、谦虚
cV	孩子提到学习美德	
mM	母亲启发学习美德/心智功能	阅读、作业、研究、实务作业、思考、聪明、才智
cM	孩子提到学习过程/心智功能	

　　为得到更清楚地了解,在说明序列分析的结果前,我们先来看看两个文化母子对谈大概的模式。图7.1和图7.2是两个文化对于"好与差的学习情境"的谈话长度分布图,深色长条代表美国欧裔母子,灰色代表台湾地区,从图7.1可以很明显地看到两个文化没有太大差别。一般说来,关于好的学习情境,母亲最常谈到心智方面的话题,其次是正面情绪与美德,负面情绪排最后。母亲和孩子回想好的学习态度/行为时把焦点放在正面而非负面的情绪上是很合理的结果。此外,由于应我们的要求,谈话都由母亲起头,所以自然会讲得比孩子多,而孩子虽然也会回答,但正如预期地讲得较少。不过很明显的是台湾母子比欧裔母子更多谈到美德方面的话题。

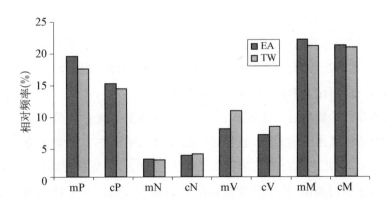

图7.1　好的学习情境之八套编码:mP=母亲正面情感,cP=孩子正面情感,mN=母亲负面情感,cN=孩子负面情感,mV=母亲谈论学习美德,cV=孩子谈论学习美德,mM=母亲谈论心智过程与学习活动,cM=孩子谈论心智过程与学习活动。

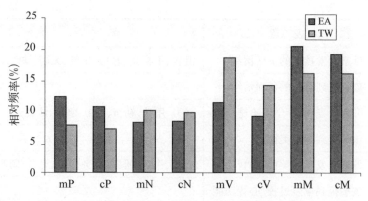

图 7.2　差的学习情境之八套编码,英文缩写意义同图 7.1。

　　我们把两个文化中母子相对的谈话量列入考虑,然后用一种称为胜算比
(odds ratio)的指标来检验这个趋向后发现,[18]虽然在好的学习方面,两边孩子
在四类编码上没有统计上显著的差异,但是母亲们出现了两个显著差异。欧
裔母亲们更常谈到正面情绪,台湾母亲则更多谈到美德。更明确地说,在谈论
好的学习时欧裔母亲们关于正面情绪的谈话量比台湾母亲们高了 20%,反之,
关于美德的谈话,台湾母亲比欧裔母亲高了 50%。

　　在图 7.2 不好的学习情境方面,母子对谈的分布则很不相同,每一组变项
都出现了显著的文化差异。首先,欧裔母亲和孩子仍然最常谈论心智的话题,
其次是正面情绪、美德,负面情绪殿后。台湾母亲最常谈美德,其次是心智、负
面情绪,最后是正面情绪。欧裔母亲似乎对心智与正面情绪的重视高于美德,
并且避开了负面情绪。相反的,台湾母亲在谈论不好的学习情境时会聚焦在
美德上面,然后是心智,而且不像对照组的欧裔母亲们,台湾母亲比较费心对
孩子强调负面情绪,相对之下不太强调正面情绪。

　　用胜算比检验后进一步证实,欧裔母亲整体来看比台湾母亲在正面情绪
方面的谈话量高出两倍有余,心智话题则高出几乎 70%。欧裔美籍儿童和他
们的母亲相似(几乎比台湾儿童各高了 50% 及 80%)。更显著的是台湾母亲和
孩子比较常谈到美德(几乎是欧裔对照组的两倍),台湾儿童比欧裔儿童也多
了近乎 70%。

　　接下来我要讨论序列分析中两组母子对谈彼此之呼应的情形。以下是四
张比较欧裔及台湾亲子对谈顺序的图表。前四张是由母亲就某一主旨起头的

对话,显示了孩子如何接应、母亲如何回答,最后又回到孩子这边一共四次回合的情形,其后四张则是由孩子起头的谈话。[19]

此处仍以胜算比来加以检验,以母亲起头有关正面情绪的对话为例,我们先计算出美国欧裔儿童呼应母亲的话题继续讲与转移话题的胜算(odds),然后将美国欧裔组的胜算和台湾组的胜算相比,得出有关正面情绪对谈的胜算比。因为任何开场话题后面都可能接着这四种编码中的任一种,因此我们把四次发言回合的胜算比都计算出来并用图表展示其统计上的显著性。在图7.3到7.10中,黑色实线代表的是显著序列,也就是该文化群体比较会遵循的交谈过程,没有差别的则以虚线和"X"表示(要注意的一点是虚线并非表示他们不谈论这个主题,他们可能有,事实上也可能谈得很多,请见图7.1和图7.2中有关这些谈话主题的相对分布,所以虽然两个文化群体在响应谈话主旨时的频率可能没有差别,但序列有异)。最后,T1、T2、T3、T4代表的是四次转换回合。

图7.3和7.4是母亲以好的学习情境为主旨起头的对话情形。图7.3中可看到,当欧裔母亲抛出心智方面的话题时,孩子比较会把话题转移到正面情绪上。有趣的是,当母亲开始谈正面情绪的话题时,孩子却多以心智来接续,这两个谈话主旨似乎会互相接应跟随。然而,若是母亲开始谈负面情绪和美德,欧裔孩子不太会像台湾孩子那样继续同一个话题。再看图7.4,台湾的序

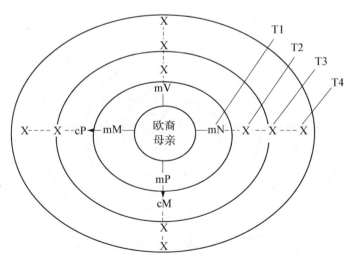

图7.3 由欧裔美籍母亲起头的好的学习情境的对谈,英文缩写意义同图7.1。

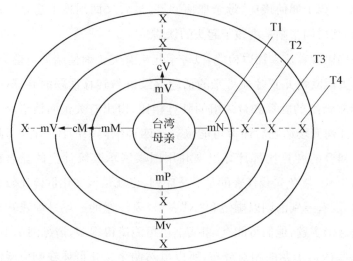

图 7.4　由台湾母亲起头的好的学习情境的对谈,英文缩写意义同图 7.1。

列分析结果则不同。台湾孩子比较会呼应母亲以心智为主题开始的谈话,然后母亲会接着谈论美德。此外,对于母亲正面情绪的话题,欧裔和台湾孩子紧随呼应的程度则差不多,但是到了第三个回合又轮到说话时,台湾母亲又会提到美德。而以美德和负面情绪开头的谈话,台湾和欧裔则差别不大。

　　图 7.5 和 7.6 是母亲以不好的学习情境为谈话主旨来开头的谈话序列。这些序列显示的谈话动向和好的学习情境相同,但差异更明显。当欧裔母亲

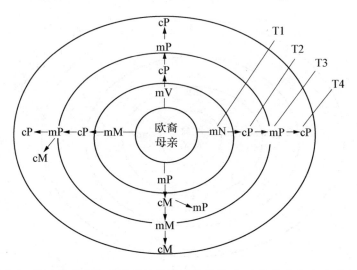

图 7.5　由欧裔母亲起头的差的学习情境的对谈,英文缩写意义同图 7.1。

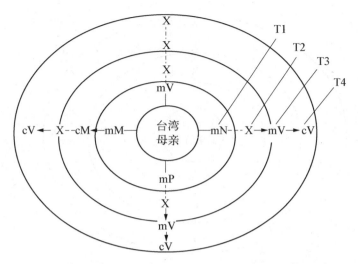

图 7.6 由台湾母亲起头的差的学习情境的对谈,英文缩写意义同图 7.1。

谈论心智时,孩子照样会以正面情绪来响应,但当母亲接着在第三轮继续谈正面情绪后,孩子会接着谈更多的正面情绪和心智。而当母亲以正面情绪开头时也出现了相似的模式,显示出正面情绪和心智两者会交互出现的状况。更特别的是当母亲以美德和负面情绪开头时,孩子更常把话题移到正面情绪上,然后母子双方会继续谈到最后,较不会像台湾母子那样去谈论心智问题。

台湾母子的图表显示了与之前同样的状况。孩子会接续母亲起头的心智话,接着母亲会讲美德;而母亲开头的正面情绪与负面情绪话题也呈现这样的模式。两个文化对于母亲开头的美德话题接下来的响应则没有差别。

图 7.7 和图 7.8 是由孩子起头关于好的学习的谈话序列,图 7.9 和图 7.10 是差的学习,其序列模式正如预期一般,不再一一详述。

整体来看以上的序列分析会发现,两个文化群体都会谈及这四个谈话主旨,对于学习美德话题响应的情形也无异,但是对于另外三个谈话主旨则透露了差异性。欧裔母子的对谈不论开头的主旨为何,都集中在正面情绪和学习活动/心智功能上。相反的,台湾母子的交谈不论开场主旨为何,大多循着学习美德的主题进行。

话语分析: 母亲的话里乾坤

话语分析是一种已被广为接受的有效分析方法,起源于社会语言学领域,是针对不同社会情境中人与人或团体间对话过程的分析方法。今天许多教育

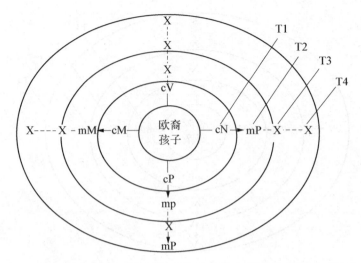

图 7.7　由欧裔孩子起头的好的学习情境的对谈,英文缩写意义同图 7.1。

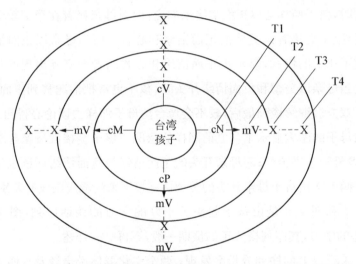

图 7.8　由台湾孩子起头的好的学习情境的对谈,英文缩写意义同图 7.1。

学者和一些发展心理学者不只认为此方法优越于量性分析,而且也优越于某些形态的质性分析研究,例如行为观察、访谈或传统民族志研究。传统的质性分析方法以深度探讨研究主题的复杂性为目标,而话语分析则以理解人与人间以言语交流为基础的互动为主要目的。[20]话语分析的这种独特且因此不可或缺的性质来自一个简单的事实,也就是许多人类的互动包括儿童的社会化,都是经由言语沟通(verbal communication)来完成的(并结合了非言语沟通,nonverbal communication),所以如果排除了人类在这个层面上的互动,就遗漏

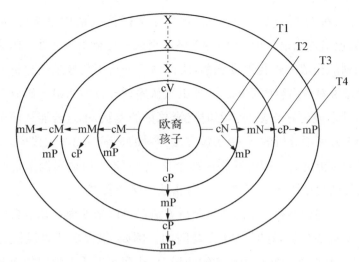

图 7.9　由欧裔孩子起头的差的学习情境的对谈,英文缩写意义同图 7.1。

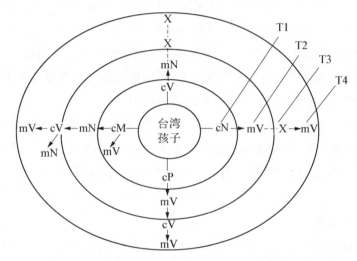

图 7.10　由台湾孩子起头的差的学习情境的对谈,英文缩写意义同图 7.1。

了人类生活与儿童发展的核心部分。

　　针对人类话语的不同层面,有各种不同的话语分析方法,然而,整体来说,话语分析关注的不只是人与人间分分秒秒具体的交流,也包括没有说出来的言外之意(subtext)。话语分析也聚焦在发话者试图达成的行动和目的,以及参与者如何彼此响应并进一步形塑话语的样貌上面。[21]

　　两种文化中母子对于好及差的学习情境所进行的交谈,在经过结构和序列分析后得出了一个基本的轮廓和进程。然而,每种分析方法都有各自的局限,所以这两种分析方法并无法完全充分掌握住谈话中许多丰富的内容（content）,但借着话语分析,我们可以略窥交谈中复杂微妙之处。因为它是针对时时刻刻的交流来进行深度观察,所以话语分析不会像量性分析那样排除了对大量母子对谈内容的分析。此外虽然从序列分析的八组编码分布中确实可以看出母亲谈论好与差的学习时交流总量的差别,不过若能从两个文化中各取实例来做话语分析的话,由于该方法针对的是细节而非大概模式的关注,所以可以看得更清楚。因此我将以两个文化中 22 个谈话实例来说明对话双方你来我往的交换协调,并弥补不同分析法无法顾及之处。

有许多不同种类和层次的话语分析方法都可以来处理在几近自然情境下进行的亲子对谈数据,这是没什么疑问的。例如,仅仅取话语风格的元素来看,可以比较检验两个文化中母亲的开场白、在现实生活中她们如何开始谈论一件好或不好的学习事件、如何回应孩子的回答、反对和协商,以及她们如何结束谈话等等。深入钻研人类交谈时各式各样的不同层面是社会语言学家的兴趣,[22]对于我的研究目的而言,聚焦在母子对谈的某些关键内容上会比试图呈现全面彻底的话语分析要来得有意义,所以首先要来看看母亲谈了些什么、有什么企图,以及她们如何一步一步地达到目的。[23]

虽然我的分析重点是在文化差异上,但我想先介绍两个文化群体母子对谈的共同特点,其次再提出我观察到的重大差异,以彰显出两个文化的母亲们在引导孩子社会化时不同的用心。因此焦点会放在认知社会化（cognitive socialization）与情绪社会化（affective socialization）这两个主题上。

认知社会化

认知社会化在此关注的是母亲引导孩子进入某个谈话主旨时所努力提供的心智架构（maternal mental frames）,范围包括但不限于如何感知/刻画/叙述学习事件/行为、如何阐明/归因/诠释学习事件/行为的由来,以及如何考虑未来的态度/行为等等。我主要是以维果斯基学派（Vygotskian）脚手架（scaffolding）或辅导的理论概念作为我认知社会化分析的理论依据。[24]基于维果斯基学派理论,儿童不是自己凭空习得各种技术,而是经由其社会世界不断的指引才完成的,而在家里照顾他们的人就是教导他们重要文化认知技能的主要导师。该学派的研究很清楚地指出,能够得到越多社会支持的孩子,就越能拥有较好的认知发展以及文化能力（cultural competence）。[25]

认知社会化的共同点：引导孩子进入母亲的心智架构（*Common cognitive socialization: Maternal mental frame for the child to enter*）。两个文化群体的母亲们都会为事件/行为设定心智架构，其作用在于引导孩子进入家长的思维模式（parental thinking mode）以便达成母亲的目的。以下的例子是一位欧裔母亲和她九岁的儿子尼尔的对话。[26]在接受访谈的前一年，也就是尼尔二年级时有次成绩单上拿到一个 P（progressing 的缩写），P 表示"进步中"，但实际意思并不如字面上那么好听，明确地说老师其实认为尼尔在学习上未能负起自己的责任。由于母亲形容尼尔是个"完美主义者……凡事都不能做错"的孩子，于是更要好好地和他谈一谈拿 P 对他的影响。

（欧裔）例一[27]：

1. M：你成绩拿到 P 有什么感觉？

2. C：很糟。（小声，但开玩笑地说）

3. M：你之前知道伍德老师会给你……？

4. C：不知道。（小声）

5. M：你觉得自己应该拿 P 吗？

6. C：应该。（小声）

7. M：那你怎么办？做什么……？

8. C：要想办法改过来。

尼尔的母亲一开头并没有企图要去确定尼尔是否拿 P 的事，而是直接问他拿 P 有什么感觉，所以显然母亲知道母子两人对于拿 P 和相关的问题已有共识。这个假设没错，因为尼尔接着毫不迟疑地回答"很糟"（T2）。[28]但是我们观察到在他的非言语行为部分表现出对这个看起来蛮严肃的事件却带有某种程度的轻松态度。其次，母亲为了要确定尼尔没有抱怨老师或其他人的意思，所以又很直接地问尼尔觉得自己该不该拿 P。这次尼尔虽然仍然很小声但不再开玩笑了，而是很确定地回答"应该"。随后母亲提醒他想想拿 P 之后该怎么做，尼尔则又很干脆地回答："要想办法改过来。"（T8）

这段对话虽然很短，但母亲成功地构筑起一个心智架构，从中可以看到四件她要确定儿子明白的事情：（1）她认为尼尔拿 P 是个负面的学习结果；（2）老师给的负面评价应该会带给孩子对自己的负面感受；（3）拿 P 是儿子自己造成的；（4）儿子对这个负面结果表示要矫正自己的学习方法和态度是正确的反应。

以下是一位台湾母亲和她九岁的儿子阿伟谈论不好的学习情境的对话，也显示了母亲建立心智架构的企图：

（台湾）例二 ㉙：

1. M：你记不记得妈妈有跟你说……回家前功课要复习一下。功课要再看……一遍熟不熟，对不对？有时候你没有复习，老师小考的时候你就考得怎样？

2. C：比较烂哪。

3. M：比较烂一点，对不对？

4. C：嗯。

5. M：那妈妈有没有骂你？

……

6. C：没有。

7. M：妈妈跟你说什么？

8. C：用功一点。

9. M：要复习对不对？

10. C：对！

这位台湾母亲就像欧裔母亲一样，也提起一件负面的学习结果，但不像前位欧裔母亲开头便直接询问孩子的情绪感受，这位台湾母亲则是指出成绩不好的原因，也就是孩子没有复习功课(T1)。相似地，台湾母亲试图确定儿子阿伟首先要知道成绩不好是因为他自己没有好好复习学校功课(T1)。但是光知道会得到负面结果不表示他明白原因为何，因为原因和结果位于这个过程的两端，所以她又问了一次"妈妈跟你说什么？"(T7)当儿子回答"用功一点"(T8)时，母亲觉得这个答案虽然没错但很模糊，于是又进一步点出很明确的学习行为来问他"要复习对不对？"(T9)在这一小段开头的对话中，这位母亲也成功地让孩子了解她坚定的信念，也就是没有好好复习学校功课会造成成绩的低落。

认知社会化的共同点：孩子的反驳狡辩(*Common cognitive socialization: Child's quibble*)。在对谈中两个群体的母亲都没有表现出要孩子单方面服从和接受的渴望、期待和要求，但孩子和母亲争论协商的情形却不少。换言之，孩子的反驳狡辩是常态并非例外。从以下这位欧裔母亲和七岁女儿凯特的对话可以看出这个本质：

(欧裔)例三：

……

1. M：……那么你觉得放学回家……是因为你想要休息一下，吃点点心或玩一下，所以不想读书，因为我发现到晚上你就累了，所以也不适合学新的东西，对吗？

2. C：嗯，如果你给我一点时间玩，大概五到六分钟，让我到家后习惯一下，也许我可以读完五本书。

3. M：我们当然可以试试看，这个主意不错。我原先不知道你的感觉，所以我们可以试着先吃个点心然后玩几分钟，但这表示之后是……

4. C：是你需要……

5. M：当我请你，可能我会说该看书了或者该……

6. C：你不能，不能说，"喔，妈妈，我等一下再做，我才玩到一半呢!"

……

在这段对话之前(不在节录中)，母亲先表扬凯特喜欢阅读，然后指出凯特不应该只读简单的书，应该要读些较有挑战性而且不同类别的书，因为阅读是一辈子的事。在这段引导孩子进入其心智架构的前奏完了之后，母亲暗示她觉得凯特不愿再多读一点书，但母亲很小心避免责骂她缺乏读书的热情，而是跟她谈论"时间"(timing)这个外在的问题，所以她说"到晚上你就累了"(T1)，所以"也不适合学新的东西"(T1)。

但凯特不顾母亲迂回婉转的方式，却抓住母亲批评的口气回嘴说"如果你给我一点时间玩"(T2)，然后"让我到家后习惯一下，也许我可以读完五本书"(T2)。她的要求似乎还算合理，而且提出读五本书作为让步，这应该符合母亲希望的结果，所以母亲觉得她抱怨得也有道理，而且很惊讶凯特觉得被要求去看书是剥夺了她的休息时间(T3)。因此就同意照她建议的去试试看。但是善于沟通的母亲绝不会放弃为人父母的目的，所以和女儿讲好如果让她先玩，她就必须保证之后会去看书。所以最后当母亲说"但……当我……说该看书了……"(T3 和 T4)后，孩子天衣无缝地接嘴说："你不能，不能说，'喔，妈妈，我等一下再做，我才玩到一半呢!'"(T6)，于是母女双方一起成功地达成了协议。

对欧裔来说,孩子对父母权威的反驳与交涉是很平常的事情,⑩但亚洲父母的风格一般认为比较强势,很少给孩子讨论的余地,因而得到了权威、专断、高压与苛求的形容词。㉛但我们的数据出乎意外地显示了相反的结果。台湾母子对谈中孩子反驳的情形和在欧裔中同样常见。

下一个台湾母亲和她七岁女儿茹莉的对话也出现双方意见不合的情形。受访者在表示很难找到对她女儿学习态度/行为上有任何不满的地方后说,她唯一希望茹莉能改进的一件事是写字要有耐性,而母亲话刚出口,茹莉马上就表示抗议。

（台湾）例四：

1. M：写字,要慢慢地写。

2. C：都是你在讲,我都没讲。

3. M：好,那现在让你讲。你觉得你哪里做得不好？

4. C：……［无声,4 秒］我很少、没有,非常的少。

……

5. M：你写字方面不太认真。

6. C：我可以写"我爱你"［写字］。

7. M：对。

8. C：［继续写字］。

9. M：［母亲指导］然后再来这个。好,要好好地写。

10. C：写好了！

……

11. M：要写好一点啊。

12. C：我写得很漂亮啊。

13. M：你觉得写得很漂亮,可是你要写得很认真啊。

14. C：我知道了。

在这个例子中,孩子对于母亲跟访谈员说她写字不认真的事感到不太开心,所以她说"都是你在讲;我都没讲！"（T2）来让母亲知道她不喜欢母亲的批评,也不高兴自己没有反驳的机会。母亲听了后就立刻让步请茹莉说话,但同时并没有放弃她为母的责任,改而引导茹莉去思考自己的弱点,于是问她："你觉得你哪里做得不好？"（T3）茹莉沉默了一下后并没有退让,反而否认自己有任何不足之处。于是母亲说"但你写字方面不太认真"(T5)来重申她的看法。这次茹莉改变策略,她让母亲看她不仅写得很认真也很漂亮(T6),来巧妙地回避言语上僵持不下的局面。在她成功地用行动驳倒母亲并得到认可后,在母亲最后强调要认真时,就声明自己知道"写得很认真"是什么意思("我知道了" T14)。

认知社会化的共同点:母亲的劝说与孩子的修正(*Common cognitive socialization: Maternal persuasion and child alignment*)。尽管母子间意见相左与谈判协商的情形很普遍,母亲对孩子社会化的影响在两个文化母子对谈中都非常显而易见。虽然不是所有的沟通都一样成功,但是大部分的母亲都常用劝导讲理的方式来影响孩子,例如下面这个对话,一位欧裔母亲试着让她八岁的女儿苏明白,数学不会倒还好,但若因为担心受窘而不敢请教老师才是学习时的一大问题。

(欧裔)例五:

……

1. M:所以如果有什么,比如,你到目前为止除了数学以外,都没什么困难,对吗?

2. C:我没什么困难。

3. M:你数学有些地方不会。

4. C:呀,但是老师让它变得太难了。

5. 好,那么如果有东西——变难……不像其他那么容易……你觉得我们[加强语气]应该怎么办?

6. C:我们应该……

7. M:可以让谁知道?

8. C:丽兹。

9. M:但是丽兹不在你班上,她是你这个暑假的家教,我们家的朋友。所以你需要告诉别人。

10. C:老师?

11. M:老师? 是非常合适的人。

12. C:嗯。

13. M:如果你不想告诉老师,那要告诉谁?

14. C：你？

15. M：但我们怎么能，所以你不想让全班知道自己有不会的地方免得丢脸？

······

16. C：我们可以私下讲吗？

17. M：要怎么讲？也许早一点去学校？

18. C：好!

19. M：然后告诉老师？

20. C：嗯。

······

一开始，苏否认在学校有遇到任何困难，包括数学在内(T2)。当母亲很清楚地指出她有些数学概念不懂时，她声称那是因为老师所以才会对她造成困难(T4)。母亲看到苏至少承认了数学有困难(虽然她责怪老师，而不是自己)，就抓住机会让苏思考怎样才能学得比较好，而不要一直去怪别人，所以接着说"如果有什么东西……变难……不……容易……你觉得我们应该怎么办？"(T5)。注意母亲在这里用"我们"一词来提示孩子要克服这个学习困难不是她一个人的事，母亲关心她而且也有能力和她一起面对。当苏表现出茫然无措时，母亲强调苏的困难在于"不愿意请人帮助"。但母亲没有勉强苏去找人帮助，而是借着问她"可以让谁知道？"(T7)来巧妙地转移问题的角度。苏回答可以告诉丽兹，丽兹是家人的朋友，不但是熟人也是苏的家教，但那不是母亲想要引导苏学习的方向，于是母亲说"所以你需要告诉别人"(T9)。然后苏想到的正是母亲心里一直希望的人选，也就是她的老师(T10)。母亲兴高采烈地赞同苏愿意请教老师的想法(T11)，但并没有就此打住，因为她知道女儿担心会受窘所以不愿在全班面前告诉老师她数学有困难，所以就很圆融地提到这一点(T13与T15)。苏体会到这层细微的转折，知道母亲会是她和老师间最好的中间人(T14)。而此时母亲就建议最好的方法是提早趁没有其他同学在场时到学校(T17)，然后一起私下去请教老师(T19)。

这个例子中的母亲经由一步一步引导的过程改变了女儿的决定，使苏从不承认自己数学有困难，进到承认了但怪罪老师，最后变成愿意让人知道而且还找到了可行的解决方案。这位母亲很小心地说服孩子打开心门，并且教了她宝贵的学习观念：不懂某个数学概念并不是最重要的（例如，她们在后面对话中讨论如何用钟看时间），重要的是要愿意告诉可以帮助的人自己什么不会。但是让孩子有这样的意愿，并不需要损伤到孩子的自尊，母亲可以帮助找到好的解决方法。

以下一位台湾母亲和她八岁女儿蓝怡的对话也有类似的过程：

（台湾）例六：

1. M：脑筋动得很快，可是，相对的喔，让我觉得很高兴，可是有件事我很苦恼。

2. C：呃，错字。

3. M：呵呵，你都知道，那我们该怎么办，订个计划好不好？对，我觉得这件事情，是我们本来就应该要谈判的事。

4. C：嗯，啊……

……

5. M：……妈妈真的很头痛呃，你……后面的那个解释啊，全部统统对，错字快给人家整张考卷错一半，你觉得……

6. C：哪有？我另外有全对……没有错。

7. M：如果你是妈妈，我是蓝怡，你觉得你会高兴吗？

8. C：呃……

9. M：如果我是你的小孩，你会克我吗？

10. C：不会啊。

11. M：那你会怎么样？鼓励我呵呵……？

12. C：鼓励对啊。

13. M：呵呵"继续错下去，你错得好，错得妙"，像这样子？妈妈会有这样想法？那这样的妈妈才是很奇怪耶！我不要当那种奇怪的妈妈。

……

14. C：嗯……嗯……

15. M：我们下定决心来把这件事情改过来，好不好？

16. C：好啦。

……

当母亲提出成绩不好的事时（T1），很难得地蓝怡自己就承认了（T2）。但是当母亲探问"我们该怎么办?"时(T3),她(类似欧裔参与者)也用了"我们"来表明和女儿在学习中的同盟关系。母亲针对这个问题提出一个计划(T3),告诉蓝怡她很苦恼并且想知道蓝怡对这样不好的成绩有什么感觉(T5),但蓝怡抗拒母亲的批评并表示自己成绩很好来予以反驳(T6)。然后母亲用转换角色的策略说"如果你是母亲,我是蓝怡,你觉得你会高兴吗?"(T7),这个问句结果导出"母亲应该一直鼓励孩子继续错下去"(T13)这样一个很荒谬的结论,因此她有责任要引导孩子改变想法,而这一步显然说服了蓝怡同意该是解决问题的时候了(T16)(她们在该对话的后段提到如何避免写错字的练习计划,也就是把字写在墙上,让母女二人都能看到蓝怡的进展)。

以上六个例子清楚地显示了两种文化中的母亲都会企图建立起心智架构来纠正孩子的想法。但是同样地,家长主导的认知社会化过程也充满了来自孩子的抗拒和狡辩。然而两种文化的母亲都成功地说服孩子接受她们讲的道理,逐步地把孩子的想法调整成和自己一致。

除了这些共通性外,两种文化的母亲在认知社会化上也有明显的差异。前面曾提及,差异不在于两边母亲谁设了较多或较少的心智架构,而是她们为孩子构筑的心智架构很不相同,反映出各自文化的倾向和优先级。经过反复循环播放母子对谈录音之后,我们发现母亲构筑心智架构时一再出现的模式中有两个相关焦点:学习的根源(*source of learning*)和学习的因果关系(*causality* for learning)。根源(source)在此有两个含义。首先,它是影响母亲如何把学习概念化并灌输给孩子的观点。其次,它也是种力量或储备(fund),提供母亲汲取推理和引导孩子时的正当性来开展推衍对话的内容,最后影响孩子的学习信念。[32]换言之,母亲不是单打独斗地在为孩子的学习理出头绪,她背后有一套丰富的概念储备,也就是文化的靠山来提供她认知的来源和资源。

认知社会化的不同点:欧裔母亲聚焦于孩子的心智根源(*Different cognitive socialization: EA maternal focus on child's mental source*)。不论是关于好或差的学习情形,欧裔母亲通常会和孩子引出心智方面的话题来谈论。这种倾向在谈论好的学习情境时更为明显。以下的例子是一位欧裔母亲和她七岁的儿子艾德谈论他喜欢和朋友鲍伯聊书的事情,他们甚至在老师上课前就先讨论了。

(欧裔)例七:

......

1. M：你真的也很喜欢海莉特·塔布曼(Harriet Tubman)的书哦？

2. C：嗯。

3. M：你们下课时也会聊她的书？

4. C：大概吧，有时候，我们……有时候也许。

5. M：你知道那是聪明人做的事，聪明的大人，他们……

6. C：会谈论书。

7. M：对。

8. C：你知道吗？上次我们聊《吸血兔》(*Bunnicula*，美国一套儿童读物)，用了整个[加强语气]下课时间。

9. M：你在跟我开玩笑吧?!

10. C：真的！

11. M：太棒了！谈书真是聪明人做的聪明事。

......

12. C：我们看书……还会看看后面的章节，这样写心得报告时可以解释得比较清楚。

13. M：喔，所以你有时候会偷看后面？

14. C：嗯。

......

15. M：[笑]说真的……你和鲍伯在这个年龄来讲都是很聪明的读者。

16. C：嗯。我们其实都想当……世界上最伟大的科学家！

......

这个例子很清楚地显示出母亲一心一意要引导她儿子产生一种想法：书不只要看而且要会讨论的才是聪明人与众不同的地方(T5)。这位母亲很高兴她的儿子会和朋友花时间讨论书(T11)，透露出艾德和鲍伯空闲时聊书不是这个年龄常见的行为，所以母亲还加上"你在跟我开玩笑吧?!"(T9)的惊叹句，并赞扬他们"你和鲍伯在这个年龄来讲都是很聪明的读者"(T15)。这样的学习态度和行为自然会得到赞扬，因为在母亲的观念中，孩子高智力的行为表现预示着未来良好的成人生活。

孩子在这样的引导下遂产生了和母亲一致的认知形态，值得注意的是在母亲带领接受所谓聪明的学习行为过程中艾德反应的变化。当母亲刚起头讲艾德利用下课谈书时(T3),他有点吞吞吐吐地回答"大概吧,有时候,我们……有时候也许"(T4),但在母亲很明确表示谈论书籍是聪明人做的事后(T5),艾德转而变得非常起劲地告诉母亲他们其实不只是"有时候"或"也许",而是"整个下课时间"都在讨论书(T8)。他母亲进一步肯定他良好的学习行为后,艾德讲了更多甚至更不寻常的行为,也就是他和鲍伯会提前读后面的部分,以便写出更清楚的心得报告(T12)。当母亲进一步肯定他这种非常聪慧的行为表现时,艾德说出了他的人生志向:"我们其实都想当……世界上最伟大的科学家!"(T16)

下一段母子对谈是一位欧裔母亲和八岁儿子凯文的对话,谈的也是好的学习情境。

(欧裔)例八:

……

1. C:……有人说空气,我说氧气,所以我基本上……讲了所有的种类,但用的是科学名称。

2. M:你是从哪里学来这些学名的呢?

3. C:各种恐龙书会告诉你很多事情,不只是讲恐龙……其实其他动物也一样意思。

4. M:所以……你看你最喜欢的恐龙书……可以和班上同学分享你学到的东西。

5. C:但是恐龙名字……它们也可以用在不同物种的生物上。

6. M:嗯……所以不只是恐龙,别种动物也一样?

7. C:嗯,对。

8. M:所以那些标记你也可以用,用在比较大群的动物上……不只是恐龙?

9. C:嗯,对。

10. M:呀,好……那维斯特老师觉得怎么样,对于你可以……

11. C:他觉得很不错。就像每个老师一直说的我……说我有照相式记忆(photographical memory)。

12. M:对什么东西?

13. C：很多东西，基本上……它基本上就是脑袋里会突然跳出一个东西……碰！不会跑掉，不会消失，一直卡在里面。

14. M：哦。

15. C：就像你照相，你没办法把彩色照片从框框里撕掉。

16. M：啊，就卡在那里了。所以只要你读或听过的东西就会记住？

17. C：就好像有只蜜蜂在你脑子里嗡嗡叫不停。除非你赶它，不然它不会离开。

......

这位母亲帮助凯文回想某次课堂上教动物名称和习性的学习活动，显然凯文和大家分享了从课外阅读所获得的知识。但凯文用的是科学术语而非日常用语，例如以氧气取代了空气的说法(T1)。然后母亲问他是从哪里学到的(T2)，这是很典型的欧裔母亲风格，因为他的同学似乎都不晓得。凯文非常详细且老练地解释他喜欢的各种恐龙书籍如何多方面地裨益其知识基础，包括他对动物的一般了解，他说："其实其他动物也一样意思。"(T3)但是他母亲只针对他阅读及和同学分享的事来响应，没有对他最后也是最重要的一点提出任何看法(T4)。

凯文知道他母亲没有听出他的重点（其实他说的"其实其他动物也一样意思"意思并不清楚也可能是造成他母亲疏忽的原因）。因此他在 T5 更清楚地说："但是恐龙名字……它们也可以用在不同物种的生物上。"母亲听到这里才了解她儿子能够以恐龙为例把命名方法用在其他物种上，具备了举一反三惊人的科学洞察力。母亲确定自己理解无误后(T6 和 T7)把儿子卓绝的认知能力加以厘清并简洁地陈述出一种心智本能(mental principle)，"所以那些标记你也可以用，用在比较大群的动物上……不只是恐龙？"(T8)

为了显示出儿子心智上这种特殊的能力，于是母亲询问老师对其能力的反应(T10)。不出所料，凯文表示所有的老师都很赞叹他这种很特别的照相式记忆力(T11)。之后的对话则在进一步确定他的表现来自过目不忘的超凡记忆力，所以很清楚地母子双方都认为凯文在学习上确实天赋异禀。

这两个欧裔案例虽然内容不同，但都显示出母亲们努力形塑孩子的思考方式，将之导向心智层面，特别是智能、心智及其功能与过程上。如前所述，这些正是西方学习概念的特征。

认知社会化的不同点：台湾母亲聚焦于孩子的美德根源（*Different cognitive socialization: TW maternal focus on child's virtue source*）。不像欧裔对照组的母亲们，大部分台湾母亲都依赖美德作为社会化孩子时的根源。从下面这位母亲和她七岁儿子阿任对话的节录可看出此一倾向：

（台湾）例九：

1. M：喔，那为什么老师会觉得你表现不错呢？……

2. C：就上课很专心。

3. M：很专心是跟隔壁专心讲话？

4. C：我是在那边听老师讲话。

5. M：是只有上张老师的课这样还是每一堂这样？

6. C：每一堂几乎都这样。

7. M：为什么你要很认真上课？

8. C：嗯。

9. M：你也可以一边上课一边睡，为什么你要很认真上课？

10. C：……回答题目如果不会，不乖的小朋友就要扣点……

11. M：喔，所以你表现得很好是因为你想要得到……荣誉章，是不是？

12. C：嗯。

13. M：还是你自己本身也想要表现好一点？

14. C：我本身也想要好一点。

15. M：你为什么想要表现好一点？

16. C：因为那个考试都考得很烂。

17. M：喔，那考试都考的很烂喔？

18. C：嗯。

……

这位母亲首先告诉阿任，老师说他在学校表现很好，然后询问老师这么说的原因（T1）。阿任毫不迟疑地回答："就上课很专心。"（T2）因为阿任用很干脆的语调来讲自己的美德表现，让母亲觉得他似乎有点洋洋自得，不合乎文化期望，于是母亲就半调侃地问："很专心是跟隔壁专心讲话？"（T3）阿任不为所动，仍坚定地表示他是专心听老师讲课（T4），但母亲似乎还是不能完全相信，继续试探他是否只是专心听这位给他好评语的老师讲话而已（T5）。阿任接着的回

答似乎比较接近他在学习美德上的实际状况,因为他承认不是所有的课都专心,只是"几乎都这样"而已。(T6)

母亲似乎到此时才相信他的话,接着转而探究阿任为什么会表现出这样的美德,于是问了一个看似顺应孩子心意但其实颇尖锐的问题:"你也可以一边上课一边睡,为什么你要很认真上课?"(T9)她借着这个问题提供儿子一条虽然滑稽但促使他认真思考何谓上课专心的路径。阿任回答是因为不愿失去荣誉奖章(T10)。但是母亲并不希望他是为了得到外在奖励才表现学习美德,因为学习美德的本质是道德性且以自身为目的的,于是母亲接着问他是否也知道上课认真专心本身有超越外在奖励的价值:"还是你自己本身也想要表现好一点?"(T13)孩子表示同意(或更像是不得不同意)那也是他的目的(T14)。最后,母亲希望确定儿子不只是表面同意,而是诚心诚意地同意,于是要他解释他为什么这么在意要表现更好一点(T15)。阿任很老实地承认自己学习不足的地方:"因为那个考试都考得很烂。"(T16)

这位母亲并没有很在意儿子的才智、能力,或头脑及心智过程,事实上,她在整段对话里完全没有提及这方面的话题,而一直强调专心、诚意和认真等学习美德。她利用老师对儿子赞扬的机会来驱策他进一步走向自我完善。要注意的是,此处虽然谈的是好的学习情境,但对话中母亲却转而探究儿子的不当之处。如果以为这位母亲很严苛,那就错了,其实她儿子并不这样认为,相反的,他知道这些美德的重要性而且愿意和母亲配合。母亲对儿子进行的认知社会化在于要他看到拥有这些学习美德不是为了外在报酬,而是为了他自己的成长。在之后的对话中,母亲告诉儿子他很可爱,因为他知道为什么需要认真上课的原因。就像她的欧裔对照组母亲一样,这位母亲从其文化认知的根源和资源中抽取出学习美德来作为学习的基础。

下面是一则好的学习情境的案例,这位台湾母亲和九岁的女儿佳佳谈论要如何自我更勤奋地增进写作能力。

(台湾)例十:

1. M:还有就是要多加油,你那个作文方面还要再多加强,那你说……课文深究喔还有那个大意跟主旨啊,现在都很厉害,都不用我教你了喔,是不是?

2. C:……

3. M:大声一点!要不要我教你?

4. C：不要。

5. M：不用喔，你现在自己都会了，都比我还要厉害了……这都是你自己的努力，对不对？那你怎么觉得你自己会的？你告诉我，你感觉自己是怎样进步的？

……

6. C：看别人的。

7. M：看别人的，看别人怎么写，你不是自己想的吗？怎么会看别人写？

8. C：看别人哪里写得比较好。

9. M：……你会去看别人怎么写就对了……喔那很好啊。那你就继续保持下去，好不好？那其他的方面也要坚持一点，对不对？

10. C：对！

11. M：看书方面呢？你要常常多看书，以后才会比较会写作文。那个老师打电话过来，他说你要多学一些成语，以后多写一些文章。

……

因为这是关于好的学习情境的对谈，所以例子中的母亲知道女儿已很能掌握课文大意与主旨(T1)，表示很高兴她技巧学得很好，不但不再需要母亲教她，还甚至指出佳佳比母亲还要厉害(T5)，这在华人文化里是极大的赞誉。然而，母亲的欢喜中带着两样重要的认知目标(cognitive goals)。第一是让佳佳了解她的写作需要加强，母亲甚至在赞扬她之前就先提到这点(T1)，并在 T9继续说："那其他的方面也要坚持一点，对不对？"母亲用这句话督促佳佳要读更多的书、学更多成语，因为所有这些额外的努力，就如老师建议的将有助于增进写作能力(T11)。第二个目标是带领佳佳回想并详述她是做了什么样的努力来增进写作能力的，所以母亲说："那你怎么觉得你自己会的？你告诉我，你感觉自己是怎样进步的？"(T5)佳佳回答是因为看了别人的作文，但母亲起初并不称许这样的方法(可能怀疑有抄袭之嫌)(T7)，但当佳佳解释她是为了找出别人的优点后(T8)，母亲表示很欣赏她向人学习所付出的努力(T9)。最后母亲以敦促佳佳继续她原来的学习方法作结。

这段台湾母女的对谈表现了一般亚洲父母社会化孩子去理解不论成就如何都要勤奋、格外努力并持续奋斗不懈的重要性。即使父母欣喜于孩子的长处与成就，他们仍然会督促孩子要实践美德并继续自我改进。这种倾向无疑反映了儒家的学习导向与价值观。

　　前述四个分别来自两个文化群体的案例，展现了母亲如何吸取其文化源流来为孩子构筑心智架构的现象，这是本对话研究的第一个重点。第二个重点是学习的因果关系，在此是指母亲对学习事件为何发生的解释或归因，包括什么样的学习活动、态度、行为或事件会造成什么后果，也包括母亲对于如何可以得到好的学习成就以及如何改善不好的学习情形所做的说理。文化根源和因果关系的差别在于前者对学习事件和结果不一定可提供解释和归因，但母亲的论点和谈话仍然是在文化根源，也就是文化导向与价值观的范围内进行。

　　不可否认，母亲对学习之因果关系的解释不能用传统哲学中逻辑的界限或科学对因果关系的定义来评估。事实上，这些母亲的做法很难让她们够得上哲学家或科学逻辑学家的称呼，而且这些父母其实似乎也不在意对孩子进行认知社会化时，自己的逻辑是否合乎哲学或科学的定义。因此我认为正规的或任何严谨的逻辑推论和教养孩子即使不是完全无关，也并不重要。尽管如此，父母的逻辑仍有其本身的推理链（chain of reasoning），因此是头尾完整串联在一起的，而从其对学习世界（learning world）概念化的方式来看，他们可被称为民间逻辑学家（folk logicians）。由于父母们的逻辑充满在日常的社会化过程中，而且对孩童发展有着不可否认的效力和影响，所以必须加以分析。

　　认知社会化的不同点：欧裔母亲的心智潜能因果论（*Different cognitive socialization: EA maternal causality of mind potency*）。一般欧裔母亲帮助孩子了解如何才会带来好的学习经验的方式是引导他们去思考如何运用心智来造就卓越的成果。下面有两个例子可说明这种模式，第一个是一位母亲和七岁儿子提姆的对话。

　　（欧裔）例十一：

　　1. M：……我想要和你谈……上次你带回家一份"我的老天爷啊！"几乎全错的数学考卷，那是以前从来没发生过的，记得吗？

　　2. C：嗯。

　　3. M：而且……

　　4. C：我那天很倒霉。

　　5. M：你那天很倒霉，真的是。但是我们后来弄清楚你哪里做错时，你很开心……你知道正确的做法后非常高兴,然后很开心地做练习题,对吗?

6. C：……

7. M：……因为记得我刚看到考卷时,我不知道你的答案怎么来的……你也解释不出来,对吗?呀,等我们一弄明白后你就很高兴我找出原因了。然后……我给你一大张很多很多数学题去练习,这样我才能确定你真的懂了。你做得飞快,而且全对,而且脸上带着微笑……你很高兴。你觉得是因为什么?

8. C：我不知道,因为我原来很难过,但是你坐下来和我一起从头到尾看一遍,我可以很专心地想,然后弄清楚了。

9. M：所以把事情做好让你很快乐?

10. C：对。

11. M：所以有时候做错一些问题没关系,对不对? 因为……

12. C：我,我再也没那样子过了,对不对?

……

值得注意的是,虽然这里谈的是好的学习情境,但是母亲一开始讲的其实是个负面事件(T1),但她很快地把负面转成正面说:"但是我们后来弄清楚你哪里做错时,你很开心……你知道正确的做法后非常高兴。"(T5)母亲在 T7 中细述发现提姆数学问题所在的过程,一开始他自己"也解释不出来",然后靠母亲用心想了出来并且确定他也完全了解,而一旦找出了原因,提姆的问题就解决了,这不但让提姆很开心,并且很愿意去做母亲给他练习的"很多很多的〔数学〕题"。在同一段的最后,母亲问:"你觉得是因为什么?"此处彰显出母亲对于提姆此一学习经验转负为正的因果解释。提姆接着在(T8)回溯了整件事的经过,后来母亲把这次经验归纳成一个规范型期望(normative expectation)："所以有时候做错一些问题没关系,对不对?"(T11)最后提姆则替这段对话下了一个快乐的句点。

以上对话中事件因果关系的推演可分为下面八道步骤：

1. 提姆起初对于无法做数学题感到很沮丧。

2. 母亲发现了这个问题。

3. 母亲和提姆一起坐下来思考并找出提姆问题的症结所在。

4. 母亲确定提姆真的懂了。

5. 母亲设计了一张数学题卷让提姆练习。

6. 他全做对了。

7. 他很开心。

8. 他后来就不会再做错了。

虽然以上所有的步骤对他们而言都有因果关系,但最重要的环节是第三项(3),母亲和提姆一起坐下来思考、厘清并且让提姆了解问题所在,若没有这个步骤,提姆就不会弄懂数学也不会重拾学习动机。因此心智具有理解及解决问题的能力是这位母亲用来解释好的学习经验之所以发生的原因。

接下来是一位母亲和八岁女儿妮娜对谈的节录,这段谈话也强调心智是学习的关键因素:

(欧裔)例十二:

1. M：……但是我喜欢你……做研究的方面而且做得很好,你读了该读的书,所以你知道……自己在做什么。你对自己研究的方向很有想法。而且……那在规划时非常重要。非常重要……因为如果你没有数据就迫不及待地做的话,结果不会很理想,因为……

2. C：你就会变为说谎,多半。

3. M：嗯……如果没有做研究,你得自己编造资料,对吗?

4. C：嗯,对。

5. M：但是,如果你做了研究的话,你就有必备的知识作后盾……

6. C：尤其是如果你做了笔记的话。

7. M：你记笔记来确认你的数据,对吗?

8. C：因为如果你不记下来,就会忘记,然后,你就又得自己编东西进去了。

这位母亲一开始告诉访谈员妮娜对学校功课充满热情,她会兴高采烈地一头跳进去,但很快就失去动机。不过母亲发现妮娜的研究方法很好,在 T1 铺陈妮娜研究做得很好的原因并强调做调查研究"非常重要",因为没有资料的话,妮娜的研究计划"结果不会很理想"。妮娜听出母亲推论的用意,便更具体说出"你就会变为说谎"(T2)这个更严重但不是心智上而是道德上的后果。母亲随后的解释把妮娜带回比较心智层面的因果考虑:"嗯……如果没有做研究,你得自己编造资料,对吗?"(T3)。在 T5,母亲提出"做研究"是对治缺乏必备知识的因果解药(causal antidote)。与母亲一搭一唱的妮娜便提出做研究时要记笔记的实际行动(T6)。母亲则进一步重申重点是要确认数据以免陷入编造的情形(T7)。此时女儿和母亲想法完全一致,并重新再度肯定做研究、记笔记,以及搜寻数据的好处,因为这样的话就不会"得自己编东西进去了"(T8)。

　　这位母亲对女儿解释研究工作好坏的因果关系是为了预防女儿去编造研究资料。当女儿暗示说谎会有道德上的后果时,母亲巧妙地带领她回到心智的议题上,因为研究做得不好是心智方面的问题,和违反道德规范不一定有关。妮娜研究动机减弱和研究时的急就章才是造成她可能会编造数据的原因,而不是因为道德败坏,所以母亲需要做的是让她明了怎样的心智过程可以帮助她做好研究工作。这段对话再次展示了在孩子学习的因果关系上,心智和心理过程在母亲心目中的分量。

　　认知社会化的不同点:台湾母亲的美德力量因果论(*Different cognitive socialization: TW maternal causality of: virtue potency*)。台湾母亲们对于孩子的学习有不同的因果论和归因,她们关注的是学习美德的力量。下面是一位母亲和她八岁儿子小明的对话。

　　(台湾)例十三:

　　1. M:小孩,我要讲你的游泳,是因为我觉得你的游泳很不错呀,对不对?

　　2. C:嗯。

　　3. M:是游泳很不错,为什么说不敢游泳呢、怕碰到水呀? 可是你后来为什么可以不怕水呢?

　　4. C:我不知道耶。

　　5. M:……嗯? 现在有另外一个小朋友,他也怕水,你要怎么帮他? 嗯?他如果也怕水,可是他又很想游泳。你怎么帮他? ……

　　6. C:我认为是……先教他怎么憋气……

　　7. M:……我觉得你游泳那个部分很棒啊,你那时候怎么去克服那个部分咧? ……

　　8. C:是教练……教我怎么憋气的……

　　9. M:可是你本来不想下水,不想游泳啊? 你后来……为什么想要学?

　　10. C:因为……觉得在水里很好玩……

11. M：所以你就努力去学，那怕水的部分呢，怎么样克服掉？

……

12. C：这个我就不知道啦。

13. M：刚开始有没有很怕？

14. C：刚开始……很怕。

15. M：怎么样慢慢不怕？

16. C：因为……学会憋气。

17. M：有人教你，对不对？教了会了，用了，就不怕了，对不对？然后一直练，就越来越棒了，对不对？

18. C：没错！

19. M：这样，你刚开始练憋气有没有很辛苦？

20. C：不会啊。

21. M：不辛苦才怪呢，那学别的东西会不会辛苦？

22. C：会啊，怎么会不辛苦呢？

23. M：所以可不可以懒惰？

24. C：不行……不行……

25. M：那其他的东西……要不要……再花一点点力气，不要懒惰那么多呢？好不好？

26. C：好嘛好嘛……

……

这段略为冗长的对谈显示出母亲如何和孩子讲道理，希望他了解学习美德才是学习成功的真正原因。美德不只帮助孩子克服种种困难，例如恐惧、缺乏动机、不想练习和懒惰等等，也是学习任何事物的共通原则。

这位母亲从肯定小明的游泳技术开始讲起（T1），但除了赞扬他，母亲希望他知道背后的原因，于是她随即要他回想自己如何从很怕水变得不再怕水（T3）。当小明回答不知道时（T4），母亲便假设了一个具体的情境，描述另一个怕水但也想游泳的小孩（就像小明开始时一样）让小明推敲出自己学会游泳真正的原因（T5）。但是小明没有往学习美德那方面去想，只想到"憋气"的技术（T6）。母亲显然很不满意这个回答，于是进一步试探他（T7），但是小明给了一个虽然更详细却仍是技巧方面的回答，因为他想到的是教练教他憋气的事

(T8)。眼看儿子不会朝她希望的方向去思考,所以母亲就问他为什么想学游泳(T9)。作为典型的小孩子,小明提到学游泳的动机就是因为好玩(T10)。因为小明越讲就离学习美德这个主题越远,母亲就干脆把小明为了好玩的欲望和学习必须努力两件事连在一起,于是说"所以你就努力去学"(T11)。母亲做了这个因果关系的联结后,不等小明反应就接着再度问他要花多大的功夫去克服怕水的问题,但小明仍然没有领悟母亲的用意。在你来我往几回合后,母亲抓住小明提到教练教会他憋气这件事,然后在 T17 苦心经营出一串推论:"啊有人教你,对不对? 教了会了,用了,就不怕了,对不对? 然后一直练,就越来越棒了,对不对?"谈话至此,她才终于让小明明白了她的意思而说出:"没错!"(T18)

如果小明的学习经验只能说明学游泳这一件事的话,就不值得这样费功夫讨论了。母亲希望小明知道学习美德是保证所有学习能够成功的真正原因,不只游泳而已,因此她表示努力确实很辛苦(T19),但小明不觉得学憋气有那么难(T20),于是母亲便断然否决了小明觉得学习不一定很辛苦的想法(T21),然后马上接着要他想想一般的学习情形说"那学别的东西会不会辛苦?"这时小明才完全踏进母亲的因果框架中,附和地说:"会啊,怎么会不辛苦呢?"(T22)终于,母亲把对话拉到之前和访谈员提到小明虽然很聪明但不够努力的问题,于是问他"所以可不可以懒惰?"(T23),小明随后表示"不行"(T24)。母亲最后再强调要更努力(即不要懒惰),并将其扩大为所有学习都必须具备的美德(T25)。

这位母亲的因果链如下:

1. 小明起初怕水,但希望得到游泳的乐趣。

2. 他愿意学游泳。

3. 有人教他游泳技巧。

4. 他学会游泳,并克服了对水的恐惧。

5. 但是唯有大量练习才可能学会。

6. 练习越多,游得越好。

7. 学游泳需要努力练习。

8. 小明要是懒惰,是不可能学会游泳的。

9. 学任何事情都需要努力才行。

10. 小明要是懒惰,就无法学好任何事情。

和欧裔母亲们类似,这位母亲也采取了她认为合乎因果关系的推理步骤来帮助孩子社会化。但最重要的是(5)、(6)和(9),因为这三项是这位台湾母亲费心社会化孩子的真正目的。

下一段是另一位台湾母亲和她九岁儿子阿伟的对话,虽然比较短,但也依循着这些重要的因果推理步骤。

(台湾)例十四:

1. M:我是在想啊!我想最好最好的就是你自己很主动地去……你要赶快先学会弹(贝多芬的)《致艾丽丝》啊!

2. C:嗯。

3. M:结果你就很努力地去练哪,对不对?

4. C:嗯。

5. M:然后金老师不教你,说你还太小了,手还不够大,对不对?结果你就自己去……一段一段地练,练到最后很难的时候,你就去跟金老师说,你都练好了,最后那段不会,所以金老师才教你了,然后你就很高兴,是不是?

6. C:嗯。

7. M:然后回来就练呵,好带劲啊,每天不用妈妈叫,直接……自己一直去弹了,对不对?

8. C:嗯。

9. M:后来还用这……这首曲子去参加比赛,对不对?

10. C:嗯。

11. M:上个礼拜还得了第一名,对不对?

12. C:嗯。

13. M:所以妈妈……所以我跟你说:一分耕耘……

14. C:一分收获。

15. M:一分收获,对不对?

16. C:对。

这段对话大部分是母亲在描述阿伟的学习美德,而阿伟在肯定母亲的推论。在她心目中,阿伟拿到冠军唯一的原因就在于他自动自发、坚持且百折不挠地练习。因为母亲一直赞扬他而且非常感动于他的学习美德,所以阿伟不用讲什么话。只有当母亲从阿伟这个很好的学习经验里力图萃取出一个概括的学习美德并说道"一分耕耘"时，阿伟才加入母亲接着说"一分收获"来作结。两人好像二重唱般由母亲主唱，阿伟合音，一起唱出学习美德的旋律。

总括来说，这些母子对谈例子清楚地呈现出两个文化母亲们对好的学习情境因果关系的理解来源。她们以自己的理解和坚定的信念来社会化她们的孩子，而孩子们在过程中也多半会越来越靠近母亲刻意营造的影响结果，展现出两个文化学习倾向的力量。

情绪社会化

情绪社会化关系到父母引导孩子对学习的情绪反应，以他们认为孩子对自己学习应该产生的情绪为基础。大家直觉上会以为情感/情绪一般来说是自然的本能，不受人类意志力控制。有些基本的人类情绪确实可能是不假思索自动发生且普世皆同的，例如，不论哪个文化里大部分的人都会被突如其来的巨响吓一大跳。然而如第五章讨论过的，即使是如此基本的情感也需要经过我们的评估，也就是我们身体对外来刺激在做出反应前的认知评估，即使只是一刹那间的反应亦然。大部分其他，特别是社会性引发的情感多半需要更多更长的评估，而社会性越复杂的情感需要的认知评估就越复杂。

如同第五章所说，牵涉到人类情感反应的评估过程来自我们对事件重要性的判断。如佛瑞达（Frijda）的理论所言[33]，事件发生时我们会首先要觉察它（register），然后编码并评估其正、负、利、害等的性质，只有在评估后我们的身体才能对其产生情感反应。

由于这种评估带有价值判断，所以必然会受到社会文化因素的影响。而因为我们总是根据自身文化定义的意义和重要性来对事件加以评估，所以我们的判断和衡量不可能是中立的。这是为什么我们会看到在一个文化里被认为是侮辱的行为但在另一个文化里却是友善表现的原因。基于这个理由，我们感觉如何（how we feel）很多时候其实是我们在长时间生命发展过程中被文化把该如何感觉（how to feel）社会化到我们身上的结果。[34]借用肯尼斯·葛根（Kenneth Gergen）[35]的论点来说，我们表现情绪的生理潜能（physiological capacity）可能只是为了达成由文化所组织起来的各种目的的工具。

从这个观点来看，孩子在学习中如何感受也很大程度是被父母社会化的结果。因此，孩子对学习的情绪反应绝不是来自本能或"自然的"，而是濡染了父母亲关于怎样感受才是最好（how best to feel）的民族理论（parents' ethnotheories）㊲色彩，换言之就是父母的文化信念。约翰·高特曼（John Gottman）和同事认为父母的情感社会化（parental emotion socialization）受到父母本身"后设情感哲学"（meta-emotion philosophy）的指引，形塑了父母察觉、接受和教导他们孩子处理情感的方式。㊲和这种新的概念化论述类似的是南西·艾森博格（Nancy Eisenberg）和同事对情感社会化（socialization of emotion）的定义：

> [社会化的]施化者（socializers）所采取的行为（a）会影响孩子学习……关于对情感以及和情感相关行为的体验、表达和规范，而且（b）预期会影响孩子的情感经验、学习内容及和情感相关的行为，使其与施化者的信念、价值和目标，以及其和个人在社会中的作用与适应关系一致。㊳

后续的研究证明父母情感社会化确实会影响婴/幼儿、幼儿园及小学学童的身体健康、社会情感能力、学习动机、学业成就和同伴关系。㊴

在母子对谈中，母亲确实都常常会和低年级的孩子讨论学习的情绪反应，他们会谈论某次学习活动或经验让孩子感觉如何，或者孩子的情绪如何影响他们学习的进行与结果。但是更重要的是，母亲会强调某个学习活动应该带给孩子怎样的感受，以及孩子的情绪应该如何形塑他们的学习。如果一开始孩子似乎和母亲的想法不同，通常母亲会想方设法地把孩子校正过来。

情绪社会化的共同点（*Common affective socialization*）。无疑地，两个文化群体中孩子学习相关情绪的社会化都看得到母亲投注的心力。以下两段对话节录分别来自两个文化，第一段是一位欧裔母亲和她八岁的儿子汤姆关于好的学习经验的讨论：

（欧裔）例十五：

……

1. M：所以你喜欢那个部分吗？

2. C：对啊，而且，我们还看到一些更详细的内容。

3. M：没错，我们看到更多细节，对……所以……你回家给爸爸看时，他说什么来着，记得吗？

4. C：不记得。

5. M：他说［装怪声音］："你怎么没让我参加，我可是个科学家！"记得吗？他好嫉妒，不是吗？

6. C：［咯咯笑］我只是为了作业要交差。

7. M：但是……所以你为什么喜欢科学？

8. C：嗯……（沉默了三秒）

9. M：你喜欢知道东西如何运转，对吧？

10. C：对啊。

在这段节录之前是母亲帮助汤姆回想他有次科学作业在母亲的协助下做了一个很棒的可以挂在树上的风向袋，然后谈到上网搜寻数据的情形。接着母亲把话题从回忆事实转到对情绪的探查上面（T1），母亲特别想要她儿子体会喜欢（enjoyment）的感觉，但是起初似乎无法引起汤姆的注意，因为他听到后仍然在讲上网的细节（T2）。于是母亲稍作回应后（T3），又回头去提汤姆的作品对爸爸情绪上起的作用（T3），想让他知道他学习上愉快的经验会让父母都很开心，但汤姆却不记得了（T4）。在这个关头，母亲模仿父亲当时的样子来显现他的正面情绪表现（T5），虽然汤姆被逗得咯咯笑了起来，但似乎并不完全像母亲那样兴奋，仍然表示他只是在做作业而已（T6）。但这并不影响母亲继续问他喜欢科学的哪一部分（T7）。这时汤姆似乎不知说什么才好，于是母亲用反问句替他接下去："你喜欢知道东西如何运转，对吧？"最后，汤姆终于和母亲想法一致，结束了这段对谈。

以上对话清楚地显示母亲试图把儿子的科学作业和愉悦的感觉连在一起，但儿子开始时对此保持中立态度，即使母亲后来很兴奋地还模仿爸爸当时热情的反应，汤姆仍然不太能感染到母亲努力要他喜欢做作业的这种社会化作用。然而母亲没有放弃，仍然继续探究直到汤姆调整到比较符合母亲的目标为止。

以下节录是一位台湾母亲和她八岁儿子阿盛有关好的学习情境的对话：

（台湾）例十六：

……

1. M：你新的道带也拿到了，对不对？

2. C：嗯……

3. M：唉，那所以说，这会不会带给你说，你以后你再……通过任何考试的时候都会把这次那种胜利的感觉……再抓回来，然后运用到其他的时候……对不对？

4. C：嗯……

……

5. M：我觉得你刚去的时候你有点害怕……

6. C：嗯……

7. M：我那时候，记得你要上午去考试之前，你有点在害怕，对不对？后来妈妈不是跟你说，你心里要怎样？

8. C：勇敢……

9. M：对，对，然后要表现出你的什么？

10. C：气势！

11. M：气势，对，后来你有没有表现出来……

12. C：有啊……

这位母亲和儿子谈论他之所以最后能够得到跆拳道的新道带，是因为他克服了开始时的恐惧。母亲很显然在教导他什么是比较好的情绪状态，也就是她相信会让他成功的状态。在帮助阿盛回想该事件后（T1），母亲问他是否想过把这次胜利的感觉用在其他的比赛上（T3），阿盛说有。然后在取得阿盛的同意后，母亲又回顾阿盛刚开始时的害怕感觉（T5）。在阿盛的认可下，母亲直接问他自己当时告诉他应该觉得怎样（T17）。阿盛毫不含糊地回答："勇敢！"（T8）母亲更进一步探问要如何表现勇敢，阿盛表示"我的气势！"（T10），并告诉母亲他以行动表现出来（T12）。

在这一段对话中，母亲希望社会化儿子"勇敢"这种情绪来克服害怕并用以产生比赛时需要的力量。一旦成功，儿子应该要保持胜利的感觉并且运用在以后的比赛中。母亲心里对于她儿子感到害怕及成功的时候应该有什么感觉有明显的定见。如同她的欧裔对照组母亲一样，这位台湾母亲也很有技巧地把学习的障碍和结果与她认为重要的情绪联系起来。

就认知社会化来说，两个文化在情绪社会化上有很大的差异。我对母亲情绪社会化的分析得出两个明显的焦点：学习过程的情绪与学习成就的情绪，而两个文化的母亲在谈论这两方面时所提到的情绪都不同。接下来，我将从两个文化中各举两个学习过程的例子及一个学习成就的例子来说明。

情绪社会化的不同点：欧裔母亲聚焦在兴趣与乐趣上面（*Different affective socialization: EA maternal focus on interest and fun*）。欧裔母亲对孩子的情绪社会化比较着重在培养和灌输孩子学习过程中的兴趣、好奇心和乐趣上，以及藉此提升孩子的学习效果，这一点和前面尤其是第五章的讨论相吻合。以下是一位母亲与七岁儿子伊凡的对谈。

（欧裔）例十七：

......

1. M：你觉得数学有趣吗？

2. C：没，不觉得。

3. M：如果数学好比是，你知道，不是 7 加 5 这样，而是，这里有七只青蛙，然后有五只青蛙跳着跳着去拜访它们，那么现在一共有几只青蛙？这样会不会比较有趣呢？

4. C：嗯，我会比较有兴趣，但……我还是不是很喜欢。

5. M：那么你宁愿……做 7 加 5 的数学题，还是比较喜欢一个小故事好比七只青蛙和五只青蛙跳来跳去这样的，哪一种你觉得比较有趣？

6. C：青蛙，好比五只跳去找另外几只那个。

......

这段对话之前大半在讨论伊凡因为对青蛙蝌蚪很着迷，所以很喜欢相关的知识（未节录）。这位母亲显然想要引介儿子进入不同的学习领域，其实就是他不喜欢的数学（T1）。她很巧妙地利用伊凡对青蛙的喜好去开发他对数学的兴趣（T2），但是伊凡只稍稍探个头，便加以拒绝了（T3）。于是母亲想出另一个聪明的方法，建议若用青蛙跑跑跳跳地拜访朋友的故事取代单调抽象的数字加减是不是有趣一点（T5），成功地让伊凡喜欢上这种学习数学的方式（T6）。

下面的例子是一位母亲探究她八岁女儿雪莉做实务学习的乐趣。

（欧裔）例十八：

......

1. M：你在学东西但很好玩，对吗？

2. C：嗯。

3. M：……你觉得动手做比较好……像是演一出戏什么的，比你坐着读一本书那样子来学更好吗？你觉得这样比较好玩，还是学得比较多，你只是觉得这样比较好玩？

4. C：我觉得学得比较好……

5. M：你觉得这样学起来比较容易，当你……念你的台词，每天念。

6. C：对。

7. M：因为我相信，你每天念台词，演戏，我打赌你会比只是在书上看过一次或写读书心得那样记得更清楚……你觉得呢？

8. C：嗯，对。

和伊凡的母亲一样，雪莉的母亲也希望雪莉思考"乐趣"在学习中扮演的角色，那是她为什么把"学习"和"好玩"分开的原因(T1)。然而，雪莉简单的回答（"嗯"）(T2)表示她并没有完全明白母亲的心意。所以母亲把比较有趣的学习方法和只是"坐着读一本书"并置来讲，然后把"比较好玩"和"学得比较多"(T3)做对照，并又进一步指出"好玩"如何能使学习变得更容易(T5)，而且可帮助雪莉记得更清楚(T7)，雪莉表示完全同意。

情绪社会化的不同点：台湾母亲着重在吃苦与毅力上面（*Different affective socialization: TW maternal focus on pain but perseverance*）。台湾母亲有时候也会和孩子谈兴趣、喜欢和好玩的话题，但是更常把焦点放在她们相信要学好任何的事情都必然会遭遇困难和辛苦，所以也就一定会有痛苦的感受上。因此，她们要教导孩子如何克服这种不可避免的挑战，而且非常仰赖明确的学习美德。以下例子是一位台湾母亲和她九岁的女儿小华谈论学习时痛苦是难免的事情。

（台湾）例十九：

……

1. M：那你以后要不要当一个自然科学家？

2. C：不要。

3. M：为什么？你不是喜欢吗？

4. C：可是我感觉那个很辛苦。

5. M：不会，会学到很多。

6. C：我不要。

7. M：辛苦中有快乐啊！

8. C：不喜欢。

……

在这段节录的前面，母亲和小华在讲她喜欢自然课的事，但小华说这门课有一件事她不喜欢，就是老师太严了。于是母亲就把话题换到小华是否有可能成为自然科学家的事，因为小华真的很喜欢自然科学（T1）。但是小华并不同意母亲提议的工作志向（T2），于是母亲就以小华有兴趣为理由来询问拒绝的原因（T3）。小华肯定自己确实喜欢自然科学，但是不喜欢要下那么多苦工（T4）。于是母亲以典型东亚洲人下苦功才学得好的道理来回应她（T5）。然而小华还是不愿意，母亲于是诉诸华人常用的谚语"辛苦中有快乐"来劝她（T7），但是小华仍不为所动（T8）。

虽然小华最后没有被母亲说服，接受母亲的情绪社会化（认知社会化之一），但这不会阻碍母亲的尝试与坚持。她很清楚学习科学本来就会很辛苦，并且谆谆劝导小华接受苦中有乐的观念。同样地，回顾（台湾）例十三，小明的母亲在 T21—T24 也提到苦的概念（练习游泳的疲累之苦），当小明表示不苦时，母亲反而辩称："不辛苦才怪呢?!"（T23）

下面是一位台湾母亲和七岁女儿雯宜对于如何对抗学习之苦的谈话。

（台湾）例二十：

1. M：……刚开始那个注音符号为什么会觉得很难，现在又觉得很容易？……以前都觉得国语会有点害怕，不喜欢它，为什么现在会变得很喜欢它？

2. C：……因为考试的时候考得很好，而且我都听得懂，所以就很喜欢它。

3. M：所以妈妈就是在培养你说对事情要抱着坚持……的态度……对任何学习一定要认真地去学，遇到困难你就不要害怕，对不对？

4. C：对。

5. M：像……那个注音符号，……对不对？

6. C：嗯。

7. M：嗯。你刚开始学注音符号的时候，老师在教，你觉得有时候听得懂，有时候又听不懂。后来经过一段时间之后，你变得比较进入状态了，这就是不要去害怕它了，就是成果嘛。

8. C：嗯。

以上这段显示了母亲如何把雯宜学会注音符号和坚持不懈的态度联系在一起的过程,虽然其实从 T2 来看,并不能确定雯宜是否真的很坚持,因为她似乎并没有完全明白老师的讲解,只是考运很好而已。唯一清楚的是雯宜考得不错,然后开始听得懂也因而使得她喜欢上国语课了。但是弄清真相不是母亲的重点,她想做的是把雯宜的成功归因于(或更恰当地说是硬套上去)坚持的态度,母亲坚信这一点不只能让雯宜学好注音符号,而且能让她更广泛地面对学习过程中任何的困难(T3)。接着母亲提到表现坚持的具体行动,就是坚持不懈,保持耐心和认真的态度直到她尝到成功的滋味为止。母亲此刻强调再也"不害怕"和成功的关系,并很明确地表示这是一大成就(T7)。雯宜就如同她的欧裔对照组孩子一样,也和母亲有了一致的想法。

情绪社会化的不同点:欧裔母亲以成功为傲(*Different affective socialization: EA pride for achievement*)。母亲情绪社会化的第二个重点是对成就的反应。欧裔母亲普遍对骄傲比对其他所有的情绪都更重视(骄傲感在西方的重要性在第五章有详细的讨论)。以下这段是一位欧裔母亲和八岁的儿子伊恩关于良好学习情境的对话。

(欧裔美籍)例二十一:

1. M:喔,因为这是你真的喜欢……因为每个人都很感动……

2. C:我结束时伯纳德老师望着你……

3. M:喔,因为她看着我……你希望我们感到骄傲。

4. C:呃。

5. M:还是你希望为自己感到骄傲?

6. C:对。

伊恩喜欢莎士比亚的《罗密欧与朱丽叶》(未在节录中),当学生们被指定表演这个故事时,伊恩表现了极大的热情,他在父亲的协助下收集资料,不但编排得极为出色而且有很精彩的演出。这段对谈是关于伊恩整个表演结束后发生的事,母亲描述当时"每个人都很感动"(T1),然后伊恩告诉母亲他表演结束时老师在看她(T2),母亲表示这是父母最骄傲的一刻(T3),但是父母的骄傲只是伊恩成就所带来的情绪反应的一部分,孩子自己也应该为自己感到骄傲才对(T5),伊恩也同意这个看法(T6)。

情绪社会化的不同点：台湾母亲更重视为了未来的成就而坚持不懈（*Different affective socialization: TW more perseverance for future achievement*）。对于孩子的成就，台湾母亲很少提到孩子或自己会产生骄傲的反应，她们倾向于社会化孩子坚持不懈地展望未来。以下以一位母亲和九岁儿子阿运的谈话为例。

（台湾）例（二十二）：

……

1. M：那次妈妈真的好感动。

2. C：哼哼……

3. M：知道你在下……奋战，不愿意认输，下到底，……坚持，坚持，那时候你有没有……？

4. C：哼哼……

5. M：咦，呃有反败为胜啦，是不是这样来的！所以妈妈对你那一次，觉得……非常的放心。所以妈妈希望你将来啊，以后下棋的时候，速度也很正常。但是做任何事情，想到说"我下棋的时候我都能够全力以赴"，呵，不愿意那么快就承认失败。

6. C：做什么事都要全力以赴。

7. M：啊，呵呵，OK，好。

这位母亲帮助阿运回想他有次很戏剧化地赢了西洋棋比赛的情形。那次阿运原本落后，但他不放弃地坚持到底，最后赢得了比赛，他母亲为他的精神非常感动（T1 和 T3），虽然感到很放心，但是没有表达骄傲的感情（T5）。母亲在同一回合中提议应该将所有这些美德用在阿运所有的事情上，阿运不假思索地重述这个原则（T6），并得到了母亲的嘉奖（T7）。

以上是 22 个中美各半的母子对谈例子，必须要说明的是，我们收集到的数据非常丰富，这组话语分析顶多只是略触皮毛而已。在本章前段部分，我提过话语分析能开启的不同主题、层次和观点的研究范畴还要多得多。但尽管如此，此处的分析对于文化在父母社会化孩子学习信念上所扮演的角色提供了重要的佐证。话语分析能够用慢镜头来呈现在实际情境（real time）中的儿童心理发展过程，这个过程若非有这种分析方法实是难以理解的，这是话语分析独到的贡献。

普遍且有效的家庭辅导师：苏格拉底与孔子

序列和话语分析的结果都显示出在欧裔家庭里都有很多苏格拉底式导师，在华裔家庭里也有许多承袭儒家的导师。虽然我们只收集了母子的对谈，但没有理由怀疑欧裔家庭中的父亲会有任何不同，而对于许多有祖父母甚至其他亲戚同住的华人传统家庭，也没有理由去认为大家庭的宗亲有什么不一样。事实上，我们对华裔青少年移民家庭的研究显示，[40]这种儒家教导方式不只来自父母，连祖父母和其他亲戚也会参与，甚至连住在别的大洲的亲戚也不例外。若低收入家庭中的父母无法亲自给予教导时，那么较有能力的亲戚就会来帮助。

整体看来，欧裔人士的学习社会化聚焦在对孩子心智与正面情绪的核心信念上，特别强调自我独特性的两个面向。第一个是孩子的心智，尤为关注在他们的心智如何运作，以及他们如何运用心智去探索与理解世界，如何能别出心裁，进而创造与生产。第二个是孩子的内在动机，例如在学习过程中产生的兴趣、好奇心、热情、乐趣与喜好等最受到重视。而由成就而起的情绪是对自我的骄傲。培养孩子对这些信念的尊崇，并且根据这些信念来行动与感觉是父母的职责所在，而且在学前及小学低年级的期间尤具关键性，数据显示母亲在这方面是技巧高超的导师。西方心智社会化最好的模式就是历史悠久的苏格拉底教育风格，至今仍广受西方教育界赞扬推崇。其实母亲教导尚未受文化洗礼的社会成员，也就是自己孩子的情形，和苏格拉底大师亲自教导一个奴隶男孩几何，成功地开启了他初萌芽但有潜能的心灵，两者相较并没有什么不同。无疑地，在欧裔家庭中可以看到苏格拉底的教导风格被不断且有效地加以复制。这样的社会化目标是在帮助孩子发现身为学习者的自我卓越伟大之处。

儒家学习价值观的社会化在家庭中也以亲子教导的形式呈现出来。就像欧裔对照组一样，华裔母亲对这个任务同样拿手，差异处在于她们教孩子什么，以及她们如何进行。儒家学习美德对于学习过程和结果具有决定性的因素是华裔母亲的核心信念。她们的教导风格也类似儒家说理的方式，基本上母子双方都承认母亲拥有指导孩子的权威，而不引导孩子学习在华人文化里是父母道德上的过失。母亲将好的学习情境和成果归因于学习美德，不好的学习情境归因于缺乏学习美德,而正面和负面情绪也环绕着学习美德这个主轴来表现。把学习归因于美德清楚地告诉孩子他们与生俱来就拥有道德潜能素质,因此也就具备了天生源源不竭的学习潜力。但是要实践这样的道德潜力需要孩子自己不断的努力,因此,母亲无法放任孩子依着自己的兴趣和喜好去选择学习的方式和内容,而不得不给予较多的教诲和指导。同时,不论学习成就如何,母亲的焦点始终放在孩子持续的改善与进步上面,而不在于建立他们对自我感到骄傲和卓越的信心上。

注　释

① 请见第四章注释⑪。

② 请见第三章注释⑥。

③ 关于这个主题一般的讨论,请见第一章注释⑮;Chamberlain, P., & Patterson, G. R. (1995). Discipline and child compliance in parenting. In M. Bornstein (Ed.), *Handbook of parenting*, *Vol. 4* (pp. 205 - 225). Hillsdale, NJ: Erlbaum; Edwards, C. P. (1989). The transition from infancy to early childhood: A difficult transition and a difficult theory. In V. R. Briker & G. H. Gossen (Eds.), *Ethnographic encounters in Southern Mesoamerica: Essays in honor of Evon Z. Vogt*, *Jr.* (pp. 167 - 175). Austin: University of Texas Press; 以及 Eisenberg, N., Cumberland, A., & Spinrad, T. L. (1998). Maternal socialization of emotion. *Psychological Inquiry*, *9*, 241 - 273。

④ Shweder, R. A. (2011). Commentary: Ontogenetic cultural psychology. In L. A. Jensen (Ed.), *Bridging cultural and developmental psychology: New syntheses in theory*, *research and policy* (pp. 303 - 310). New York: Oxford University Press.

⑤ 请见本章注释③。

⑥ Fivush, R., & Nelson, K. (2006). Parent-child reminiscing locates the self in the past. *British Journal of Developmental Psychology*, *24*(1), 235 - 251, 及 Van Abbema, D. L., & Bauer, P. J. (2008). Autobiographical memory in middle childhood: Recollections of the recent and distant past. *Memory*, *13*(8), 829 - 845.

⑦ Miller, P. J., Sandel, T. L., Liang, C-H., & Fung, H. (2001). Narrating transgressions in Longwood: The discourses, meanings, and paradoxes of an American socializing practice. *Ethos*, *29*(2), 159 - 186; Wang, Q. (2001). "Did you have fun?" American and Chinese mother-child conversations about shared emotional experiences. *Cognitive Development*, *16*, 693 - 715;及第四章注释㉕第一项资料。学

者也收集了母子互动实际 real-time 社会化过程的观察及录像纪录。

⑧ 请见第四章注释㊿；及 Li，J.，Fung，H.，Liang，C.-H.，Resch，J.，& Luo，L.
(2008，July). Guiding for self-discovery or self-betterment：European American and
Taiwanese mothers talking to their children about learning. In A. Bernardo (Chair)，
*Achievement motivation and achievement attribution among Asian students：Insights
from qualitative data*. Invited paper symposium by the International Congress of
Psychology，Berlin，Germany。

⑨ Atkinson，J. M.，& Heritage，J.（Eds.）.（1984）. *Structures of social action：
Studies in the conversation analysis*. Cambridge：Cambridge University Press.

⑩ 请见本章注释⑧。

⑪ Bakeman，R.，& Gottman，J. M.（1986）. *Observing interaction：An introduction to
sequential analysis*. Cambridge：Cambridge University Press，and Bakeman，R.，&
Quera，V.（1995）. *Analyzing interaction：Sequential analysis with SDIS and
GSEQ*. New York：Cambridge University Press.

⑫ 请见本章注释⑪。

⑬ 请见本章注释⑪。

⑭ 关于我们如何量化质性数据的一般技术性细节，请见本章注释⑧第二项资料，及第三
章注释㉛第一项资料。关于目前的序列分析，我们首先从母子对谈数据中随机采样
20%的(大约 42 个)例子进行编码。每个文化各请两位编码员在不知道研究假设的
情形下检视各自文化的母子对谈数据，各做出一份编码，然后两组合力将编码整合为
一份列表，依照 母→子→母→子的顺序来建立母子各 30 套的编码。

⑮ 本研究是依据该领域的惯例来编码以建立信度，请见本章注释⑧第二项资料及第三
章注释㉛第一项资料。编码的两个步骤：第一步，信度编码(reliability coding)，两个
文化中各请两位不知道研究假设的编码员，将另外随机采样 20%的数据依照程序进
行编码。他们的任务是分别独立地以这 30 套代码来进行正确可靠的数据编码。在
编码进行一小段后他们会讨论彼此的异同，然后继续编码/讨论直到完成这 20%的母
子对谈。他们会把一致同意的编码讨论过程记录下来，并将不一致的分为两类：
(1) 一位编码员有标记但另一位则没有标记的事件，(2) 两位编码员对同一事件有不
同编码。第二步，由两个文化中的一位编码员在信度建立后，用这 30 组代码来将各
自的母子对谈编码。

⑯ 请见本章注释⑪第一笔资料。同意及不同意的结果都用 Cohen's *kappa* 信度指标来
计算。美国欧裔亲子对谈，在好的学习情境方面的 Cohen's *kappas* 值为 0.83，差的学
习情境为 0.91；台湾则分别为 0.85 和 0.94。从这个领域的惯例来看可信度很高。

⑰ 因为我们数据的来源只有 209 对母子，所以必须减少编码的数量来配合我们的数据
量。因此，我们将 30 个代码浓缩成四套。这个步骤可以把具体的主旨/话题转换成
比较抽象的概念。

⑱ 所有胜算比及其 95%置信区间均被算出，所有都有统计显著差异，*p* 值均小于 0.05。

我非常感谢罗杰·贝克曼（Roger Bakeman）一步一步指导我们进行本研究所需的序列分析步骤，也很感谢魏万春与另一位编码员协助编码台湾数据，以及其后又以不同版本的 Bakeman's GSEQ 软件进行数据分析。

⑲ 序列分析的优点的是每次母亲开始谈话后就开始计算四个回合，孩子开头的谈话亦然，然而虽然依照访谈员的要求都由母亲开始，但谈话进行中双方会自然地交错响应，因此，母亲与孩子都可能起头一个序列。因为亲子会以好或差的学习情境对谈，所以我把欧裔与台湾、好与差的学习情境的图表两两并列。

⑳ Schiffrin, D. （1994）. *Approaches to discourse: Language as social interaction*. Malden, MA：Blackwell, and Gumperz, J. J., Drew, P., Goodwin, M. H., & Schiffrin, D. (1982). *Discourse strategies*. New York：Cambridge University Press.

㉑ 第八章"西方教室中的对话与社会化"一节中数个欧裔与华裔语言课中的例子可以看到老师谈论学生学习及自我理解（self-understanding）所造成的影响。

㉒ 请见本章注释⑨与⑳。

㉓ 为了尽量善用数据，我们仍在持续进行分析并期待进一步的理解。

㉔ Vygotsky, L. S. (1978). *Mind in society: The development of higher psychological processes*. Cambridge, MA：Harvard University Press；Cole, M. (1998). *Cultural Psychology: A once and future discipline*. Cambridge, MA：Harvard University Press；Bruner, J. (1987). *Actual minds, possible worlds*. Cambridge, MA：Harvard University Press；Rogoff, B. （1990）. *Apprenticeship in thinking: Cognitive development in social context*. New York：Oxford University Press；and Wertsch, J. V. (1996). A socio-cultural approach to socially shared cognition. In P. Baltes & U. Staudinger （Eds.）, *Interactive minds* （pp. 85 - 100）. New York：Cambridge University Press.

㉕ 例子请见 Gottfried, A. E., Fleming, J. S., & Gottfried, A. W. (1998). Role of cognitive stimulating home environment in children's academic intrinsic motivation：A longitudinal study. *Child Development*, *69*, 1448 - 1460；Bradly, R. H., & Corwyn, R. F. (2005). Caring for children around the world：A view from HOME. *International Journal of Behavioral Development*, *29*（6）, 468 - 478；并见 Huntsinger, C. S., Jose, P. E., & Larson, S. L. （2000）. Mathematics, vocabulary, and reading development in Chinese American and European American children over the primary school years. *Journal of Educational Psychology*, *92*, 745 - 760。

㉖ 以下皆为化名。

㉗ 左方句首的数字表示母子发言的顺序。

㉘ T1、T2 等对应本章注释㉗中所指的话顺序。

㉙ 英文版所有台湾母子对话均由李瑾翻译。

㉚ B. aumrind, D. （1980）. New directions in socialization research. *American*

Psychologist，35，639－652.

㉛ 关于这种特性的例子请见 Steinberg，L.，Dornbusch，S.，& Brown，B.（1992）. Ethnic differences in adolescent achievement：An ecological perspective. *American Psychologist*，47，732－729，and eaton，M. J.，& Dembo，M. H.（1997）. Differences in the motivational beliefs for Asian-American and Non-Asian students. *Journal of Educational Psychology*，89（3），433－440。

㉜ 请见本章注释㉔第四项数据，以及 Moll，L. C.（1995）. *Vygotsky and education：Instructional implications and applications of sociohistorical psychology*. New York：Cambridge University Press。

㉝ 请见第五章注释⑤。

㉞ 关于文化如何社会化其成员该怎样去感受情绪的研究,请见 Tsai，J. L.，Louie，J. Y.，Chen，E. E.，& Uchida，Y.（2007）. Learning what feelings to desire：Socialization of ideal affect through children's storybooks. *Personality and Social Psychology Bulletin*，33（1），17－30。

㉟ Gergen，K. J.（2010）. The acculturated brain. *Theory & Psychology*，20（6），795－816。

㊱ Harkness，S.，& Super，C. M.（Eds.）（1996）. *Parents' cultural belief systems：Their origins，expressions，and consequences*. New York：Guilford.

㊲ Gottman，J. M.，Katz，L.，F.，& Hooven，C.（1996）. Parental meta-emotion philosophy and the emotional life of families：Theoretical models and preliminary data. *Journal of Family Psychology*，10（3），243－268，and Gottman，J. M.（1996）. *The heart of parenting：How to raise an emotionally intelligent child*. New York：Simon & Shuster.

㊳ Eisenberg，N.，Spinrad，T. L.，& Cumberland，A.（1998）. The socialization of emotion：Reply to commentaries. *Psychological Inquiry*，9（4），317－333，p. 317.

㊴ 请见本章注释㊲第一项资料；Ramsden，S. R.，& Hubbard，J. A.（2002）. Family expressiveness and parental emotion coaching：Their role in children's emotion regulation and aggression. *Journal of Abnormal Child Psychology*，30（6），657－667；Spinrad，T. L.，Eisenberg，N.，Gaertner，B.，Popp，T.，Smith，C. L.，Kupfer，A.，et al.，（2007）. Relations of maternal socialization and toddlers' effortful control to children's adjustment and social competence. *Developmental Psychology*，43（5），1170－1186；以及 Brophy-Herb，H. E.，Schiffman，R. F.，Bocknek，E. L.，Dupuis，S. B.，Fitzgerald，H. E.，et al.（2011）. Toddlers' social-emotional competence in the contexts of maternal emotion socialization and contingent responsiveness in a low-income sample. *Social Development*，20（1），73－92 for such research findings。

㊵ 请见第三章注释④第二项资料。

第八章
魔鬼的辩护者和犹豫的说话人

说话,这种生物本能是人类智慧的表征。虽然多亏人类发明了象征符号、文字和手语,使得某些有生理障碍的人是用无声的方式沟通,但是以声带发声说话无疑是人类演化上一个非凡的成就。

然而人类这个独特的能力远不只是个生物现象,若从大脑科学来看,说话是我们大脑内部联结的一种外在表现;从心理学的角度来看,说话是我们庞大精神世界中众多活动之一;从社会功能来看,说话是一种人类的沟通行为;若从政治、法律或其他体系来看,它是帮助我们实现伟大抱负的手段;所以如果说说话对大部分人而言,复杂纷繁的话语之声就是生命之音,并不夸张。

本章要探讨的是说话在学习与教育上扮演的角色。说话和人类的学习与教育显然关系密切,从如何讲出有意义的字词,如何数数、在教室里询问和回答问题,一直到如何在公开场合表达想法和提升地位处境等,说话基本上牵涉各种层面的学习。甚至学校基本上也是以面对面的方式把知识传递给学生(即使是现在的网络教学亦然),所以说话是完成教与学的主要教育方法。

然而,观察和研究指出说话对每个学习者的作用有重大的差异,[①]而且个人的歧异性,并不仅仅来自个别学习者的气质(或者后来的人格特质)等这种一般认为比较先天性的因素,研究证据显示文化价值观和规范的影响更为关键。[②]

西方和东亚的比较在这一点上提供了最佳佐证。我们确实观察到东亚学习者在课堂里安静且不太愿意开口的情形,而西方学习者则比较健谈并乐于表达意见,甚至经常变成了魔鬼的辩护者(devil's advocates)。[③]但毫无疑问地东亚也有喜欢表现甚至喜欢斗嘴的学生,西方也有安静羞怯的人,因此,任何企图把对安静的亚洲学习者或乐于表达的西方学习者的印象随意套进任何一个学习者身上,都注定会造成理解上的错乱。不过尽管如此,绝大多数研究证据仍然显示东亚沉默的学习者确实比西方多,而且这个明显的特点超越了时空;也就是说,不论何时也不论是在亚洲地区或散居世界各地的华人身上都可以看到这种现象。④我认为,既然有这样的研究证据,若仍再只是为了亚洲学习者都沉默寡言的刻板印象而不悦是没有什么帮助的,比较有意义的做法是去了解为什么东亚学习者在课堂里通常不太愿意说话,而西方学习者热衷于自我表现的原因。就我看来,若能分析出"说话"或者"不说话"如何满足不同文化背景学习者的需要则收获会更大。接下来,我要重新检视西方与东亚关于"说话"与"不说话"及说话方式的传统,然后再进一步讨论两个文化的学习者。

西方悠久的雄辩传统

说话在西方是一项很重要的技能,受到的重视和西方政治、宗教、知识传统一样长久,而且具备了四个很值得关注的特点:说话彰显了个人素质、是一种权利、是领袖特质的表现,而且也是一门艺术。

彰显个人素质

说话在西方是一种个人素质,是自我的表现,⑤展现了一个人的独立性与独特性(以及各方面的良好状态⑥)。综观历史,因口才而得享盛名或者声名狼藉的人数不胜数,因为话语是一个人智慧和认知才华的表现,⑦而这种智慧与才华是人一生所作所为的基础。

西方对口才的重视似乎投射出了一个晕轮效应(halo effect),影响着人们如何彼此看待及评价的方式。研究指出,西方人通常认为口才便给、讲话头头是道的人比沉默寡言又害羞的人聪明、有创意,也更有才智,⑧但若客观地加以评量,其实这两种类型的人并没有任何差别。更令人惊讶的研究发现是,这种把说话能力和智商联想在一起所形成的基本印象,不只被人们用来评量别人,也用来评断自己。换句话说,那些沉默害羞不善言辞的人也自认为才智不如那些乐于表现、健谈且口齿清晰的人。这些有趣的研究结果,都指出另一个人在心理可能常犯的基本谬误,也就是把某种特征套在事实上并不具备这种特征的人身上。显然,西方文化对人我观感的形塑力量之大,不容小觑。

西方人也借着说话在沟通过程中确定想法的原创者（authorsip）与所有权（ownership）及接受赞扬的对象。⑨在诸如教室、工作会议等公开或经过组织安排的社会情境中，人们提出的想法、建议或策略都是对达成团体目标重要贡献，虽然其他大部分文化中也都如此，但是在西方更强调识别和确认产生和拥有这些想法和意见的个人（本章教室对话一节会有进一步讨论）。例如，会议主席或老师在主持讨论时通常会倾向于说"甲对某意见提出修正，但乙不同意甲"，他们特意说出甲和乙两个人的名字不只是确认他们提出的意见相左，而且点明他们是其意见的所有人/原创者。但类似的情境若是发生在华人社会里，那么老师或会议主持人多半会说："大家对于这个提案和那个提案有什么意见？"艾格妮斯·何杨纬芸（Agnes He）对美国华裔学生在语言课堂上的研究显示，⑩中美族裔间的这种区别实是非比寻常。

说话更进一步也是个人性格与道德力量的表现。那些能够清楚表明态度或挑战可疑权威人士的人会因其正直与勇气而受到大家的尊敬与赞誉。西方许多揭发弊端的出名人物都被当成英雄般看待，如揭发安隆公司（Enron Corporation，美国德州一家能源公司因财务造假丑闻而关闭）不法行为的贝斯妮·麦克林（Bethany McLean）（不但为文而且出声检举）即为一例。⑪直言不讳（Speaking one's mind）意指正直、诚实、在道德伦理原则上绝不妥协让步的人，这样的人会表达真正的看法，不会屈服于权威，关心个人利益甚至不顾个人安危。

最后，能言善道是最能展现一个人领袖魅力的行为。个人魅力不只专属于那些领导阶层，在我们日常生活遇到的一般人身上也可以看到。会讲话的人会自然吸引周遭人们的追随。个人魅力（Charisma）这种心理上对他人的一种觉察在字典中定义为"个人能引发众人对其特别忠诚或热情的神奇领袖魔力"或一个人"特殊的魅力或吸引力"。⑫我们很难对魔力或魅力进行精确的科学研究，但是，大部分人遇到时都能感受到。在西方，能在公开场合或面对群众时雄辩淘淘、口若悬河应该是个人魅力最显著的特征，所以如果沉默、害羞、胆怯又口齿不清（口吃或结巴），是不可能被认为具有魅力的。

说话是一种权利

西方的陪审团制度是古希腊伟大遗产之一，据称是由雅典城的守护女神雅典娜所创，根据希腊神话及艾思奇利斯的奥瑞斯提亚三部曲（Aeschylus' trilogy *Oresteia*）⑬的故事［奥瑞斯提亚的母亲克莉坦那斯塔（Clytemnestra）由于丈夫阿格曼农（Agamemnon）为了特洛伊战争将女儿伊菲格尼亚（Iphigenia）献祭海神，而怒弑其夫，后被奥瑞斯提亚所杀］，雅典娜介入复仇女神（The Furies，是愤怒及死亡之超自然化身）对奥瑞斯提亚的追逐与谴责，主张要举行一个给予双方同样发声机会的审判过程。奥瑞斯提亚得到阿波罗的帮助在陪审团前替他辩护来对抗愤怒女神，结果双方得票平手，但雅典娜投下的最后一票打破了僵局，使得奥瑞斯提亚获判无罪。

不可否认，希腊首开以民主方式来判决两造争议的伟大之处就在于建立了确保对双方都公平的审判过程。⑭由于过程本身的公平性，所以双方通常也认为判决结果是公平的而予以接受。在场陪审员以公平为原则，他们会倾听并考虑每一边提出的论证，过程中鼓励运用逻辑推理及要求证据，并避免激动的情绪和猜疑，促使所有参与者都诉诸人类最佳的心灵力量：理性思考。

虽然其他文化或许没有发明如此依赖理性的系统，但公平是做判决和停止争议时共通且最主要的准则。⑮有些文化靠部落长老来判决，是因为大家都知道他们的公平与智慧。也有些文化没有陪审团只靠法官以双方的说词来判决。例如中国剧作家李行道（1206—1368）⑯很有名的《灰阑记》描述的就是两个女人在法庭上声称自己才是孩子生母的故事。故事中的法官包公（999—1062）用粉笔在地上画了一个圈，要孩子站在中间，然后告诉她们谁能把孩子拉到自己身边，谁就赢了，但是真正爱孩子的妈妈是不忍心伤害孩子的，于是就松了手，结果包公判决她才是真正的生母。这出法庭案的戏至今仍让读者对这位法官感到兴味盎然，因为他就像其西方前辈所罗门王一样，除了公平（两个女人拉的时候与孩子同距）以外还利用了对人性的理解来做判决。

希腊系统有别于其他系统之处在于前者需要双方进行实时的口头辩论。诉讼当事者都必须在陪审团和法官面前开口表达论点或为己辩护。古雅典城没有我们今天的检察官和辩护律师等法律专家，因此诉讼当事人必须在法庭上自己陈述意见。⑰使得发言明显地占据了核心角色。因此，雅典系统重视的不仅是推理，而且是口头的推理。相反，中国备受敬仰的包公并非依靠口头论证来裁决案件，而是以画圈圈及看两位当事者的行为反应来展现他的论点。事实上，我们甚至不知道他是否有对庭上任何人解释他的推理或其基于人性考虑而设计的行动。可以想象,出庭的人包括原告和被告在包公最后作出判决前都是一头雾水,整个过程的开展虽然都不用讲什么话,但大家到最后一听到判决时立刻就了解原委了。但在雅典法庭之上若没有口头言语的陈述、驳斥、挑战和结论是不可能进行下去的。

雅典的审判庭替后来西方的法律系统奠下了基础,两者有非常清楚的直系关系。自希腊时代以来所有西方法庭控告和辩护时为了建立和挑战彼此的可靠性来说服陪审团和法官作出公平判决所做的辩论、陈述、交互诘问等都是以口头进行。

但在西方更重要的是说话不只是法律赋予的权利,它更是全民都享有的政治权利。就如同西方其他国家一样,美国宪法保障所有人民都有言论自由的权利。说话可表达政治、社会和个人观点,是西方民主及日常工作、教育和社会生活的主要部分。说话的权利是不容任何人、任何组织或任何制度质疑与剥夺的。因此,一般大众会要求也被鼓励参与广播、电视和市民大会的辩论,并要求民意代表和领袖对任何有关国家、州/省、地方,和个人的议题进行谈话。任何人都应避免有抑制他人言论的企图,否则有可能会招致法律诉讼的后果。

说话是领袖特质的表现

说话在西方上犹如贯穿西方文明史之时间性与复杂性的一道璀璨光芒。言语的力量明确无疑地联系着领袖特质的力量。在古希腊时代,发表演说是达到法律和政治目标的主要手段。就像所有的诉讼当事人一样,政治人物必须仰赖演说来说服对方及人民接受他的计划和抱负。因此不论是要提出计划、建立政党和同盟、动员军队、打击政敌,或者还己清白,演说的好坏都占了举足轻重的位置。西方许多出类拔萃的伟大演说家都是年轻人追寻的导师。"古希腊十大演说家"(Ten Attic Orators)不只在当时(前500—前400)拥有尊崇的地位,其影响力历经千年而不坠。[18]其中名垂千古的第一大演说家狄摩西尼(Demosthenes,前384—前322),他在演说上的卓越成就不但使他成为杰出的政治家也保卫了雅典不受马其顿(Macedon)的侵略。[19]同样地,在多位罗马时代雄辩家中被认为是仅次于狄摩西尼的西赛罗(Cicero,前106—前43),集政治家、哲学家、政治理论学家、律师于一身,也是靠着雄辩才华完成他的政治理想。[20]

这些古代演说家启发了后世的领袖人物,使得发表演说在西方成为公众生活不可或缺的部分。从法国大革命时罗伯斯比尔(Robespierre)和丹东(Danton)的革命热情到希特勒掀起的群众狂热,第二次世界大战时从丘吉尔到罗斯福,近数十年则有肯尼迪、克林顿,到布莱尔(Blair),及美国民权运动的马丁·路德·金到改变历史潮流的奥巴马,西方有一长串雄辩滔滔的杰出政治领袖。其中最令人津津乐道的是英国国王乔治六世的例子,他克服了严重的口吃问题,在二战开战前夕对他的人民成功地发表了一场关键演说,因而博得人们至今不堕的尊崇爱戴。

在民主社会若要激发选民的支持,这样的演说技巧在竞选、带领社运,或危机处理时都极其重要。在政府立法部门中,口头辩论也是任何立法问题与过程的主要协商手段,而且全程都有媒体公开转播供大家观看、分析与评论。参议员和国会议员对法案进行口头辩论是例行性地工作,从说话的基本功能来看,真的无法想象西方民主若没有这些口头程序和作业如何能够持续进行与运作下去。

在政治场域以外,西方宗教领袖是凝聚及引导社群精神与道德力量的中坚分子。以布道与训诫来传教的基督教各教派与犹太教的神父、牧师、传道人、拉比(rabbi,犹太教牧师)都以发表演说来唤醒或启发会众。任何有志于此的人都必须具备良好的演讲技巧,以便能传达出深刻且高尚的内容,因为这是教会是否能留住教徒的关键,而对很多人来说,要加入小区中哪个教会确实是端看讲道是否精彩感人而定。

现实生活中除了政治以外的工业界、商界,或学校里,领导人物的说话技巧也同样重要。他们经常需要对整个组织或团队报告公司的运作、表现和计划,特别是组织有不确定的状况,或者面临挑战和危机时,演讲技巧更加重要。几乎没有例外的,那些能够向成员们清楚传达组织展望和重要议题的领导人物,更能成功地带领他的团队一起做事。

说话是门艺术

在西方,说话不只是个人的特质表现、权利、领袖特征,也是一门艺术,其起源要再一次回溯至古希腊时代。[21]值得注意的是雄辩术(oratory)这门说话艺术的技巧是可以学习、练习并磨炼以至完美的,并不是我们现在以为的只单纯是个人才华或聪慧的表现。例如狄摩西尼(Demosthenes)把小石子塞在嘴里来纠正口吃的毛病，又对着波涛怒吼来改善发音，就是一个十分启迪人心的自我训练典范。

最早把演说变成专业的是古希腊时代的诡辩家们（sophists）。他们是一群到处巡回教导年轻人修辞和演说技巧的知识分子，主要就是教人如何善用语言来说服他人（由希腊时期诉讼当事者必须在法庭上演说为自己辩护的情况来看，即可想而知其必要性）。也有部分同时期的人把苏格拉底视为诡辩家，因为他也会解析字句并提出许多问题来迫使与他对话的人检视自己的想法和信念，而且他也有许多年轻的学生和追随者，但有一个很大的区别是，苏格拉底是免费的，而诡辩家们教导演说和修辞要收取费用，所以是营利的行业。但不论外界的批评如何（他们可能为了利益而在操纵语言的过程中违背道德原则），他们仍吸引了许多学生和追随者。㉒诡辩家在这个专业知识领域中开发语言及说话本身的技术，而不是像苏格拉底那样把说话当成训练心智能力的工具。他们开启的这个特殊的西方传统，不只延续了数千年，而且到今天益发盛行，并且由于现代大众媒体的重要所以非常可能会继续成长茁壮。

西方在这个传统的发展上有贡献的名人很多，不过就演讲的理论、标准、教育上有三位最突出的人物：亚里士多德、西赛罗和昆体良（Quintilian）。亚里士多德在他的《修辞艺术》(the Art of Rhetoric)㉓中表示任何具说服力的演说都有三个核心成分：人格诉求（ethos）、情感诉求（pathos）和理性诉求（logos）。㉔人格（Ethos）是演说者必须传达出来足以取得听众信赖的道德特质。在现代社会，道德特质和可靠性可以借着知识的权威性来建立，例如科学证据、讲者被公认的资格地位如法官或者信誉卓著的公司总裁，或者是经过记者调查证实的报道等。情感诉求是借着引起听众的情绪来影响他们的理解与判断。讲者可以运用各式各样的内容和形式例如，故事、佚闻、悲惨的事件、喜剧、笑话、比喻等来激发听众的情感反应，以赢得他们对演讲内容的支持。

理性诉求运用的是逻辑论证的方法，这在其他章节已提过是西方知识传统的核心，让演说者以公允的态度提出信息来建立客观性，例如不带个人批评与价值判断的事实陈述；或者对各议题或争论用不偏不倚地方式处理后，让听众自己下结论。归纳与演绎是逻辑推理的两大关键策略。前者以举例的方法来支持论点，而后者则利用证据，即去除无关或多余的信息干扰来进行推理。从目前的公共议题中来举例的话，演说者首先可以提出一个众所周知的事实，例如"每天灭绝的动物物种有多少数量，而造成这种灭绝速度的原因是由于人类破坏了动物栖息地"，而砍伐树木是人类破坏生态的行为之一，所以由此可见森林保育不但必要，而且是每个人不能推卸的责任。

西赛罗对演讲术的影响除了来自其有名的演说外，还有《论演说家》（*On the Orator*）一书。[25]他认为演讲术是辩论者以声音发出的"神圣艺术"（divine art），他在书中讨论了各种有关演说的议题，范围从演说者的教育和责任，演讲的范围及其技术性的成分。他很重视所有可用来投合听众心理的形式，诸如情绪、幽默、讽刺、题外话，以及纯粹的推理等。他也把演讲的方法条列成五个连续的部分，称为"雄辩术基础"（fundamentals of rhetoric）。

创造议题（inventio）是演说者发展并改善论点过程，论点建立后要作妥善安排（dispositio），讲者要决定有效的论证结构，通常以重要性高下来做逻辑顺序排列，有了演讲内容与结构后，讲者要聚焦在风格（*elocutio*）和如何展现（pronuntiatio）上，再过来要把以上所有的要素存入记忆（memoria）中，以便在演讲中一一唤醒。然后以优雅的仪态、庄严的姿势、抑扬顿挫的声调与丰富的表情把演说传达（actio）给听众。

不过西赛罗最重要的论点是演说者必须要有广泛的学识，不只学习演说技巧，还要能顾及更全面且广泛的问题。例如，如果一个人被诬蔑有叛变之嫌，演说者不能单单谈论他被指控一事，还要能兼论此事对文化、社会及全体公民的伤害，因此演说者需要研读法律、政治、历史、文学、伦理、战争、医学和数学等各方面的知识。事实上，唯有博学多闻之士才能成为优秀的演说家。西赛罗提出的"理想演说家"是一个通晓人类所有知识的全才，而在这个概念里，拥有良好教育且能运用广博的知识来表达思想与主张正是今天西方人文学科教育的精髓。这个西方高等教育的核心溯本追源要归功于西赛罗，它不但早已通过时间的考验，而且现在也广为其他文化社会所接受。

昆体良（Quintilian，35—100）以西赛罗的论述及其他有影响力的演说家为本写了《演说家的教育》（*The Orator's Education*）一书，内中陈述"完美的"演说家从出生到老年一生所该接受的教育。[26]他详细描述了整个过程，从一开始如何选择保姆，如何训练他阅读、写作、文法，和进行文学评论、如何制作讲稿，到最后精心构思出完整的法律与政治演讲。像西赛罗一样，昆体良也强调要运用许多不同的材料，如寓言、故事、幽默和比喻等。他的训练计划变成了后世教育的标准内容。

西方传统中的犹太人若不是最重视也是极重视教育的民族。从最基本的来说，犹太教传统即有着极高的门坎，任何有心于实践传统生活、信仰、风俗的犹太人必须要能阅读并了解古典希伯来文(biblical Hebrew)，因为那是仪式用的语言，也是神圣的经文。除了基本的文本以外，最重要也是最常被研究的犹太法典是以阿拉姆语(Aramaic)写成的，非极度的专注勤奋很难学会［如果一天读一页，整本塔木德经(Talmud)要费时七年半才能念完］，所以完成的人会受到极高的尊重。而且根据某些拉比的说法，学习者必须在学聚(chavruta)研读或配对学习［非常不鼓励个人单独研习塔木德或妥拉(Torah)］。学聚具有重要的宗教与社会意义，正如经文所言："当两个研读妥拉的学生倾听彼此时，上帝会听到他们的声音。"(塔木德安息日，Talmud Shabbat 63a)而且犹太传统中有一不可或缺的部分就是鼓励学者针对经文进行辩论和质疑，因为塔木德本身不是一连串法律条文，而是古代拉比们之间的对话与辩论的记录。犹太人认为男孩子到了 13 岁、女孩子到 12 岁举行传统的成年礼仪式(男孩子的为 bar mitzvah，女孩子为 bat mitzvah) 之后就有资格将犹太传统传递给下一代。庆祝仪式的一个关键部分就是在所有人面前诵读一段妥拉的内容，并就当周的妥拉经文予以评论，所以孩子们之前要花很长时间向老师学习，就是为了那一天做准备。[27]

迄今，教导公开演讲的基本技巧和训练方法在西方大学校园里仍很普遍，而且相关课程始终大受欢迎，[28] 经常有很长的后补选修名单。课堂上通常会让学生研究许多演讲范例，例如观赏马丁·路德·金有名的《我有一个梦想》(I Have a Dream)的演讲录像带或录音，然后学生可依自己兴趣起草演讲稿并和教授讨论修改后在班上作讲演。作为观众的同学会根据他们学到的范例、形式和标准来互相评论。这些训练最后可增进学生演说的技巧，成为有素养的听众，甚至公众说话艺术的行家。如前所述，西方从中学开始就鼓励学生学习辩论的技巧并参与校内与校际的比赛，比赛获胜的队伍可继续参加城镇、州、全国性的辩论赛。那些比赛表现优异者会成为热门大学极力争取的对象。

在今天的大学及研究所，传播与现代媒体是很热门的主修学科。而且，每个高中和大学也都有舞台表演课程，训练学生如何吐字发声、如何用声音表演、如何在舞台上清楚地传达想法与情感，这些机会无疑都一方面显示了这类技巧的重要性,另一方面也给予学生实际培养该种技巧的机会。最后,政界、商界及其他大型组织领导们对专业演说撰稿人的需求量也相当高,那些擅长公开演说技巧及能够帮助领导人物发表精彩演说的人都备受尊敬、赞赏,而且炙手可热。

从说话在西方的重要性来看,似乎在面临说或不说的选择时,西方沟通的内定模式就是:说。因此西方对发言和发言者较为看重与另眼相待,也因而比其他文化对于沉默不语或非发言者较为贬抑或轻视。

西方的说话风格

以上讨论了说话在整个西方历史上涵括一切的重要性,这个小节,我要将主题转至说话的风格上,因为它关系到经过组织安排的社会情境及日常生活中的沟通。

在20世纪70年代,哲学家葛莱斯(H. P. Grice)提出了支配人们日常沟通谈话的"合作原则"(cooperative principles)。[29]这著名的四大原则已成为了解人们沟通时潜藏在话语之下意义的指标。从以下的讨论可以看到这些原来以为是放诸四海皆准的对话原则或交谈语法(talking grammar),其实未必全球通用。不过尽管如此,这些原则在西方人的谈话中确实比较普遍,所以可说是西方较为特有的现象。

量的准则:不多不少

葛莱斯指出人们一般在讲话时有非常清楚的"量"的意识,也就是会注意在某个情境中对话所该有的量(the amount of speech),例如,如果在校园里碰到朋友问你:"你去哪儿?"通常我们会回答:"健身房。"很少有人会不厌其烦地说"我要去健身房",因为对于当下的场合前面半句是不必要的,如果说了整句反而会造成不好的印象,可能让人以为讲话的人(1)没在注意听;(2)不嫌麻烦讲了不必要的话,感觉很不恰当或很怪异;(3)在开玩笑或者在讽刺什么,但没有明显的理由;(4)也许有什么事困扰他做出这样奇怪的行为。

虽然说话受到高度重视,但即使是平常闲聊时若讲话毫无内容又唠叨不休,也仍会被认为是浪费时间。换言之,说话之"必要量"清楚反映了对经济或效率的考虑,这种对生命中量的感受性是西方自希腊时代以来即有的重要组成部分(即科学思考的基础)。[30]如此的说话态度确立了也继续了西方人在人类口语互动的领域中如何分析与解释这个世界的方式。

必须要指出的是这种说话效率的维持不是各自孤立的任务，而是一个人人都受文化要求必须参与的共同合作过程，因此大家会在此共识下进行谈话。后面讨论华人谈话风格时会看到这种考虑与计算谈话的必要性、经济和效能的方式反而可能会造成失言的情形，使得对话中断，而无法互相配合继续下去。

质的准则：真实不虚

这条葛莱斯准则非常重要，因为一般说来没有任何文化的人会毫无原因地故意说谎，所以葛莱斯把此列为普世皆准的原则并没有错，然而，我认为过分溢美说实话的原则是西方人的想法。这种倾向反映了西方对诚实这种道德标准的重视，在判断彼此品格与道德操守时有巨大的影响。人们会怀疑那些讲话不够坦率的人或许也不诚实，因而也不可信任。确实有研究显示西方人对迂回曲折的表达方式感到反感，他们觉得是因为心里有所隐瞒，有操纵别人的意图时才会这样拐弯抹角不直截了当地说话。所以不论状况如何，就算事实可能会伤人，也宁可实话实说。㉛即使事实残酷令人难以接受，但说出实情的人经常被认为是勇敢的英雄，因此在工作场合甚至亲密关系里都会得到分外的赞赏与信任。无怪乎为高尔（Al Gore）赢得诺贝尔和平奖，内容描述地球恶化，人类责无旁贷的著名纪录片片名就是《不愿面对的真相》（*An Inconvenient Truth*）。

然而对其他的文化而言，在某些生活领域里，或许有程度上的不同，但说实话是禁止或不合宜的（由于考虑到听者的身心状态、感情痛苦或社会困境），只是这类的生活领域可能在西方较少，或者范围较小。例如父母病危时，西方人认为虽然告知实情是非常困难又令人伤痛的事，但是不论成年甚或年幼的子女都有权知道父母的状况。但是在华人文化里，家人可能会对住在远方无法来看望的女儿隐瞒父母病情，可能要直到丧期过后，确定她可以旅行时才会告知，因为他们认为她没有家人陪伴必须独自面对伤痛，如果事先告诉她是不近人情的做法，因此，对华人而言在这种状况下不该说实话，不说才是恰当的做法。㉜

另外与此准则相符的状况是常常会听到西方人会就其谈话内容或意见的正确性与责任先发制人地表示：

这只是我个人的看法……;这是我的浅见/……;

我不是专家,但我……;

就我记忆所及……;这看起来……;这似乎……;我可能……;或者也许……;

我不认为我们……;我猜想……

但很少会听到西方人说:"愚见认为……";"鄙见以为……";"请原谅我的无知,但我……"等这些亚洲人常用的说法。西方人事先声明的重点较常扣在可能会被质疑的事实或假设上面,或为了避开任何可能对其不实言论的攻击,他们在意的是谈话信息的质量。反之,亚洲式的事先声明并不针对讯息的质量,而是为了表现讲者自己谦虚的美德。

关联准则:一针见血

葛莱斯这条准则和他对量的看法有关。讲话的人要有很好的逻辑,并以之引导谈话的方向。西方人的谈话中经常会出现要"切题"或"讲重点"的概念,强调信息和意见的表达要精确与简洁。他们认为那些特别聪明的人通常是能够从零散且无关紧要的信息中发现关联与要点,并且精确表达出来的人,而演说者的说服力也大多来于此。

如果谈话有明确的政治、社会、宗教、商业或工作相关目的时,可以看到西方人很清楚自己所要传达的讯息以及表达的方式。这种以发送者为中心(sender-centered)[33]的讯息反映了西方重要的雄辩术与修辞学传统(oratorical and rhetorical tradition)。说话者把主要的焦点放在如何构思出最好的内容并传递给听者,包括如何设计议题、如何设定论调、如何提高可信度,以及如何增加讯息的重要性等。从文化合作的角度来看,西方听众也会期待听到的是"重要的讯息"。[34]

和简明扼要相反的是绕圈子讲话,喋喋不休或无法切中要点的人常被认为是不够聪明,而且令人失望。含含糊糊说个一大串完全没有重点只会让听众失去兴趣与耐性。[35]我们常会听到西方人在工作会议中说:"这个已经讨论过了,我们可以进入下个主题了吗?""请问你说的这件事和我们的主题有什么关系?"或"你讲的这件事重点在哪里?"这些问题对讲者并不算冒犯,但显示了听者已失去耐心或不认为有继续听下去的必要,所以提醒讲者应该要回到主题,或者转换话题了。

但即使没有前述那样清楚的目的,大家平常讲话也会注意内容是否具有关联性。例如晚餐时丈夫请妻子说说那天过得怎么样,她也会很注意自己讲的是相关的事情,如果太冗长,丈夫也一样会提醒她,甚至要她"闲话少说"。即使是朋友聊天分享各自生活中的大小事情,也需要依循关联性准则。

而在亚洲文化中,这种开门见山的说话方式常常会冒犯别人,甚至破坏人际关系。不论在家庭、工作场合或教室中,当彼此有上下尊卑关系时,太精确的话语常被视为不当言辞,在许多情境下甚至会被认为是粗鲁、急躁而且无礼的表现。

清晰准则:直截了当

这个准则的首要考虑是不论在何种情况下都要把事情讲清楚。要避免含糊并厘清企图传达的讯息以避免引起听者误解的风险。同样地,让信息清楚、明确、容易接收也是讲者的责任,从语调、发音到论证都要避免任何不清楚的地方。在政治竞选活动中最容易看到演说成功或失败的例子,而且没有例外的,政治顾问、分析家和媒体评论人在讲评重要演说时都会注意到信息是否清晰的问题。有趣的是,借着描述演说的清晰程度,这些专家也或多或少左右了演说的效果。

在和家人、朋友或同学的日常沟通方面也一样,就是如果你想要别人知道你希望的事情,就必须清楚讲出来。有句谚语说:"会吵的孩子有糖吃,吱吱叫的轮子有油加。"(The squeaky wheel gets the grease.)意思不仅仅是要大声而已,而且要大声地把自己的要求清楚而且毫不含糊地说出来,这样大家才会听到你的声音,而不得不回应你。同样地,丈夫可能跟妻子说:"请不要教我猜你的心思,拜托告诉我你要什么。"情侣间若能把彼此的期望和需要清楚恰当地表达出来,关系会比较好而持久。交朋友无疑也有赖双方都具备表达愿望、喜好、反感、共同兴趣和论点的社会能力。坐等别人来体会自己的需要和喜好很可能交不到任何朋友。[36]

清晰准则并不只关乎日常生活的沟通而已,因为讲话明确直接也是很重要的文化要求[37]。前面曾提过,讲话直接了当首先有赖于诚实的美德与个人行为的透明性。因此,说话应该开诚布公、没有隐瞒,努力清楚地呈现、解释,或为自己的想法提出论证,以便听者能了解你的信息、推理和立场。弄浑一池清水、把原本清楚的议题弄得暧昧不明，或者发表令人困惑的言论皆不可取，甚至如果是故意混淆视听，那更是不道德的行为。

西方课堂语言互动与社会化

毫无疑问，孩子并不与生俱有特定的说话风格，语调、态度等都是社会化和个人发展的结果。因为说话在西方不仅是私人活动，而且是身为公民、社会成员和公司学校员工必备的技能，所以大部分关于前述说话方式的训练和社会化都在学校里进行。有大量研究校园内说话情形的论文都很关注课堂中言语互动的问题。虽然此处无法对西方课堂话语分析作很完整的介绍，但仍有几个关键层面很值得讨论。

课堂言语互动在西方涵盖了所有师生间的口头互动，范围从老师讲话、学生讲话、师生谈话、学生间的谈话，到以上这些谈话如何开展，其中每一个步骤如何运作，到每一种形式的谈话及每一个过程所达成的目标为何都包括在内。例如，研究人员可以检视师生对谈中每一回的发言时间（时间分配），每一回发言的作用（例如，呈现/提供信息、封闭式或开放式问题等），谈话是否以课业为主题（例如，教室物流），不同的谈话对学习的帮助或阻碍，哪种谈话会增进学生的成绩表现等。[38] 不过很多人对研究的发现大失所望，因为虽然许多人宣称现在校园文化已有改变，而且有很多降低老师支配性的训练，但研究发现老师仍然占着谈话的主导权。[39]

研究人员也发现西方课堂言语互动情形经历了很大的变化，从久远以前传统的雄辩术（oratory）训练，到 19 世纪、20 世纪初强调美学层面的口语表达（对上层社会文化的模仿"echo the voice of high culture"），[40] 再到现代的大众流行用语，孩子们把自己日常使用比较炫的说话方式带进了校园里。不过尽管如此，正规义务教育仍然坚持把说话列为学童必须学好的认知性与知识性的活动和技能。西方从幼儿园就会开始教导孩子把想法和感觉讲出来。"用说的"、"用你自己的话告诉我"或者"如果你不说，我没办法知道你想要什么"等是幼儿园老师很常用来鼓励小小孩把他们的希望、目的和行动讲出来的方法。[41] 对大一点的孩子而言，虽然生活口语化的表达方式已被接受，有时候甚至被当成孩子开始接受学校说话训练的基础，但他们的最终目标不是止步于熟悉的民间日常言谈上，而是要能够具备知识分子的教养谈吐。[42] 所以学校训练仍然以增进沟通能力为目标，帮助孩子们能够简洁、清楚、流利地传达信息，需要学习如何发表有证据的论文报告、如何辩论、如何操纵言语来说服听众。修威特（Hewitt）和英格拉瑞（Inghilleri）㊸观察了英国课堂中教孩子如何对全班演说，以及如何进行随后讨论的活动后分析指出，虽然孩子们在课堂以外较常进行以合作为主的谈话（cooperation-dominated speech），但在学校里仍然要学习如何表达反对意见以及辩论的方法。

玛丽·欧康诺（Mary O'Connor）和莎拉·麦克斯（Sarah Michaels）指出西方课堂言语互动的一个关键特征在于帮助每位学生认真看待自己身为学习者的角色。㊹这种教育的意义植基于每个学生都是自己思想的主人（author/owner）的观念。智识上的社会化（intellectual socialization）因此被认为能带领学生进入自己相对于他人的思考领域，并能经由口头互动来接受彼此的想法。

欧康诺和麦克斯（O'Connor and Michaels）透过两个社会语言学相关的理论来阐述这种教育方式在美国初中进行的状况。第一个是古德温（Goodwin）提出的理论，㊺关注的是教室言语互动中学生说话的权利与义务结构。例如，当甲同学问乙同学"可以给我那支蜡笔吗?"的时候，在此对话外的丙同学可能会插嘴说："不行，他要给我。"这个局外人丙同学否决了乙同学回答甲同学问题的发言权。但是甲也可以说："慢着，是我先问的!"因此学生在谈话中得到了识别、掌握、交涉自己权利与义务的机会。第二个理论来自高夫曼（Goffman），他用木偶戏来比喻人们言语交流时的两种角色：发声者/操演者和创作者（animator andauthor）。㊻前者是发出声音/操演的人，也就通过讲话赋予自己或别人生命的人。但是创作者（author）是信念和感情的来源，其信念与感情可以由他自己或由任何发声/操演者（animator）说出来。而从教室的言语互动中也可以看到学生和老师在教学过程中所扮演的创作者和操演者（author and animator）的角色。

欧康诺和麦克斯的研究观察发现，经验老道的老师在课堂谈话中扮演了很独特的角色，因为他变成了学生的发声者，并为他们做两件事：（1）突出学生的所有人/作者身份（ownership/authorship），（2）把学生自己的想法联结到更大的文化范畴中，研究人员把这个策略称为"重述"（revoicing）。关于第一点，他们举了一个师生对话时常见的情形，当有学生提出和另一名同学不同的解题方法时，有经验的老师会插进来说："所以，你不同意沙瑞塔说的……"㊼把学生的话重塑成一种论点的差异,提高其在知识上所要求的水平。其次,老师示意学生行使发言权来"确认自己的论证,并藉此表明自己的立场"。第三,老师刻意地把两位学生放在对立的位子,引导他们开始思考评估彼此意见的优缺点,有效地点明他们是自己观点的创造者/所有者(authors/owners),因此对于别人针对他们的观点所做的诠释,他们有权表明立场去加以确认、抗辩、挑战或肯定。老师也藉此提醒学生要重视自己对班级在知识上的贡献。

关于第二种重述,欧康诺和麦克斯提出的例子是有位老师以询问何为最受欢迎的大众运输旅行方式来诱导学生提出多样性的看法。老师问他们是怎么猜出来的,鼓励他们找出支持他们想法的证据,然后一个一个地说出理由。有一个学生说她喜欢车站的样子,老师于是重述她的理由是:"所以你的选择⋯⋯是基于你个人的经验。"另一名学生表示他也和第一位同学想法一样,因为"很多人喜欢搭开很远的火车⋯⋯有些人坐火车⋯⋯就是为了好玩,没什么特别的原因。"老师于是把他的话修改为:"所以你的猜测是基于你对人类行为的了解?"[48]两位学生都表示同意。很明显,学生们最初的想法比较粗略、薄弱、不具体,但有技巧的老师会在不改变学生原意的情形下,将其提升到比较合乎知识性与理智的范畴上去,如此可让学生完全享有自己想法(虽然是被抬高了)的知识价值,并理解自己的潜力、成长和优异之处。

成长为魔鬼的辩护者

虽然在西方社会里,学校是培养孩子成为理想演说者的主要社会化场所,但是家庭也扮演了配合的角色。事实上,有强有力的证据显示西方的小孩子很小的时候就被鼓励要多说话,西方比亚洲的母亲(及其他的照顾者)对婴儿讲的话多。从婴儿一开始会发声后,照顾人就会把他们当成是谈话伙伴一样地和他们说话,如果听到婴儿咿咿呀呀的声音,就会更兴奋地响应更多的话。和世界上其他文化相比,西方人和婴幼儿说的话最多。[49]

儿童到了进幼儿园的年龄后,父母会更鼓励他们多说话。研究显示,西方父母比较喜好详细阐述(elaboration)的说话风格。雪莉·布莱斯·希斯(Shirley Brice Heath)在 20 世纪 80 年代早期,比较美国欧裔中产阶层、劳工阶层以及非裔低收入阶层的父母在家庭语言社会化差异上有一个划时代的研究[50],其结果显示出欧裔中产阶层父母和孩子在家的谈话和在学校非常相似。

他们会问孩子其实自己已经知道答案的问题,鼓励孩子回想并细述过去的事件,并同时引导他们把生活经验知识化(intellectualize)。这种谈话风格之后在儿童自传式记忆发展领域(autobiographical memory development)得到了更多密集的研究,儿童自传式记忆发展是自我与自我创造(self-making)的核心成分。[51]因此,当追忆过往经历时,母亲会探问孩子发生何事、如何发生、为什么那样发生等等,这种不厌其烦的方式让孩子有机会说明与诠释过去的经历,若谈的是和未来有关的事,也给了孩子以现有资料预测未来事件的机会。口头叙述、解释/诠释,和预测未来事件等经验一方面可强化孩子自传式记忆的作者和所有者角色,另一方面也增进了他们的分析与叙事能力。无疑地,父母这样的说话风格让孩子做好了入学后接受进一步说话训练的准备。

在这早期说话训练中有一个很重要的部分是,西方人在照顾小孩时给予孩子很多如何尽情讲述对于某个事件的感觉和情绪的示范和空间,特别是正面的经验与感受。[52]例如,一位母亲可能会问四岁的女儿:"你的朋友苏西邀请你一起去游泳,你有什么感觉?"如果孩子只是回答"很好",那母亲可能会继续问:"好在哪里?"或"你没有觉得苏西喜欢你吗?"这些特别的问题可以培养孩子用言语表达其内在世界、态度、意见和对自己经验情绪反应的能力。

值得注意的是许多西方受过良好教育的父母关于说话有一种社会化孩子的特别方式,他们会扮演"魔鬼的拥护者"(the practice of the devil's advocate)的角色。魔鬼的拥护者一词来自罗马天主教在追封圣人过程中的人物,现在用来指为了反对而反对的人,其目的在于暴露出论点中的瑕疵与弱点。例如有一个人觉得买瓶装水很浪费钱,因为根据研究显示它并不比自来水干净,但另一个人可以说:"作为魔鬼的拥护者,我觉得大家可能会为了安心而照样买。"第一个人此时可以把这个看法加进自己的论点里来说:"虽然人们可能觉得喝瓶装水可以保护自己的健康,但事实上并没有带来任何健康上的好处,只是在浪费钱而已。"由于他把人们买瓶装水的心理因素和科学证据并列,使得这经过修改的论证更有力。同样地,父母也会示范孩子如何使用像"公平地说,我可以了解……"或"若换个角度来看,虽然我不同意……但可以体谅他们"等用语。以魔鬼拥护者的方式来社会化孩子,可以培养他们西方文化所珍视的论证技巧。

东亚人对言语的怀疑

东亚不像西方赋予口才那么高度的价值。我们很容易就可以列出一张长长的西方伟大演说家的名单，但东亚则付之阙如，即使是实行民主很成功、应该很重视公开演说的日本、韩国和中国台湾，再如何努力搜寻也找不出一位来。即使伟人甘地也不是以言语得享声名，其前所未有且不朽的道德与政治成就是来自他的非暴力行动：静坐、游行、沉默对抗。但东亚没有这样的传统并非偶然，也不是种失败或者能力上的缺憾。真正原因是东亚人事实上并不在意，或者更恰当地说他们不相信口才是达成重要目标的途径。

首先，儒释道三大精神传统没有一个把说话视为重要之事。道家认为人类无限的智慧来自与自然的和谐无间，两者合而为一自不必言语，正如老子的名言："知者不言、言者不知。"⑤佛家以禅坐来沉静心灵摒除俗世欲念，以求个人的觉悟。此外，东亚从没有类似（希腊）的政治或法律系统来促进公开讲话的必要。无疑地，这些重要的历史动力在缺乏演讲/雄辩传统时扮演了重要的角色。但是东亚对说话的态度不是偶然形成的，而是在其文化基础奠定之际所产生的重大知识、道德、政治和社会学说所共同塑造出来的，⑤而随后的发展更巩固了这个基础进而成为悠久的传统。

儒家学说无疑是其中最具影响力的。因为孔子学说的核心强调学习是为了充分实行仁道，也就是要一生循着自我道德修养的路途前进，修养的程度要看这个人做了什么，而不是他说什么。从一开始，孔子就很清楚这样一个个人道德使命的最大挑战紧扣在个人欲望、意志，甚至决心和实际所行所为的差异之上，因此用现代话来讲，孔子视人生课题为一个人所言与所行间不断挣扎奋斗的历程。言行是否一致不只是用来评量道德修养的标准，也是道德修养的反映。所以一个人的言谈不能与其品格脱节，因为说话不只是一个人的认知和知识的展现，或任何一时兴起的言辞而已，它反映的是一个人的道德节操，所以若要在道德修养上精进，就必须着力于自己的行为而非言语。显然，孔子在主张追求自我道德完善的人言语必须谨慎时，不是把说话放在人类沟通的认知与语言现象的框架中来探讨，而是用来将一个人如何择其言与立其志做一比较。⑤

细读《论语》可以看到在言语和道德/美德修养关系方面的讨论非常丰富。

就我了解,孔子认为口才便给主要有三种问题,三种都可能阻碍个人的道德修养:(1) 巧舌如簧会使理智与感情分离,(2) 奉承的言语破坏诚信,(3) 夸大的言辞缺乏谦虚。

孔子表示其中他最不能接受的就是"巧言"或"佞人",这种"伶牙俐齿"或"鼓舌如簧"的言语专事欺骗、操纵、假作,不但存心不良而且充满伪善与虚假,所以子曰"巧言令色鲜矣仁",⑯又说"巧言乱德",⑰所以令人难以信任。如前章所述,仁是一个人终身学习与自我完善所能企及的最高目标。孔子认为伶牙俐齿的人擅长言语却缺乏情感与对人的关爱,他们纵容自己只问结果不计代价,误用了文字的力量,故曰"君子疾夫舍曰欲之,而必为之辞",意思是君子痛恨那种不实说自己想要什么,而却又要找理由为之辩解的作为。⑱此外孔子目睹战国时代毁灭性的混乱,对于巧言令色可能造成国家分裂的危险十分警觉,于是说"佞人殆",又说"恶利口之覆邦家者",意思是善于巧辩奉承的人很危险,而且毁坏国家家庭,令人厌恶,⑲"因为他们对政局国事的扭曲操纵,不但混乱道德标准,也会导致王公诸侯采取错误的行动"。⑳

第二种孔子鄙视的言语是没有诚意的奉承话。如果为了谄媚巴结他人而说着自己都不相信的话,就是背离了诚信。如前所述,儒家一向认为诚意是行仁的一个重要方面。讨好迎合的话通常是为了有求于有权有势的人才说的,就像《安徒生童话》〈国王的新衣〉里的侍臣一样,为了图一己之利而讲的话常使得听的人也越听愈耽溺于虚荣自负之中,双方都摒弃了诚意相通的美德,也就失去了道德成长的机会。这也是孔子之所以告诫我们要远离"便辟"、"善柔"、"便佞"(也就是善于逢迎拍马、两面派、花言巧语)的朋友的原因。㉑孔子也提到华而不实的言语就和奉承话一样狡猾。

奉承话会伤害人(于己亦然),自夸的言语则暴露自己的缺点。反映了说话者特意吹嘘膨胀自我意识的需要,缺乏谦虚的美德,而谦虚也是仁的另一项和学习特别有关的重要特质。在第五章曾讨论过,儒家认为谦虚是所有人学习时必要且基本的态度,自我吹嘘的人就失去了这个必要的条件。这种基于空虚且经常是侵略性的言语所投摄出来的积极形象不是来自个人真正的知识、智慧和道德成长,因此自夸的言论对自己比对听众的伤害更大,因为大部分的时候听众都可以察觉讲者的夸大与人格的弱点。在《论语》中有段孔子要四位弟子各言其志的生动描述,其中子路"率尔而对曰:'千乘㉒之国,摄乎大国之间,加之以师旅,因之以饥馑,由也为之,比及三年,可使有勇,且知方也。'㉜夫子哂之"。大意是说,子路一听,就急忙回答说,一个千辆兵车的大国,挟在两大国之间,外有军事威胁,内有饥荒,由我仲由来治理的话,三年就可使军民有作战的勇气,而且能够知晓礼义之道,孔子笑笑。之后有其他学生问孔子为何微笑,子曰:"为国以礼,其言不让,是固哂之。"㉞显然孔子在笑子路言辞夸大激进,忘了以礼治国以及讲话谦逊的道理。(这段对话非常生动且有说服力)

以上三种话语的共同点就是说话的人心口不一,而且,孔子最关注的是说话的人会因此丧失了接近仁道的机会。

《论语》在讨论这三种问题的同时,也提出了三种美德来对治它们:(1)天不说话,却有最值得人效法的美德;(2)行胜于言;(3)说话要合乎社会情境与人际关系。

孔子和后来的儒家信徒,但实际上也包括当时所有的思想学说都敬仰上天,认为天是包罗天地万物的精神实体并和人事有密不可分的关系。圣哲与祖宗先灵会升上天与至高无上的力量结合,然后共同关爱、滋养、看守、规范及审判(无私地)人我世事如何运作。根据安乐哲和罗思文,㉕中国人的天不是另一个世界,也不是犹太基督教传统里的造物者,而是一个人类已知的世界。因此天是人可看、可感、可效法,也可与之合而为一的完美境界,是《易经》所述"天行健,君子以自强不息"的启发人类灵感的来源。㉖

孔子指出天有一个意义深长的特质就是无言(not speaking),但即使无言,天始终滋养着自然与人类世界,提供道德规范并歌颂圣人的伟业。有一回孔子对弟子子贡表示他不想再说话了,子贡便回道:"夫子如不言,则小子何述焉?"子曰:"天何言哉?四时行焉,百物生焉,天何言哉?"㉗在论语这段对话中子贡担心孔子不再说话,弟子们会无所遵循传述,但孔子反问他,天曾说过什么话吗?四季不也依时运转,万物照样生生不息?孔子的话彰显出人们努力实践的"道德行为最高境界",㉘就是:行仁为善不用言语。

《论语》非常明确地表示对治说话冲动的第二个方法是:行胜于言,因此孔子特别强调"行动的重要性"。㉙他说:"君子先行其言,而后从之",因为他们"欲讷于言,而敏于行",而且"古者言之不出,耻躬之不逮也"。㉚这些论点不论是主张"君子在事情说出口前要先实践完成",或者要求自己"说话慎重、行事积极",还是尊崇"古圣先贤以说到做不到为耻所以谨言慎行",都在强调"言语要能真实反映说话者的生命与人格……因为品格表现比说出的话语更为重要"。不同于西方修辞/雄辩术上常用的沉默手法(rhetorical silence,即突然中断以造成强烈的效果,或回避谈话来确保公平无私),儒家对言行的规范是"否定口才便给,而重视……行为。人格是日常生活的行为表现,而不是说出来的想法计划,也不是无意义的叫啸、夸夸其谈、或者企图操纵别人的言语"⑦。相对于言语的琐碎甚至无关紧要,做之前不说或者不说做不到的事才是行为最重要的道德标准。

儒家学说也极强调说话要合乎社会情境和人际关系的要求,这是第三点说话美德。第二章曾提到,儒家思想从不把道德或个人与社会分开考虑,也就是修身、齐家、治国,平天下的道理。家是个人最首要的社会范畴,也是自我道德修养的基础,学习家庭体系中的人伦相处就是学习了解整个世界,事实上,家庭教育的成功是未来得以负起社会责任的先决条件,因此,学说话无疑地也就是学习如何视情况与人际关系讲合宜得体的话。

孔子认为了解礼有助于我们讲合宜的言语。第二章曾提过礼涵盖所有层次的社会互动,范围从朋友间的亲密关系到社会仪式性的关系。但礼的关键是要照顾到人的感受、情绪,和彼此的观念与情感,换言之就是要顾及人性。只在必要的情况下才讲话,否则宁可保持沉默,或者要选择可以增进彼此关系且避免让别人为难或苦恼的方式来说。为了解释何者为礼以及礼如何规范人际关系和互动,孔子对于有助社会和谐的说话方式提出了许多看法。有一次弟子颜回问日常生活中要如何做到仁,孔子回道其中很重要的一条就是"非礼勿言"。⑫并进一步表示君子要"慎选言语措辞,远离粗俗不当的言语",并且说"言未及之而言,谓之躁;言及之而不言,谓之隐;未见颜色而言,谓之瞽"意思是"时候未到就说话是急躁;该说时却不说是隐瞒;不注意别人脸色就轻率发言是盲目不明"。孔子自己就立下很好的榜样,书上记载他"孔子于乡党,恂恂如也,似不能言者,其在宗庙朝廷,便便言,唯谨尔"。意思是他在邻里间态度温和恭顺,不会说话的样子,在宗庙朝廷上则谈吐明畅态度谨慎。⑬这种看场合说话的基本态度,对华人及其他东亚洲人日常社会互动影响至深。

显然,安静(silence)比较符合说话的美德。然而,在华人和东亚文化里安静不表示心不在焉,也不是说话之相反(opposite of speaking),它本身就是一种美德。艾瑞贝拉·里昂(Arabella Lyon)指出,安静沉默对西方人而言可能等同"疏离与漠视"[74]或者迟钝,是一种人格弱点。但华人/东亚人很重视"选择性的沉默"(chosen silence),这在人情世故上有很重要的功能。对他们而言,这"是构成互动和交流的一个部分,甚至可带来完满、知识、选择和承诺。对话时的静默不语可以代表的意义包括质疑、允诺、否认、警戒、威胁、羞辱、要求、控制、服从和亲密感等等"。[75]《论语》对于为何在个人的道德修养上需要理解、重视静默并且身体力行的道理,提出了完整的论述。

说话者的负担

不像过去其他某些特别的文化风俗(如缠足或女性低下的社会地位)早已被现代社会抛弃,不尽信言语的传统在东亚洲似仍未曾稍减。诸如实行民主政治数十载的日本韩国,或者受英国殖民统治一世纪的香港都仍可观察到这股顽强的力量。[76]即使这些民主政体都有宪法保障言论自由(也包括法律上为自己辩护的权利),但这种政治和法律权利和文化规范的言论切不可混为一谈。我觉得这种文化上的固执其根源来自儒家对个人道德修养的信念,所以因能言善辩而崭露头角的人未必能得到在西方那样多的赞佩和信任,自然也不会拥有相当的影响力。于是在政治、社会、商场、教育等各领域的领导人物可能也就不热衷于培养或表现演讲的才华。当今亚洲就没有一位政治领袖称得上是杰出的演说家,他们展现出来的是谨慎、缓慢、温和的发言风格,而且常常欲言又止,如联合国秘书长潘基文就是一个例子。

在这个数千年的文化背景下,我认为现在华人/东亚人在选择说,或不说,以及怎么说时,仍继续背负着三种考虑:(1)道德,(2)社会和(3)个人,而对这三方面的敏感性可能是让他们不要说太多而且较以往更甚的原因。

道德考虑

不论社会情境或个人有何风险,言与行相对的认识论考虑,对每个人在决定说或不说时都有很大的影响。每个人在打算说话之际,都很可能要想清楚自己的行为处事是否能支持将要说出口的想法,特别是批评和建议。简单点来说,华人/东亚洲人说话比较是为了表明自己的考虑,或者企图改变现状,又或是给予承诺。所谓的知的标准(表达的内容来源),也就是认识论,不只是认知上的,也在于实践所知。[77]因此,言语不是在说出来的那一刻就结束了,其要表达的讯息要在付诸行动以后才算完成。在东亚洲,话说出口后要能身体力行、说到做到，如果不确定就最好保持沉默。大家都能了解、接受，并且尊重这种选择性的沉默。

研究显示现在的华人确实具有这种倾向。关(Kwan)和同事[78]用西方常用的个性化(individuation)测量方法发现，香港华人心中的个性化有两个成分：(1)吸引注意力，(2)领导团体。前者为自己寻求注意力是一种负面的人格，后者为了团体而带头行动则是正面的。关于寻求注意力的描述包括："开会或上课时举手问问题"、"公开挑战和自己立场抵触的说话者"、"对一小群同学做非正式演说"、"表达不确定是否正确的想法"、"在没有人要求的情况下对争议性问题发表意见"。表示带领团体的叙述有："对大批听众演讲"、"志愿担任某个陌生团体的委员会会长"、"接受提名担任团体的领导"，以及"站上舞台为大批观众表演"。以上可发现吸引注意力的描述都提到了公开发言的行为。若考虑到给予他人意见所负担的道德责任，就无怪乎华人会视之为负面行为。然而美国欧裔在研究中对这两个成分没有加以区别，都当成是同一种指涉正面个人特质的因素。

与此相关的自夸也是人格弱点的表现，违反了东亚洲文化言语要谨慎的规范。而矫正这些缺点正是儒家的学习目的。虽然西方人鼓励用言语来抬高自我，但西方心理学也认为自夸是一种自恋的(narcissistic)表现。研究发现美国亚裔学生比欧裔同学较少看到这种自恋的表现，也比较节制。[79]同样地，香港大学生也比较怯于问教授问题，而且要等到他们学会并实际运用在生活中(工作上)后才会去寻求方法来修正所学。[80]我最近的研究也显示和说话有关的汉语字词被华人大学生评为负面意思的比例很高(比正面多3.5倍)，比美国欧裔大学生把相关英文字词评为负面的情形要高出许多(高于1.5倍)。[81]此外，我们凸显言语和行动的相对性后，请华人和欧裔美籍成人来评比他们比较喜欢哪一种人，结果显示华人最喜欢说得少做得多的人(但欧裔喜欢的是说得多也做得多的人)。

社会考虑

华人/东亚人在面对公开说话的场合时，都背负着所谓的社会责任，他们无疑地有很多说话的规则。对任何文化而言，说话在各种社会情境中都是一项高度敏感的社会行为，但对东亚人而言，说话的微妙处不在于是否要开口，而是如何才能说得恰当得体，这也是孔子的主要教诲之一，因此，华人/东亚人对此十分小心，以减少轻率、随便的言语。讲话得体是从幼年到老年终身都要学习的课题，因为言语能够帮助人们达成目标，但也能破坏关系，带来严重的后果。㉒言语是否合宜端赖是否有辨别以下两种状况的敏感度：（1）对社会情境中某特定关系的敏感度，（2）对冲突的敏感度。

华人/东亚人对说话者的社会角色和地位的关注是社会化的一部分，关于说或不说端看与自己的互动者（interactant）是权威人士、家人、朋友，还是陌生人而有一套实行的指导原则。不论教育程度如何，对华人/东亚人而言，没有所谓的一般的听众，或者随意路人这样的听众，所有的社会互动都是需要去思索判断如何应对的特殊关系。㉓

一般来说，要特别注意协调的关系有三种，第一种是第二和五章所讨论的包括领导、教授、老师、父母和长辈等权威性人物，东亚人会对其表示服从和敬意。㉔再一次要提出的是如果把亚洲人对权威人物的尊敬方式等同于缺乏独立思考或挑战权威的能力有失偏颇，你仍然可以挑战权威，但不必无礼或引起摩擦，因为重点是要用合乎文化要求的方式针对不同社会关系说得体的话。在亚洲文化里，说话要恰如其分才有助于达成目标，这要比冒冒失失的发言好多了。所以权威人物发言时，亚洲人通常会听得很仔细并保持谦虚的姿态和表情，尽量少开口，尤其是不要插嘴，但要认真回答问题。在这种关系的互动里，要好好地吸收话里的讯息加以消化体会，㉕若被相询看法和建议则要爽快地应答。因此在这个场合中，是不可能不时时思考或心不在焉的，事实上反而特别需要集中注意力，兼且要能当下反应。学生或地位较低的人在和教授、老师或学有专长者谈话时，一般会用抑己尊他的态度来说话，例如"我的浅见"、"您的高见"、"我不值得一提的研究……"等等来做开场白以占得先机。㉖

20世纪80年代时刘英茂（In-Mao Liu）㉗曾预测，由于华人儿童必须学习种种尊敬权威人物的规则，所以自主性（self-assertiveness）的发展不足，甚至会因为自主性和敬老尊贤两者的冲突而丢弃已经培养出来的自主性。支持这个论点的研究很多。㉘例如，道格拉斯·史密斯（Douglas Smith）观察到台湾年长者在席间谈话要比孩子们多很多，后者则始终在注意听着。㉙在一项调查自主性（assertiveness）的实验中，美国华裔学生在"请教授厘清授课内容"这个项目上得分较低，而且他们表示该项目的难度在排名上高于欧裔同学许多。㉚肯尼斯·莱柏曼（Kenneth Lieberman）的访谈研究显示许多就读美国大学的东亚裔学生认为美国学生很不尊重他们的教授。[91]最后,我最近比较华裔和欧裔大学生觉得课堂中挑战教授是否恰当的研究,结果发现虽然他们都能接受同学在课堂上盘根究底,但是华裔学生会质疑在上课中直接挑战老师是否恰当,但他们质疑的是方式,而不是反对同学问问题,他们建议用比较可接受的方式例如课后找教授面对面讨论问题和争议,而不用在教室里当众争吵。但相对的,美国欧裔学生并没有做这样的区分。[92]

第二种是与同伴或同样阶层的人(即同样地位、年龄、世代,甚至同民族)的关系,要求的是沟通时的相互性(mutuality)。这种关系里的人在彼此熟悉后讲话会比较自在、开放、直接,[93]很珍惜能够表达情感及分享彼此真实情感的关系。事实上,如果和同样地位而且熟稔的同伴如亲戚、朋友、同学在言语上没有这样的交流的话,华人会觉得很奇怪。我最近的研究显示华人大学生对于同学、手足之间不交谈的情形很不以为然,因为"没有需要担心或有所保留的理由"。[94]

另一个言语沟通时要关照到的是当时的语境。最重要的是内外有别(inside-versus-outside context),通常也称为内团体与外团体(as in-group versus out-group),[95]这两种语境画出了华人谈话的分界线,说话者必须知道自己面对的是哪一个语境。内部语境中包括家人、好友和所属的社会圈子,说话比较坦率、自在、肯定,除非是对长辈,越年长则对他们越尊敬。因此,孩子对祖父母说话要恭敬(非言语互动亦然),例如要敬称为"您",而不是"你",通常孩子对父母及与父母同辈的长辈(伯叔姨姑)也如此称呼,有些方言可以听出来两者发音不同(即北方话,其他有很多中国方言虽然发音没有区别,不过从孩子的书写可以看到差别)。不过尽管如此,大家对圈子内的人仍然讲话比较坦白肯定,表达感情也比较随意,对年长者亦然。这也是因为华人强调内团体的人之间是一辈子的关系,并称之为"自己人",[96]自己人会建立起一辈子可以互相信赖支持的团体。[97]大家能够自在交谈并互给建议(经常是非常实际,甚至伤人的实情)也象征了彼此感情的深厚,所以如果回避这样的谈话则标示了彼此关系的淡薄。[98]最后,由于同族裔(coethnics)移民间算是内部语境的关系,鲍赫斯(Paulhus)和同事发现在加拿大的亚裔大学生在和其他亚裔同学在一起时就没有害羞的现象(但是在和欧裔同学,也就是外团体相处时就比较羞怯谨慎)。[99]

第三种是陌生人，也属于外部语境，和他们在一起时，华人/东亚人态度会比较谨慎、回避、保留，不太会表露情绪和内心的想法。[100]东亚人对陌生人通常很客气、亲切、有礼，但是会保持距离。因此，他们很难接受一个刚刚才在公车站遇到，或者见面不久的人会称你为“我的朋友”甚至“我最好的朋友”。华人不会告诉陌生人自己的婚姻状态或和父母的关系等个人资料，因为这种私事只会告诉彼此信赖的人。除了陌生人以外，其他还有很多未必陌生的人，例如同事和邻居等也属于外部语境关系。对于外人，我们会仔细衡量说与不说的轻重，如果可以的话，东亚人会选择尽量保持沉默。如果一定要说话，他们会非常小心地选择合适的措辞，通常比较带有试探性，不太肯定，甚至故意说得模棱两可。最关键的考虑是不要犯错，免得回头有麻烦缠身或者伤害到自己。[101]

　　除了社会关系与语境的考虑以外，东亚人对于言语沟通时的矛盾冲突也特别敏感，因此他们的社会生活中很重要的一部分就是要避免矛盾冲突。冲突矛盾会破坏和谐的基本生活取向，让自己或他人为难而造成挥之不去的困扰，所以是高度精神压力的来源。[102]例如在公开场合大声质疑别人，尤其是权威或有地位的人（在课堂上挑战老师、教授），可能会被认为是蓄意破坏对方颜面，会造成人际间的严重后果。然而以华人社会体系运作的方式来看，一个人就算可能也很难将家庭的联结或其他如师生等重要关系弃之不顾，因此华人不但不鼓励直接的对抗交锋，而且无论如何都要避免类似的情况发生。在有冲突却必须要说话的状况下，发言更要加倍注意是否适当得体的问题。[103]例如，在工作中下属若不同意上司的做法，华人/东亚人不会说“我不同意你”、“我很难接受你的做法”，甚至“我很郑重地表示反对你”等，而比较会说“我会尽量看看有没有稍微不一样的方法”、“我曾听某某说过这样做可能……”或者“抱歉我没有解释清楚（虽然其实双方都知道是上司弄错了）”。此外，在有冲突的状况下也要避免显露强烈的负面情绪，这可能是东亚人面对冲突时之所以很少有面部表情的原因。[104]这些策略很平常也很有效，可以让人们在达成目标的同时免去正面冲撞的机会。

　　个人考虑

　　从上述有关敏感度的讨论来看，可以推论出东亚人在正式及公开的场合讲话多半也会有很多的个人考量。老实说，东亚人若被迫在没有准备好的情形下开口时会有很大的心理压力，可能会影响他们的社会情绪与认知功能。

好几项以此为焦点的研究都有很重大的发现。前面曾提到，美国华裔大学生对于"请教授厘清授课内容"这种自主倾向表现的难度排名远高于欧裔同学。[105]东亚裔加拿大大学生对给予他人果断的响应（例如，因为忙碌所以告诉老是打电话来聊自己交友话题的朋友不要打得这么频繁）感到焦虑且内疚的强度远大于欧裔加拿大同学，而且这种倾向对于认识的人比对陌生人更显著。[106]另一个加拿大的研究也发现，新来的东亚移民（91%）在课堂上比欧裔同学（51%）害羞的情形多很多，而最常见的原因是"担心犯错"（亚裔30%，欧裔5%）。[107]最后，金禧廷（Heejung Kim）研究东亚人和东亚裔美国人对于说话这种认知功能的看法和欧裔美国大学生的差别。[108]她发现欧裔大学生认为说话会加强思考能力，但亚裔认为作用相反。她的实验检验了在沉默和大声说话时的认知能力，结果显示说话不会干扰，甚至有助于欧裔学生的表现，但是会妨碍亚裔学生的表现。她进一步研究发现，解题时必须说话不只降低亚裔学生的成绩（比较新的移民），从皮质醇（cortisol）的浓度也证明他们会感到比较焦虑（但是化成言语却有助于欧裔学生的表现，而且让他们比较放松）。

这些研究发现让我们不得不相信说话在两个文化里有很大的差异。东亚人的三个重要考虑不只可能降低了他们的说话量，也影响他们在不同社会情境及学习时的说话方式。

东亚人的说话风格

以上讨论华人/东亚洲文化中说话的传统，以及必须要开口时的可能考虑，以下将讨论他们的说话风格。和四个支配西方人说话风格的格莱斯准则一样，我认为华人/东亚人也有四个左右说话的准则。

微量准则：少说为佳

如前所述，华人/东亚人说话模式的自动设定就是：能不说就不说。没有特别需要却自行发言可能会被认为不得体或不懂人情，更不用提信口开河自己做不到的事。东方人的"少说为佳"和西方的"说得不多不少"大不相同。后者强调说话必须 适量（*right amount*），但这只是一个假设出来的说话模式，只是要求说话者必须根据需要算出适量的话来讲。但"少说为佳"是一种美德，是华人/东亚人喜欢而且重视的说话风格。

在亚洲"少说为佳"甚至是一种智慧的象征。杨世英(Shih-Ying Yang)和罗伯·斯敦伯格(Robert Sternberg)的研究发现台湾人认为聪明人知道"适时进退",这一点比其他如脑筋灵活反应敏捷等一般因素还重要。[109]然而,口才流利在西方却是聪明才智的主要明确归因之一,但无疑地,知道何时不要说话不在其内。[110]日本人认为话多是肤浅和愚蠢的表现。[111]也许这也是为什么包公审案几乎都不开口的原因。如果了解寡言所代表的正面形象,就不会奇怪为何东亚人自古至今从西到东讲话时都始终如此惜字如金了。

决定开口时,华人/东亚人通常有两种方式,第一种是缓慢、谨慎、保留、谦逊的讲话方式。[112]这种态度是在对听者表示讲话的人很明白话说出口后的责任,有修正自己谈话的企图,而且还没有准备好要付诸行动。第二种是态度确定但仍留有余地,表达自己的看法并愿负起责任,而且准备好会以行动来支持自己的意见,其话中的确定性会让听者比较能接受其想法与建议。

学生在学习时也要遵从这两种说话方式,因为学生应该要以谦卑的态度接受老师教导,所以更需要谨慎、保留及谦逊。这种说话风格结合了东亚文化里尊师重道的精神,使得亚洲学生在非亚洲人士的眼里显得很温顺被动。下面例子正好说明这个情形。数年前,一位美国欧裔同事和我去中国大陆乡下收集儿童教与学概念的资料。虽然这些孩子从没见过真正的欧裔美国人,但他们在我们及老师的鼓励和要求下都过来和我的同事互动,并一个一个地照着指示完成了研究任务。但我的同事观察到这些孩子都不会主动与他有任何互动,尤其是在他面前都不太讲话,只是站得直直地做我们要他们做的事。而当他们在我们面前自己一起做事时也只是轻声细语、互比手势,听不到他们的声音。我的同事就这样困惑了四个礼拜后终于忍不住问我,为什么中国孩子都不说话,而且感觉很不活泼。我告诉他这些沉默不语又"死气沉沉"的孩子回到自己家后院,可能变得既吵闹又无法无天。我的同事看出这些孩子和美国孩子举止的差异,下了一个很有见地的评语:这是种智慧的表现,因为这些孩子如此年幼却能够分辨出不同的社会情境,并采取不同的行为表现!

模糊准则:不定为妙

东亚人讲话拐弯抹角、含糊其辞是有名的,所以内容也常常模棱两可。[113]这和西方的清晰准则有明显的反差,让西方人觉得很难应付,但西方人的说话方式也同样让东亚人觉得很难适应。正如艾格妮斯·何杨纬芸(Agnes He)指出的,亚洲式的含糊暧昧不是语意或逻辑上的缺失,而是一种选择。⑭张惠晶(Hui-Ching Chang)对华人日常沟通的研究也有同样的结论,也就是他们靠着这种讲话方式,一方面维系角色界定清楚的社会体系,但另一方面又让他们得以保持沟通时有一个模糊的空间。⑮这个位于他们既定角色(例如,父母或孩子)和每天难以预料的境况之间的弹性空间让他们能发挥创意来达成目标。擅用这种说话方式也许可以得到人们很大的好感,但势必也需要大量地学习与体会。

这个特别的风格可能源自道家的辩证思想。道家主张宇宙包含了两个基本的力量:阴和阳,两者相互依存,而且总是不停地流转变化,从不是固定不变的,这种不断变化的原则和宇宙的运转一致。从阴阳的符号可以看到宇宙是变化无穷的一个整体,其完美的圆代表了这个变动的宇宙,中间分为一黑一白形状相同、位置相对的两条鱼,头尾相连。鱼的轮廓和线条都是流动的,似乎会互相变化转换。这一黑一白宇宙间最基本的力量看似相反,但其实不然。在这个思想中,阴极是阳极的开端,阳极是阴极的开端,

图 8.1　八卦阴阳符号

两极同时互相延伸变换,阴阳循环生生不息(图 8.1)。

这样看待宇宙万物与过日子的方式对东亚人而言如此自然,在这个他们生活了数千年的世界中,食物、音乐、舞蹈、艺术、运动、医药、甚至科学(例如,农业和水利工程),还有个人的创造力都受到这个世界观的影响。由于他们相信世界始终变化无方,所以没有必要认为有任何事物会固定不变。彭凯平(Kaiping Peng)和理查德·尼斯贝(Richard Nisbett)曾就这个观点研究东亚与西方人的思维,发现了他们信念上巨大且一贯的差异。⑯西方人以逻辑三定律(three laws of logic)来看待世界:(1) 同一律(identity,例如,"一位老师是一位老师"为真,A 就是 A,因为两边名称一样);(2) 矛盾律[noncontradiction,例如,如果是 A,就不会是"非 A"(not-A)];(3) 排中律[the excluded middle,例如,如果 A 为真,就不会为假,两个矛盾事物之间没有中间项目(middle term)]。但是道家却怀有不同的见解:(1) 常易论(例如,A 现在为 A,但可以

变成 X，便不再是 A）；（2）矛盾论（例如，A 可以为非 A，视情况与观者的角度而定）；（3）整体论（holism）或一切事物的互联性（interconnectivity，即，A、B、C……到无穷事物都互相关联，所以 A 可能是 B、C、……的一部分，反之亦然）。这三者的道理尽在阴阳图中表露无遗。他们做了大量研究显示了东亚和西方观点的差异，小至对一个三角形物体是木头还是陶土质料，或者是一群小鱼中的大鱼，还是一堆红铅笔中的绿铅笔这种基本的关系判断结果都不相同。西方人会注意事物的反差，而东亚人则倾向于把背景视为任何单一事物的一部分，认为所有的元素都彼此相关。

如此的生活视角使得东亚人对于人事的变化与矛盾都能处之泰然，甚至对世事人情之息息相关、环环紧扣都能了然于胸、欣然领会。换言之，对他们而言，含糊暧昧才是生命的常态，因此说话自然是模棱两可。因为说和听彼此需要文化上的配合，东亚洲人也同样善于听含糊的话语，说得太清楚尖锐会让他们很为难而无所适从。并不夸张地说，听懂模棱两可的言语不仅是人际来往必备的能力，也是挑战智慧、极具诱因，有时候也饶富趣味的事。

东亚人利用模糊的言语可达到许多目的，以下提出最常见的两种状况。很多学者已经指出，东亚人讲话时会留下很大的诠释空间，[⑰]例如教室里老师看到有人不专心上课在和同学讲话时，因为直接叫名字会让该生不好意思，所以他可能会说："有人找别人讲话。"事实上，中文的"有人"并没有指明有多少人（中文字没有单复数的区别），所以大家听到后并不知道老师指的到底是某位同学、自己还是全班所有人，但是所有的孩子都会变得更专心，而刚才在讲话的学生多半也就停止了。艾格妮斯·何杨纬芸（Agnes He）观察中文课的情形发现，老师经常使用这种讲话策略来管理秩序。[⑱]值得一提的是没有学生会在这种状况下要求厘清话中意思，老师恰到好处地语焉不详，学生则恰如其分地接收讯息。

在不确定对方反应或担心对方反应可能带来不希望的后果时，也可能会使用模糊的话来处理。例如，若有人询问系主任何时会决定新聘教师，东亚的系主任不会讲一个时间（如一星期或者会尽快等较典型西式的回答），而会说"时候到了就会告诉大家"，这种笼统的答复让听者知道事情正在处理但还没有做决定，此时勉强要答案并不恰当，此时东亚的提问者多半不会再去追问。西方及其他文化的人也会使用这种策略，但在东亚这是惯常的说话方式。

间接准则：说话客气

这个准则植基于东亚重视和谐（harmony）的文化。前面曾提过东亚人不喜欢对峙冲突，特别是人际关系上的矛盾。[119]他们根据各自的地位角色来规范其互动的原则。权威人士会要求别人对其言行带有敬意，下属或年龄辈分较低的也必须言语合乎礼数，发言与接收的双方都要遵守同样的原则并尊重彼此的角色，要尽量避免超出个人身份与关系的言谈，如此才能产生和谐的气象。[120]

然而生活中不可能没有争论与冲突，遇到的时候，东亚人非常重视"给人面子"的原则，[121]要留意是否会造成别人的难堪，或者更糟的是让人感到羞辱。避免难堪与给人面子不但是基本的说话态度，也是人际交往很重要的技巧，不近人情或居心不良而让别人失掉颜面是严重的过失。丢脸或撕破脸常常是导致关系决裂（例如，朋友变敌人）、家庭纷争，甚至肢体暴力的原因。

因此，说话的时候，华人/东亚人宁可采取谦逊的态度。他们会用间接的讲话方式来达到许多目标。例如，某学生需要推荐信但不确定某位教授对他观感如何时，他不会直接去问这位教授是否愿意帮他写信，而会说："不知道教授怎么帮学生写推荐信。"若是在东亚的情境下，教授可能就警觉到接下来学生会有所求，于是会回道："通常教授们会帮那些学习态度佳、用功而且表现好的学生写推荐信。"然后学生可能会说："那我大概需要再加强。"如果教授觉得这位学生不错便会主动表示"我觉得你在我班上表现不错"。所以为了避免因为教授并不欣赏他，而造成双方可能的尴尬，这位学生借着间接试探的方式来获得需要的信息，同时也增加了拿到推荐信的机会。

张惠晶（Chang）研究台湾人如何用间接的话语在彼此角色关系之间创造协商的空间。[122]她观察到一位女士想要儿子开车载她和丈夫去百货公司，但因为她和媳妇关系不好，所以不确定是否能如愿，于是她说："我们等会儿要去百货公司，最好搭公交车慢慢去。"媳妇听到婆婆不带要求的话后，为了尽媳妇的孝道便回道："妈，你们干吗搭公交车，我们载你们去就好了。"这位女士很有技巧地用间接方式表达意愿，并给了媳妇一个做好人的机会，同时最后也如愿以偿。

负面的例子也有，我认识一位双语的研究助理就曾被夹在两种文化沟通方式之间。这位助理是在美国长大的华人,成绩全 A 而且很体贴。从西方标准来看,她思路清晰,说话有条理,有很好的表达能力。她的工作是访问在美国以外地区出生、长大的华裔移民父母,因此用中文进行访谈。对华人/东亚人而言,婚姻状态是私事,所以通常有经验的访谈者若要问受访的母亲婚姻状况时,会很小心地夹着很多填补词像是"嗯,嗯……呃,呃……很抱歉,真不好意思要请问……"这样结结巴巴地来问。这些填补词可以让语调听起来比较柔和,表示问者很犹豫,让事情听起来不那么直接锐利,并企图让听者感觉到问者的和善体贴,对于询问这样的问题感到很无奈懊恼,以便让对话能顺利进行,总之一定要避免锐利直接的方式。这位助理第一次对这些父母做电话访谈,对受访者而言是陌生人,对如此私人的问题,更需要委婉间接的方式,遗憾的是,她问得太直接(照着问卷读出来)了,所以尽管她讲的是合乎语法的中文,但仍然冒犯了好多位受访者,甚至怀疑她是否是警察局的人,并且表示她讲话的方式让她们很不自在,有些人甚至当场想退出访谈。

这些例子说明了间接婉转的口语沟通方式对华人/东亚人生活的重要性。直接的话语会伤害或恶化关系,但是有技巧的间接表达方式则对关系的建立及强化很有帮助,也可以恢复修补紧张的关系。

倾听准则:先听后言

冯涵棣和佩姬·米勒(Peggy Miller)对台湾亲子对谈做过很深刻的分析,她们的研究发现,"听"在亲子沟通中其实具有很积极的(acitve)作用,并不是被动消极的行为。[13]和美国欧裔对照组不同,台湾儿童听的时候非常专注,他们不用典型西方争论式的作风来和照顾他们的人互动。台湾儿童若是突然插嘴或开口挑战大人的命令和行为前都会先留心听。虽然其他学者认为东亚人是以听者为中心(listener-centered),相对于以说者为中心(speaker-centered)的沟通方式,[14]但冯和米勒清楚地指出东亚人"听"时的积极特性,并有实证资料来支持其观察结果。从她们及其他研究结果可以明白看到,东亚以听为优先(privileges listening,重视听者 emphasizing listenership),而西方则以说为优先(privileges speaking,强调讲者 emphasizing speakership),是因为喜好与选择的不同,所以认为东亚的沟通方式有缺陷或者有问题对于我们的了解于事无补。

东亚人对倾听的需求是前述三项准则的必然成分,由于其少说、沉默、含糊和间接的说话风格,参与对话的人必须要非常用心地听才能完全领会话中的意思。从现有的分析来看，华人/东亚人倾听的时候同时在做三件事：（1）找出话中细致隐晦的含义；（2）把讲者言而未尽的意思加以衍生；以及（3）选择适当的时机切入谈话。

高歌（Gao）观察到华人必须要听出对方话中"细致隐晦"[⑮]的意思之后才会作出反应。至少在中文里就有很多成语、俗语说明了对听者的要求。例如，"言外之意"、"只可意会、不可言传"、"意在言外"和"意在不言之中"等，都要求听者能敏锐地察觉到讲者没有说出口的念头，并且解析话中真正的意思。我要补充说明这也是华人创作时的艺术与美学思想，例如，诗、画、建筑及其他视觉艺术作品也都依循着这种意犹未尽的表现手法，如"言已尽，而意无穷"和"此处无声胜有声"即传达了这种原则。[⑯]

因此，听者必须能够"体会"并"琢磨"[⑰]听到的话语，进而"察言观色"[⑱]来发现更完整的意思，然后给予适当的反应。

听者充分理解后，接下来第二件事是：延伸其意，把讲者未尽之言推衍出理想且适当的意义。子贡与孔子有一段对话就清楚地描绘了这种情形（如第六章之引述，但为方便起见再附录于下）：

> 子贡曰：贫而无谄，富而无骄，何如？子曰：可也，未若贫而乐，富而好礼者也。子贡曰：诗云："如切如磋，如琢如磨。"其斯之谓与？子曰：赐也，始可与言诗已矣；告诸往而知来者。[⑲]

这段对话描述有回子贡问："不因贫穷而奉承巴结，不因富贵而傲慢自恃，老师觉得这样的人怎么样？"孔子回答："不错，但是不如贫穷却能乐道，富贵而又好礼的人。"子贡又问："您的意思就像《诗经》里说的'如切如磋，如琢如磨'，牙骨玉石要再加以切割磨炼才能成大器吗？"孔子说："赐（子贡的名字）啊！你能见往知来、举一反三，我可以和你谈论《诗经》了！"

文中子贡不止明白夫子在提醒他要谦虚并鼓励他精进自我修养，而且他还将孔子的话作了更详尽的诠释，延伸到学生必须互相探究讨论彼此的想法，如同切割打磨玉石牙骨一般，才能有长足的进步。子贡把老师的话和极受珍视的《诗经》联系起来，更证明他听得非常用心，于是得到了孔子的称赞。

第三项是在适当的时候和情况下插进谈话，关键在于算好时机。插进发言的内容包括评论、发问、表示异议,甚至挑战。冯涵棣和米勒,以及林律君曾举过一个有趣的例子。⑬四岁的台湾女孩安古因为吃饭时不守规矩,把食物打翻又往碗盘冲过去(打破了而且很危险),被照顾她的阿姨责骂。对着家人和孩子一件一件地数落孩子做错的事是台湾父母进行社会化的平常方式,在叙述的过程中,孩子不仅是主角也是听众之一,要和大家一起听自己的事情,尤其是不当行为。孩子首要做的事是注意听,然后要回答问题并且保证以后会改进。不了解的人会以为东亚父母是严格的权威主义者,不给孩子辩解的机会,但冯和同事的数据显示出极为动态且微妙的景象。她们看到安古很有耐性地听阿姨喋喋不休骂了超过十分钟后,一等阿姨平静下来她就开口:"我要问你一件事……"接着质问阿姨为什么不好好讲(用吼)。阿姨反问她为什么看到装了菜的碗盘走路还那么不小心,安古回道因为自己摔跤了,然后又问阿姨:"你为什么不好好地跟我讲道理?"然后继续质问阿姨小时候有没有犯过错,阿姨用自己小时候很乖从不会打翻食物来招架她的问题,安古听了后就转问外婆阿姨小时候是不是真的那么乖。

这个例子生动地描绘出"听"不只是听听而已,而是为了准备之后的发言(或非口语反应)所必须有的社会互动。东亚人确实要求孩童在明显以大人掌控的情况下要多听话少开口(在教训孩子的时候),但是孩子也知道要在适当的时机发言以表达自己的想法,甚至挑战大人的权威,只是他们采取的手段是先仔细地听,而非马上开启口头争辩。

东亚课堂语言互动与社会化

学校是家庭以外最主要的社会化场域,也是教导孩子及实践以上四项说话准则的地方。首先,如同何杨纬芸(Agnes He)详细分析后发现,华人老师们不会去强调某个想法、错误的答案或普通的表现是来自哪个学生。⑬她举出好几个学生提出正确答案与创见的例子,比如老师启发学生发表对如何写好汉字或看故事后的感想时,老师们都把焦点放在必须学习的内容上,但是对于谁的建议比较好、哪个看法是谁想出来的、谁不同意谁等都没有加以辨别厘清,而且老师和学生都没有要弄清楚的企图和要求。他们讨论出正确的写字方法后就接着进行下个学习项目。另外关于发表对故事感想的例子中,老师听了学生们不同的想法后,也没有挑出任何一位学生来回应。许多研究人员在中国大陆和香港地区的课堂里也都发现这种教学模式。[132]

另一个鲜明的例子是薛烨（Yeh Hsueh）在北京拍摄的幼儿园的一天。[133]该园老师每天都会带孩子们看书,录像中有一段是老师用问问题的方式带读,她问:"大象在做什么?"好多小手举起来,老师挑了一个孩子起来回答,孩子答对了,老师就叫他坐下,没有多说一个字或任何表扬就继续下一个问题。

这样以学习内容而非以个人想法的所有权/著作权为焦点的态度,去除了学生彼此间社会性比较（social comparison）的不良影响。在华人教室里,老师常常会叫学生对全班公开自己的误解或弱点（写在黑板上或口头讲给大家听）,大概也源于此。根据上课的录像来看,孩子对暴露自己的错误并没有显示不安的样子。[134]如第三章所述,在学习过程中当孩子自觉可以锻炼改进时,他们知道错误不代表与生俱来的缺陷,而是一个自我改进的机会。这种教育方法基本上认为口头上的肯定对学习来说不重要,重要的是自我具有不断进步的特质。由于实时即地的自我确认根本不是重点,所以在口头上指出姓名若不是完全没必要,也是很枝微末节的小事。

上述关于华人上课情形的讨论可能给人一种很沉闷的印象,这也正是东亚教育为人诟病之处。[135]然而,这种批评来自对学习主动性的单一假设,也就是认为积极主动的学习只能化为言语表现出来,所以没有化为言语就是被动的学习。这是非常西方式的假设和做法,但未必适用于东亚的学习者。

更仔细地检视华人/东亚学生后会发现不说话并不代表不参与,而且正好相反,东亚人安静不说话的时候正是他们极度敏感地在关注的迹象。前面曾说过,在需要保持沉默或避免开口的情况下,他们不但不会心不在焉,反而会更留意讲话的人。例如,在东亚学校里一再会观察到即使是看起来连老师似乎都不很投入的课,孩子们却仍然听得入迷。[136]如果老师问的是有明确答案或引导性的问题,如"5乘以6是多少",学童经常会全班异口同声地回答,而对于开放性问题,则是点名来答题。孩子们乐意并且好好地回答是上课用心的表现,也代表了良好的学习态度,若非如此,则会引起家长老师的担心。显然,华人/东亚儿童只要上课时全神贯注地听讲就好,并不需要讲很多话来证明自己在积极参与。[137]

对日本学童上课情形的研究显示他们对课程的参与和思考都非常热烈积极。虽然很少付诸言语,但他们的日志及其他书面作业都充满了各种问题、疑惑,甚至对同学看法的质疑。这在亚洲学校是很普遍的情形,稻垣、波多野和森田（Inagaki，Hatano，and Morita）甚至称之为"无声的参与"（silent participation），[138]在华人课堂也会看到。以下是科塔兹（Cortazzi）和金立贤（Jin）的研究中一位华人小学生及一位在英国的华人大学生的说法：

> 我也许只是在听但并非无动于衷。我一直在思考。我向老师学习，也从朋友的作为学习，如果他们犯了错，我也仍然会学到东西。
>
> 我们的内心很活跃，总是在思考，问题与质疑会随着讲者的话语从我们的脑中源源不断涌出，我们只是不常讲出来而已，但我们很清楚事情的进展，知道讲者或其他学生提问的答案。[139]

这些来自学生的声明，以及学者独立观察的结果都确认了这种学习方式的积极性不在于时时的言语表达，而在于倾听。专注地听比较能在之后产生更深刻的言语反应。他们将华人在教室里以听讲为焦点的学习方式称为"倾听式学习"（listening-oriented learning）。[140]

成长为犹豫的说话人

前面已提到，家是传递说话相关文化价值观与规范的沃土（以及其他的价值观），父母秉持的价值观在家庭生活中会被经常且有力地谈论、规定和模仿。父母不重视甚或排斥的想法和行为则会引起厌恶、暧昧的反应，或者被置之不理。一般说来，研究发现日本母亲和美国欧裔母亲相比，较少和婴儿讲话，他们的孩子在每一回合交流中发出的声音或说的话比欧裔幼儿也少很多。[141]同样地，华裔婴儿在实验中口头的反应也比欧裔婴儿少，这个现象也持续到成人阶段。[142]道格拉斯·史密斯（Douglas Smith）从民族学的角度来观察发现，台湾儿童在晚餐桌上说得少但对大人讲的话听得很仔细。[143]

以下从我研究资料中的两个例子可一窥造成亚洲人不太说话的社会化过程。我和同事在中国大陆乡村请母亲教她们的孩子做一件新的家务活。有位母亲没说什么但对她学龄前的孩子比手势（通常会有一群好奇的邻居小孩围观）表示要做某件事。以削瓜果皮为例，首先，母亲会用很慢的动作示范如何削皮，然后把削了一半的瓜果交给孩子继续削，母亲会不时帮助扶一下手或稍微纠正一下动作，最后孩子学会了就笑笑，然后母亲出声表示孩子可以去玩了,但没有说任何表扬的话。孩子对于这种日常该做的事似乎也没有期望得到父母的称赞。不过其中有一个男孩子学会以后说:"啊!这真是太简单了!"他的母亲听到他在炫耀自己的厉害,就打破沉默说:"你别自以为了不起!"又说:"你在学校也这样吗?"这孩子没有回答就跑出去玩了。

值得注意的是在对话中谁开口、谁没开口。有讲话动机、要别人注意其成就的是那个在一群孩子面前学削皮的男孩,也就是学习者先开口。相反地,实际上有技能可以教人的母亲不太讲什么话。她经由亲手示范,把过程简化并用手势纠正孩子的动作来教他,很像包公办案。当母亲指责他大言不惭的样子时(这位母亲后来在访谈中表示学会这么小的事情不值得她儿子当众露出这么得意的样子),孩子马上就安静地离开现场。例子中的母亲用非言语的方式教导孩子直到她非开口不可。可惜这男孩讲的话不符合文化规范,也就是对自己的成就不够谦虚(尤其是像做家务活这种小事),缺乏中华文化最重视的美德修养,母亲当然会数说两句,而男孩没有开口而且离开现场是接受母亲教诲的表示。所以母亲开口是为了履行其教养的责任,并达到教导孩子要谦虚的目的。更有趣的是,其他围观的孩子也安静地在注意整个过程,并且也从观看这场亲子互动的过程中来学习,同时他们也知道这不是自己应该开口的场合,因为他们也都和自己的父母有类似的互动经验。

尽管如此,那位很耐心地留意大人讲话,然后抓住时机质疑阿姨的四岁台湾小女孩,其实也有得到大人尊重的响应,因为她的阿姨并没有阻止她说话,事实上也没有责骂她开口,甚至还转而声明自己小时候很乖来为自己辩护。这些例子描绘出华人/东亚人对于何时说话、何时不说的选择和倾向,这是文化培养出来的一种需要高度敏锐性和感受性的技巧。遗憾的是,在跨文化的学习情境下,沉默寡言常让人以为华人/东亚人缺乏思想、性格漠然而且口拙,而更糟的是让人觉得他们莫测难解、有性格缺陷,或者根本就不诚实。这个看法不只不得要领,同时也种下了不信任的种子,造成对东亚文化背景的孩子和学生们的伤害。

注　释

① 请见第四章注释⑪。

② 请见第三章注释⑥。

③ Paulhus，D. L.，，Duncan，J. H.，& Yik，M. S. M. (2002). Patterns of shyness in East-Asian and European-heritage students. *Journal of Research in Personality*，*36*，442－462.

④ 请见本章注释③之案例；Fukuyama，M. A.，& Greenfield，T. K. (´). Dimensions of aggressiveness in an Asian-American student population. *Journal of Counseling Psychology*，*30*，429－432；Johnson，F. A.，& Marsella，A. J. (1978). Different attitudes toward verbal behavior in students of Japanese and European ancestry. *Genetic Psychology Monographs*，*97*，43－76；及 Klopf，D. W.，& Cambra，R. E. (1979). Communication apprehension among college students in American，Australia，Japan，and Korea. *Journal of Counseling Psychology*，*102*，27－31。

⑤ Katriel，T.，& Philipsen，G. (1981). "What we need is communication:" "Communication" as a cultural category in some American speech. *Communication Monographs*，*48*，301－317.

⑥ 整个心理治疗过程的基础是认为记忆、经验、想法和情绪被转化为言语时也是一个心理从失常转为健康的过程。请见 Petrie，K. J.，Booth，R. J.，Pennebaker，J. W.，& Davison，K. P. (1995). Disclosure of trauma and immune response to a hepatitis B vaccination program. *Journal of Counseling and Clinical Psychology*，*63*，787－792，与 Frattaroli，J. (2006). 并见 Experimental disclosure and its moderators: A metaanalysis. *Psychological Bulletin*，*132*，823－865 中对该主题的研究与回顾。

⑦ 请见第四章注释㉔。

⑧ Paulhus，D. L.，& Morgan，K. L. (1997). Perceptions of intelligence in leaderless groups: Dynamic effects of shyness and acquaintance. *Journal of Personality and Social Psychology*，*72*，581－591；Cheek，J. M.，& Buss，A. H. (1981). Shyness and sociability. *Journal of Personality and Social Psychology*，*41*，330－339；Jones，W. H.，& Carpenter，B. N. (1986). Shyness, social behavior and relations. In W. H. Jones，J. M. Cheek，& S. R. Briggs (Eds.)，*Shyness: Perspectives on research and treatment* (pp. 227－238). New York: Plenum；and Traub，G. S. (1983). Correlations of shyness with depression, anxiety, and academic performance. *Psychological Reports*，*52*，849－850.

⑨ Goffman，E. (1981). *Frames of talk*. Philadelphia: University of Pennsylvania Press.

⑩ He，A. W. (2010). The language of ambiguity: Practices in Chinese heritage language classes. *Discourse Studies*，*3*，75－96.

⑪ McLean，B.，& Elkind，P. (2004). *The smartest guys in the room: The amazing rise and scandalous fall of Enron*. New York: Portfolio Trade.

⑫ 请见第六章注释㊗️，p. 188。

⑬ Aeschylus (1996). *The Oresteia trilogy: Agamemnon, the Libation-Bearers and the Furies*. Mineola, NY: Dover.

⑭ Cooper, C. （2004）. *Sights and sounds of the Athenian Court*. New York: Routledge.

⑮ Gluckman, M. （2006）. *Politics, law and ritual in tribal society*. Piscataway, NJ: Aldine Transaction.

⑯ 李行道,孔文卿,罗贯中集 (1993),太原:山西人民出版社。

⑰ Todd, S. C. A. （2008）［AU: pub year?］ *Commentary on Lysias: Speeches 1 - 11*. Oxford: Oxford University Press.

⑱ Smith, R. M. (1995). *A new look at the canon of the Ten Attic Orators*. Mnemosyne 48. 1.

⑲ Todd, S. C. A. （2000）. *The Oratory of Classical Greece: Volume 2*. Austin: University of Texas Press.

⑳ Cowell, F. R. (1973). *Cicero and the Roman Republic*. (5th ed.). New York: Penguin.

㉑ Plutarch (2009). *Plutarch's lives of Pericles & Fabius Maximus, Demosthenes & Cicero*. Ann Arbar: University of Michigan Library.

㉒ Guthrie, W. K. C. (1969). *History of Greek philosophy*. Cambridge: Cambridge University Press.

㉓ Aristotle (1992). *The art of rhetoric*. New York: Penguin.

㉔ 四年前我儿子大学二年级时在学校修演讲课,第一次上完课后,他很兴奋地告诉我们演讲中道德、逻辑、情感的概念,之后并和我们分享他如何把这三点整合进他的各篇讲稿中。

㉕ Cicero （1986）. *Cicero on oratory and orators*. ［Trans. by J. S. Watson］. Carbondale: Southern Illinois University Press.

㉖ Quintilian (2002). *Orator's education, Volume I: Books 1 - 2*. ［Trans. by D. A. Russell］. Cambridge, MA: Harvard University Press.

㉗ 感谢贝卡·高兹坦(Becca Goldstein)分享犹太传统的知识,及提供以下资料:Fox, S., Scheffler, I., & Marom, D. (Eds.). (2003). *Visions of Jewish education*. New York: Cambridge University Press.

㉘ 以我任教的大学为例,由于没有足够的课让大一、大二甚至大三的学生选修,很多人要等到大四才修得到演讲课。

㉙ Grice, H. P. (1975). Logic and conversation. In P. Cole & J. L. Morgan (Eds.), *Syntax and semantics: Vol. 3. Speech acts* (p. 45). New York: Academic Press.

㉚ Lucy, J. A. （1992）. *Language diversity and thought: A reformulation of the linguistic relativity hypothesis*. New York: Cambridge University Press.

㉛ Bilbow, G. T. (1997). Cross-cultural impression management in the multicultural workplace：The special case of Hong Kong. *Journal of Pragmatics*，*28*，461 - 487；Lewis，M.（1993）. The development of deception. In M. Lewis & C. Saarni（Eds.），*Lying and deception in everyday life*（pp. 106 - 125）. New York：Guilford；and Lee，K.，Cameron，C. A.，Xu，F.，Fu，G. -Y.，& Board，J.（1997）. Chinese and Canadian children's evaluations of lying and truth telling：Similarities and differences in the context of pro- and antisocial behaviors. *Child Development*，*68*（*5*），924 - 934.

㉜ 请见本章注释㉛第三项资料；及 Lee，K.，Xu，F.，Fu，G.，Cameron，C. A.，& Chen，S.（2001）. Taiwan and Mainland Chinese and Canadian children's categorization and evaluation of lie- and truth-telling：A modest effect. *British Journal of Developmental Psychology*，*19*，525 - 542。

㉝ Yum，J. O.（1991）. The impact of Confucianism on interpersonal relationships and communication patterns in East Asia. In L. A. Samovar & R. E. Porter（Eds.），*Intercultural communication：A reader*（pp. 66 - 78）. Belmont，CA：Wadsworth.

㉞ 请见本章注释㉛第一项资料。

㉟ 请见本章注释㉛第一项资料。

㊱ Gottman，J. M.（1993）. How children become friends. *Monograph of the Society for Research in Child Development*，*48*（*3*，Serial No. 201）.

㊲ 请见本章注释㉛第一项资料，及注释㉝。

㊳ Lam，S. -F.，Law，Y. -K.，& Shum，M. S. -K.（2009）. Classroom discourse analysis and educational outcomes in the era of education reform. *British Journal of Educational Psychology*，*79*，617 - 641；Gillies，R. M.（2006）. Teachers' and students' verbal behaviours during cooperative and small-group learning. *British Journal of Educational Psychology*，*76*，271 - 287；and Hogan，K.，Nastasi，B. K.，& Pressley，M.（2000）. Discourse patterns collaborative scientific reasoning in peer and teacher-guided discussion. *Cognition and Instruction*，*17*，379 - 432。以及 Alexander，R.（2000）. *Culture & pedagogy：International comparison in primary education*. Oxford：Blackwell，是对五个文化中教室谈话所做的全面研究。

㊴ 请见本章注释㊳，第四章注释⑭；及 Webb，N. M.，Franke，M. L.，Ing，M.，Chan，A.，De. T.，Freund，D. et al.（2008）. The role of teacher instructional practices in student collaborations. *Contemporary Educational Psychology*，*33*，360 - 381。

㊵ Hewitt，R.，& Inghilleri，M.（1993）. Oracy in the Classroom：Policy，pedagogy，and group oral work. *Anthropology & Education Quarterly*，*24*（4），308 - 317，p. 310. Also see Lisa Delpit calls this learning mastery of the "code of power" in Delpit，L. D.（1995）. *Other people's children：Cultural conflict in the classroom*. New York：The New Press.

㊶ 请见 Tobin，J.，Hsueh，Y.，& Karasawa，M.（2009）. *Preschool in three cultures revisited: China, Japan, and United States*. Chicago：University of Chicago Press for vivid examples in American preschools。

㊷ 请见本章注释㊵第一项资料，及注释㊳最后一项资料。

㊸ 有趣的是白人及加勒比海黑人孩子对于学校教的如何争辩推论的讲话方法与课外生活中以合作协调为主的沟通方式，非常了解两者的差别。在课中正式辩论结束后，孩子们会试着"修补"之前的歧义，回复到平常"合作"交流模式。

㊹ O'Connor, M. C., & Michaels, S. (1993). Aligning academic task and participation status through revoicing：Analysis of a classroom discourse strategy. *Anthropology & Education Quarterly*, *24*(4), 318 – 335.

㊺ Goodwin, M. H. (1990). *He-said-she-said: Talk as social organization among Black children*. Bloomington：Indiana University Press.

㊻ 请见本章注释⑨。

㊼ 请见本章注释㊹，p. 322。

㊽ 请见本章注释㊹，p. 327。

㊾ Caudhill, W., & Weinstein, H. (1969). Maternal care and infant behavior in Japan and America. *Psychiatry*, *32*, 12 – 43；Minami, M. (1994). English and Japanese：A cross-cultural comparison parental styles of narrative elicitation. *Issues in Applies Linguistics*, *5*, 383 – 407；and Murase, T., Dale, P. S., Ogura, T., Yamashita, Y., & Mahieu, A. (2005). Mother-child conversation during joint picture book reading in Japan and the USA. *First Language*, *25*, 197 – 218.

㊿ Heath, S. B. (1983). *Ways with words: Language, life, and work in communities and classrooms*. New York：Cambridge University Press.

51 请见第七章注释⑥。

52 请见第七章注释⑥；及注释⑦第三与第四项资料。

53 请见第二章注释⑦③。

54 Liu, Y. -M. (2004). "Nothing can be accomplished if the speech does not sound agreeable"：Rhetoric and the invention of classical Chinese discourse. In C. S. Lipson & R. A. Binkley (Eds), *Rhetoric before and beyond the Greeks* (pp. 147 – 164). Albany：State University of New York Press.

55 请见第二章注释⑦⑧。

56 请见第二章注释⑤，1. 3。

57 Xu, G. Q. (2004). The use of eloquence：The Confucian perspective. In C. S. Lipson & R. A. Binkley (Eds.), *Rhetoric before and beyond the Greeks* (pp. 115 – 130). Albany：State University of New York Press, p. 118.

58 请见第二章注释⑤，16. 1 与 15. 11。

59 请见第二章注释⑤，17. 18。

60 请见第二章注释⑦⑧，p. 16。

(61) 请见第二章注释⑤,16.5。

(62) "乘"是界定春秋战国时期(前722—前221)一个国家大小的用语。"乘"是当时的战车,备有四匹马与三个战士。"千乘"相当于中等国家。资料来源: http://www.cxgjdq.com/cy/ZmZzZm8.html,2010年11月5日。

(63) 请见第二章注释⑤,11.26。

(64) 请见第二章注释⑤,11.26。

(65) 请见第二章注释⑤,pp. 46 - 48。作者认为传统上把天译为Heaven并不正确,因为Heaven是犹太与基督教的概念,不是中国人的天,所以他们在这本《论语》中决定不再这样翻,我同意他们的看法,但为了方便起见,本书仍用Heaven一词。

(66) 请见第二章注释(61),李瑾的翻译。

(67) 请见第二章注释⑤,17.19。

(68) 请见第二章注释⑤,1.3,p. 122。

(69) Lyon, A. (2004). Confucian silence and remonstration: A basis for deliberation? In C. S. Lipson & R. A. Binkley (Eds.), *Rhetoric before and beyond the Greeks* (pp. 131 - 145). Albany: State University of New York Press, p. 137.

(70) 请见第二章注释⑤,2.13、4.24,和4.22;及14.27、I.14、12.3,和13.20。

(71) 请见本章注释(69)。

(72) 请见第二章注释⑤,12.1。

(73) 请见第二章注释⑤,8.4、16.6,和10.1。

(74) 请见本章注释(69),p. 136。

(75) 请见本章注释(69),p. 136 - 137。

(76) 请见第二章注释(74)第一项资料;以及Ishii, S., & Bruneau, T. (1994). Silence and silences in cross-cultural perspective: Japan and the United States. In L. A. Samovar & R. E. Porter (Eds.), *Intercultural communication: A reader* (7th ed.) (pp. 246 - 251). Belmont, CA: Wadsworth for valued silence in contemporary Japanese culture。

(77) Cheng, C.-Y. (1987). Chinese philosophy and contemporary human communication theory. In L. Kincaid (Ed.), *Communication theory: Eastern and Western perspectives* (pp. 23 - 43). San Diego, CA: Academic Press.

(78) 请见第六章注释(91)。

(79) Paulhus, D. L., Hendin, H., & Shaver, P. R. (2001). European vs. Asian heritage differences in personality: Narcissism, modesty, and self-construal. Unpublished manuscript; and McCrae, R. R., Yik, M. S. M., Trapnell, P. D., Bond, M. H., & Paulhus, D. L. (1998). Interpreting personality profiles across cultures: Bilingual, acculturation, and peer-rating studies of Chinese undergraduates. *Journal of Personality and Social Psychology*, *74*, 1041 - 1055.

(80) 请见第二章注释(74)第一项资料。

(81) Li, J., & Sklar, S. (2011). To speak or not to speak: European American eagerness

versus Chinese reluctance. Manuscript in preparation.

⑧ Gao，G. （1998a）. "Don't take my word for it:" Understanding Chinese speaking practices. *International Journal of Intercultural Relations*，*22*，163 - 186，and Chang，H. C. （1999）. The "well-defined" is "ambiguous:" Indeterminacy in Chinese conversation. *Journal of Pragmatics*，*31*，535 - 556.

⑧ 请见第二章注释⑤，*Analects of Confucius* 导言。

⑧ 请见第二章注释㊻的资料。

⑧ 后面会有关于亚洲人听众角色更详细的讨论。

⑧ 请见本章注释⑧。

⑧ Liu，I. -M. （1986）. Chinese cognition. In M. H. Bond （Ed.），*The psychology of Chinese people* （pp. 73 - 105）. Hong Kong: Oxford University Press.

⑧ 请见本章注释④第二和第三项资料之案例。

⑧ Smith，D. （1991）. Children of China: An inquiry into the relationship between Chinese family life and academic achievement in modern Taiwan. *Asian Culture Quarterly*，*14*（1），1 - 29.

⑨ Sue，D. ，Sue，D. M. ，& Ino，S. （1990）. Assertiveness and social anxiety in Chinese-American women. *Journal of Psychology*，*124*，155 - 163.

⑨ Liberman，K. （1994）. Asian student perspectives on American University instruction. *International Journal of Intercultural Relations*，*18*，173 - 192。以及 Liu，J. （2002）. Negotiating silence in American classrooms: Three Chinese cases. *Language and intercultural communication*，*2*（1），37 - 54,讨论华裔研究生很少在教室里和教授谈话是表示对教授的尊重。

⑨ 请见本章注释⑧。

⑨ Zane，N. W. ，Sue，S. ，Hu，L. -T. ，& Kwon，J. -H. （1991）. Asian-American assertion: A social learning analysis of cultural differences. *Journal of Counseling Psychology*，*38*，63 - 70.

⑨ 请见本章注释⑧。

⑨ Triandis，H. C. （1995）. *Individualism and collectivism*. Boulder，CO: Westview。

⑨ 请见本章注释⑧第一项资料,以及杨宜音（2001）. '自己人':一项有关中国人关系分类的个案研究 ['One of us': A case study on the classification of Chinese guanxi]. *Indigenous Psychological Research in Chinese Societies*，*13*，277 - 316。

⑨ 请见第二章注释①第三项资料。

⑨ 杨宜音（2001）. 自己人:从中国人情感格局看婆媳关系 [Zijiren: From Chinese affection pattern to understanding the relation between mother-in-laws and daughter-in-laws]. *Indigenous Psychological Research in Chinese Societies*，*16*，1 - 39.

⑨ 请见本章注释③。

⑩ 请见本章注释⑨。

⑩ 请见本章注释㉒第一项资料。

⑩ 请见第二章注释㊿第二项资料；及本章注释㉝；Ting-Toomey，S.（Ed.）(1994). *The challenge of facework: Cross-cultural and interpersonal issues*. Albany：State University of New York Press；and Gao，G.（1998b）. An initial analysis of the effects of face and concern for "other" in Chinese interpersonal communication. *International Journal of Intercultural Relations*，22(4)，467-482。

⑩ 请见第二章注释㉟；及本章注释㉒第二项资料。

⑩ 请见本章注释㉒第一项资料。

⑩ 请见本章注释⑨。

⑩ 请见本章注释㉝。

⑩ 请见本章注释③。

⑩ 请 见 第 四 章 注 释 ⑩；及 Kim，H. S.（2008）. Culture and the cognitive and neuroendocrine responses to speech. *Journal of Personality and Social Psychology*，94（1），32-47。

⑩ Yang，S.-Y.，& Sternberg，R. J.（1997）. Taiwanese Chinese people's conceptions of intelligence. *Intelligence*，25(1)，21-29。

⑩ 请见第四章注释㉔。

⑪ 请见本章注释㊀第二项资料，第二章注释㉟第二项资料；及 Azuma，H.（1986）. Why study child development in Japan? In H. Stevenson，H. Azuma，& K. Hakuta（Eds.），*Child development and education in Japan*（pp. 3-12）. New York：Freeman。

⑫ 请见本章注释㉒；Young，L. W. L.（1982）. Inscrutability revisited. In J. J. Cumpez（Ed.），*Language and social identity*（pp. 72-84）. Cambridge：Cambridge University Press；and Gudykunst，W. B.，& Ting-Toomey，S.（1988）. *Culture and interpersonal communication*. Newbury Park，CA：Sage。

⑬ 请见本章注释⑫。

⑭ 请见本章注释⑩。

⑮ 请见本章注释㉒第二项资料。

⑯ 请见第二章注释㉘第一项资料；第五章注释㊼。

⑰ 请见本章注释㉝及㊀。

⑱ 请见本章注释⑩。

⑲ 请见本章注释⑩第四项资料；本章注释⑫第三项资料；及 Young，L. W. L.（1994）. *Crosstalk and culture in Sino-American communication*. New York：Cambridge University Press。

⑳ 请见本章注释㉒。

㉑ 请见本章注释㉒第一项资料，p. 180；注释⑪第三项资料中，Azuma 提到日本文化认为讲话若太直接尖锐是傲慢无礼的表现。

⑫ 请见本章注释⑫第二项资料。

⑬ Fung，H.，Miller，P. J.，& Lin，L. C.（2004）. Listening is active：Lessons from the narrative practices of Taiwanese families. In M. W. Pratt & B. E. Fiese（Eds.），*Family stories and the life course: Across time and generations*（pp. 303 – 323）. Mahwah, NJ：Erlbaum, and Miller, P. J.，Fung, H.，Lin, S.，Chen, E. C.-H.，& Boldt, B. R.（2012）. How socialization happens on the ground：Narrative practices as alternate socializing pathways in Taiwanese and European-American families. Monographs of the society for research in child development，77（1, Serial No. 302）. Boston, MA：Wiley-Blackwell.

⑭ 请见本章注释㉝；及注释⑫第一项资料。

⑮ 请见本章注释⑫第一项资料，pp. 169 – 170。

⑯ Li，J.（1997）. Creativity in horizontal and vertical domains. *Creativity Research Journal*，10，107 – 132.

⑰ 这句孔子的话引自《论语》，可资证明影响力的深远。

⑱ 请见本章注释⑫第一项资料，pp. 169 – 170。

⑲ 请见第二章注释⑤，p. 75。

⑳ 请见本章注释⑬第一项资料，pp. 134 – 135。

㉑ 请见本章注释⑩。

㉒ 请见第四章注释㉙第二项资料；Huang，R. -J，& Leung，K. S. F.（2004）. Cracking the paradox of Chinese learners：Looking into the mathematics classrooms in Hong Kong and Shanghai. In L. -H. Fan，N. -Y. Wong，J. -F Cai，S. -Q. Li，& T. -Y. Tso（Eds.），*How Chinese learn mathematics: Perspectives from insiders*（pp. 348 – 381）. Singapore：World Scientific；以及 Lopez-Real，F.，Mok，A. C. I.，Leung，K. S. F.，& Marton，F.（2004）. Identifying a pattern of teaching：An analysis of a Shanghai teacher's lessons. In L. -H. Fan，N. -Y. Wong，J. -F Cai，S. -Q. Li，& T. -Y. Tso（Eds.），*How Chinese learn mathematics: Perspectives from insiders*（pp. 382 – 412）. Singapore：World Scientific。

㉓ 请见第四章注释㉙第二项资料。

㉔ 请见本章注释㉒。

㉕ 请见第三章第一部分的讨论。

㉖ Winner，E.（1989）. How can Chinese children draw so well? *Journal of Aesthetic Education*，23（1），65 – 84.

㉗ 请见本章注释㉒。

㉘ 请见第三章注释㉙第三项资料。

㉙ 请见第四章注释㉙第五项资料，p. 125。

㉚ 请见第四章注释㉙第五项资料。

㉛ 请见本章注释㊾。

⑭ Kagan，J.，Kearsley，R. B.，& Zelazo，P. R. （1977）. The effects of infant daycare on psychological development. *Evaluation Quarterly*，*1*，109 - 142；，and Swann，Jr.，W. B.，& Rentfrow，P. J. （2001）. Blirtatiousness：Cognitive，behavioral，and physiological consequences of rapid responding. *Journal of Personality and Social Psychology*，*81*，1160 - 1175.

⑭ 请见本章注释⑧⑨。

第九章
巨变景象中人类学习的寓意

随着人类历史自然的演变,不论人类如何定义过去与现在,每个当下的世界都和前一秒不同。然而,所有的征兆都显示今天的世界不仅仍然随着历史潮流前进,而且是以前所未有的速度在不断变化。许多领域都在改变,影响着几乎人类生活所有的层面。科技的出现,尤其是通信技术无疑地更加速了世界的变化,而且是经常不可预料的变化。这种大规模的转变被称为全球化,范围包括国家民主化带来的政治改变、与人民日常生活息息相关的社会变迁、国际关系相互依存造成的经济变革、科技进步带来知识爆炸和数字化生活,以及令人担忧将日益走向毁灭的环境变迁等等,难怪许多人会感叹这种种变化实在令人感到既眼花缭乱又迷失方向,而生命的脆弱与短暂更甚以往。

全球大规模迁徙

这些变化带来的结果是全球性的人口迁移。[①]近几十年来有两条移民路线。第一种是由于经济/社会/政治发展带来国内人民的迁居。例如,中国有超过一亿的劳动人口离开农村涌入城市就业,过去三十年来中国各地新的建设工程都可看到这些劳工移民,他们赚取工资的生活比守着祖先耕耘千年的土地要好很多。有些人不只到附近的城市工作,甚至远赴他乡寻求更好的经济收益。[②]第二种是更大规模的跨国迁徙和移民(差别是后者有在他国定居的打算,前者则无),促成这种全球性大规模迁移的动力和国内迁移相同。[③]

第二种迁移有一部分来自留学潮,许多来自新兴市场如中国和印度的学生前往西方特别是美国读书。④现在的国际学生比较有能力负担更好的教育,⑤所以不只是传统的研究所训练,还有很多人提前出国念大学甚至高中。同时历史上首次出现有越来越多的西方、南美、非洲、中东留学生到中国等地留学的情形,现在也有许多西方人在非西方国家工作,这些趋势无疑地会带来无与伦比的文化交流。举一个实例,2003 年 12 月我带一位美国欧裔的同事到中国一个很偏僻的乡下研究中国乡村儿童的认知发展,那里满街的圣诞装饰和音乐让我们大吃一惊。

现在的孩子很少在一个独立的文化泡泡中长大,一直住在同一个地方,往来皆是熟悉或同样讲当地话的人,越来越多的孩子出生后搬到别处居住,有很多人在成年前住过许多地方,会讲不只一种语言,⑥例如移民家庭在美国和欧洲就是成长最快的人口群。美国新的人口普查数据显示,拉丁美裔人口已达 5 000 万(占全美总人口的 16.3%),从 2000 年到 2010 年增加了 43%。虽然亚裔美籍人口相对而言仍然较少(大约 1 500 万,占全美总人口的 4.8%),但增加速率 43.3%是同时期最快的。这些数据主要是涌入的新移民和非移民的美国欧裔及其他族裔的增加人口相比后所得出的统计结果。⑦此外,我们还看见一种新的"周期性迁移"(cyclical migrants)模式,包括往来乡村和城市边界的墨西哥劳工。还有些家庭每隔数年在客居地与家乡两个文化间轮流居住,而得到"跨国家庭"(transnational families)的称呼。⑧同样地,来自亚洲的班机往西方的高中投下一个又一个青少年学子,成为新的"降落伞儿童"(parachute children)。⑨当然还有上百万无记录的偷渡客和非法居留移民。⑩

不可避免的文化融合

越频繁及越深化的文化交流越可能增加彼此间在想法、语言表达、美感和策略上的互相借鉴模仿,并带来更有效的工作方式与生活安排。我们的确看到文化融合或混搭(hybridization)的趋势,例如,食品制作和饮食习惯(如在北美与欧洲有如雨后春笋般兴起的寿司店),时尚设计(越来越常看到的亚洲风尚),以及健身方式(例如美国各城镇几乎每个转角都可看到空手道馆)。当然前章曾提到,过去至少 150 年来东亚洲都很努力地在各方面向西方学习,科学和民主是其中两大主要的目标,不但从未消退,事实上越来越强烈。东亚教育体系最初极力模仿欧美,但只得皮毛,成为拙劣的复制品,但今天他们已在努力落实西方的教育方式(例如,学校以西方学童的自由探索与创作为模仿的对象)。⑪

随着文化交流的加深,我们有理由相信有一天文化差异会消失,世界上将出现一个融会一体的文化。这想法并非遥不可及,而且事实上曾经(现在仍然是)引导着快速同化政策(the quick assimilation policy,例如,只以英语授课的美国印第安学校,以及在学校里提供过渡性双语课程帮助非英语母语儿童尽快融入美国文化)。⑫其他也有人是从社会凝聚力的角度而做此主张。⑬另外也有人看到世界上形形色色的人都在努力变得更像欧洲或欧裔美国人的趋势,⑭借用最新又好记的词来说就是要做个"WEIRD"族(white, educated, industrialized, rich, democratic 的前缀缩写词,指现代受过良好教育、富有、工业化、主张民主的白种人。但此缩写词读出音来就是"怪异族",因为世界上只有 5% 的西方人口是这群人)。⑮

文化交流无法阻挡的文化差异

不可否认的,文化交流的扩展与深入会带来全体人类及文化彼此间更多的学习。这不仅是必要的,也有利于所有的人。然而,我同意许多研究人员的看法,我也认为把美国喻为大碗色拉(salad bowl)的陈腔滥调其实并非真的那么陈腐,也许大熔炉(melting pot)在某方面来讲也没有错,但那只看到了表面,或者说不同文化背景的人在某个程度上融合地还不错。但容我大胆地说,如果一个人的濡化(enculturation)发生在涵化(acculturation)之前(例如,成年后移居到不同文化地区),那么这种涵化结果并没有从根本上改变其濡化的核心(enculturated core)。本书提出的研究结果指出,文化学习模式基本上十分强韧,不太可能被大环境统一而消失。

在我看来,最有力的支持证据来自两个相关的研究路线。首先是历经许多政治、社会和经济改革的文化,如日本、韩国、新加坡和中国大陆以及港台地区,都仍然保有其文化的基本价值观和信念,并仍然指导着人们的行为。这些社会拥有较高的教育水平,而且工业化和商业化的程度甚至超过西方(只要去香港就可见识到商业活动如何全面地主宰着当地的生活)。由于有很强的经济能力,因此人民富有,享有经济成就带来的高效益。最后,这些社会大多实行西方的民主政治体系。这些社会的存在为文化的持久性提供完美的试验所,因为研究人员不用担心可比性(comparability)的问题。任何来自社会经济程度、受教育时间长短和政治体系差异所造成的混淆效应(confounding effects)都可以控制。意思是如果两个群体的人有相似的背景,但仍然有不同的想法、感觉和行为的话,那么要想知道造成其差异性的原因,就不能从他们的社经背景来找答案,而必定要用文化来解释。所以尽管有很多文化融合的特征,但不论是心理学、儿童发展,还是教育领域对西方和东亚的比较研究都一面倒地显示出两者有非常广泛且持久的文化差异,而且都没有消失的迹象。⑯这些证据直接对所有不同文化的人有一天会越来越相似,特别是会更像西方人的预测抛出质疑。有一个很好的例子是,我们看到中国现在有个全国性的"感动中国奖"(Award for Moving China),专门奖励对社会有贡献的人,但也会颁给孝行楷模。⑰此外,中国申请列入联合国教科文组织(UNESCO)的物质(寺庙、考古遗址)与非物质(音乐、舞蹈、哲学)文化遗产的数量亦破纪录。在比较个人的层面,我们也看到越来越多的华人子女用比较昂贵的方式表达孝心,例如不再是替父母煮饭准备三餐,而是带父母去搭加勒比海游轮。较多的资源可以让人在表达其文化形塑的期望和价值时更容易、方便,与频繁,而文化价值观意外地以这种方式永久维系下去。

第二个证明基本文化价值观历久不衰的证据来自多元社会的马赛克特质。美国和其他传统移民社会如加拿大和澳洲都是很好的例子。虽然他们最早的移民主要来自欧洲,而且目前仍占多数,但其他的人口,尤其是增加最快的部分则包含了许多不同民族。但是,这么多不同种族的人生活在一起,虽然拥有同样的国籍又说着同样的语言,不表示他们在文化和民族上认同主流文化传统。事实上共同拼贴出马赛克社会的每一个群体都在努力维系自己独特的文化传承,双文化并存(bicultural existence)才是他们生活方式的常态。⑱

此外,有关移民的研究也有极大量的数据显示家庭文化传承的持续性。⑲这不仅发生在新的第一、第二代移民上,那些较久的第五、第六代美籍华人移民家庭亦然。美籍日裔第三与第四代移民学习信念的研究结果显示,他们尽管已深入适应主流社会的规范(例如,和学校的沟通),但仍强烈主张要努力用功等和学习相关的美德。⑳虽然大部分移民研究的对象是非欧裔族群,但欧裔移民有同样的模式应该没太大的疑问。例如,从多项心理学领域上的特征来看,例如在崇尚独立、自由、爱国主义、热衷诉讼和慈善事业等方面,欧裔美国人比欧洲人表现得更极端。㉑这些汇整后的研究结果清楚地显示了欧洲人移民美国后并没有和美国印第安人合并形成另一个不同的文化，他们显然大量保留了原本的欧洲传统。

文化价值观活在每个成员心中

有了前述的证据，不得不问为什么各种文化在这种史无前例地快速交流下没有彼此瓦解，反而多历久不衰？就我的体会有两个重要且相关的原因。首先，文化心理学家已有理论和数据指出，因为文化模式是经由濡化/社会化（enculturation/socialization）过程而进入每个文化成员的心中，所以得以长久存续。㉒这是一个教养的过程。由于亲子关系十分紧密，所以互动的结果必然会内化为文化成员心中牢不可破的文化信念，㉓只要文化成员世代生存下去，文化模式就多半会在大团体中继续留存。

但是发挥文化持续性的关键效力，仍取决于文化成员变为人父母的那一刻。借由取得了父母的位置，文化成员得到文化认可且明确赋予（且有法律效力）的特权来指引/教导他们的孩子。但更重要的是，如第七章讨论的，这些文化成员由于他们的信仰和观念而成为甘愿且孜孜不倦的文化模式执行者。虽然父母大多没有意识到自己在文化传递上扮演的角色，但他们确实是推动其文化模式运作最有效且最成功的人，也由此确保自己的文化得以生生不息。

全球化必然会带来世代间文化价值观的冲突，当冲突发生时，大人和孩子会如何面对？那些长久以来不乏此类挑战的文化，早已建立了有效的策略和防护机制。㉔这些文化基本上已找到方法能同时一面保存其核心价值观，一面接受外来不具威胁性的价值观。他们在面对威胁时可能会主动断然地拒绝正面相左的信仰和观念，或者置之不理。例如，由于东西方的美学理念差异太过悬殊，中国的水墨画家刚开始时很排斥西方绘画［西方画作被评为"匠气"（crafty）；意大利传教士郎世宁（Giuseppe Castiglione，1688—1766），成为中国的宫廷画家后试图结合中西画风也不被认可］。㉕现在，一方面水墨画仍然维持着自己的传统，另一方面西画也成了中国艺术领域里的一环。因为对现存文化模式不具威胁性，所以那些比较能够互相包容的观念可以拿来吸收、采用和修正。例如，西方工业中效率的观念和东亚文化就很合拍，因为后者对于寻求有效做事的方法有类似的历史和倾向。比较极端的例子是当一个文化决定要从外采借足以改变命运的观念（例如，民主制度、马克思主义）时所造成的改变,许多东亚文化在19世纪与20世纪之交都面临过这样的情形。只有在外来影响转化成内在要求改变的力量时,这些必定会带来政治和社会痛苦挣扎的转变才有成功的机会。㉖

尽管文化会变迁,但如果一个外来想法只是经由同化作用(指表面的改变)而被吸收,不太可能只因为新观念融合进较大且稳固的体系中,就能从根本改变现存的观念体系。正好相反,这种吸收可能反而强化了固有的文化,让它更完善,而不会造成质的改变。果真如此,这种修正带来的会是比较边缘而非核心、表面而非深刻的结果。这些为适应文化变迁所产生的策略也会伴随着文化的核心价值传递给孩子们。结果是,儿童长大后也比较可能具有保护自身文化的能力。这可以解释为什么尽管经过了毁灭性的"文化大革命"后,今天中国儿童仍然在学习儒家价值观,原因即在于家庭中日复一日的儒家社会化过程。这个过程也可用来解释为什么融入美国文化这么长久的时间后,第三与第四代日裔美国人仍然保有他们基本的学习信念。㉗

文化价值观与个人认同的交错缠绕

第二个保存文化价值观的重要原因是因为个人信念和身份认同有密切的关联。在快速变迁的世界中,我们确实可以看到人们比较愿意放弃甚至特意摆脱掉某些事物,然而同样的人却把某些事情抓得更牢并且保护得更严密。前者是可想而知的,但很多人对后者感到十分意外。例如,20世纪80年代我初次在宾州西部乡村地区遇到艾米须人(Amish)时,我完全不敢相信美国会有这样的一群人生活在这里。我以为自己不小心踏进了1 500年前诗人陶渊明虚构的桃花源(421)。㉘像艾米须人这样的群体生活在全球化的巨大旋涡中证明了就算不是全部,也有很多文化群体在紧紧守握着他们的文化价值。

那些被抛弃的固有文化元素可能是不符合当前适应需要的部分。例如,有多进开放空间的长方形中国式院落住宅,虽然其独特的建筑美感是人类历史上的重大成就,但由于占地太大,而人口暴增,所以无法继续采用。而西方发明的摩天楼,有上百个住宅单元,需要的土地少但可以容纳的家庭却多很多,所以成为现在标准的住家建筑。但是即使如此,华人仍然努力保存其庭院式的建筑与其他文化成就,例如苏州园林,就是受到联合国教科文组织所保护的文化象征。

而那些被紧握不放的文化元素又是另一番景象。它们经过了时间的考验,成为文化中不可或缺且被人们视为珍宝的文化价值所在,是进入人们文化核心和民族认同的元素。例如,中国台湾地区数十年前曾把儒家经典从必读教材中删除(可能是内部对于传统与现代的挣扎对抗),但最近宣布的教育政策中又有了要求所有高中生每周必上一堂儒家课程的提案。部分原因是有鉴于现今师生关系日益败坏与校园霸凌事件的增加,所以需要改善台湾孩子日渐衰微的道德教育。[29]连中国在经历了极力谴责儒家教义的"文革"后,以及数十年来对过去的矛盾情结,也不知不觉地在天安门广场这个中国实质上也是象征性的政治中心竖起了(2011年初)巨大的孔子像。他们现在也大胆地把儒家学说放进九年义务教育的语文教材里。[30]此外,他们发布的全国经济与社会政策也有很明显的儒家论调,例如主张"小康社会"以确保所有的家庭都有足够的食物、遮风避雨的住处和安全祥和的生活。这是中国圣人们数千年前所冀望但似乎不可能实现的乌托邦社会,如今经过了数十年的努力,竟然意外地出现了(至少是中国政府的计划)。[31]当中国政府于1982年宣布这个全国目标时,得到人民极大的回响,继之整个社会都努力一致朝着这个目标迈进。我认为这种同心协力的现象是由于这个目标触动了所有文化成员内心共有且久远的文化信念与期望,而奏出了最深刻协调的和弦。

多元文化或移民社会中儿童的文化/民族认同发展状况为我们提供了更进一步的例证。海外华人(以及其他不论文化来源的移民团体)比住在本土的华人在某些方面要更为传统,这是众所周知的现象。但怎么可能呢?需要融入居住当地主文化的人,比如在美国的移民,怎么会变得比一直生活在自己文化里,甚或从未出国的人更传统呢?更明显的对比是在美国长大的亚洲人,他们身处于和亚洲家庭价值观大不相同的文化里,比同时代生活变化快速的中国同胞要更坚持中国传统价值。然而,我们一再看到亚裔美国人维持文化价值的方式在中国大陆和港台地区的人,尤其是那些追求时髦、想要挣脱传统的年轻人看来却十分过时、俗气、土气。[32]

对于这些费解的现象,答案在于每个人的发展到了某一个程度后都需要接受自己的身份认同,而文化模式始终都是移民儿童认同发展的源头和资源。那些离开母文化定居他乡的人除了自己身上带来的文化模式以外别无依靠,不论他们带来的是什么都成为他们用来面对适应问题与抚养孩子的遵行模式/依据(不像早先的移民,许多当代的移民和祖国文化仍然保持联系,这多亏了先进的通信技术，使他们得以从家乡不断补充及更新文化源头与资源）。他们带来的某些文化元素可能由于无益于他们的新生活所以被舍弃。但那些能够表示其身份、能用以和其他群体区别、能够和祖先世系联结起来，以及他们最擅长的方面都植基于其社会文化实体的最核心，也就是他们的自我认同上，这部分是不会被放弃的。

关于人类认同与发展的研究非常丰富。文化和民族在形塑人类身份认同上扮演了毋庸置疑的重要角色。在心理学的初创时期，美国伟大的心理学家威廉·詹姆士（William James）把人类的自我分为两个互构（mutually constitutive）的部分：主体的我（I-self）与客体的我（Me-self）。[33] 在他的理论中主体的我（I-self）是知者（the knower），掌管识别、观察、判断、建立目标和为自己采取行动。客体的我（Me-self）是所知的自己，是自我描述与自我表征的部分。用比较现代的方法来比喻的话，主体的我（I-self）是作者或说故事的人，而客体的我（Me-self）是故事中的人物。[34]

显然文化对这两种自我发展都有影响，不过可能对主体我（I-Self）影响更深，主体我有三个维度：自我延续（self-continuity）、自我区别（self-distinctness）以及自我能动（self-agency）。[35] 自我延续感（self-continuity）让我们知道即使长大成人或者历经生命中许多改变后自己始终是同一个人。那些生活在被强势文化渗透的文化中的人就面临着保存自己文化的困难，例如住在保留区的美国印第安，他们的孩子的自我延续感受到的威胁挑战可能会导致严重的后果。[36] 同样地，那些在某个文化中已濡化的人在移至另一个文化接受涵化后，他们的自我延续感也可能会面对挑战。所有的族群都在借着积极教导子孙母文化的价值观来努力地维持自我延续感。保留文化/民族认同对这些孩子的发展而言是很严肃的任务，[37] 而且研究一再发现这是很重要的保护机制。[38]

在自我区别感（self- distinctness）方面，不论人类有多少共性，我们总是力求保有自己文化的独特性。也因此我们可以看到独特的文化价值会伴随着其他较明显的文化标记如语言、食物、传统服装、艺术，和节庆等成为用以彰显自己特殊性的清晰目标，而孩子长大后也会以此来区分人我。最后，自我能动性（self-agency）让我们知道自己是自己思想、行动、效力和成就的来源。文化中的一个特长可能是和自我能动性最有关的反馈。儿童最可能被教导这类的技能,熟练后再转而使这项文化优点能永久保留传递下去。例如,亚洲电影人执导的武术电影世界闻名,所以《卧虎藏龙》会被华人拍成一部好电影并不意外。文化形塑了这三个自我的核心成分,引发了个人的文化/民族归属感与骄傲。研究结果显示,文化/民族归属感与骄傲是认同感形塑的源头,所以对少数民族与移民儿童的发展极其重要。[39]

学习信念是身份认同的一部分

儿童从小先受到来自父母,随后又加上学校与父母联手进行的社会化,所以培养了充满文化讯息的学习信念,这个发展不但开始得很早而且成为他们认同感(identity)的一部分。

学习信念与孩子认同感(identity)融合的程度反映了该文化对学习重视的程度。回顾本书的讨论可以看到各个文化的学习信念都不同,诸如学习的目的、西方人之注重自我表达,而东亚人在不同社会情境中倾向于保持沉默等。我们有理由相信,儿童需要习得的技能越复杂,该文化的学习信念对他们的认同就越重要。这个论点依据的假设很简单,因为如果儿童必须学习的技能越复杂,那他们需要花的时间就越多。当一个人大把时间都花在某一样活动上,那么这个活动必然十分重要。目前由于义务教育发达,上学受教育不论对西方、亚洲,还是世界上大多数其他文化来说都很重要,其相关重要性也许反映在上学的时数和天数上,或者学生家庭作业的分量上。

当然,即使所属的文化有如此的要求,但也不是每个孩子都把上学排在第一位,不过也许刚开始不是,但当他们渐渐接受了文化的视角后,上学读书确实成为许多孩子最重要的事。也有一个原因是因为学习信念对他们有帮助,可以让他们有更好的成就,并因而得到文化的认可。如果学习模式/信念没有任何功效和实际益处的话,应该早就被抛弃了。根据研究结果,以美德为导向的学习方式是东亚学童与家庭最重视的事,但对很多西方及其他文化的孩子与家庭而言,各依其不同的文化传承,情况也是如此。对这些孩子来说,学习占据了他们认同感(identity)的中心位置,而一旦成为一个人认同感(identity)的一部分,充满文化讯息的学习信念会继续引导这个人终其一生的思考、感觉和行为方式。

从这个角度来看,这两大维系文化价值观的原因彼此关系密切。孩子小的时候,他们受到父母和更大的社会世界的社会化,建立了与父母一致且受文化学习模式影响的观念和主张。随着内化的持续进行,这些价值观在孩子成长过程中会变成其思维模式的一部分,最后和他们的认同结合为一体。当他们长大成人,自己也成为父母时,他们会重复其父母的教养方式,重新开启另一个文化模式周期。

总的来说,虽然全球化在加速进行,文化混合的规模也在扩大,但各个文化的学习模式不可能就此消失或瓦解而变成一个全球单一模式。⑩不同的学习模式会在各个不同的群体中继续不断地更新再现,创造出更辽阔的文化马赛克景观。

东亚儿童发展与教育所面临的挑战

文化维系与文化融合两股力量的拉扯,不可避免地会带来儿童教养与教育问题上的矛盾与压力。在快速变迁的世界里,不论哪个文化中的孩子只要接触到外界不同的价值观都必然会面对这样的问题。许多文化也主动寻找并采借其他文化的教育观念和方式,而且特意把自己的孩子放进这种混合式的学习风格中,连像中国这样人口同构型很高的国家也是如此。⑪记得前几年我应邀到中国替在校老师们主持一个如何培养孩子创造力的工作坊。我举了一个自己儿子的经验为例,他在美国读的私立小学要他们假装自己是花园里的一棵植物,老师给的功课是记录自己这棵植物如何生长的情形,所以他必须天天观察然后描述植物的状况。这同时是科学也是语文课的作业。我儿子假装是外婆院子里的苦瓜(这是中国人钟爱的一种蔬菜,请见第四章),他做得很好,但是必须要承认他妈妈,也就是我,给了他不少督促和帮助。

听了这个如何在科学与语文学习中培养孩子创造力的例子后,参加工作坊的中国老师们摇着头说:"我们不可能这样教。"老师们并非不了解,也不是没有能力进行这种教学方式,他们拒绝的原因有二,首先,因为中国义务教育只有九年,所以孩子必须准备地方与全国考试,这关系到孩子是否能继续升学以及是否可进入比较好的学校就读,中国老师和孩子们没有时间做这种自由的探索,因此参加工作坊的老师们认为这种探索式学习(inquiry-based learning)是种奢侈。第二,这种自由放任的学习在他们听来和放羊式教育无异,任由孩子们漫无目的地闲荡,看不出来最后的学习效果。我们怎么知道孩子学到了什么？这样子学习和他们开始上学前在家种菜有什么不同？要是孩子不去做呢？如果完全让孩子自己决定，那谁能保证每个人都确实做了呢？要是孩子不喜欢呢？老师们问了很多很多问题。对他们而言，这种教学方式是不负责任而且行不通的，因为大多数家长都没有任何教育背景（博士学位）来监督他们的孩子。老师们觉得有责任要确定每一个孩子都得到同样的训练，不能忽略任何一个孩子，让他们漫无指引与方向地偏离正道。他们的解释是，如果一个教育体系需要家庭要负起较多责任的话，那么表示这是个不公平的制度。以我来看，还有老师们反对的第三个理由，他们虽然没有说出来的但意思很清楚：自由放任式的学习丧失了对学习美德的培养，若回顾本书的论证可知这对中华文化而言是很严重的挑战。

华人和其他东亚洲的父母和教育工作者对西方的教育理念钦羡已有150年之久，也导致他们不断地向西方学习，其贡献是不可否认的，因为他们确实从中汲取了许多值得学习的事物（例如，科学、民主，和整个正规教育系统）。我认为他们对内容（content）的掌握非常成功，但是要完全用西方人的教育与学习方式，尤其是鼓励自由探索、择其所好而学、挑战权威，以及口头沟通等这些西方学习精神的要素，对华人/东亚人而言已证明是极度困难的。马瑞克·凡·艾格蒙（Marieke van Egmond）⑫最近的研究正好提供了一个很好的例子。她以我提出的心智与美德（mind- versus-virtue）的概念来研究华人与德国大学生，她发现那些理应比较西化的上海大学生和留德的华人大学生，仍然比德国同学表现出较以美德取向而非心智导向的学习风格。西方学习方式被模仿了已超过一世纪后，才显露出实际的状况，似乎真是太长了，但并不能说东亚人努力得不够，我认为即使用儒家以一生来追求自我完善的标准来说，他们也已经够努力了。尤其不可思议的是，儒家风格仍大占上风，好像你越想把它连根拔除，它就越难以动摇，这种跨文化学习就好像被下了薛西佛斯式的诅咒一般的讽刺。

我们不得不问，为什么150年来都无法改变的事情还要继续尝试？又或许我们应该这样问：值得大家这样的付出吗？要到什么地步呢？毕竟，我们对神话传说中的薛西佛斯感到可怜复可笑，因为头脑清楚的人是不会做这种事的，很少人会将之归为正常的行为模式。但是东亚人似乎不在意这种永远看不到成果的努力，但我认为现在是大家该停下来思考的时候了。

如本书所要讨论的,对改变的抗拒必然会发生,第一是因为基本的家庭关系仍在,而且没有遇到太多挑战。如果"文化大革命"真的渗入家庭且破坏了家庭结构,那它也没有彻底地毁灭家庭观念。很难想象会有任何其他力量能把行之数千年的儒家家庭关系与儿童教养方式彻底铲除。只要这个系统仍然继续存在,孩子始终会带着家庭锻造出来的观念、动机,和行为去上学。第二是因为即使对现代化和全球化的学习而言,传统对人们仍有很大的帮助。亚洲儿童在国际教育评比上一再出现优异的成绩,无疑地加强了他们的自信心,而且是理当如此。如果中国及其他东亚洲文化的人民没有努力学习的意愿或者只为了个人兴趣和乐趣而学,那么他们是不可能拥有目前经济上的成就的。没有人可以否认东亚洲大部分的经济成就反映的是西方的经济过程与标准,但是同样清楚的是,东亚虽然学习西方,但他们依赖的是自己本身的学习模式,也就是本书所讨论的学习美德。

　　我不是在鼓吹东亚的教育专家和父母不应该向西方看齐,或者就这点来看,向任何其他文化寻找可引借的方法来帮助孩子学习。我的观点是东亚若能兼顾两种学习模式则帮助最大,但是需要仔细地筹划、设计和实行。而在这之前更基本的要求是:思想的转变。很要紧的是不要用对抗的态度来向西方学习,尤其不要用它来指责自己的儒家模式低劣不适用,而把西方模式奉为解决自己教育问题的万灵丹。前面提过这种向西方取经的过程是以一种精神分裂(schizophrenic)的方式在进行。也就是一方面不断地贬抑自己的传统,但另一方面其文化模式却仍然屹立不摇,而且大家仍在深受其惠,这要感谢家庭社会化坚韧的力量。这过去150年来向西方学习带来沉重的负担和意想不到的后果,这些都应该要加以确认分析并让父母、老师及孩子们都能明了。如果东亚洲从外界找到的方法不会赔上以儒家核心价值为依归的亲子、师生与同学关系的话,将能更有效地改善自己的学习方式。

　　从较大规模的学习计划来看,东亚有许多学习者同时接触并成功地掌握了东西两种学习模式(但是如前面所言,在东亚可能很难),这是制定教育计划时很好的着手之处。在上端者如那些获得诺贝尔奖杰出的东亚科学家如杨振宁、李政道、李远哲等都是在东亚成长读书,之后又接受了西方教育与高等研究的训练。也许可以我们引为借镜来思考如何帮助孩子兼顾两种学习方式。这些典范人物的学习经验和创造力来源通常是始于家庭再继之以西方文化,前者提供了坚实的基础,后者激发了其创造性的突破。不论他们早期的基础教育最后成为可贵的资产还是负债,或者激发了他们的创新能力,对这个过程的记录研究,必定可以给予我们重要的启示,进而调整教育政策和家长社会化孩子时的方向。

对一般人来说,过去数十年上百万的东亚学子到西方的大学及研究所读书也提供了数不清的兼受东西教育的例子。这些学习经验也很值得研究分析并有东亚国家可借镜之处。可惜有关这样涉及学生数量庞大且极具启发性主题的研究很少。这些学习者怀抱着来自母文化根深蒂固的学习信念,他们如何面对西方的学习环境,在直观上就是很需要了解的问题。他们的经历和我学习德文的过程一样吗?他们也因为自认为理所当然的文化信念而一路跌跌撞撞吗?果真如此,这个过程如何发展?如何使他们能锻炼在先又创新在后,就像许多人看起来那样?从负面来看,这种跨文化反思也可能会消磨掉自信心,导致许多人完全放弃对知识的追求。果真如此,那么这种疏离感又是如何发生的呢?我认为凡此种种现象的研究都能够为跨文化学习带来重要的洞见。

最后,要设计出东西兼顾的学习方式需要针对东亚国情来做深入考虑。例如,可以同时让孩子知道以趣味/兴趣为基础的学习,以及不论是否喜欢都必须要学的活动(例如,数学和语文)都很重要。学校可以提供一个环境让孩子的兴趣成为学习的主要动力,但也同时把培养美德当成主要的目标。若能两者兼顾当然会比只采其一好,但是要如何达到最好的学习与教育效果,有一部分要仰赖以相关实验与过程的研究为后盾的知识。若缺乏可靠的研究支持,很可能会做出不够严谨的教学实验计划而致徒劳无功。

东亚移民面临的儿童发展与教育挑战

东亚的学校对于要采用哪种方式或者如何结合不同的方式尚有选择的余地,但是从东亚移民到西方的儿童除了一头跳进两种学习模式外别无选择。东亚人移民西方已超过一世纪,尤其是美国,但对他们一般的文化适应问题的研究极少,对于家庭和学校中儿童发展和学习信念社会化的研究更少。虽然有对美国亚裔的研究,但通常没有聚焦在移民的处境上,目前在美国 70% 的亚洲人都来自所谓的两代移民(two-generation)家庭,也就是在母文化出生长大的父母和在美国出生成长的子女组成的家庭。⑬结果发现这种移民家庭充满了挑战和风险。

目前对移民儿童发展有兴趣的研究人员有增加的趋势。本节我将和大家分享我对华裔移民与美国欧裔学龄前儿童学习信念相关的比较研究。第一组研究发现来自我们对学童成绩的检验，分为三方面：口语表达、阅读、数学。⑭我们很惊讶地发现，华裔移民儿童尽管在阅读和数学方面常有惊人的表现，但口语表达能力远低于美国欧裔儿童，而且也低于全国平均值（100），换言之，华裔移民儿童知道的读写与数学知识比他们能表达出来的多得多。这些研究发现在以口语表达为重的美国社会特别令人忧心，即使到了六岁，这些孩子在口语方面的发展仍然严重落后同龄的欧裔美籍儿童。

第二组的研究发现也和华裔移民儿童的自我表达有关。⑮回顾第八章讨论的东西方人在说话与不说话上的巨大差异，我和同事想知道在文化差异与口语表达能力不佳的条件下，老师们如何看待华裔移民儿童。我们观察了两组华裔移民儿童和欧裔儿童在两种学校情境下的差别。第一组的孩子读的是亚洲人占大多数的幼儿园，至少有一半的教职员和学生是亚裔，通常位于像中国城那样的族裔聚居区。第二组的孩子读的是在郊区以美国欧裔学生为主的学校，校内很少或没有亚裔教职员和学生，是典型的华裔中产阶级移民儿童就读的学校。不消说，所有的欧裔儿童都就读欧裔占大多数的学校。我们也把对孩子的学习参与度、在学校的适应力，和同学关系的评估结果作为老师对他们安静印象的涵数。

我们发现若不考虑社经地位、英语熟练度和老师的族裔背景的话，老师们都认为华裔移民儿童较少自我表达，也比欧裔孩子安静。可怜的是在以欧裔占大多数的学校里，安静的华裔孩子对学习的投入比较少，而且同学关系也较差。但是，在华裔为主的学校，安静不仅没有连带的负面结果，而且适应力与参与学习的情形也都比较好。相较之下，欧裔儿童的安静则完全不会影响他们这三方面的表现。

总的来看，安静的华裔移民儿童即使有相当的社经背景，英语也很流利，但在以欧裔为主的学校不论在智育还是社会能力群育上表现都欠佳。他们会有这些问题的原因，我们猜测是因为安静在欧裔人的观念中是负面的性格特征，但是在大部分成员都与他们文化背景相似的学校里，安静在学习与人际关系上都是正面的特质。传统心理学认为安静沉默基于某种原因是一种儿童身上固有不变的性格特质，这种理论值得质疑。亚洲孩子的沉默寡言或许只是一个摇摆不定的观察对象而已，端赖观看者是谁，可以看成正面，也可以看成负面。此外，如果在非常鼓励并培养自我表现的西方文化中长大的移民儿童却变得比在强调"沉默是金"的东亚的孩子还要安静，那就很奇怪了。但这种奇怪的现象在西方却意外地平常，他们母文化所赞赏的沉默寡言可能反而让他们在主方文化里过得日日如履薄冰。

天真单纯的孩子身处一个理应帮助他们学习成长的社会情境中却蒙受否定的眼光，那种感觉是大人很难想象的。想到这些孩子走出家庭充满爱与正面关怀的保护伞后，[46]面临的是一个相反的世界也让人痛心。更糟的是，发散这种负面信息的是披着爱与关怀外衣的幼儿园。而最严重的部分是，不论是移民家庭、出于善意的学校和教职员，或者孩子自己都没有察觉到这种深藏不露但是伤害力很强的否定性。原因在于研究结果出来前，我们根本不知道还有这样的情形，如今我们清楚地看到了这对孩子们成长发展的负面影响。不过孩子们虽然年幼单纯，仍然能够察觉来自家人真心的关怀和学校令人困惑的否定态度，天天要在这样的反差中转换，对孩子不可能没有伤害。在这样的学校社会化过程下，亚裔移民儿童的身心发展问题很可能随着年龄而更趋严重。

遗憾的是，对亚裔移民儿童的研究极其缺乏，结果造成一般西方人对这些孩子在涵化过程中所面临的挑战没有足够的认识。目前的教育政策没有把亚裔学童考虑进去，因为他们的成绩单很漂亮。[47]因此他们的沉默也许会变成沉默的痛苦。东亚的学习模式和观念在别的领域也出现了许多需要关注的地方。例如，有些人认为东亚父母太重视学业成绩可能会对孩子心理造成伤害。此外第六章也讨论过，亚裔移民儿童由于成绩优异而遭受严重的同学骚扰和欺侮问题。

了解不同学习模式的必要性

行文至此，我对于西方是否应该而且可以向东方学习未多所着墨。无可否认西方当然也跟东方学习过，例如武术和禅修冥想等甚至已列入了今天西方学校的课程内，但我没有看到西方有长程且一致要学习更多东方文化的强烈意愿。我在此并不打算对这个想法着墨太多，但我希望本书能够激起读者思考这个问题的兴趣。

然而，我认为在这个全球化加速进行的世界里，如果希望孩子们能得到很好的照顾和教育，绝对需要更多人投入文化学习模式、儿童学习信念和相关社会化过程的研究。全球化现象应该增加而非减少了我们去了解各文化间差异的必要性。无疑，这样的研究在较一般的层次上，可以让面临问题的各文化成员比较清楚什么该珍惜保留，什么该改革抛弃，应该向其他文化学习什么，而自己又该开创什么样的新局面。关注这类议题，可以让各个文化不只找到最好的方式去投入、去适应全球化，也同时可以避免代价高昂的错误和无法挽救的伤害。

而从比较实际的层面上来说，这样的研究必然可以让有许多国际学生前来深造的文化，如美国和其他西方国家获得较多的相关知识。来读大学或研究所的外国学生会带来他们根深蒂固的文化学习信念，但是地主国如果始终不去关心重要的文化差异问题，或更糟的只会用刻板印象去看待表面的"不一样"，那么必然无法提供适合这些学生需求的课程和教学法，若果真如此，事实上经常如此，对双方都是很大的损失。

最后也很重要的是，文化学习模式与学习信念的研究对于打算移民的父母（即自愿移民 voluntary immigrants）也非常急迫。因为他们若能事先知道自己儿女可能将会面临的艰难处境，也许有助于他们做出更审慎的决定。对于已身处异文化的孩子，家长、社群和学校也都必须要能对与移民相关的潜在风险有清楚完整的了解，这是找到能够减轻文化适应过程中家庭与孩子压力的唯一途径。

二选一式的浮士德交易实在没有必要，因为知识与灵魂兼得是很有可能的，也许只要能尊重并了解自己文化的价值和学习信念，同时不放弃去其他文化中优游探索的机会就成了。一个人可以同时与自己文化中已濡化融合的部分，以及在其他文化中涵化的部分一起成长。伏尔泰曾说过，我们每个人都必须栽种有用的植物并清除妨碍生长的杂草，来好好照顾自己的花园。

注　释

① Portes, A., & Rumbaut, R. G. (2001). *Legacies: The story of the immigrant second generation*. Berkeley：University of California Press；Suárez-Orozco，C.，＆ Suárez-Orozco，M.（2001）. *Children of Immigration: The developing child*. Cambridge，MA：Harvard University Press；Suárez-Orozco，C.，Suárez-Orozco，M.，＆ Todorova，I.（2008）. *Learning a new land: Immigrant students in American society*. New York：Belknap；and Garcia Coll，C. T.，＆ Marks，A.（2009）. *Immigrant stories: Ethnicity and academics in middle childhood*. New York：Oxford University Press.

② Li，H.，＆ Zahniser，St.（2002）. The determinants of temporary rural-to-urban migration in China. *Urban Studies*，*39*，2219－2235，and National Bureau of Statistics of China.（201，March，11）. Rural migrant workers amounted to 225. 42 million（16.8％ of its total population）at the end of 2008. Retrieved April，16 2011 from http：//www. stats. gov. cn/tjfx/fxbg/t20110310_402710032. htm.

③ 请见本章注释①。

④ 中国是留美学生最多的国家，人数有 127 628 人，占留美国际学生总数的 18.5％，其次是印度（15.2％）和韩国（10.4％），从 2009 到 2010 年间增加了 29.9％，也是增加最快的国家；也请见 Institute of International Education.（n. d.）. Retrieved April 16，2011 from http：//www. iie. org/en/Research-and-Publications/Open-Doors。中国也是留欧人数最多的国家，前往的国家以英国为首；请见 UK Council for International Student Affairs.（n. d.）. Retrieved from April 16，2011 from http：//www. ukcisa. org. uk。

⑤ 2009—2010 年有 70％的国际学生都没有来自美国方面的补助，62％是由个人或家庭负担费用。数据源同本章注释④第一项资料。

⑥ 请见本章注释①。

⑦ U. S. Census Bureau.（2010）. Overview of race and Hispanic origin：2010（Release No. C2010BR－02）. Retrieved from http：//www. census. gov/prod/cen2010/briefs/c2010br－02. pdf.

⑧ Mahalingam，R.（Ed.）.（2006）. *Cultural psychology of immigrants*. Mahwah，NJ：Erlbaum.

⑨ Zhou，M.（2009）. Conflict，coping，and reconciliation：Intergenerational relations in Chinese immigrant families. In N. Foner（Ed.），*Across generations: Immigrant families in America*（pp. 21－46）. New York：New York University Press.

⑩ Yoshikawa，H.（2011）. *Immigrants raising citizens: Undocumented parents and their Children*. New York：Sage.

⑪ 关于中国幼儿园积极培养儿童批判性思考的能力、自由探索的精神、创造力和口语表达能力的民族学研究记录，请见第八章注释㊶。

⑫ Peréa，F. C.，＆ García Coll，C.（2008）. The social and cultural contexts of bilingualism. In J. Altarriba ＆ R. Heredia（Eds.），*An introduction to bilingualism:*

Principles and processes (pp. 199 - 241). Mahwah, NJ: Erlbaum.

⑬ 有些美国人面对小区日渐多元化的现象,有低调封闭的倾向,只关心私人生活,对公共事务的参与及人与人间的信任感都有下降的情形,Putman 对此做了全面性的研究记录,请见 Putnam, R. D. (2007). *E Pluribus Unum*: Diversity and community in the twenty-first century: The 2006 Johan Skytte Prize lecture. *Scandinavian Political Science*, *30*, 137 - 174.

⑭ Rozin, P. (2010). The weirdest people in the world are a harbinger of the future of the world. *Behavioral and Brain Sciences*, *33*, 108 - 109.

⑮ Henrich, J., Heine, S. J., & Norenzayan, A. (2010). The weirdest people in the world? *Behavioral and Brain Sciences*, *33*, 61 - 83.

⑯ 关于 *amae* 这个特别的概念在日本亲子及其他关系间如何运作的例子,请见 Behrens, K. (2004). A multifaceted view of the concept of *amae*: Reconsidering the indigenous Japanese concept of relatedness. *Human Development*, *47*, 1 - 27;关于台湾人用羞耻心和引发羞耻感的方式 shaming techniques 来社会化儿童的研究,请见第二章注释(51)第三项资料。

⑰ Baike (n. d.). Retrieved May 22, 2011 from http://baike.baidu.com/view/14280.htm#sub14280.

⑱ 请见 Phinney, J. S., & Baldelomar, O. A. (2011). Identity development in multiple cultural contexts. In L. Arnett Jensen (Ed.), *Bridging cultural and developmental approaches to psychology: New syntheses in theory, research, and policy* (pp. 161 - 186). New York: Oxford University Press.

⑲ 请见本章注释①。

⑳ Schneider, B., Hieshima, J. A., Lee, S., & Plank, S. (1994). East-Asian academic success in the United States: Family, school, and cultural explanations. In P. M. Greenfield & R. R. Cocking (Eds.), *Cross-cultural roots of minority child development* (pp. 332 - 350). Hillsdale, NJ: Erlbaum.

㉑ Lipset, S. M. (1996). *American exceptionalism: A double-edged sword*. New York: Norton,以及本章注释⑮。

㉒ 请见第三章注释(52);以及 Bruner, J. (2008). Culture and mind: Their fruitful incommensurability. *Ethos*, *36*(1), 29 - 45。

㉓ Bornstein M. (Ed.). (1995). *Handbook of parenting*, *Vol. 4*. Hillsdale, NJ: Erlbaum.

㉔ 有关犹太文化的例子请见 Wex, M. (2005). *Born to kvetch: Yiddish language and culture in all of its moods*. New York: Harper Collins。

㉕ 关于中国文人画家拒绝西画技法的资料,请见松年(1837—1906)(1995). 颐园画语. 上海:上海古籍出版社。

㉖ 请见第一章注释②。

㉗ 请见本章注释⑳。

㉘ 陶渊明：《桃花源记》，《古文观止》上（1963），北京：中华书局。

㉙ 台湾教育行政主管部门有关将儒家经典列入高中教材的提案，请见台湾国文学科中心 2011 年 4 月 8 日依据以下课纲所作的修订 http://chincenter. fg. tp. edu. tw/cerc/98ke. php。

㉚ Hong, Z. -L. (2nd ed.). (2004) 义务教育课程标准实验教科书：《语文》九年级，南京：江苏教育出版社。

㉛ 小康之家是指能够维持温饱与安全平静生活的家庭，以这样的家庭为基础可组成小康社会，这是中国数千年来受儒家政治与社会思想影响而来的观念。它追求的不是富裕奢侈，而是知足常乐的生活。它要建立的是能够给予孩童充分照顾、让老人有归属感、珍视和平友谊，而且人人可以无忧无虑生活其中的社会，是中国人世世代代理想的社会形式。中国政府为 13 亿人民把小康设为经济社会政策的目标，所投入的经费（每年人均美元 800 元）和努力是很大的成就。

㉜ 有些华裔美国孩子回中国时，会被批评穿着很俗气或很土。很多人一开始会以为这些孩子是乡下来的穷孩子，要听到他们开口讲出流利的英语后，才相信他们是从美国回来的。20 世纪 80 年代我第一次到波士顿的中国城时，我也觉得入眼满是俗气的中国东西，比如龙凤图案、餐厅夸张的金色招牌，还有很多"廉价"的中国文化商品。不过在美国待了好多年后，我发现我自己也对这种"土气"感到亲切了。

㉝ James, W. (1892, 1963). *Principles of psychology*. New York：Holt.

㉞ Nakkula & Toshalis, 2006. *Understanding youth: Adolescent development for educators*. Cambridge, MA：Harvard Education Press.

㉟ Damon, W. , & Hart, D. (1988). *Self-understanding in childhood and adolescence*. New York：Cambridge University Press.

㊱ Chandler, M. J. , Lalonde, C. E. , Sokol, B. W. , & Hallett, D. (2003). Personal persistence, identity development, and suicide：A study of Native and non-Native North American adolescents. *Monograph of the Society for Research in Child Development*，68(2)，vii‐130.

㊲ 请见本章注释⑱。

㊳ Kulis, S. , Napoli, M. , & Marsiglia, F. (2002). Ethnic pride, biculturalism, and drug use norms of urban American Indian adolescents. *Social Work Research*，26，101‐112.

㊴ Juang, L. P. , & Nguyen, H. H. (2010). Ethnic identity among Chinese-American youth：The role of family obligation and community factors on ethnic engagement，clarity，and pride. *Identity: An International Journal of Theory and Research*，10(1)，20‐38.

㊵ 关于知识大融合的想法，请见 Wilson, E. O. (1998). *Consilience: The unity of knowledge*. New York：Knopf。

㊶ 请见第八章注释㊵。

㊷ Van Egmond，M. C. (2011). Mind and virtue：A cross-cultural analysis of beliefs about learning. Unpublished doctoral dissertation，Jacobs University，Germany.

㊸ U. S. Census Bureau. (2004). *We the people: Asians in the United States*，*Census 2000 Special Report*. Washington，DC：U. S. Census Bureau.

㊹ Li，J.，Yamamoto，Y.，Luo，L.，Batchelor，A.，& Bresnahan，R. M. (2010). Why attend school? Chinese immigrant and European American preschoolers' views and outcomes. *Developmental Psychology*，46(6)，1637 - 1650.

㊺ Yamamoto，Y. & Li，J. (2012). Quiet in the eye of the beholder：Teacher perceptions of Asian immigrant children. In C. Garcia Coll (Ed.)，*The impact of immigration on children's development*. *Contributions to Human Development*，Vol. 24. (pp. 1 - 17). Basel，Switzerland，Karger.

㊻ 请见第三章注释㊽。

㊼ 例如我用了两年时间在一所有 400 名左右亚洲移民的高中做研究。该校只有一位亚裔的学生辅导员,但是大部分经费都来自这些亚裔家庭缴纳的税款,可想而知这些亚洲学生并没有从学区得到应有的服务和照顾。

图书在版编目（CIP）数据

文化溯源：东方与西方的学习理念 / 李瑾著. —
上海：华东师范大学出版社，2015.2
　ISBN 978 - 7 - 5675 - 2794 - 2

　Ⅰ.①文… Ⅱ.①李… Ⅲ.①东西文化-比较文化-
研究 Ⅳ.①G04

中国版本图书馆 CIP 数据核字(2015)第 036923 号

文化溯源： 东方与西方的学习理念

著　　者　李　瑾
译　　者　张孝耘
项目编辑　宋坚之
审读编辑　朱妙津
责任校对　邱红穗
封面设计　崔　楚

出版发行　华东师范大学出版社
社　　址　上海市中山北路 3663 号　邮编 200062
网　　址　www. ecnupress. com. cn
电　　话　021 - 60821666　行政传真 021 - 62572105
客服电话　021 - 62865537　门市(邮购)电话 021 - 62869887
地　　址　上海市中山北路 3663 号华东师范大学校内先锋路口
网　　店　http://hdsdcbs. tmall. com /

印 刷 者　常熟市文化印刷有限公司
开　　本　787×1092　16 开
印　　张　21
字　　数　351 千字
版　　次　2015 年 5 月第 1 版
印　　次　2021 年 3 月第 3 次
书　　号　ISBN 978 - 7 - 5675 - 2794 - 2
定　　价　68. 00 元

出 版 人　王　焰

(如发现本版图书有印订质量问题,请寄回本社客服中心调换或电话 021 - 62865537 联系)